Méditations Bibliques: Pensées Religieuses Et Morales, Discours Et Commentaires Sur Le Pentateuque Divisé En Cinquante-quatre Lectures Sabbatiques (sidroth) À L'usage De L'étude Et Du Culte... - Primary Source Édition

Simon Bloch, Société israélite
des livres religieux et moraux

— 1 Bernac
mau 1901.

MÉDITATIONS

BIBLIQUES

LA SOCIÉTÉ ISRAÉLITE DES LIVRES RELIGIEUX ET MORAUX A PUBLIÉ :

La Bible de la Famille, en quatre parties . . . . . 3 »
Méditations bibliques, par S. Bloch . . . . . . 4 »
Dictionnaire hébreu-français, par MM. Sander et
   Trenel . . . . 15 »
Les Semences saintes, par E. Lambert . . . . . » 60

La Société a encouragé les ouvrages suivants :

Les Matinées du samedi, par Ben Levi.
La Semaine israélite, par Ben Baruch.
La Foi d'Israël, par S. Bloch.
Le Sinaï, par B. Lipman.

La Société est sur le point de publier une Grammaire hébraïque, par M. le grand rabbin Ulmann, et une Histoire des
israélites.

MÉDITATIONS
BIBLIQUES

PENSÉES RELIGIEUSES ET MORALES

DISCOURS ET COMMENTAIRES

SUR

LE PENTATEUQUE

DIVISÉ EN CINQUANTE-QUATRE LECTURES SABBATIQUES (SIDROTH)

A L'USAGE DE L'ÉTUDE ET DU CULTE

Par S. BLOCH

RÉDACTEUR EN CHEF DE *L'UNIVERS ISRAÉLITE*
AUTEUR DE *LA FOI D'ISRAEL*

לא ימוש ספר התורה הזה מפיך
והגית בו יומם ולילה... כי אז תצליח :

(Josué, I, 8)

Publié par les soins de la Société israélite des Livres religieux et moraux

PARIS

AU BUREAU DES ARCHIVES ISRAÉLITES

RUE DES QUATRE-FILS, 16

A LA LIBRAIRIE ISRAÉLITE, RUE NOTRE-DAME-DE-NAZARETH, 9

CHEZ M. DURLACHER, RUE SAINT-MARTIN, 325

1860

IMPRIMERIE DE CHARLES JOUAUST
338, RUE SAINT-HONORÉ

DÉDICACE

A MOÏSE!

Fils d'Amram, Envoyé du Seigneur, Guide et Pasteur d'Israël, Moïse notre Maître, c'est à vous que je dédie ce livre.

Vous l'avez inspiré par votre parole : puissiez-vous y retrouver votre pensée! Puisse-t-il répandre en Israël un rayon de cette divine lumière que vous avez cherchée au ciel pour la faire éclater sur votre peuple! Puisse-t-il faire aimer de plus en plus votre souvenir sacré, admirer et vénérer votre enseignement immortel, et alors mon travail, qui vient de vous, qui m'a été dicté par le souffle vivifiant de votre Thorâ, méritera votre protection auprès de Dieu et votre bénédiction parmi les hommes.

יִשְׂמַח מֹשֶׁה בְּמַתְּנַת חֶלְקוֹ

APPROBATION.

J'ai lu et examiné les *Méditations bibliques* que M. Bloch, rédacteur en chef de *L'Univers israélite*, vient de publier, et qui me paraissent de nature à faire la digne suite de *La Foi d'Israël*, ouvrage publié par le même auteur. En suivant l'ordre liturgique des Sections du Pentateuque, ce nouveau livre offre, pour chaque semaine, une lecture très instructive et très édifiante, par les développements qu'y reçoivent les textes sacrés. Pleines d'idées neuves et d'applications heureuses aux circonstances dans lesquelles nous vivons, les *Méditations bibliques*, outre leur mérite d'actualité, ont celui de mettre en lumière les vérités éternelles de la religion et de la morale, et de présenter d'utiles instructions pour tous les âges et pour toutes les conditions. Elles se recommandent particulièrement par un style vif et entraînant, en faveur duquel les bons principes se gravent profondément dans les cœurs et éclairent les consciences. Je m'empresse en conséquence de donner à ce livre mon entière approbation.

Le Grand Rabbin du Consistoire central,
S. ULMANN.

Paris, le 18 octobre 1860.

PRÉFACE

Les mêmes circonstances qui, en 1859, avaient produit *La Foi d'Israël*, ont fait naître le présent livre. Comme alors, à l'occasion des commandements religieux, *L'Univers israélite* a publié, vers la fin de la même année, des méditations sur deux ou trois sections (*sidrôth*) de la Genèse. Ces essais ont été très favorablement accueillis par nos coreligionnaires, et ont valu à leur auteur de nombreux encouragements à étendre son travail à tout le Pantateuque. Parmi ces encouragements, le plus puissant fut celui de la *Société israélite des livres religieux et moraux*, qui a bien voulu se charger de la publication de cet ouvrage. L'auteur, avant de se produire de nouveau, peu confiant en ses forces, a consulté l'opinion publique israélite, et elle lui a fait la plus bienveillante des réponses.

Quel est ce livre? Son titre le dit exactement : c'est un recueil de *Méditations religieuses et morales* sur le Pentateuque, divisé en cinquante-quatre lectures hebdomadaires, telles que la Synagogue les a instituées pour ses offices divins de tous les sabbaths de l'année. Bien qu'il s'y trouve la traduction et l'explication de passages nombreux, cependant ce n'est ni une traduction, ni un commentaire du livre saint; ce n'est pas une œuvre de philologie et d'exégèse, mais de morale et de religion israélite. Le titre général de *Méditations bibliques* indique que l'auteur se propose, avec l'aide de Dieu et l'appui des hommes de bien, de continuer son travail pour d'autres parties de l'Écriture sacrée, moins connues ou moins traitées que les cinq livres de Moïse.

L'ancien judaïsme, qui possédait une si riche littérature pour

toutes les classes et tous les besoins spirituels de notre communauté, avait aussi de nombreux livres de ce genre, en hébreu et
en langues vulgaires, qui servaient à l'édification des familles
israélites les jours de sabbath. Après avoir entendu, à l'office
du matin, la parole de Dieu lue dans le rouleau sacré, on était
charmé, on éprouvait le besoin d'en lire à la maison les explications développées, des méditations, des légendes et des
midraschim qui s'y rattachaient. L'importance de cette audition
de l'Écriture sainte au temple, et de sa répétition variée au foyer
domestique ou dans les réunions des confréries, était tèllement
grande qu'on désignait tous les sabbaths de l'année par les premiers mots du morceau (Sidra) du Pentateuque qu'on lisait. On
disait ainsi *paraschath Beréschith*, *Noach*, etc., pour indiquer
en quelque sorte la date du samedi ; toute la semaine portait le
même nom. On dfitait souvent les lettres par cette formule : le
premier, le deuxième jour de la Sidra Beréschith, etc. Toute
l'importance du sabbath et son but suprême semblaient consister
dans cette culture à la fois de piété et de science, de culte et
d'enseignement, des livres de Moïse et des prophètes. C'était le
point culminant, le centre lumineux, le tabernacle à l'auréole
divine où convergeaient tous les rayons de la pensée et de la
foi israélite.

Le judaïsme moderne aussi a produit quelques ouvrages analogues sur les lectures sabbatiques du Pentateuque. Je n'ai
certainement pas la prétention d'avoir fait mieux que mes pré-
décesseurs ou mes contemporains, prétention que je ne saurais
nullement justifier ; mais j'ai fait autrement. Est-ce un mérite,
est-ce un bien ? Le lecteur jugera, et le résultat, l'effet que
produira ce livre, si l'on daigne s'en occuper, sur l'éducation
religieuse et morale de nos frères, prononcera en dernier ressort.

On voudra bien remarquer que chaque chapitre de ces *méditations* contient un résumé complet et exact de toute la Sidra,
de sorte que, sans remplacer le texte sacré, ce livre fait connaître
en substance les lois, les enseignements et l'histoire renfermés
dans les sources bibliques ; il offre ainsi un travail d'un ensemble
parfait, lorsque d'autres n'ont fait que choisir divers passages
pour en faire l'objet de leurs réflexions. Presque tous les chapitres ont, en outre, pour épigraphe et pour épilogue, des versets

tirés de la *Haphtara* du même sabbath et qui rattachent les paroles des prophètes à celles de Moïse. Le lecteur qui lit ces méditations à la maison peut être sûr qu'elles reproduisent fidèlement ce qu'il a entendu dans le temple. Mais, encore une fois, elles ne remplacent pas le texte sacré ; au contraire, l'ambition et l'espoir de l'auteur sont qu'elles excitent dans notre communauté un plus vif désir d'étudier les saintes Écritures dans leur poétique et sublime original ; de connaître mieux ce foyer de lumière dont un esprit si peu brillant que le signataire de ce livre a su extraire tant de grandes vérités et de salutaires pensées.

Quel était notre but principal ? De démontrer une fois de plus que la loi religieuse, morale et civile du judaïsme peut non-seulement soutenir la comparaison avec toutes les législations et toutes les croyances de la terre, mais qu'elle les surpasse toutes, et que la société la plus civilisée, la plus avancée dans tous les progrès, a encore beaucoup à faire pour s'élever à la hauteur du code mosaïque. Aussi, dans mon travail sur la Genèse, là où le merveilleux joue un si grand rôle, j'ai donné une grande place aux légendes, aux contes traditionnels. Mais, à partir de l'Exode, qui entre dans le domaine plus positif des faits et de la loi, j'ai cru devoir laisser les légendes et les Midraschim, pour m'attacher davantage aux enseignements divins révélés à nos pères, et en tirer toutes les conséquences possibles, surtout les devoirs imprescriptibles pour notre vie actuelle et pour toutes les circonstances de notre état social présent et futur.

A l'exemple de nos anciens *darschanim*, j'ai cherché à rattacher aux textes sacrés tout ce que l'esprit et le cœur m'avaient inspiré, tout ce que j'ai cru devoir soumettre aux méditations de mes frères. Ai-je ainsi commis une usurpation spirituelle ? Ai-je eu le dessein coupable de faire passer pour pensées divines mes propres pensées, d'assurer à mes idées une consécration supérieure en les couvrant du manteau biblique ? Loin de là.

Dans ma vénération et mon amour de nos Écritures saintes, je suis fermement convaincu qu'elles renferment toutes les éternelles et utiles vérités, tous les grands principes de justice et de vertu, tous les nobles germes de lumière et de salut. Or donc chaque fois que, par une faveur du Ciel, il surgit en moi une bonne

inspiration, une belle idée, une religieuse pensée, je me dis :
Cette idée et cette pensée doivent certainement se trouver dans
le livre divin, foyer de tout ce qui est vrai et bien : cette idée et
cette pensée ne viennent pas de toi, tu n'en es pas l'auteur, mais
elles sont un écho lointain de la voix du Sinaï, où ton âme était
présente, comme toutes les âmes israélites, au jour auguste et
immortel de la Révélation ! Cette idée et cette pensée, je les
cherche alors dans les annales sacrées, et je les trouve, et je les
lis clairement, non par une interprétation quelconque, mais
par les yeux de la foi qui me guide et m'éclaire. Je ne suis pas
l'auteur d'une œuvre nouvelle, d'une œuvre à moi, mais le simple
traducteur de vérités qui, des pages du livre céleste, passent et
pénètrent dans mon âme.

Et n'est-ce pas pour cela que notre religion nous ordonne si
énergiquement d'étudier sans cesse les Écritures, d'y penser
jour et nuit, en nous levant et en nous couchant, à la maison et
en voyage? S'il s'agissait seulement d'apprendre les lois religieuses et les événements historiques qui s'y trouvent, on pourrait faire cette étude en très peu de temps ; un enfant apprend
par cœur, en un ou deux ans, tous les commandements, toutes
les pratiques du judaïsme. Alors pourquoi le divin législateur
nous ordonnerait-il de nous occuper sans cesse d'un travail de
répétition inutile, d'y consacrer en quelque sorte toute notre
vie? C'est que, dans ce travail de répétition, on découvre à
chaque instant de nouvelles vérités, de nouveaux trésors, de
nouveaux moyens de nous élever à Dieu et à sa lumière, de
nouveaux instruments pour réaliser en nous la ressemblance
de l'homme avec son Créateur ! Et, de même que, malgré la
création et l'achèvement du monde physique par la main de
l'Eternel, l'homme doit travailler la terre pour en retirer tous
les biens déposés en germe dans son sein, de même nous devons
cultiver avec zèle et ardeur le champ spirituel pour en faire
sortir tous les fruits, toutes les fleurs, toutes les félicités. Nous
devons étudier constamment la parole de Dieu, parce qu'elle
nous donne sans cesse de nouvelles révélations, de nouvelles
bénédictions, et nous rend plus parfaits, et nous approche
davantage de nos suprêmes destinées.

C'est sans doute dans ce sens que nos docteurs ont dit :

« La Thorâ peut être interprétée de quarante-neuf manières différentes. » Car il est certain que toutes les sublimes idées, et
toutes les rayonnantes vérités dont l'homme est éclairé soudain
ou par un long labeur de son esprit, il n'a qu'à les chercher dans
les saintes Écritures, et il les y trouvera gravées en lettres de
feu, et il sera étonné de ne les y avoir pas découvertes plus tôt,
et il s'écriera comme Jacob : « En vérité, l'Éternel est en cet endroit, et moi je l'ignorais ! » אכן יש ה' במקום הזה ואנכי לא ידעתי.
Aussi, telle est ma ferme espérance, ce livre produira un grand
bien au milieu de nous, non précisément par ce qu'il contient,
mais par ce que le lecteur y mettra, par les réflexions que chacun
fera, et les nouvelles méditations que le texte sacré produira
dans son âme et dans son cœur. Qu'on daigne examiner l'œuvre
d'un ouvrier modeste, et on sera ébloui de la splendide hauteur
à laquelle toute intelligence d'élite, unie à une foi sincère,
pourrait s'élever. Ce n'est pas la lumière de notre esprit qui
éclaire une paraphrase arbitraire de tel ou tel verset de l'Écriture,
mais c'est l'astre céleste qui inonde toutes nos bonnes et vraies
pensées d'un océan de clarté. Dieu a montré à Moïse, sur le
Sinaï, le modèle du futur sanctuaire, il lui a aussi fait voir toutes
les grandes vérités qui descendront éternellement du foyer lumineux dans le cœur d'Israël.

Comme dans la préface de *La Foi d'Israël*, je dois réclamer
ici l'indulgence du lecteur pour les répétitions qu'il peut rencontrer dans ce livre. Ces répétitions étaient inévitables, car le
même sujet et les mêmes pensées se présentent souvent dans la
sainte Écriture, sans doute pour y appeler particulièrement l'attention des hommes. Presque tout le Deutéronome, par exemple,
ne fait que répéter ce qui se trouve dans les parties précédentes
du Pentateuque. Je ne pouvais, je ne devais pas mettre du nouveau là où Moïse voulait revenir à ce qu'il avait déjà dit. Cependant je me suis efforcé de présenter les mêmes idées sous
une nouvelle face, d'étendre leur développement, leurs conséquences, leur action sur notre vie de tous les temps et de tous
les empires. Si je n'ai pas toujours réussi dans cet essai,
qu'on veuille au moins me tenir compte de ma bonne volonté.
גם זאת זכרח לי אלהי.
Je dois rendre hommage à M. Ulmann, grand rabbin du

Consistoire central, qui, pour ce livre comme pour *La Foi d'Israël*, m'a prêté le précieux concours de ses conseils. Ses encouragements m'ont fait entreprendre ce travail et m'ont soutenu jusqu'à la fin. Si les *Méditations bibliques* produisent du bien, le pieux et savant chef spirituel du judaïsme français en aura une grande part.

Je dois également exprimer ma plus vive gratitude à la *Société israélite des livres religieux et moraux*, qui a bien voulu se charger de la publication de cet ouvrage. Elle a ainsi montré une fois de plus combien elle était pénétrée de sa grande et sainte mission, et combien elle l'accomplissait pieusement, au prix de tous les sacrifices. Elle a voulu mettre entre les mains de nos frères et de nos sœurs, pour les jours du Seigneur, un livre de recueillement et d'utile instruction de plus, et combattre ainsi les publications funestes qui sont dans la maison israélite ce que serait une idole dans notre temple : une abomination.

Si, dans d'autres pays, surtout en Allemagne, il se produit, au milieu de nos coreligionnaires, des œuvres de science théologique et littéraire de la plus haute portée, mais peu accessibles à la grande masse du public, le judaïsme français crée de plus en plus des livres d'instruction religieuse et morale utiles à tous. Sur ce fondement solide et indestructible, il s'élèvera certainement un jour un édifice plus brillant, plus durable, à l'abri de tous les orages destructeurs de l'incrédulité et de l'hérésie ; car il reposera sur une base inébranlable de foi, de conviction, d'amour sincère de la religion d'Israël, de ses dogmes de salut et de ses pratiques de sanctification. Par la langue universelle de notre chère et magnanime patrie, par la liberté dont nous jouissons de proclamer hautement notre Dieu et notre loi, de lui rendre un culte éclatant dans le temple et dans le livre, par la voix de Jacob et par la plume de Moïse, les israélites de France sont appelés à relever les ruines de Jérusalem, à reconquérir au judaïsme, dans toutes les contrées de la terre, ses droits et sa splendeur, sa gloire et sa place immortelle sous le soleil. Travaillons à cette tâche si grande et si sacrée, nous tous qui avons une heure pour écrire un livre ou un peu d'argent pour l'acheter. Montrons à tous que si, pour promulguer sa loi et fonder son culte, Dieu a choisi le désert, nous savons conserver l'une et l'autre au milieu de la plus splendide civilisation. Travaillons sans relâche au sanctuaire du Très-Haut, répandons partout son enseignement et sa lumière, montrons-les dans nos œuvres de l'esprit et dans nos actes de la vie, pour qu'il daigne demeurer au milieu d'une communauté dont les peuples diront : « En vérité, c'est une grande et intelligente nation ! »

רק עם חכם ונבון הגוי הגדול הזה

S. BLOCH.

Paris, le 5 'Heschwan 5621 (21 octobre 1860).

———————

Un artiste israélite d'un talent distingué, M. Moïse Stern, graveur de l'Empereur, a bien voulu orner les *Méditations bibliques* d'une belle gravure en taille-douce. C'est une composition gracieuse et d'une véritable profondeur d'idées.

Comme frontispice de sa pensée, l'artiste nous montre, au haut de son dessin, la révélation sur le Sinaï, représentée par le tonnerre, des éclairs, des flammes, et le nom ineffable du Seigneur au milieu de la nuée de feu.

Au-dessous, Moïse sur la sainte montagne. Son visage exprime l'extase ; il écoute, entend la voix du Très-Haut, s'inspire, présente au peuple les Tables de la loi, et lui montre avec l'index les dix commandements.

L'entourage représente plusieurs des principaux faits du livre saint. L'artiste a placé les actions nobles et élevées en haut, les péchés et les erreurs en bas.

A gauche, une masse informe figurant le chaos ; une chauve-souris voilée exprime les ténèbres au moment de la création du monde.

Au-dessous, le déluge, scène de désolation, une mère cherchant à sauver son enfant ; près de la femme, le serpent, qui rappelle le premier péché, fuit et s'enroule autour d'un arbre.

Au bas, l'agneau pascal couché au-dessus des idoles renversées et brisées par notre sainte religion.

A droite, la sortie d'Égypte, Pharaon et ses coursiers engloutis dans les flots, et Moïse, sur le bord opposé, entonnant son cantique immortel.

Au-dessus, une végétation splendide, faisant face au chaos, est une allusion au pays de Canaan.

A gauche de la scène du Sinaï figure le sacrifice d'Abraham, et à droite, les murailles de Jéricho renversées à la vue du Tabernacle, et aux sons des trompettes sacrées, annonçant au monde qu'aucune force matérielle ne résistera jamais à la manifestation de la vérité israélite. Par la loi sinaïque, Israël aura à tout jamais le courage de tous les sacrifices, comme Abraham, de mourir pour sa foi, et aussi la force inébranlable pour triompher de tous ses ennemis, comme nos ancêtres devant la forteresse de Canaan.

Cette gravure, traitée dans le genre du dessin et dont les contours sont vaguement indiqués comme une vision lointaine, est pleine d'une religieuse poésie et révèle dans son auteur autant de talent que d'amour du judaïsme. Les conceptions de l'artiste rehausseront les *méditations* de l'écrivain.

MÉDITATIONS BIBLIQUES

PREMIÈRE SIDRA

פ׳ בְּרֵאשִׁית

(Genèse, I à VI, 8)

כל הנקרא בשמי ולכבודי
בראתיו יצרתיו אף עשיתיו.

La création. — Sanctification du sabbath. — Le jardin d'Eden. — Adam et Ève. — L'arbre de la science du bien et du mal. — Désobéissance et châtiment. — Caïn et Abel. — La dégénération des hommes.

Une émotion profonde, un frémissement étrange, saisissent notre âme quand nous ouvrons le Livre des livres, le monument sacré et impérissable où Dieu a écrit son nom et gravé sa loi. Il y a là un Sinaï rayonnant, où le Très-Haut fait à tout jamais entendre aux mortels sa voix paternelle et divine ; un sanctuaire lumineux, où les plus suaves cantiques, entonnés par d'immortels pontifes et prophètes, chantent l'Éternel et ses œuvres ; une arche sainte, où sont déposées les Tables de l'alliance du ciel avec la terre ; un temple de la Justice et du Droit, où sont promulguées les lois éternelles sur lesquelles repose l'ordre social ; une chaire éloquente et auguste, d'où les plus sublimes orateurs, inspirés de Dieu, enseignent aux humains les règles de la vie et les conditions du bonheur ; un cours d'histoire, de morale, de philosophie, qui n'a jamais été dépassé par aucune science et aucun progrès ; une source inépuisable de tous les biens, de tous les enseignements, de toutes les lumières et de

1

toutes les sanctifications. LIVRE DIVIN, TRÉSOR ET HÉRITAGE D'ISRAEL, JE TE SALUE !

Mille et mille fois tu fus jeté au feu, précipité dans l'eau, livré aux vents et à toutes les destructions ; mais, flambeau incombustible entrevu par Moïse dans le buisson enflammé, rien n'a pu t'incendier, rien n'a pu t'éteindre, toi, feu immortel, qui brûles sans cesse sur l'autel de Dieu ; toi, fleuve de salut, qui coules à travers l'humanité ; toi, étoile de Jacob, qui brilles à tout jamais sur les hauteurs de l'Horeb !... Mortels, secouez la poussière de vos pieds et de votre âme ; vous êtes sur un sol sacré, prosternez-vous !

Livre de notre foi et de notre amour, tu as révélé aux hommes tous les secrets et toutes les vérités, leurs devoirs et leurs droits, leur nature terrestre et divine, leur vie périssable et leur vie immortelle, leur âme et leur Dieu. Que serait la société humaine sans cet enseignement infaillible et cette révélation suprême ? Qui aurait dispersé les ténèbres, mis de l'ordre dans le chaos, trouvé un fondement pour l'humanité ? Ceux-là même qui prétendent posséder dans leur raison la clef de toutes choses, et qui ont le malheur de nier la divinité de nos Écritures, y ont cependant puisé les premières notions de toute leur science, la base sur laquelle ils auraient pu élever un édifice de lumière et de salut, au lieu de construire une tour de Babel de confusion, de doute, de déchirement et d'obscurité. Sans le flambeau biblique le monde serait resté dans l'obscurité !

Déjà les premiers mots de la Genèse — *Bereschith bara Elohim eth haschamaïm we-eth ha-aretz* — « Au commencement Dieu créa le ciel et la terre » renferment la solution du grand problème, la vérité lumineuse et inébranlable que tous les efforts et tous les labeurs de l'esprit humain sont parvenus quelquefois à entrevoir de loin, et que tout enfant ouvrant le livre sacré sait immédiatement dans toute sa clarté et aussi bien que le plus profond des philosophes. Les œuvres réunies de tous les penseurs de la terre ne donnent pas un résultat plus net et plus utile que ces paroles gravées au frontispice de la Bible : « Au commencement Dieu créa le ciel et la terre. »

Il y a là le secret du ciel et de la terre, — Dieu et l'univers —, la cause première et la source de la vie, l'origine et le but de toutes choses, l'unité du Créateur et l'égalité des créatures, la condamnation de toute usurpation sur la terre, qui appartient à Dieu, et la consécration de la fraternité parmi les hommes, créés par le même souffle et de la même matière, la certitude de la récompense du bien et de la punition du mal par la révélation d'un Dieu tout-puissant, plein de justice, de miséricorde et d'amour. Et c'est Israël qui a apporté et conservé au monde ce livre de l'enseignement, principe et fondement de toutes les vérités, car l'Eternel lui a dit : « Vous êtes mes témoins, les serviteurs que j'ai choisis : afin qu'on sache, croie et comprenne que *c'est moi!* Celui avant qui il ne fut point de dieu et après qui il n'y en aura point. » אתם עדי נאם ה' ועבדי אשר בחרתי

למען חדעו ותאמינו לי ותבינו כי אני הוא לפני לא נוצר אל ואחרי לא יהיה (Isaïe, XLII, 31.)

Avant cette révélation au monde et ce témoignage par Israël, la terre était *tohou* et *bohou*, un chaos plein de ténèbres et de désolation; alors Dieu dit : « Que la lumière soit, et la lumière fut. »

Voilà le premier objet de la création et la première pensée du Créateur — la lumière! Voilà aussi le premier devoir et la première loi d'Israël — la lumière! Voilà enfin la grandeur, l'avenir et le salut de l'humanité — la lumière!

« Dieu vit que la lumière était bonne, et il la sépara d'avec les ténèbres; il appela la lumière *jour* et les ténèbres *nuit*. » Soyons certains que partout où cette lumière du saint livre d'Israël est absente, dans les peuples comme dans l'individu, il y a *nuit*, chaos et ténèbres, horreur et barbarie, la désolation de l'abîme et le froid de la mort...

Cinq fois le mot « lumière » se trouve inscrit sur cette première page de la Genèse. Cette quintuple lumière, dit

un théologien israélite [1], je vous la recommande, à vous
tous, pour éclairer la route de votre vie comme un soleil
qui ne s'éteint point.

1° La première lumière est la pensée de Dieu, *la foi en Dieu*,
l'inébranlable confiance en lui. « Dieu est ma lumière »
אורי יי. Aussitôt que vous pensez à Dieu, aussitôt que vous
prononcez son nom, la lumière se fait autour de vous, dans
votre esprit et dans votre cœur. « Au milieu de la nuit la
lumière éclatera » והיה לעת ערב יהיה אור. Tous les sombres
problèmes de la vie, tous les doutes disparaîtront, toutes
les tribulations et les douleurs de l'existence s'évanouiront.
L'obscurité de la tombe elle-même se dispersera, car derrière la tombe vous verrez le monde lumineux du ciel. C'est
pourquoi les hommes pieux marchent toujours dans la lumière — זרח בחשך אור לישרים —, tandis que les impies, qui
ont banni de leur cœur la pensée et la croyance de Dieu,
errent éternellement dans la nuit et les ténèbres. Que votre
devise soit donc : Dieu est ma lumière !

2° *La vérité* aussi est une lumière. Nos sages ont dit : « Le
sceau de Dieu, le Tout-Saint, béni soit-il ! est la vérité. »
Le mensonge est ténèbres ; il vient de l'enfer et conduit à
l'enfer celui qui s'y livre. La vérité vient d'en haut, des hauteurs de la lumière, et elle y conduit aussi ; elle est claire
et noble comme le diamant. La vérité avant tout : elle a souvent à lutter contre le mensonge et la fausseté, l'hypocrisie et la dissimulation, qui, prenant le masque de la vérité,
voudraient la précipiter de son trône ; mais elle sort toujours victorieuse du combat, comme le soleil triomphe toujours du brouillard et la lumière des ténèbres. C'est pourquoi prions sans cesse avec le psalmiste : שלח אורך ואמתך
« Envoyez-nous votre lumière et votre vérité, afin qu'elles
nous conduisent aux régions sacrées ! »

3° Et *la vertu* est également une lumière. Le péché est
l'obscurité — המה היו במורדי אור לא הכירו דרכיו ולא ישבו בנתיבותיו

_____

[1] *Sansinnim*, page 4.

(Job, XXIV, 13). Le péché est toujours allié aux ombres de la nuit; il craint et fuit la lumière, et se cache aux yeux des hommes. Mais peut-il aussi se soustraire à l'œil clair-voyant de Dieu? Le pécheur peut-il se cacher à lui-même? La vertu, bénie soit-elle! allume son flambeau au milieu des ténèbres — גם בלילה לא יכבה נרה. Même sous les vête-ments de la pauvreté elle brille comme une reine, et elle transforme en palais la cabane de la misère; comme les rayons du soleil et sa chaleur, elle guérit toutes les bles-sures — שמש צדקה ומרפא בכנפיה.

4° *La science* n'est-elle pas aussi une lumière? Elle est la lampe perpétuelle — נר תמיד — que l'homme allume comme pontife dans le temple de l'esprit, et Dieu dit, selon les paroles de nos sages : « J'aime mieux les lumières allumées par Aaron, le grand prêtre, que celles que j'ai placées dans le ciel[1]. » Oui, de même que la foi, la vérité et la vertu, *la science* est un génie d'en haut; la lumière l'enveloppe comme un manteau, un diadème de rayons orne sa tête, et il a des ailes célestes avec lesquelles il s'élance vers les plus hautes régions.

5° Cependant la couronne de toutes les sciences, c'est *la Thorâ*, la parfaite connaissance du trésor sacré que Dieu a donné en héritage à son peuple. « Où elle est, tout y est. » Elle est la source de lumière d'où découlent tous les autres rayons lumineux : la foi, la vérité, la vertu et la science, elles toutes ont leur racine dans la Thorâ. Cette lumière de l'enseignement divin, voilà le cinquième et le plus précieux don de l'Eternel. « La loi de Dieu est un flambeau et sa science une lumière » כי נר מצוה ותורה אור. Si cette lumière ne s'était pas levée sur les hauteurs du Sinaï, il y a des milliers d'années, l'humanité, aujourd'hui encore, se-rait plongée dans les ténèbres du paganisme et de l'ido-lâtrie. « Les enfants d'Israël possédaient toujours la lu-

----

[1] *Tanchum*, parsch. Tezaveb : אמר הק״בה חביבים עלי נרות שאהרן מדליק מן המאורות שקבעתי בשמים.

mière dans leur demeure » ‏ולכל בני ישראל היה אור במושבותם‎ ;
qu'ils la gardent donc éternellement dans leur maison et
dans leur cœur, la lumière de *la foi*, de *la vérité*, de *la
vertu*, de *la science* et de *la Thorâ* !

Après la lumière, c'est-à-dire la vie ou l'âme universelle,
Dieu créa le firmament avec ses astres, la coupole éthérée
et étoilée du temple terrestre, posa les limites de la mer ;
couvrit la terre de végétation, de plantes, d'arbres, de
fleurs, de fruits, de tous les trésors et de toutes les magnificences ; peupla la plaine et la montagne, la forêt, l'air,
l'océan, d'êtres innombrables et variés, destinés à nourrir,
à servir, à charmer, un être qui allait venir à la fin et qui
devait être le chef-d'œuvre du Créateur et le roi de la création : l'homme !... Comme une mère pleine d'affection et
de tendresse, qui met toute sa sollicitude et tout son cœur
à orner le berceau, à préparer avec des baisers d'ange la
nourriture, les vêtements, tous les besoins du corps et de
l'âme de l'enfant qui va naître, la Divinité fit de touchants
et splendides préparatifs pour recevoir le fils de son amour,
et lui offrir à sa naissance tous les biens, tous les bonheurs,
toutes les félicités. Le soleil et les étoiles devaient briller
de tout leur céleste éclat, les oiseaux entonner leurs sublimes cantiques, les fleurs répandre leurs divins parfums,
l'Océan faire vibrer ses vagues et déployer sa grandeur ; les
vallées et les montagnes se couvrir de moissons, de troupeaux, de bénédictions infinies ; la nature entière chanter
et sourire, mettre ses vêtements de fête et préparer ses festins ; tout devait être harmonie, lumière, charme et enivrement, le Paradis devait être orné de toutes les splendeurs
du ciel, quand l'enfant de l'Éternel — Adam — allait faire
son entrée dans le monde !

La manière dont la création de ce monde est racontée
par la Bible avec une simplicité si pleine de grandeur

montre avec éclat la prodigieuse toute-puissance du Très-Haut, en même temps que la source divine de ce livre. « Pourquoi, dit un Midrasch, le Seigneur a-t-il, le troisième jour, créé les plantes, les arbres, les fruits, et le quatrième jour les astres ? C'est pour manifester son pouvoir suprême en fécondant la terre sans la chaleur du soleil [1]. » Si la création était le résultat de phénomènes naturels et l'Écriture une œuvre humaine, l'auteur n'aurait certes pas manqué de créer d'abord le soleil et puis les fruits de la terre.

La légende raconte :

« Deux grandes lumières régneront au haut du firmament », voilà qui avait été décidé dans la pensée de Dieu. Alors parut le soleil dans sa magnifique beauté ; sa lumière, un océan de feu ; sa chaleur, dardant la vie et le bonheur ; tout son être, grandiose, majestueux.

A son côté se trouvait la lune, égale en beauté. Elle se fâcha contre la splendeur du soleil. Elle voulait être la plus grande des lumières ; la grandeur des autres lui ravit son bonheur et lui causa un chagrin violent. Alors la Divinité s'irrita de la jalousie coupable de la lune. Sa voix de tonnerre se fit entendre dans le vaste espace de l'univers :

« Celui qui ne se contente pas de ce qui est haut, et jette un regard de convoitise sur ce qui est plus haut encore, doit retourner à ce qui est commun. Que la hauteur de la lune disparaisse donc, que sa grandeur diminue, que sa lumière paraisse désormais pâle et faible, comme un stigmate éternel de l'envie ! Celle qui ne voulait pas partager l'éclat et la magnificence avec autrui doit désormais être subor-

---

[1] אמר רבי פנחס בן יאיר למה ביום השלישי גזר הקדבה לתצמיח דשאים ועשבים ופרי אילנות מן האדמה וביום הרביעי ברא מאורות אלא שמחדיע כח גבורתו שהוא יכול בלא מאורות לתצמיח אדמה.

donnée à d'autres, condamnée à sentir à tout jamais son amoindrissement et sa punition ! »

Dieu dit, et cela fut.

« Oh ! pardon, pardon ! gémit la lune en tremblant. — Le pardon, répéta la bouche pleine de grâce de la Divinité, le jaloux ne saurait l'obtenir que par des bienfaits. » Et la lune retint cette parole. Depuis, elle parcourt la nuit l'univers en consolatrice du malheureux, douce compagne au voyageur isolé, guide à l'égaré, amie fidèle à tous ceux qui sont affligés, désespérés et méconnus, rayon d'espoir et de divine clémence pénétrant dans les prisons et sur la couche de la douleur.

Quand tout fut prêt, achevé, accompli, Dieu dit aux anges : « Faisons un être qui nous ressemble. » Alors s'approcha respectueusement de la divine majesté

La *Justice*, qui supplia : « Juge souverain du monde ! ne créez pas l'homme, car l'injustice marque ses pas. Sans pitié pour ses semblables, il chasse la veuve de sa maison, l'orphelin de son asile héréditaire; il ravit à son propre frère, avec une main barbare, ce qui lui appartient; les rois même et les princes les plus fortunés et les plus nobles n'épargnent pas le bien de leurs sujets, acquis par tant de fatigues et de peines.

— Non, ne le créez pas, pria l'aimable et douce *Paix*. Celui que vous voulez faire naître ne veut point de concorde et d'amour; la haine et la querelle marchent à ses côtés; je vois des peuples et des empires noyés dans le sang; le père et le fils suivent des voies diverses; l'époux et l'épouse troublent par de funestes débats l'harmonie de leur maison, oubliant chacun, pour de vaines frivolités, les biens les plus précieux de la vie : l'amour et l'union.

— Et le mensonge, ajouta la *Vérité*, est son caractère : mensonge dans la maison de Dieu, mensonge au foyer domestique, mensonge dans le temple de la justice, mensonge dans la vie de l'individu, mensonge dans la vie des masses ! »

Ainsi elles parlèrent. Alors apparut l'ange le plus gracieux du Créateur, la *Miséricorde*, avec ses traits doux et affables, et il dit en tombant à genoux : « De grâce, mon Père, créez-le ! je veux être son soutien, sa compagne, son organe. Si la passion et l'erreur l'entraînent au mal, je veux le conduire dans le chemin droit, rafraîchir son cœur abattu, relever ses forces, ranimer son courage, le ramener à son Dieu, lutter contre sa chute, favoriser son élévation et son ennoblissement. »

Le Dieu de bonté écouta les tendres supplications de son cher ange : l'homme fut... une créature pleine de péchés, ayant toujours besoin de son ange gardien, qui doit sans cesse, depuis l'heure de sa naissance jusqu'à celle de sa mort, l'accompagner, le guider, le soutenir. Ange de la miséricorde, notre plus fidèle compagnon depuis le berceau jusqu'à la tombe, ami infaillible et indispensable à chaque heure de notre existence, salut ! Ne nous abandonnez jamais, sauveur de notre double destruction, celle du corps et celle de l'âme !

L'homme n'a pas été créé, comme le reste de la création, par une simple parole de Dieu, ou la seule manifestation de sa volonté, mais par *la poussière de la terre* — עפר מן האדמה —. Cette humble origine, rappelée à tout jamais dans le nom d'*Adam*, devait bannir de la société humaine tout orgueil, toute inégalité, toute prétention à une supériorité de naissance ou de caste, toute domination injuste des uns sur les autres. « Sache d'où tu viens, où tu vas, et devant qui tu auras un jour à rendre compte, et tu ne tomberas pas dans le péché. » (*Aboth*, III, 1.)

Le Créateur, dit une tradition, pour former Adam, a réuni des parcelles de terre de tous les points du globe, afin que l'homme ait dans toutes les contrées du monde le droit

de vivre et le droit d'avoir un tombeau. En effet, les autres
êtres animés, comme aussi les plantes, ne peuvent exister
que sous certains climats appropriés à leur nature ; ils tombent malades ou meurent quand on les enlève au sol qui les
a vus naître. L'homme seul peut s'acclimater partout. N'est-
ce pas là le signe éclatant et providentiel de cette fraternité sociale qui, dans la pensée de notre Père commun,
devrait faire de tous les hommes et de tous les peuples une
seule et même famille ? Qui oserait appeler son semblable
étranger, appartenant comme lui à la même patrie terrestre,
créé comme lui de *la poussière de la terre* !

Mais l'homme a été créé aussi *à l'image et à la ressemblance de Dieu*, qui lui communiqua un souffle de vie éternelle — נשמת חיים. Il peut donc, selon sa volonté et ses
œuvres, devenir une brute, se vautrer dans la fange,
mourir et retourner à la poussière, ou s'élever à la divine
ressemblance, devenir un habitant des régions célestes et
grandir dans les rayons de l'immortalité ! Il a une liberté
entière d'être עפר מן האדמה *poussière*, ou נשמת חיים *âme immortelle*.

Le Créateur, dans son amour infini pour l'homme, et
afin de lui inspirer dès le commencement la conscience de sa
dignité et de ses destinées glorieuses, le rend maître et
dominateur de l'univers et lui dit : Régnez sur tous les
êtres, sur les champs, sur les fruits, sur la terre, sur la
mer, sur l'espace ; soumettez, vainquez tout ce qu'il y a de
terrestre, de poussière, de périssable hors de vous et....
en vous !... Soyez ma ressemblance, mon rayonnement,
l'instrument de ma pensée et l'écho de ma parole !

Et voulant élever l'homme jusqu'au rang suprême de collaborateur de la création, Dieu chargea Adam de donner
un nom à tous les êtres vivants. Sur le frontispice de la Genèse l'homme peut graver son nom à côté de celui du
Créateur, s'il a su achever *en lui-même* l'œuvre de la création, en laissant le moins possible de son עפר מן האדמה, de
sa *poussière de la terre*, et en devenant le plus possible

נשמת חיים, *une âme immortelle*, un צלם אלהים, *une image de Dieu !*

« Il n'est pas bon à l'homme d'être seul, je lui ferai une compagne près de lui. » Voilà le précieux don fait par le Très-Haut à Adam, qui, chef-d'œuvre du Créateur, n'était cependant complet que par la création de la femme, par son union sainte à l'épouse, chair de sa chair et âme de son âme. Quand le Maître de l'univers, dit la légende, voulait créer Ève, il se demandait de quelle partie de l'homme il devait la former. De sa tête? Cela la rendrait trop vaine. De ses yeux? Cela la conduirait à la convoitise. De sa langue? Elle abuserait de la parole. De ses oreilles? Il lui serait nuisible d'entendre trop. De ses mains? Elle pourrait vouloir s'emparer de trop de choses. De ses pieds? Il ne convient pas qu'une femme coure trop. De ses côtes, qui entourent le cœur de l'homme, le gardent et le protègent? Oui, voilà ce qui serait digne de la femme, conforme à sa grande et noble mission. Et Dieu créa la femme d'une côte d'Adam.

« L'homme quittera son père et sa mère, s'attachera à sa femme, et ils formeront un seul être. » Voilà l'émancipation de la femme, ses droits à notre tendresse et à notre respect promulgués en tête de notre Code sacré; et voilà le mariage israélite dans sa pureté, sa noblesse, sa haute et divine signification: *Ils formeront un seul être !* La division, l'infidélité, est une apostasie abominable, une violation criminelle de la loi du Seigneur.

Dieu, après avoir achevé son œuvre, sanctifie le repos, le sabbath, et conduit les premiers époux à la demeure splendide préparée par ses mains au jardin de l'Éden. Mais ce n'est pas pour qu'ils s'y livrent à une vie d'oisiveté, sans utilité et sans devoirs: c'est לעברה ולשמרה « pour cultiver et pour entretenir ». Le travail aussi est une loi de Dieu dont la transgression amène tous les maux. L'homme qui, au sein du Paradis, ne veut pas travailler, produire, créer, n'est plus l'image du Créateur, mais celle de la mort, qui, elle aussi, consomme sans cesse, dit éternellement : — הב הב, חב — *donne, donne*, et ne produit que les dissolutions et les ravages de la tombe.

Après avoir prescrit le travail comme loi et condition de l'existence terrestre et sociale, Dieu a donné à l'homme un commandement religieux comme loi et condition de la vie éternelle. Il lui avait accordé tous les biens, toutes les richesses, toutes les jouissances ; il lui avait dit : « Mangez de tous les fruits du jardin » ; il n'en exceptait qu'un seul arbre, un grain de sable en quelque sorte dans un océan de félicités ; et l'homme n'a pu résister à la tentation ! Et quel était le tentateur ? Une bête des champs ! Mais l'humiliation de l'homme ne s'arrête pas là. Le tentateur, ayant une haute opinion de la nature élevée de notre espèce, disait à Ève pour la séduire : « Quand vous mangerez de ce fruit défendu vos yeux s'ouvriront, vous serez comme des dieux, connaissant le bien et le mal. » C'était au moins une tentation avouable, une ambition spirituelle digne des aspirations du cœur et de l'esprit humain. Cependant est-ce cela qui porta Ève à violer le commandement de Dieu ? Hélas ! non ; mais voici la cause de sa chute : « Elle vit que l'arbre *était bon à manger, qu'il était un plaisir pour les yeux et agréable à contempler.* » Et voilà, en vérité, ce qu'il y a au fond de tous nos péchés, de tous nos égarements. Le tentateur en nous ne parle que de notre bonheur, de notre émancipation des liens de la loi, de nos progrès et de notre élévation, de notre ennoblissement par la transgression des commandements saints, de nos triomphes intellectuels par la réforme ou la violation des traditions et coutumes sacrées ; tandis que nous ne cherchons que d'indignes satisfactions matérielles, que l'assouvissement d'appétits grossiers, que la possession d'objets qui « sont bons à manger, un plaisir pour les yeux et agréables à contempler ».

Que le péché est honteux et que ses excuses sont mensongères!

Insensés, nous crie la Vérité, vous espérez par le péché avancer, progresser, vous élever à des hauteurs inconnues et à des bonheurs incommensurables, tandis que le péché *vous blesse au talon* — צרת תשופמ עקב —, vous arrête dans tous vos nobles élans, brise tous vos généreux essorts, vous empêche de marcher, vous cloue à tout jamais dans le cercle étroit et vicieux où il vous a fatalement entraînés!

« Cette histoire, dit un commentateur moderne, est trait pour trait l'histoire de notre cœur. L'homme marche d'abord dans l'innocence d'enfant. Alors se remue en lui le désir — le serpent — disant : Je voudrais faire ou avoir telle chose! La conscience répond : Cela t'est défendu, n'y touche pas (verset 3); autrement la mort, les suites les plus terribles. Mais le serpent réplique : Il ne faut pas être si sévère; si je considère la chose d'un autre côté, quel profit, quelle jouissance!... (Versets 4-5.) Et les voilà détruites, la pureté du cœur et sa piété! Mais le péché gagne du terrain. Le séduit devient séducteur à son tour par l'exemple et pour avoir de la société. Adam prend le fruit fatal des mains d'Ève (verset 6). Malheur! vous vous précipitez dans l'abîme, vous et les autres... C'est en vain que vous vous couvrez avec les feuilles de figuier de l'excuse. Vos yeux s'ouvrent, et, le *soir* de la vie, quand la passion se calme, alors, hélas! vous voudriez vous cacher, mais vous êtes épouvanté par la puissante et divine voix de la conscience qui vous crie : « Où es-tu? » Où êtes-vous tombé, homme créé si purement et élevé si pieusement! C'est en vain qu'à l'exemple d'Adam, vous attribuez la faute à autrui ou à vos inclinations mauvaises. Cela ne saurait vous tranquilliser. La parole de Dieu et votre raison vous avaient averti; vous pouviez résister avec succès. La faute est donc à vous et la malédiction à elle. Il est perdu pour vous à tout jamais l'arbre de vie de l'innocence première; un chérubin tenant un glaive flamboyant est placé devant le paradis de votre félicité précédente... C'est pourquoi fuyez le serpent, fuyez le premier pas du péché! Fuyez sous la protection du *travail* et en pensant à la *mort!* »

Adam et Ève, après avoir déchiré par le mal leur céleste robe d'innocence et de sainteté, voyaient qu'ils étaient nus et durent prendre le vêtement grossier — כתנת עור — de la vie matérielle, la livrée de la servitude, se charger du triste fardeau de tous les besoins et de tous les soucis de la misère humaine. Ils tremblaient en entendant la voix du Très-Haut,

cette voix qui était toujours pour eux si douce et si mé-
lodieuse ; qui les avait unis, bénis, animés de joie et de
bonheur ; qui avait rempli leur cœur de tous les chants suaves du ciel : et maintenan tils en ont peur et se cachent devant
leur Père et leur Dieu, dont ils ne se sentent plus dignes de
contempler les rayons divins! Ils crurent entendre le tonnerre
du châtiment dans cette voix de Dieu, *qui marchait dans le
jardin* — מתהלך בגן — et qui marche éternellement au milieu
de l'humanité, dans la conscience et les remords de l'individu comme dans l'histoire des peuples, lorsque les yeux
s'ouvrent à la lumière et que le jour apparaît après l'ivresse
et les ombres de la nuit — לרוח היום —, réveillant l'homme
de son sommeil funeste et lui criant : איכה « Où es-tu? »

Ayant souillé leur tunique de pontife, Adam et Ève furent exilés du sanctuaire, bannis de l'Éden, qui devait rester fermé jusqu'au jour où les chérubins qui en défendaient
la porte iraient se placer dans le temple d'Israël pour veiller sur l'Arche du Seigneur et les Tables de l'alliance....
Adam pleurait ses félicités perdues, et lui qui croyait devenir plus éclairé par le péché, il s'écria dans une prière
pleine d'angoisses : « Depuis que j'ai goûté du fruit défendu et transgressé votre loi, ô mon Dieu, mon intelligence
a disparu et je suis comme privé de raison, ne connaissant
plus ma voie [1]. » Alors, dit le Midrasch, le Seigneur, dans
sa tendre pitié et sa clémence infinie, envoya par un ange,
au pauvre pécheur, un livre du ciel qui lui révélait tous les
mystères, lui enseignait les règles de la vie, surtout le
moyen de guérir de sa chute ; et ce livre s'est transmis par
Adam aux patriarches, à Moïse, à Josué, aux prophètes, à
Salomon, à tous les hommes d'Israël qui méritaient la possession de ce trésor... Oui, à la place de notre Eden perdu,
à la place d'une patrie terrestre et de biens matériels péris-
sables, nous avons reçu du ciel un LIVRE qui nous tient lieu

---

[1] כי מעת אוכלי מעץ הדעת ועברתי על דבריך נטלה חכמתי ממני ואני
בער ולא אדע וכסיל ולא אבין מה יהיה.

de tout, nous restitue le paradis avec l'arbre de la vie et nous rend immortels !

Mais le péché était venu dans le monde, et ce fruit, qui devait ouvrir les yeux aux hommes et en faire des dieux, leur montra un fratricide épouvantable, Caïn, le meurtrier maudit, donnant le signal de toutes les violences et de tous les crimes, faisant entendre cette parole horrible qui fit trembler les anges et pleurer les bêtes féroces : « *Suis-je le gardien de mon frère !...* » Cependant le mal n'est pas une loi fatale de l'humanité, une nécessité que l'homme traînerait à sa vie comme un boulet aux pieds du forçat. L'homme a reçu la force de vaincre le mal, de lui écraser la tête — הוא ישופך ראש —, et le Créateur, qui avait trouvé tout bien dans son œuvre, nous a dit dès le commencement : « Le péché vous assiégera à la porte, il veut vous atteindre, mais vous pouvez le maîtriser. » — לפתח חטאת רבץ ואליך תשוקתו ואתה תמשל בו — — Il y a un bien originel et une vertu primitive, il n'y a point de mal originel ou de vice dans la Genèse. Malheureux est l'homme qui se livre au péché et se chasse lui-même du Paradis ! Maudite est la terre sur laquelle règnent l'injustice et la violence, et qui ouvre son sein pour recevoir les larmes et le sang de nos frères !.... Chaque fois qu'un enfant vient de naître, le ciel et la terre, comme Ève à la naissance de son premier fils, disent : קניתי איש את ח׳ « J'ai acquis *un homme de Dieu.* » Ce n'est pas leur faute s'il devient un esclave et un instrument de Satan !

Les exemples du bien et du juste n'ont pas manqué. Dès la naissance d'Enosch, dit l'Écriture, « on commença à invoquer le nom de l'Éternel » — אז הוחל לקרא בשם ח׳. Henoch *marcha avec Dieu*, et Jubal, « le père de ceux qui touchèrent la harpe et le psaltérion », inventa des instruments de musique, ces puissants auxiliaires pour l'adoucissement des mœurs et l'élévation de l'âme vers le ciel. Mais la corruption gagna du terrain et envahit de plus en plus le monde. L'abîme qui était fermé par la parole créatrice de Dieu, les hommes allaient l'ouvrir de nouveau sous leurs pas et transformer la création divine en chaos, en ténèbres, en toutes les désolations. Dieu se repentit de son œuvre !

Mais, au milieu de la décadence universelle, le Très-Haut a dit à Israël : « Je vous appelle avec grâce, je vous prends par la main, je vous garde et vous protége, pour que vous soyez l'alliance des peuples, le flambeau des nations, Ouvrez donc les yeux aux aveugles, délivrez de leurs fers ceux qui sont enchaînés, plongés dans les ténèbres.... Rendez gloire à l'Éternel, proclamez sa grandeur à tous les rivages ! » ישימו לח' כבוד ותחלתי באיים יגידו (Isaïe, XLII, 2, 3, 8.)

DEUXIÈME SIDRA

פ׳ נח

(Genèse, VI, 9, à XI)

כי ההרים ימושו והגבעות
תמוטינה וחסדי מאתך לא ימוש.

Le déluge. — Bénédiction divine et commandements donnés à Noé. — L'arc-en-ciel. — Plantation de la vigne et l'ivresse. — Les trois fils. — Construction de la tour de Babel. — Confusion et dispersion. — Naissance d'Abraham.

« Voici les générations de Noé : Noé fut un homme droit et intègre en son temps, il marcha avec Dieu. »

En citant les vertus de Noé avant le nom de ses fils, l'Ecriture sainte nous donne ce haut enseignement, que les mérites de l'homme sont ses meilleurs enfants et sa plus glorieuse postérité. למדך שעקר תולדותיהם של צדיקים מעשים טובים (Raschi). Une conduite honorable, l'exemple de mœurs pures et d'œuvres méritoires, voilà la vraie et la plus digne génération de l'homme, celle par laquelle il agit salutairement sur ses contemporains et sur la société future. Des vertus et des travaux, voilà la plus noble des familles et la plus illustre des généalogies.

Mais s'il est de notre devoir d'être de notre temps, de nous attacher à nos semblables, à notre pays, à l'humanité, par tous les liens et tous les intérêts, nous devons aussi avoir le courage de nous séparer du monde et de nous retirer dans notre propre vie, lorsque le monde est mauvais, dangereux, égaré dans le mal. Voilà ce que fit Noé : au milieu de la corruption qui l'entourait, *il marcha*

2

avec Dieu, et non avec les hommes. Il avait le saint et noble courage de s'isoler, de fuir une société impie, de se laisser railler comme un original, ou mépriser comme un esprit borné, arriéré, ne sachant pas apprécier les modes, les progrès, la civilisation de son siècle! Voilà la grande et héroïque indépendance qui fait marcher l'homme sûrement au milieu d'abîmes. — תלך בתום ילך בטח (Proverbes, V, 9). Noé avait su résister au flot du mal avant d'échapper au déluge des eaux. Il marcha avec Dieu.

« Dieu dit à Noé : — La fin de toutes créatures est venue, car la terre est remplie de violences par elles; je veux donc les détruire avec la terre. »

Devant le tribunal du Très-Haut, le plus grand des crimes, c'est l'injustice, l'abus de la force et du pouvoir, la violence. Les contemporains de Noé commettaient toutes sortes de monstruosités; « toute chair avait corrompu sa voie; les vices des hommes étaient nombreux et toutes leurs pensées tendaient sans cesse vers le mal » — רבה רעת האדם בארץ וכל יצר מחשבת לבו רק רע כל היום.— Cependant la clémence divine serait encore descendue sur eux, s'ils ne s'étaient rendus coupables de la faute la plus grave aux yeux du Dieu d'Israël : l'iniquité et la violence. לא נחתם גזר דינם אלא על הגזל (Raschi). [1]

Jacob, sur son lit de mort, eut des accents foudroyants contre la violence de Siméon et de Lévi. Le plus glorieux titre que la langue hébraïque donne aux hommes pieux et à Dieu, celui de צַדִּיק, veut dire *juste*. La révélation di-

---

[1] « Ils ne rendaient plus à Dieu les honneurs qui lui sont dus et n'exerçaient plus la justice envers les hommes; mais ils se portaient avec encore plus d'ardeur à commettre toutes sortes de crimes que leurs ancêtres ne se portaient à pratiquer toutes sortes de vertus. Ainsi ils attirèrent sur eux la colère de Dieu, et les grands de la terre qui se marièrent avec les filles de ces descendants de Seth produisirent une race de gens insolents, qui, par la confiance qu'ils avaient en leur force, faisaient gloire de fouler aux pieds la justice, et imitaient ces géants dont parlent les Grecs.» (Josèphe, *Histoire des Juifs*, liv. I, chap. III.)

vîne sur le Sinaï contient plus de commandements sur la justice et l'équité que les hommes doivent observer entre eux, que sur la croyance en Dieu et les pratiques extérieures de la religion. « Tu es juste, Eternel, chante le psalmiste, et tes jugements sont droits ; tu as voulu que tes lois fussent équitables et pleines de loyauté ; ta justice est éternelle et ta doctrine est vérité. » צדקתך צדק לעולם ותורתך אמת (Psaumes, CXIX, 137). S'il y avait eu dix hommes justes à Sodome, Dieu aurait pardonné à cette résidence de toutes les abominations.

La corruption des hommes, comme le souffle empoisonné d'une épidémie mortelle, avait atteint même les animaux, qui durent périr également dans le déluge, comme la terre avait été maudite, condamnée à produire des ronces et des épines, à cause du péché d'Adam. Le mal exerce ses ravages sur tout ce qui l'entoure.

Dieu dit à Noé de construire une arche pour abriter, pendant la destruction, lui, sa famille et des représentants de tout le règne animal. Le Créateur du monde aurait pu sauver d'une autre manière Noé et les siens, sans lui imposer un travail long et pénible ; mais il voulut, dans sa longanimité paternelle, donner aux méchants un dernier avertissement par la construction de l'arche, dont le but leur était révélé par le patriarche, et leur laisser ainsi le temps de s'amender et de revenir au bien. Mais, comme à Sodome, les contemporains de Noé étaient frappés d'aveuglement et ne voyaient pas les signes si éclatants de la colère du ciel et la certitude de leur châtiment prochain [1].

L'immense vaisseau est enfin achevé, s'élevant comme une menace, sombre et terrible, sur les humains engagés dans la perdition. Noé et sa famille entrent dans l'édifice si merveilleusement construit, et y reçoivent de toutes les

---

[1] «Noé construisit l'arche, et chaque fois que des individus de son peuple passaient, ils se moquaient de lui. » (Koran, Sure XI ; voy. aussi Midrasch Tanchumah.)

créatures vivant sur terre et dans l'air. Les bêtes féroces
des bois arrivent avec la même docilité que les animaux
domestiques les plus doux ; l'agneau repose à côté du loup,
le rossignol chante son divin cantique au milieu des rugissements terribles de l'hyène, la gazelle se livre à son jeu
enfantin à côté des sauvages mugissements du rhinocé-
ros... La paix et l'amour règnent ici, tandis qu'au dehors
tout est déchirement, haine, violence..... Le tonnerre
gronde, l'éclair jaillit, l'abîme s'ouvre, toutes les cata-
ractes du ciel sont lancées sur la terre, les digues de la
création sont rompues, un dernier cri de la vie, un dernier
souffle de l'existence, un dernier rayon du soleil, et voilà
le néant, et voilà les ténèbres, et voilà la mort !...

Et elle flotte là, au milieu de la destruction, l'arche de
Noé, le salut de l'humanité, comme plus tard flottera sur le
Nil l'arche de Moïse, le salut d'Israël; comme plus tard
encore marchera dans le désert l'arche divine renfermant les
Tables de la loi, le salut et l'avenir du monde spirituel !
Et cet esprit de Dieu planant sur l'abîme au milieu du
chaos, avant la création de la lumière, et cette arche sacrée du Sinaï rayonnant au fond du désert, ils flottent à
tout jamais à travers tous les déluges de l'histoire, à travers toutes les horreurs du mal et du néant, comme dernier refuge et dernier foyer de la vie abritant Israël, et sa
foi, et ses espérances, comme l'âme de la création et l'immortalité du genre humain !... C'est l'Éternel qui a fermé
les portes de l'arche de Noé — ויסגר ח' בעדו, — c'est l'Éternel qui a séparé la race d'Abraham de toutes les abominations qui l'entouraient pendant les lamentables jours des
déluges sociaux, et c'est l'Éternel qui lui a dit enfin, comme
à Noé, de sortir de l'arche, d'entrer dans le monde, d'embrasser tous les humains comme des frères, quand le soleil
a recommencé à paraître dans la société, quand l'arc-en-ciel
de la bienveillance et de la concorde s'est montré à l'horizon des peuples, et que la colombe aux couleurs divines
de l'alliance nous a apporté la branche d'olivier de la paix

et de la fraternité, la loi de la justice et de l'amour régnant dans l'humanité...

La légende raconte :

Durant cent cinquante jours les eaux couvrirent la terre, et Noé, dans l'étroit et triste séjour de l'arche, attendait avec impatience l'heure de la délivrance. Alors il aperçut, à travers les fentes de son vaisseau, les sommets des montagnes, et il demanda à la bande ailée : « Qui de vous veut voir si les flots ont baissé et si nous pouvons fouler le sol ? »

Le corbeau se leva, car il flairait de la chair corrompue, et à peine Noé poussa-t-il les verrous de l'ouverture, que l'oiseau s'envola dans l'espace. — L'ingrat ! il ne revint plus. Mais Noé pouvait-il s'en plaindre ? Bien qu'on puisse arriver à son but par des moyens *impurs*, pourquoi choisit-il un animal impur comme messager ? Cependant l'ingrat n'eut pas à se féliciter de son ingratitude, qui est toujours punie tôt ou tard. Les brouillards noirs, les exhalaisons délétères qui le frappèrent à sa sortie de l'arche, affaiblirent tellement ses yeux et sa raison, qu'il ne reconnut plus ses propres petits et en fut effrayé. Mais son plus grand malheur est qu'il lui arrive éternellement comme il a fait lui-même. Les jeunes corbeaux, imitant l'exemple de leur père, sont remplis d'ingratitude et d'insensibilité, et ne montrent jamais à leurs parents combien est doux l'attachement des enfants.

Le corbeau ayant ainsi outrageusement oublié son bienfaiteur et laissé sans nouvelles Noé, qui l'attendait impatiemment, celui-ci réunit encore une fois ses volatiles pour choisir dans leur sein un nouveau messager. Qui veut reconnaître l'état des eaux ? leur demanda-t-il. Alors la colombe se présenta timidement et sollicita avec modestie la faveur de remplir les ordres de son maître. C'est à contre-cœur que Noé la chargea de cette mission ; il redoutait le danger auquel allait s'exposer la faible et timide créature, qui pourrait périr dans l'orage ou dans la vase ; aussi hésita-t-il à accéder à sa demande. Mais la colombe, qui désirait vivement donner à Noé une marque de son amour, pria avec tant de grâce et de force, qu'il céda enfin. Elle quitta vite l'arche et s'élança dans les espaces immenses, cherchant partout un signe de la diminution des eaux, mais ce fut en vain. Elle aperçut enfin un arbre, elle vola promptement vers lui, cueillit une feuille et retourna joyeuse et heureuse à l'arche. Noé, très satisfait de l'agréable message ainsi que de cette preuve d'affection, de fidélité et de reconnaissance de la colombe, lui demanda : « Que puis-je te donner comme récompense de ta sollicitude et de ta fidélité ? — Ma liberté, répondit-elle ; car j'aime mieux la feuille amère de la libre nature donnée par Dieu, que toutes les douceurs offertes par la main du meilleur homme. » La colombe fut mise en liberté, mais elle est restée attachée à l'homme, elle l'aime toujours et en est aimée, car l'affection fait naître l'affection, et la modestie et la douceur gagnent facilement les cœurs.

Noé, sorti de l'arche qui s'était arrêtée sur les montagnes d'Ararat, éleva un autel au Seigneur et lui offrit des sacrifices pour lui rendre grâce de sa protection miraculeuse au milieu de la mort. Alors l'Eternel dit en son cœur : « Je ne maudirai plus la terre à cause de l'homme, car les penchants de son cœur sont mauvais dès sa jeunesse ; je ne frapperai plus tout ce qui vit, comme j'ai fait. Aussi longtemps que la terre durera, semailles et moissons, froid et chaleur, été et hiver, jour et nuit, ne seront interrompus. »

Voilà une promesse divine qui ne s'est pas démentie jusqu'à ce jour et qui, faite il y a quarante siècles, prouve une fois de plus la divinité de l'Ecriture sainte. Un homme

aurait-il pu faire une pareille promesse, prendre vis-à-vis
de l'humanité un tel engagement ?

Certes, il y a eu, il y a tous les jours encore des révolutions, des transformations dans l'œuvre du Créateur. Des
ébranlements de terre, des inondations, des éruptions volca-
niques, ont souvent fait disparaître des villes considérables
et changé en désert des contrées brillantes ; la colère du ciel
a aussi parfois frappé des cités et des pays, comme Sodome
et Mizraïm, pour punir les crimes des habitants ; mais ces
catastrophes n'ont jamais atteint que quelques points isolés
du globe, agités spécialement par les éléments incendiaires
déposés dans leur sein ; et puis il y avait presque toujours,
on peut le dire avec conviction, dans ces destructions par-
tielles, des créations nouvelles puissantes. Une telle révo
lution terrestre qui avait anéanti une province a fait surgir
du sein des abîmes des continents nouveaux. L'œuvre
du Très-Haut et l'humanité n'ont rien perdu.

Dans la stabilité de la création, l'homme a éternellement
sous les yeux l'exemple de l'ordre, de la régularité, de la
soumission aux lois du Seigneur. Comment pourrait-il se
révolter, fouler aux pieds l'alliance du Très-Haut, se livrer
au mal et à la mort, quand tout autour de lui est paix,
harmonie, travail, bénédiction divine, lumière céleste et
immortalité ? Comment pourrait-il, lui le chef-d'œuvre,
le roi de la création, descendre au-dessous du dernier in-
secte, de la dernière plante, du grain de sable du chemin, qui tous accomplissent la pensée du Créateur, sa loi
éternelle, et proclament sa gloire ! Quand la terre produit
régulièrement ses fruits, quand la fleur répand son parfum,
quand la pluie et la rosée versent leurs bénédictions,
quand le soleil se lève tous les matins radieux sur le monde,
l'homme pourrait-il ne rien produire, répandre autour de
lui les larmes, refuser à son prochain son secours et son
amour, faire la nuit et les ténèbres, éteindre le rayon de
bonheur chez son semblable et la lumière de Dieu en lui-
même ! N'a-t-on pas sans cesse, depuis Salomon jusqu'aux

fabulistes modernes, fait parler les animaux pour rendre sages les hommes ?

Dieu bénit Noé et ses enfants, les constitue maîtres de la terre et leur donne plusieurs commandements dont le principal est l'inviolabilité de la vie humaine ; et de même qu'Adam avait reçu une loi religieuse israélite, la sanctification du sabbath, la célébration du culte public, de même Noé a reçu une prescription spéciale du judaïsme, la prohibition de אבר מן החי, une loi sainte de notre culte domestique [1]. En suite de cela, Noé, comme plus tard Abraham, fut jugé digne de recevoir pour lui et sa postérité l'alliance de Dieu.

Le patriarche se livra à la culture de la terre et planta la vigne, dont le premier usage eut pour lui des suites regrettables. La légende dit à ce sujet :

« Lorsque Noé, après le déluge, planta la vigne, Satan poussa des cris de jubilation. Cette plante, disait-il, est à moi, car elle est le meilleur recruteur pour mon empire. Cherchons seulement un bon engrais pour obtenir beaucoup de fruit. » Il demanda alors à Noé, occupé de sa plantation: « Que fais-tu là? — Je plante la vigne. — Dans quel but? — Oh! c'est un fruit bien précieux; il réjouit le cœur de l'homme; c'est une boisson délicieuse. — S'il en est ainsi, dit Satan, occupons-nous ensemble à trouver un bon engrais. » Il apporta une brebis, un lion, un tigre, ensuite un cochon, et à la fin un singe, et les sacrifia de manière à ce que leur sang pénétrât dans le fruit de la

---

[1] D'après la tradition israélite (*Sanhedrin*, 56 *a*), sept commandements ont été donnés à Noé et à ses fils, savoir: 1° la pratique de la justice (דינין), 2° l'adoration de Dieu (ברכת השם), 3° la défense de l'idolâtrie (עכו"ם), 4° des cohabitations immorales (גילוי עריות), 5° du meurtre (שפיכות דמים), 6° du vol (גזל), 7° de manger une partie d'un animal encore vivant. Comme toute la génération humaine descend de Noé et de ses fils, tous les hommes doivent respecter ces lois de morale générale dont l'accomplissement leur assure, d'après la doctrine israélite, une part de la vie éternelle, quelle que soit d'ailleurs leur religion particulière.

vigne et s'y mêlât. L'astucieux démon savait bien ce qu'il faisait. Encore aujourd'hui, les qualités de ces animaux se montrent dans le vin. En buvant peu de vin, l'homme est doux comme un mouton; en continuant de boire, il devient courageux comme le lion, mais aussi furieux comme le tigre s'il dépasse la mesure; se livre-t-il outre mesure à la jouissance de cette plante, il ressemble bientôt au cochon, devient ridicule et plaisant comme le singe. »

Dieu réalisant la bénédiction donnée au patriarche, et voulant promptement effacer les traces du déluge, les hommes se multiplièrent rapidement sur la terre. Le plus fameux d'entre les premières générations fut Nemrod, descendant de Noé par Cham et Kousch, un héros idolâtre et un puissant chasseur. Il était souverain du pays de Babel, et il bâtit Ninive et d'autres villes. Ses contemporains se soumirent à sa domination, à sa tyrannie, dans l'espoir de trouver dans sa force une protection contre toute nouvelle catastrophe qui pourrait les atteindre comme le déluge d'autrefois. Par cette raison, ils se groupèrent le plus possible autour de lui, sur un point resserré, pour être plus forts contre tout cataclysme, contre le châtiment, contre le ciel. Forcés cependant, par leur multiplication, de quitter les hauteurs, les montagnes de l'Orient, qui leur avaient paru un refuge certain contre le déluge, et de s'établir dans la plaine de Schinâr, ils eurent peur d'être dispersés sur toute la terre et de devenir la proie facile de la mort. Mais au lieu de chercher leur force, leur union, leur point de ralliement en Dieu, ils conçurent le projet insensé d'élever une grande ville et une tour immense pour leur servir de citadelle, d'appui, de salut dans le péril, de moyen pour se rendre immortels — ונעשה לנו שם. Ils dirent au patriarche (*Talkut*, II, 103): « Aide-nous à construire la tour, car tu es vigoureux; » mais il répondit d'après Proverbe XVIII, 10 : « Une tour forte, c'est *le nom de l'Éternel!* C'est lui que vous abandonnez, et vous voulez vous faire un nom! »

« Ils donnèrent le nom de Senaar, dit Josèphe, à la première terre où ils s'établirent. Dieu leur commanda d'envoyer des colonies en d'autres lieux, afin qu'en se multipliant et s'étendant davantage, ils pussent cultiver plus de terre, recueillir des fruits en plus grande abondance, et éviter les contestations qui auraient pu autrement se former entre eux. Mais ces hommes rudes et indociles ne lui obéirent point. Ces ingrats avaient oublié qu'ils lui étaient redevables de tous leurs biens et se les attribuaient à eux-mêmes; ils ajoutèrent à leur désobéissance cette impiété, de s'imaginer que c'était un piége qu'il leur tendait, afin qu'étant divisés, il pût les perdre plus facilement. Nemrod, petit-fils de Cham, l'un des fils de Noé, fut celui qui les porta à outrager Dieu de la sorte. Cet homme, également vaillant et audacieux, leur persuada qu'ils devaient à leur seule valeur, et non pas à Dieu, toute leur bonne fortune; et comme il aspirait à la tyrannie, il leur offrit de les protéger contre Dieu s'il menaçait la terre d'un nouveau déluge, et de bâtir pour ce sujet une tour si haute, que non-seulement les eaux ne pourraient s'élever au-dessus, mais qu'il vengerait même la mort de leurs pères. Ce peuple insensé se laissa aller à cette folle persuasion, qu'il lui serait honteux de céder à Dieu, et travailla à cet ouvrage avec une ardeur incroyable. La multitude et le zèle des ouvriers firent que la tour s'éleva en peu de temps beaucoup plus qu'on n'eût osé l'espérer. »

Mais l'accord, l'union dans le mal, ne dure pas longtemps; « il n'est point de paix pour les impies, » et « toute réunion qui ne se fait point dans un but sacré ne subsiste pas longtemps. » כל כנסיה שאינה לשם שמים אין סופה להתקים (*Aboth*, IV, 14). Le Seigneur a dit : « Voilà un peuple uni, parlant le même langage, et voici leur première entreprise; maintenant rien ne leur manquera-t-il de ce qu'ils voudront entreprendre? Eh bien! confondons leur langage, et que l'un ne comprenne plus l'autre! »

Les hommes de Babel ne purent achever leur œuvre, dont les ruines colossales devaient montrer à la postérité la plus reculée :

Que c'est en Dieu seul, dans sa foi et dans son temple, que les mortels peuvent trouver leur force, leur protection, leur véritable union, et non dans un lien matériel, dans une nationalité géographique et politique, ou dans un règne de ce monde. Le peuple le plus uni et le plus durable

de la terre, c'est toujours Israël, vivant dispersé sur toute
la surface du globe, sans tour de Babel et sans domination
temporelle ;

Que les œuvres des humains, les conceptions de leurs
sciences et de leur génie sont une abomination aux yeux
du Très–Haut et un danger immense pour leur bonheur et
leur élévation véritables, quand elles ne servent qu'à l'idolâtrie des hommes, à l'exaltation de leur orgueil, à la pro-
clamation de leur toute–puissance, ou à l'encouragement
de leurs vices, et non, comme l'arche de Noé, au salut de
l'humanité, ou, comme le Tabernacle du désert, à la connaissance et la glorification de l'Éternel. « Si le Seigneur
ne bâtit pas la maison, c'est en vain que les architectes y
travaillent. »

Les ruines de Babel nous montrent encore que la cessation
de la langue hébraïque, l'idiome divin du Sinaï, la première
langue des hommes [1], d'être le langage universel et unique
de la terre, est une punition, un malheur, une malédiction pour le genre humain tout entier ; cette cessation a
produit surtout la *confusion* si funeste dans les croyances
religieuses et porté une si profonde atteinte à la fraternité
sociale. Mais aux temps messianiques, la langue sacrée
d'Israël sera de nouveau la langue du monde, comme sa
foi et ses vérités seront celles de toute la famille humaine ;
et alors « des peuples qu'il ne connaît point l'appelleront,
et des nations étrangères accourront vers lui, à cause de
l'Éternel, son Dieu, et à cause du Saint d'Israël, sa gloire.»
הן גוי לא תדע תקרא וגוי לא ידעוך אליך ירוצו למען ח' אלהיך ולקדוש
ישראל כי פארך .

---

[1] Les étymologies de *Adam* et *adama*, *ischa* et *isch*, *'Hava* (Ève) et
mère des vivants, *Kaïn* et *acquérir un homme de Dieu*, *Noach* et *il nous
consolera*, etc., le prouvent suffisamment.

TROISIÈME SIDRA

פ׳ לֶךְ לְךָ

(Genèse, XII à XVII)

מי העיר ממזרח
צדק יקראהו לרגלו?

Pérégrinations d'Abraham. — Son amour de la paix et son attachement à ses proches. — Son courage et son désintéressement. — Promesse d'une postérité. — Agar et Ismaël. — Le signe de l'alliance.

Dans les trois premiers morceaux (סדרות) du Pentateuque qu'on lit dans la Synagogue, on est frappé de trois grandes figures qui s'élèvent comme des monuments gigantesques sur toute la race humaine : *Adam, Noé, Abraham.* Adam représente l'ordre naturel, le monde physique ; sorti de la main du Créateur pur encore de toute passion et de toute maladie morale ou matérielle, qui minent le corps de l'homme comme le ver ronge le fruit de l'arbre, il est la perfection, le modèle, la splendeur de l'espèce humaine, le roi de la nature, la vie et l'âme de l'Éden terrestre ; sa nourriture et ses vêtements sont simples comme l'innocence, et il atteint un âge au-dessus de celui des plus robustes cèdres du Liban. Noé représente l'ordre social ; il en observe les lois en s'éloignant de la corruption de ses contemporains, en pratiquant la justice, en respectant la vertu, en faisant régner dans sa maison les bonnes mœurs ; son arche est un État où toutes les créatures vivent ensemble dans une paix profonde, et où chaque être trouve la protection, les droits et les libertés qui lui sont dus. Il admet les animaux impurs comme les animaux purs, confie des fonctions publiques à la colombe aussi bien qu'au corbeau; point de distinction ni d'exclusion, point d'ilote, point de paria, mais tolérance et égalité parfaites. Il établit pour tous, dans son édifice, une *clarté* (צהר), une lumière, une ouverture, par où entrent à grands flots le soleil, l'air, les parfums du ciel et de la terre; point de Ghetto, point d'oppression, point de ténèbres et de misère pour les uns, tandis que les autres respirent au sein de la vie heureuse et souriante donnée par le Père commun des hommes à tous ses enfants. Il cultive la terre, plante la vigne, donne à ses fils une sévère leçon de respect filial, pose les fondements de la société : le travail et la famille. Abraham représente l'ordre spirituel, l'homme s'élevant aux régions divines et contemplant Dieu et sa lumière.

Dans *Bereschith* nous voyons la création du monde; dans *Noach*, sa chute; dans *Lech-lecha*, son rétablissement par la foi d'Abraham, par la foi israélite.

La légende de toutes les religions a entouré la naissance d'Abraham de toutes les splendeurs du merveilleux [1]. Les amis de son père, général de Nemrod, parmi lesquels il y avait beaucoup de conseillers et de devins du roi, réunis à un festin chez Terach, quittèrent la maison fort avant dans la nuit et aperçurent au ciel, du côté de l'orient, une étoile d'une grandeur extraordinaire, qui semblait courir rapidement vers les points cardinaux de la sphère et engloutir quatre autres étoiles. C'était le moment de la naissance d'Abraham. Le roi, informé de ce phénomène, qui

---

[1] Voyez l'excellent ouvrage de M. le docteur B. Beer, *La Vie d'Abraham*, où les contes traditionnels touchant le patriarche sont réunis avec beaucoup de science. Les légendes religieuses israélites ont un caractère d'authenticité incontestable. Déjà dans la Bible, les livres postérieurs contiennent des faits, des détails complémentaires qui ne se trouvent pas dans les livres antérieurs. (Voy., par exemple, I Chronique, VII, 21-23.)

lui fut interprété comme funeste pour son trône, offrit à
Terach une somme considérable pour son fils, qu'il voulait
faire mourir.

Une autre légende raconte que Nemrod avait lui-même
lu dans les étoiles, ou avait vu dans un songe, qu'un enfant
qui allait naître se révolterait contre son culte idolâtre et
le vaincrait. Alors il fit construire une très grande maison,
où toutes les femmes enceintes de son empire durent séjourner jusqu'après leur accouchement. Il ordonna en
même temps aux sages-femmes d'étrangler à leur naissance
tous les enfants mâles, mais de laisser vivre les filles, et de
combler leurs mères de toutes sortes de présents magnifiques. Plus de soixante-dix mille petits garçons furent
ainsi mis à mort. La mère d'Abraham aussi, lorsqu'elle ne
pouvait plus dissimuler son état de grossesse, devait se
rendre dans cette maison homicide ; mais elle s'enfuit au
désert, mit au monde Abraham, qu'elle cacha dans une
grotte, éclairée soudain d'une clarté éblouissante, et les
anges du ciel pourvurent à la nourriture de l'enfant. Il y
apprit à connaître Dieu, en voyant le soleil se coucher le
soir, la lune et les étoiles pâlir et disparaître le matin,
apparitions splendides mais éphémères qui durent avoir un
créateur, un maître, dont la volonté suprême se révélait
dans leurs mouvements.

C'est ainsi que, par ses propres méditations, Abraham
reconnut la nullité de l'idolâtrie, et il éprouva le pressant
besoin de communiquer à d'autres hommes la vérité par
lui découverte, de leur faire goûter aussi la douce jouissance de sa nouvelle lumière. Dans les rues et sur les places
de Babylone, il s'écria : « L'Éternel est le Dieu du ciel et
de la terre ; il n'existe point d'autre divinité que lui ; il n'a
rien de corporel ; il est le Dieu de tous les dieux et de
Nemrod, et moi, Abraham, je suis son serviteur. Vous
tous, rendez hommage à la vérité ! »

Il arriva qu'un jour Terach, son père, fabricant
d'idoles, alla en voyage et lui confia la garde de ses dieux.

C'est alors qu'il sentit vivement combien il était humiliant de soutenir et de nourrir l'erreur et la superstition. La pensée que tant d'hommes sont les esclaves de la folie, des aveugles qui considèrent un rien comme quelque chose de grand et d'élevé, pesait comme un lourd fardeau sur son cœur.

Plongé dans de telles réflexions, il vit arriver chez lui un vieillard qui s'informa du prix d'une idole. « Quel âge as-tu ? demanda Abraham. — Soixante ans, fut la réponse. — Comment ? soixante ans, et tu n'as point honte d'adorer une œuvre d'un jour, de fléchir le genou devant des idoles muettes ! » Le vieillard s'en alla plein de confusion.

Ensuite vint une femme riche qui apporta un plat de fleur de farine qu'Abraham devait placer comme sacrifice devant les idoles. « Apporte donc cela toi-même, lui dit Abraham, à ton dieu, et fais bien attention comme il te sourira avec bienveillance, quelle haute satisfaction il te témoignera. » La femme ne comprit point le sens de ce discours et offrit le sacrifice avec une grossière simplicité. Abraham éprouva à ce spectacle une profonde douleur, et des soupirs, — certes un plus noble sacrifice, — montèrent de sa poitrine vers le Père commun des hommes à cause de l'ignorance et des ténèbres des enfants de la terre ; et ces soupirs, s'élevant au ciel, arrivèrent devant le trône de Dieu et y retentirent comme de touchantes supplications demandant la lumière pour l'humanité et l'éloignement des images de l'erreur.

Cependant Abraham n'était pas un homme à se contenter de soupirs ; il voulait contribuer par ses actes à l'éducation de ses semblables, et ramener surtout dans une meilleure voie son père, l'instrument fatal de l'idolâtrie. Il prit un bâton et brisa toutes les idoles de son père, à l'exception d'une seule, la plus grande, à laquelle il mit le bâton dans la main.

Quand Terach, revenu de son voyage, vit ses idoles en morceaux, il adressa à Abraham les reproches les plus vifs.

Mais celui-ci répondit : « Pardon, cher père, écoute donc ce qui s'est passé. Pendant ton absence, une dame distinguée apporta un riche sacrifice et le plaça devant une idole. Les autres en furent jalouses, se mirent en colère, se querellèrent et firent beaucoup de bruit, jusqu'à ce qu'enfin la plus grande d'entre elles saisit le bâton, frappa toutes les autres et les cassa en morceaux.

— Discours stupide ! cria Terach ; tu as l'audace de me raconter de tels mensonges ! Ces figures de pierre peuvent-elles donc se mouvoir, faire du bruit et frapper ? — Comment ? répliqua Abraham, elles ne peuvent faire cela et pourtant on en fait des dieux, des êtres puissants capables de faire vivre et mourir, riche et pauvre, fort et faible ! » Terach devint furieux de colère à cause de l'audace de son fils, et, étouffant tout sentiment paternel, il livra Abraham à Nemrod, le souverain du pays, qui était connu au loin par ses rigueurs et ses actes injustes.

Nemrod écouta la plainte de Terach avec un grand sérieux et ordonna à Abraham d'adorer le feu. « Je le veux bien, dit Abraham ; mais l'eau qui peut éteindre le feu est par conséquent plus forte et meilleure. — Eh bien ! prosterne-toi devant l'eau. — Mais les nuages ne sont-ils pas plus forts, puisqu'ils portent l'eau dans leur sein ? — Adore donc les nuages ! — La tempête peut les disperser. — Alors adresse ton culte aux orages. — Je ne puis non plus, plutôt l'homme qui résiste à l'orage. »

Nemrod, s'apercevant qu'Abraham ne disait plus que de vaines paroles, donna des ordres pour qu'on jetât dans la fournaise l'audacieux moqueur.

Haran, frère d'Abraham, présent à cette scène, observa un profond silence ; il voulait attendre et voir quel dieu se montrerait le plus puissant, celui de Nemrod ou celui d'Abraham.

Mais Dieu, qui voit tout et sait tout, et qui soutient toujours ceux qui l'honorent, voulut sauver Abraham. Il dit à l'ange Gabriel (qui était heureux d'accomplir la mission divine) : « Je suis unique dans le ciel, Abraham est unique sur la terre ; il convient que l'unique d'en haut sauve l'unique d'en bas. » Abraham sortit sain et sauf des flammes ; mais Haran, l'indécis, qui voulait attendre le résultat avant de se prononcer, et qui, pressé par Nemrod de se déclarer de suite, fut traité comme Abraham, trouva la mort dans la fournaise...

Portant dans sa main le bâton du voyageur, Abraham, accompagné de sa femme et de Loth, son neveu, quitta son pays et la maison de son père, ignorant où la volonté de Dieu allait le conduire. Il portait avec lui un arbre, et il voulait s'arrêter là où cet arbre prendrait racine. Mais il essaya pendant longtemps en vain ; l'arbre ne se fixa point. Cependant, quand il arriva sur la terre sacrée de Canaan, l'arbre étonnant fleurit tout à coup, ses branches s'étendirent de tous les côtés et se remplirent de fruits délicieux. Ce qui était encore plus prodigieux, c'est que l'arbre offrait à chacun qui reconnaissait Dieu une ombre rafraîchissante, le repos et la force, tandis qu'il refusait tous ces dons aux serviteurs des idoles, de sorte qu'Abraham apprit immédiatement où il avait à exercer son apostolat ; et pour confirmer son enseignement, il put montrer à ses disciples dans la divine connaissance les miracles de son arbre.

Abraham possédait aussi une pierre précieuse, qui était très belle et merveilleuse. Il la portait sur sa poitrine, et, grâce à elle, il avait le bonheur de procurer aux affligés la consolation, de soulager la douleur des maladies, souvent de les guérir. Mais qu'est donc devenue cette précieuse pierre ? Quand Abraham quitta cette vie et entra dans la légion des esprits célestes, Dieu ne voulut plus laisser à un mortel un si grand trésor, dont Abraham seul avait été digne ; alors il en fit don au souverain du firmament, le soleil, qui depuis envoie partout, avec sa lumière et sa chaleur, l'amour, le bonheur et la bénédiction.

Pour montrer, dès le commencement, que la foi d'Abraham est au-dessus de toute influence terrestre, c'est-à-dire de toute dépendance et servitude ; qu'elle n'est réellement pas de ce monde ; qu'elle n'a pas besoin de possession et de puissance matérielles, de domination temporelle et d'oppression civile, pour triompher des ténèbres et se perpétuer dans la conscience des hommes, Dieu dit au premier organe de cette foi : « Va, quitte ton pays, le lieu de ta naissance, la maison de ton père, pour te rendre dans une contrée que je te montrerai » ; en d'autres termes : Abandonne tes biens les plus précieux, renonce à tout ce que tu possèdes sur la terre, dis adieu à tes attachements les plus chers et les plus puissants, pour devenir le missionnaire de ma loi, le père de mon peuple, le fondateur de ma tribu de croyants et de pontifes. Tu n'auras pas besoin de force brutale, de trône, d'armée, de sbires, de chaînes, d'instruments de torture ; mais, avec ton seul bâton de voyage, tu deviendras le pasteur de l'humanité, le prêtre de la vérité, le messager du salut.

Or, quelle autre religion pourrait exister un seul jour si on lui disait : Va, quitte ton pays, ta domination politique, ton sceptre temporel, renvoie tes soldats, renonce à tes richesses et à ton influence matérielle, proclame une loi de liberté et d'égalité, cherche à convaincre, et non à vaincre, à régner par la lumière, et non à dominer par les ténèbres, par les cachots ou les flammes des auto-da-fé !... Va dans la contrée que le ciel te montrera — אשר אראך — et non sur le sol ensanglanté que les baïonnettes soumettront à ta loi !...

Les paroles divines adressées à Abraham montrent à chacun de ses descendants son devoir : LE SACRIFICE, le moyen de s'élever à la perfection israélite, à la hauteur de la vraie religion, à la plus glorieuse des destinées, en renonçant volontairement à bien des choses d'ici-bas, qui peuvent devenir un danger pour l'esprit et un empêchement pour notre félicité éternelle. Notre cœur et notre

âme, tout en s'attachant aux douces et saintes affections de
ce monde, ne doivent pas cependant s'y enchaîner tellement qu'ils ne puissent penser à leur avenir, qu'ils ne puissent se lancer vers le ciel. Tous les jours ils doivent entendre la voix d'en haut qui leur dit : « Quitte ton pays,
le lieu de ta naissance, la maison de ton père, et élève-toi
à la région que je te montrerai. » Les jouissances et les
enivrements de la cour de Nemrod sont incompatibles avec
la sanctification de la vie et du temple d'Israël.

« Je ferai de toi une grande nation, je te bénirai, j'a-
« grandirai ton nom, tu seras une bénédiction. Je bénirai
« ceux qui te bénissent, je maudirai ceux qui te maudis-
« sent, et toutes les générations de la terre seront bénies
« en toi. »

Les descendants d'Abraham n'ont pas encore formé une
grande nation proprement dite ; même au temps de sa
splendeur, sous les rois David et Salomon, notre peuple
avait des voisins plus puissants que lui [1]. Sa grandeur
devait donc consister non dans son chiffre et ses possessions géographiques, mais dans ses idées et ses croyances,
qu'il était appelé à répandre dans le monde et qui ont conquis et conquièrent tous les jours des esprits plus nombreux que les étoiles du firmament et les grains de sable
de l'Océan. Le monde moral et spirituel est basé sur le
judaïsme et y puise sa vie, sa conservation, la force et la
possibilité de son existence. Sans le judaïsme, les religions
des peuples les plus civilisés tomberaient en poussière,
leurs lois morales n'auraient point de sanction ; leurs travaux, leurs progrès, leur génie, ne seraient qu'un instinct
animal plus ou moins développé, mais n'étant illuminé par
aucune clarté réelle, mais n'étant animé par aucune pensée
d'ennoblissement et de véritable élévation. Aussi presque

[1] לא מרבכם מכל העמים חשק ה' בכם ויבחר בכם כי אתם המעט מכל
העמים (Deut., VII, 7).

toutes les religions de la terre nous ont-elles emprunté
notre Dieu, nos dogmes, nos écritures sacrées, nos psaumes et une foule d'usages pour leurs cultes, tandis que les
législateurs de presque tous les siècles et de tous les empires ont pris dans nos lois morales et sociales les éléments de leurs codes civils et criminels. Et partout où ces
codes sont imparfaits ou insuffisants, on peut être certain
qu'ils s'éloignent de la législation mosaïque et rabbinique,
dont les tables de la loi ornent le frontispice de tout l'édifice social. Les religions les plus illustres, en faisant entendre leur voix pour se glorifier et attirer les foules, que
citent-elles autre chose que leurs lois morales, leur charité,
leur amour du prochain, empruntés littéralement au judaïsme, tandis que leurs dogmes particuliers, mystères et
ténèbres, ne trouvent ni écho dans la raison, ni croyance
réelle dans la conscience, ni consentement et *amen* dans
l'âme humaine, où brille un rayon de Dieu?

Le judaïsme règne donc en vérité sur les esprits et les
cœurs de l'immense majorité de l'humanité; il est le fondement des lois sociales et morales du monde civilisé; il est
le foyer où s'allument les intelligences et les civilisations,
où les plus illustres empires cherchent la sanction de leurs
institutions, la sécurité de leur existence, la garantie de
leur avenir. N'est-ce pas alors que le judaïsme, selon la
promesse divine, forme réellement *une grande nation*, la
plus grande que la terre ait jamais vue et que l'esprit de
l'homme ait jamais pu concevoir?

Non, la grandeur d'Abraham et d'Israël ne devait pas
consister dans les richesses et possessions matérielles,
dans la force brutale, dans cette puissance et cette domination qui avaient fait dire aux hommes de Babel : « Bâtissons une ville avec une tour s'élevant jusqu'au ciel, *et
faisons-nous un nom* » נעשה לנו שם. Ce nom, cette grandeur,
cette illustration et cette immortalité, Abraham devait les
trouver dans l'exil, sur la terre étrangère, où il ne possédait pas une pierre pour reposer sa tête, où la famine

le chassait d'un endroit à l'autre, où il était entouré
d'ennemis et de barbares, où sa femme lui fut ravie, son
parent pris et pillé, — symbole de rapts abominables dans
les temps futurs, — où il reçut lui-même la révélation terrible d'un esclavage de quatre siècles réservé à ses enfants,... en un mot, où tout s'était réuni pour le rendre
le plus malheureux des hommes ; et c'est là cependant
qu'il dut devenir un grand peuple, un grand nom, un
foyer de lumières et d'étoiles, une bénédiction universelle!... A la place de la tour de Babel il éleva dans sa
foi les hauteurs enflammées du Sinaï! A la place des palais
somptueux, mais destinés à la destruction de la cité idolâtre, il posa dans son esprit les fondements du sanctuaire
immortel porté sur les épaules de nos ancêtres à travers
tous les déserts et toutes les ruines!... Et à la place de
la langue confondue des dominateurs de la terre, il fit entendre la voix harmonieuse et divine, les accents purs et
célestes, retentissant un jour dans toutes les âmes, du
schema Israël !...

Aussi Abraham —le judaïsme —est-il éternellement *une
bénédiction* pour les états et pour la société. Les peuples
qui le bénissent, qui le respectent, qui observent sa loi
de justice, de sainteté et d'amour, et qui traitent avec
bonté ses organes, ses pontifes et ses lévites —Israël, —
ces peuples sont bénis à leur tour, prospèrent et gran-
dissent, marchent à la tête des nations et avancent dans
le progrès et le bien pour arriver infailliblement à la perfection et à la lumière sinaïques, où toutes les erreurs se
dissipent, où tous les voiles tombent. Mais ils sont à
tout jamais maudits les pays qui maudissent Abraham et
la loi israélite, en violent les prescriptions, en dénaturent
les principes et les dogmes fondamentaux, en persécutent
les enfants pour leur constance dans la vérité, leur héroïsme dans le martyre, leur mission de salut et leur
protestation éternelle contre l'idolâtrie. « Toutes les générations de la terre seront bénies en Abraham », seront

sauvées par sa croyance et sa loi, hors desquelles le monde chercherait en vain sa base, sa route et son salut, hors desquelles il ne trouverait pas le vrai Dieu dans le ciel, ni la vraie justice sur la terre, ni la vraie charité parmi les hommes.

Abraham, après avoir confessé la vérité devant les idoles de Nemrod et dans la fournaise d'Ur-Kasdim; après avoir suivi, sans hésiter, l'appel de son Dieu, en quittant son pays et sa famille, en acceptant l'exil sur une terre étrangère, au milieu de toutes les barbaries, où, sans crainte de la mort, il proclame partout le nom du Très-Haut et lui élève des autels, que d'exemples de vertus, de désintéressement, de grandeur d'âme, — expression et rayonnement de la foi israélite, — a-t-il donnés à ses enfants et à l'humanité!

Une dispute éclate entre les bergers de ses troupeaux et ceux de Loth; alors Abraham lui dit : « N'ayons point de discorde entre nous, *car nous sommes frères.* » Pourquoi ce mot du divin patriarche ne retentit-il pas éternellement au milieu de nous, ses descendants et sa famille: כי אנשים אחים אנחנו Nous sommes frères! Vivons donc dans l'union, dans la fraternité, dans l'amour d'Israël, comme le demande notre Dieu, comme l'ordonne notre religion, comme le conseillent nos intérêts, notre position au milieu des peuples, notre honneur et notre avenir dans le monde!

Loth se dirige sur un autre point du pays; il est riche et prospère. Mais excite-t-il l'envie, la jalousie ou l'indifférence de son parent? Oh! non, loin de là. Il est enveloppé dans une guerre et tombe entre les mains de farouches ennemis. Abraham l'apprend, vole à son secours, attaque — lui, vieillard octogénaire, — avec ses serviteurs, plusieurs puissants chefs de peuplades, expose sa vie et ses biens dans une lutte sanglante, inégale, et délivre son neveu! Quelle leçon pour nous tous qui assistons souvent tranquillement au malheur, à la ruine, de notre frère, n'ayant tout au plus pour lui qu'une pitié en paroles, qu'un intérêt et une sympathie en phrases, qu'une consolation ou une aumône humiliante!

Et après avoir exposé ses jours et ceux de tous les siens pour sauver son coreligionnaire, comment Abraham, — le modèle du vrai israélite, — veut-il être récompensé de ce service de vie et de mort? Par ce serment solennel: « Je lève la main vers l'Eternel, le Dieu suprême, le créateur du ciel et de la terre, que je n'accepterai rien de tout ce qui t'appartient, afin que tu ne puisses pas dire : C'est moi qui ai enrichi Abram! » Le père des croyants, montrant un désintéressement qu'il est difficile de trouver ailleurs, voulait qu'on attribuât ses biens et tout ce qu'il possédait à la bonté et à la grâce de la divine Providence, et non aux faveurs d'un prince terrestre, ou à d'heureuses circonstances, où à des spéculations ingénieuses. Son bonheur et ses richesses mêmes devaient être devant le monde un hommage public à son Dieu!

Dès ce moment le Très-Haut le jugea digne de lui révéler l'avenir, de lui montrer les douleurs, le martyre et la gloire de ses descendants, le châtiment et la honte de leurs oppresseurs, et de contracter avec lui et sa postérité une alliance immortelle gravée dans l'âme et la chair de tout israélite. Mille et mille fois depuis Abraham il fut dit à Israël : « Va-t'en, quitte ton pays, le lieu de ta naissance, le berceau de tes enfants, le tombeau de tes pères et mères, pour errer, pauvre et proscrit, dans des contrées inhospitalières et au milieu de peuples cruels. » Mais partout aussi Israël fut une bénédiction pour les nations, et les générations de la terre furent bénies en lui, partout où on lui permettait de bâtir un autel au Seigneur et d'invoquer le nom du Très-Haut ויבן שם מזבח ל'ח ויקרא בשם ה' ; — partout où il put proclamer et faire pratiquer cette parole de son ancêtre: « Tous les hommes sont frères » כי אנשים אחים אנחנו ; — partout où il a réellement cru en Dieu

‎וחשמן ב״ח, — à sa loi, à sa promesse, à notre mission et à notre avenir; — partout enfin où il a accompli sa tâche, et la parole de Dieu qui lui a dit : — Israël, tu seras le père, l'initiateur et le flambeau d'une multitude de peuples ‎כי אב המון גוים נתתיך.

Et la voix du Très-Haut nous dit encore :

« Toi, Israël, mon serviteur, Jacob, mon élu, postérité d'Abraham, mon bien-aimé ;

« Toi que j'ai soutenu sur toute la surface du globe, que j'ai appelé des extrémités de la terre, et à qui j'ai dit : — Tu es mon ministre, je te choisis et ne te rejetterai jamais ;

« Ne crains rien, car je suis avec toi ; ne désespère pas, car je suis ton Dieu ! Je te fortifie et viens à ton secours ; je te soutiens par ma main fidèle.

« Vois ! tous ceux qui t'outrageaient disparaissent avec honte ; ils seront anéantis, les hommes qui t'ont persécuté.

« Tu les chercheras, et tu ne les trouveras point, les hommes de haine ; ils seront effacés, réduits à rien, les hommes qui t'ont fait la guerre.

« Car c'est moi, l'Éternel ton Dieu, qui fortifie ton bras, qui te dis : — Ne crains rien, je te protége !

« N'aie donc point d'inquiétude, vermisseau de Jacob, faible communauté d'Israël ! Je suis ton protecteur, ton sauveur, moi l'Éternel, le Très-Saint d'Israël !

« Tu réduiras des montagnes en poussière, tu écraseras des colosses... le vent les emportera, la tempête les dispersera, et tu te réjouiras dans le Seigneur, tu te glorifieras dans le Très-Saint d'Israël. » ‎וארת תגיל ב״ח ‎בקדוש ישראל תתהלל (Isaïe, XL, 13-21).

QUATRIÈME SIDRA

פ׳ וַיֵּרָא

(Genèse, XVIII à XXII)

חנה נא ידעתי כי איש
אלהים קדוש הוא :

Apparition divine. — Hospitalité d'Abraham. — Destruction de Sodome. — Délivrance de Loth. — Abraham chez les Philistins. — Naissance d'Isaac. — Agar et Ismaël dans le désert. — Épreuve et sacrifice sur le mont Moria.

Les promesses divines allaient recevoir leur merveilleux accomplissement, et Abraham marchait à grands pas à ses hautes et immortelles destinées.

Il venait de graver dans sa chair le signe de l'alliance de Dieu, d'offrir à la vérité israélite le sacrifice de douleur et de sanctification répété par ses descendants jusqu'à la fin des siècles. Le Très-Haut lui apparaissait dans le bocage de Mamré pour visiter le malade. Le ciel dardait tous ses feux pour hâter la guérison du patriarche et empêcher les voyageurs de le troubler dans son repos, lui dont la maison hospitalière était ouverte à tous. Alors il s'affligea profondément de ne pouvoir exercer le devoir d'hospitalité qui lui était si cher et si sacré. Il envoya Éliézer à la découverte de quelque voyageur fatigué, mais le fidèle serviteur revint sans résultat, car nul mortel n'osait affronter en ce jour les chaleurs de la route. Alors Abraham, malgré ses souffrances physiques, quitta sa couche et se mit à l'entrée de sa tente pour explorer du regard la contrée et découvrir un être humain ayant besoin d'assistance.

Il lève les yeux, regarde, et soudain il voit près de lui trois hommes, trois étrangers, qui n'étaient ni de sa race, ni de son culte, ni de sa position sociale ; ils n'étaient pas couverts de riches vêtements et n'avaient pas avec eux un troupeau d'esclaves ou de bêtes de somme chargés d'or, de pourpre, de parfums, ou d'autres trésors de l'Orient ; mais ils avaient l'air pauvre, exténué, et étaient couverts de poussière. Cependant Abraham, malgré sa faiblesse, ses douleurs et son âge avancé, court au-devant d'eux depuis la porte de sa tente, et s'incline à terre, comme s'il avait devant lui des princes. Et comment leur parle-t-il, à ces pauvres gens, qui semblaient appartenir à une religion idolâtre ? Il dit :

« Seigneurs, si j'ai trouvé grâce à vos yeux, ne passez pas devant la demeure de votre serviteur ; souffrez qu'on apporte un peu d'eau pour laver vos pieds, et reposez-vous sous l'arbre ; j'apporterai du pain, vous fortifierez votre cœur, ensuite vous pouvez continuer votre chemin ; je vous en prie, puisque vous passez près de votre serviteur. »

Quels nobles et délicats procédés ! Un ancien a déjà dit que souvent on refuse une invitation, d'abord parce qu'on craint de porter le dérangement et le trouble dans la maison de l'amphitryon ; puis, parce qu'on ne veut pas lui causer des frais, un surcroît de dépense ; ensuite, parce qu'on craint d'être retenu après le repas et de perdre beaucoup de temps, comme cela arrive dans la société moderne, où, pour un maigre dîner, on est souvent obligé de passer la nuit, de se fatiguer, de jouer, de perdre son argent, d'amuser les gens, de se soumettre à toutes sortes de désagréments et de contraintes, en un mot de payer chèrement son écot. Pour dissiper toutes ces craintes dans l'esprit des trois étrangers, Abraham leur dit : 1° « *Reposez-vous sous l'arbre* », donc vous ne dérangerez personne et rien dans la maison ; 2° « *J'apporterai du pain* », donc vous ne me causerez aucune dépense ; 3° « *Ensuite vous pouvez continuer votre chemin* », donc je ne vous retiendrai pas et vous ne perdrez pas votre temps.

Cependant Abraham a-t-il exécuté fidèlement tout son programme, l'article du morceau de pain ? Oh! non. Aussitôt que les voyageurs déclarèrent qu'ils acceptaient, le divin vieillard courut à la tente pour ordonner à Sarâ de faire les meilleurs gâteaux possibles ; puis il se rendit à la hâte à son troupeau, y choisit un jeune bœuf, *tendre et bon*, qu'il fit apprêter ; il réunit encore toutes sortes d'autres aliments délicats pour offrir aux voyageurs un excellent repas et réjouir leur âme ; il se tint auprès d'eux et les servit lui-même !... Les yeux des mortels ont-ils jamais vu un spectacle plus noble et plus touchant ? Et quel sublime exemple donné par l'immortel patriarche à ses enfants, d'être bons, charitables, généreux et fraternels envers tous les hommes, tous les étrangers, tous les voyageurs sur la route si pénible de la vie, et envers les croyants de tous les cultes !

Mais ce n'étaient pas des hommes qui apparurent à Mamré, c'étaient trois envoyés du ciel, trois anges chargés d'annoncer à Sarâ la bonne nouvelle de la prochaine naissance d'un fils, de détruire Sodome et de sauver Loth [1]. Mais soyons certains que même tout mortel envers lequel nous exerçons des œuvres de charité et d'amour, fût-il un idolâtre, un impie, un méchant, devient pour nous un ange divin, plaidant notre cause devant le trône du Seigneur et attirant sur nous les bénédictions et

---

[1] Raschi dit que l'un des anges, Raphaël, était chargé de guérir Abraham et de sauver Loth ; c'est pourquoi il est venu deux anges à Sodome (XIX, 1). Mais, en attribuant à Raphaël deux missions, Raschi nous semble se contredire, puisqu'il dit au verset 2 : אין מלאך אחד עושה שתי שליחות (Job, XXIII, 13). Peut-être aussi que les deux fonctions, guérir Abraham et sauver Loth, étant d'une nature analogue, ne constituaient-elles qu'une seule et même mission.

les grâces de Dieu [1]. Le pauvre ou l'étranger qui nous arrive est un hôte envoyé par le Ciel.

———————

Les crimes de Sodome étaient immenses ; la tradition donne à ce sujet des détails horribles ; le déluge, la punition des hommes de Babel, des catastrophes locales révélant la colère du ciel (*Bereschith Rabba* et *Tanchum*), rien n'arrêtait les habitants dans leur voie coupable, dont la clameur monta jusqu'au trône céleste. Alors le Très-Haut dit : — « Il faut que *je descende* de la sphère supérieure de la miséricorde et du pardon à la région inférieure de la justice et du châtiment. Cependant cacherai-je à Abraham ce que j'ai dessein de faire, à lui qui formera un jour une nation grande et puissante et en qui tous les peuples de la terre seront bénis ? Ne sais-je pas qu'il ordonnera à ses enfants et à sa maison, après lui, d'observer la voie de l'Éternel, de pratiquer la vertu et la justice, afin que mes prédictions s'accomplissent sur lui ? Je lui ai promis la possession de ce pays ; comment en détruirai-je plusieurs villes à son insu ? Je l'ai appelé *père d'une multitude de peuples ;* comment ferai-je périr les enfants sans en prévenir le père, qui est mon ami ? En enseignant à ses descendants la vertu et la justice, la loi religieuse et morale qui les conduira à la lumière et au salut, n'est-il pas devenu mon collaborateur dans la création spirituelle de l'homme ?... »

Et après que le Seigneur eut révélé à Abraham le sort

———————

[1] Quand Moïse monta au ciel pour recevoir les Tables de la Loi, les anges voulurent le repousser, ne tolérant pas au milieu d'eux un mortel. Alors Dieu changea le visage de Moïse en celui d'Abraham, dont l'hospitalité n'avait pas été méprisée un jour même par des anges, et les habitants du ciel furent honteux. Mais Dieu dit à Moïse : « Remarque bien que c'est par le seul mérite d'Abraham, de ce héros de piété, que tu peux emporter sur la terre la loi divine. » (*Schemoth Rabba*, 28.)

prochain de Sodome, le patriarche, oubliant tous les crimes de la cité impie, poussé par son amour infini pour ses semblables, commença contre la justice divine une lutte immortelle dont le souvenir nous fait verser des larmes, et dont aucune autre religion n'offre l'exemple. Ne pouvant résister à son émotion en apprenant le châtiment terrible suspendu sur tant de créatures humaines, le père des croyants crie à la Divinité : « Mais s'il y a cinquante, trente, dix justes dans la ville, les feras-tu périr dans la destruction commune, et ne pardonneras-tu pas à tout l'endroit en faveur d'eux ? Il est indigne de toi (חולין הוא לך) d'agir ainsi, de faire mourir le juste avec le méchant ! Il est indigne de toi de traiter le juste comme le méchant ! Le juge suprême de la terre n'agirait-il pas avec justice ! »

Puissent tous ceux qui accusent le judaïsme d'être égoïste, exclusif, de haïr les hommes d'autres races et d'autres cultes, relire cette sublime et puissante prière adressée au ciel par le premier israélite en faveur d'un peuple idolâtre et barbare, et ils apprendront à mieux connaître tout ce qu'il y a d'humanité, d'amour et de charité dans le cœur et la croyance d'Israël pour tous les enfants du Créateur.

Hélas ! comme au temps du déluge [1], il n'y avait pas dix justes dans la cité maudite, et le jugement de Dieu eut son cours. Encore aujourd'hui, des ruines lugubres dans une contrée ressemblant à un tombeau disent au passant : Ici fut Sodome !

Combien chacun de nous doit-il donc chercher à être de ces dix justes de la communauté, dans le temple du Seigneur, dans les actes de bienfaisance, dans l'exemple de la pratique de tous les devoirs et toutes les vertus israélites, de ces dix hommes forts et incorruptibles qui sont l'hon-

---

[1] La famille de Noé n'était composée que de huit membres : Noé, sa femme, ses trois fils et ses trois belles-filles.

neur, les colonnes, les sauveurs, de leurs frères, et dont une voix d'en haut dit אלהים נצב בעדת אל : « Le Très - Haut demeure au milieu de son assemblée ! » Et combien les fautes de l'un de nous, en diminuant la mesure de bien nécessaire au monde, peuvent-elles attirer de malheur et de deuil sur le genre humain tout entier !

Abraham, dans sa douloureuse inquiétude pour le sort de Sodome et ses habitants, retourne le matin à l'endroit où il avait prié Dieu la veille. Il voulait prier, espérer encore, lorsqu'il vit une colonne de feu, semblable à une fournaise, s'élever de la terre et éclairer d'un sinistre éclat la destruction de tout un pays, les funérailles de tout un peuple... Alors, accablé d'affliction et prévoyant qu'aucun voyageur ne passera plus par cette contrée dévastée, et qu'il ne pourra plus y exercer sa douce hospitalité, il partit de là, se dirigea vers le Midi et s'arrêta chez les Philistins. Le roi Abimélech, averti par une vision céleste que l'étranger était un homme de Dieu, et sévèrement frappé pour un acte de violence commis à son égard, chercha son amitié et le combla de marques de vénération. Le patriarche, fidèle au principe et au sentiment israélite, contracta une alliance avec un souverain du paganisme. Mais aussi, fidèle à sa mission, à la mission sinaïque d'Israël, il proclama, sur la terre idolâtre, *le nom du Dieu éternel* ויקרא שם בשם ה' אל עולם.

L'heure fortunée a sonné où le Seigneur pensa à Sarâ et accomplit sa promesse. Isaac vint au monde, et l'immortalité de la race d'Abraham était assurée. La légende raconte :

Abraham avait déjà vu cent printemps et Sarâ quatre-vingt-dix, et nul enfant n'était encore venu couronner leur vie. Ils saluèrent enfin un fils qu'ils nommèrent *Isaac*, ce qui veut dire fils de la joie. Lorsqu'au bout de trois ans arriva la fête du sevrage, les excellents parents invitèrent

toutes les dames de leur connaissance, car ils ne voulaient
pas être seuls contents et joyeux. Cependant, les invitées
plaisantèrent sur Sarâ, et mirent en doute son innocence.
L'envie et la jalousie flairent partout le mal et voient de
tous côtés la trace de faiblesses et de fautes qu'elles mê-
lent avec leur poison. « Il est odieux, dit l'une, que cet audacieux et vieux couple fasse passer pour sien un enfant
trouvé dans la rue, et ose encore donner en son honneur une
fête de sevrage. Comment cette vieille Sarâ pourrait-elle
encore avoir des enfants ? — Comment, dit une autre, *cela*
un enfant de Sarâ, dont il n'a pas un seul trait de ressemblance ! » Une troisième voulait même trouver une ressemblance avec une autre personne, et justifier ainsi le soup-
çon que c'était un enfant abandonné. C'est ainsi que continuait la calomnie. Les pieux parents entendirent ces
odieuses paroles, mais ils firent semblant de n'en savoir
rien et se turent. Cependant ils désiraient trouver un
moyen de pouvoir montrer à tous qu'Isaac était réellement
leur fils. Pendant ce temps, quand les convives entouraient
la table et jouissaient de la libéralité d'Abraham, les nour-
rissons que les mères avaient amenés commencèrent à
pleurer : ils voulaient aussi se rassasier. Les femmes
riaient déjà intérieurement, pensant qu'on allait voir enfin
ce qu'il en était de la maternité de Sarâ ; mais, quel prodige ! Sarâ eut assez de lait non-seulement pour son fils,
mais encore pour d'autres enfants ; alors les insinuations
calomnieuses se turent comme par enchantement. Cependant l'envie est ingénieuse, et les motifs d'accusation ne
lui manquent jamais. Sarâ, disaient les femmes entre
elles, est bien la mère de l'enfant, on ne saurait le contester ; mais est-ce bien le fils d'Abraham ? Jamais ! Il n'a
point la moindre ressemblance avec lui... Alors, soudain, Dieu fit que la figure d'Isaac ressemblât à celle
d'Abraham de la manière la plus frappante, et les plus
mauvaises langues n'osaient plus exprimer le moindre
doute sur la fidélité conjugale de Sarâ. Toutes les invi-

tées durent avouer qu'Isaac était le fils d'Abraham, et qu'Abraham avait engendré Isaac. (Genèse, XXV, 19.)

Sarâ, remarquant que la conduite d'Ismaël, l'enfant d'Agar, était répréhensible, et que sa présence était un danger permanent pour la vertu et la vie d'Isaac, sollicita de son époux le départ de l'Égyptienne et de son fils. Abraham fut affligé de ce trouble dans son foyer domesti- que et recula dans sa bonté devant un acte de sévérité en- vers son esclave; mais Dieu lui dit d'écouter Sarâ, qui était illuminée par la lumière prophétique. Cependant la bénédiction d'Abraham suivit Agar et Ismaël dans leur exil, et le pieux patriarche, dit la légende, les visita plus d'une fois.

Le jour d'une épreuve sans exemple et d'une gloire sans fin s'est élevé pour Abraham. Voici comment une tradition raconte une partie de ce merveilleux événement [1].

Un jour les enfants du ciel (les anges) se présentèrent devant le Sei- gneur; il y avait aussi parmi eux l'accusateur des hommes, nommé éga- lement adversaire, Satan ou Samaël. Le Seigneur lui demanda : « D'où viens-tu? — D'une course et d'un pèlerinage à travers la terre. — Qu'as- tu à me rapporter sur la conduite des fils de la terre? — J'ai remarqué en vérité qu'ils ne te prient et ne te servent fidèlement qu'autant qu'ils attendent quelque chose de toi; leur vœu une fois accompli, ils t'aban- donnent et t'oublient. Vois cet Abraham, fils de Terach, aussi longtemps qu'il était sans enfants, il t'élevait des autels, t'adorait et annonçait sans cesse ton nom aux habitants du pays : maintenant que tu l'as béni, dans son âge avancé, d'un fils, il t'abandonne. Il a donné un festin aux grands de la terre et n'en a rien accordé à un nécessiteux qui sollicitait un se- cours. Quant à toi, ô Seigneur! il t'a entièrement oublié, puisqu'il ne t'a pas offert un seul sacrifice de toutes les bêtes qu'il avait fait tuer pour le repas de sevrage d'Isaac. Où sont les autels qu'il aurait construits de- puis en ton honneur? Il a même conclu une alliance intime avec un prince idolâtre, lui que tu as élu au milieu de tous les hommes! »
Et le Seigneur répondit : « Mais as-tu bien fait attention à mon servi- teur Abraham, qu'il n'y a personne sur la terre comme lui, loyal et sans

[1] Voy. *La Vie d'Abraham*, par le docteur B. Beer, p. 58.

défaut, craignant Dieu et fuyant le mal? Le festin dont il s'agit, il ne l'avait préparé qu'à cause de son fils; eh bien! par ma vie immortelle, si je lui demandais ce fils comme holocauste, il me l'immolerait de suite! S'il a contracté une alliance avec Abimélech, — bien que la manière trop intime dont cela se fit ne fût pas tout à fait convenable et aura des suites fâcheuses pour la postérité d'Abraham, — il avait la pieuse pensée de frayer le chemin à la paix, afin que la concorde progresse sur la terre et que celui qui est éloigné soit rapproché de ce qui est bien et juste (¹). »

Satan répliqua : « Eh bien! fais, ô Seigneur, comme tu as dit; ordonne à Abraham de sacrifier son fils. Se conformera-t-il à tes ordres et ne se révoltera-t-il pas? »

Et dans la même nuit Dieu apparut à Abraham, lui parlant avec douceur pour ne point troubler son cœur, et lui dit : « Abraham! » Celui-ci, dans le sentiment de la plus profonde humilité, répondit : « Me voici, prêt à ton appel. » Le Seigneur continua : « J'ai une prière à t'adresser. Abraham, tu sais que je t'ai comblé de bienfaits, rendu victorieux de tes ennemis, que mon amour a fondé ton bonheur actuel, en t'accordant ton fils Isaac. Mais aussi je t'ai fait subir des épreuves nombreuses; tu les as supportées toutes. Fais encore une dernière fois ce que je demande, afin que ta piété devienne bien manifeste et qu'on sache que tu as constamment respecté la volonté de Dieu plus que toute chose. Prends ton fils....

Abraham, interrompant : — Lequel? j'en ai deux.

La voix de Dieu : — Celui que tu considères comme l'unique.

Abraham : — Chacun des deux est l'unique de sa mère.

La voix de Dieu : — Celui que tu aimes.

Abraham : — Je les aime tous les deux.

La voix de Dieu : — Celui que tu aimes particulièrement.

Abraham : — J'embrasse mes enfants d'un égal amour.

La voix de Dieu : — Eh bien! prends Isaac.

Abraham : — Et que dois-je faire de lui, ô Seigneur?

La voix de Dieu : — Va dans la contrée où, à ma voix, des montagnes se sont élevées soudain des profondeurs des vallées; — va vers les hauteurs consacrées à mon culte, d'où un jour rayonnera la lumière, la loi, la connaissance de Dieu, où la domination spirituelle sur le monde aura sa résidence, où mon regard divin planera éternellement, où je paraîtrai aux voyants et où s'élèveront en mon honneur les parfums de l'encens sacré; — va vers le lieu dont la situation correspond au céleste sanctuaire et où toute prière sincère et fervente est exaucée, mais d'où aussi l'effroi descendra sur les peuples (²), et où je jugerai les méchants, qui seront précipités dans les profondeurs du Guehinom (³); — va au pays de *Moria* que je te montrerai, et amène-s-y ton fils Isaac pour holocauste.

___

(¹) *Tana debe Eliahu* et le commentaire מזהיר אש.

(²) שרצא ממט מורה לא׳ז׳ע׳, *Taenith*, 16 *a*.

(³) Ber. Rab. et Pesikta; allusion au Psaume XLIX, 15, où il est dit : לבקר שאל מזבל לֹ.

Abraham : — Je dois offrir un sacrifice, ô Seigneur ! mais où est le prêtre pour le préparer ?

La voix de Dieu : — Tu es désormais revêtu de cette dignité, comme autrefois Sem, le fils de Noé.

Abraham : — Mais cette contrée a plusieurs montagnes ; laquelle dois-je monter ?

La voix de Dieu : — Celle sur le sommet de laquelle tu apercevras ma majesté enveloppée de nuages qui t'y attendra pour te dire ce qu'il te restera à faire.

Le patriarche, arrachant son fils bien-aimé des bras de sa mère, part avec lui, le conduit sur la sainte montagne, construit un autel, allume le feu, y fait monter le plus grand des sacrifices, et étend son bras armé pour offrir à son Dieu, avec le sang et la vie de son enfant, tout son bonheur, toutes ses félicités, toutes ses espérances, tout son avenir... Prêt à frapper, une voix du ciel lui crie soudain : « Abraham ! Abraham ! ne touche point au jeune homme, et ne lui fais rien, car je sais maintenant que tu crains Dieu, puisque tu ne m'as pas même refusé ton fils unique ! » Et après que le plus héroïque des pères, le plus sublime des pontifes, eut sacrifié, à la place d'Isaac, un bélier attendant dans un buisson voisin depuis la création du monde, la voix céleste retentit de nouveau : « J'en jure par moi, dit l'Eternel, que puisque tu as fait cela et que tu ne m'as pas refusé ton fils unique, je te bénirai avec abondance, et je multiplierai ta postérité comme les étoiles du firmament et les grains de sable de la mer ; tes enfants posséderont les portes de leurs ennemis et toutes les nations de la terre seront bénies en eux, parce que tu as obéi à ma voix ! »

Voici en quels termes l'historien Josèphe (livre I, chap. XIII) retrace l'événement de Moria :

Il ne se pouvait rien ajouter à la tendresse qu'avait Abraham pour son fils Isaac, tant à cause qu'il était unique, que parce que Dieu le lui avait donné en sa vieillesse. Et Isaac, de son côté, se portait avec tant d'ardeur à toutes sortes de vertus, servait Dieu si fidèlement, et rendait à son père de si grands devoirs, qu'il lui donnait tous les jours de nouveaux sujets de l'aimer. Aussi Abraham ne pensait plus qu'à mourir, et son souhait était de laisser un tel fils pour son successeur. Dieu lui accorda ce qu'il désirait ; mais il voulut auparavant éprouver sa fidélité. Il lui apparut ; et après lui avoir représenté les grâces si particulières dont il l'avait toujours favorisé, les victoires qu'il lui avait fait remporter sur ses ennemis, et les prospérités dont il le comblait, il lui commanda de lui sacrifier son fils sur la montagne de Moria, et de lui témoigner par cette obéissance qu'il préférait sa volonté à ce qu'il avait de plus cher au monde. Comme Abraham était très persuadé que nulle considération ne pouvait le dispenser d'obéir à Dieu, à qui toutes les créatures sont redevables de leur être, il ne parla ni à sa femme ni à personne du commandement qu'il avait reçu, et de la résolution qu'il avait prise de l'exécuter, de peur qu'on ne s'efforçât de l'en détourner. Il dit seulement à Isaac de le suivre ; et, n'étant accompagné que de deux de ses serviteurs, il fit charger sur un âne toutes les choses dont il avait besoin pour une telle action. Après avoir marché durant deux jours, ils aperçurent le lieu que Dieu lui avait marqué : alors il laissa ses deux serviteurs au pied de la montagne, monta avec Isaac sur le sommet, où le roi David fit depuis bâtir le temple, et ils y portèrent ensemble, excepté la victime, tout ce qui était nécessaire pour le sacrifice. Isaac avait alors vingt-cinq ans. Il prépara l'autel ; mais, ne voyant point de victime, il demanda à son père ce qu'il voulait sacrifier. Abraham lui répondit que Dieu, qui peut donner aux hommes toutes les choses qui leur manquent et leur ôter celles qu'ils ont, leur donnerait une victime s'il agréait leur sacrifice.

Après que le bois eut été mis sur l'autel, Abraham parla à Isaac en cette sorte : « Mon fils, je vous ai demandé à Dieu avec d'instantes prières ; « il n'est point de soins que je n'aie pris de vous depuis que vous êtes « venu au monde, et je considérais comme le comble de mes vœux de « vous voir arrivé à un âge parfait et de vous laisser en mourant héritier « de tout ce que je possède. Mais puisque Dieu, après vous avoir donné « à moi, veut maintenant que je vous perde, souffrez généreusement que « je vous offre à lui en sacrifice. Rendons-lui, mon fils, cette obéissance « et cet honneur pour lui témoigner notre gratitude des faveurs qu'il nous « a accordées dans la paix, et de l'assistance qu'il nous a donnée dans la « guerre. Comme vous n'êtes né que pour mourir, quelle fin vous peut être « plus glorieuse que d'être offert en sacrifice, par votre père, au sou- « verain maître de l'univers, qui, au lieu de terminer votre vie par une ma- «ladie dans un lit, ou par une blessure dans la guerre, ou par quelque « autre de tant d'accidents auxquels les hommes sont sujets, vous juge « digne de rendre votre âme entre ses mains, au milieu de prières et de « sacrifices, pour être à jamais unie à lui ? Ce sera alors que vous console- « rez ma vieillesse en me procurant l'assistance de Dieu, au lieu de celle « que je devais recevoir de vous après vous avoir élevé avec tant de « soin. »

Isaac, qui était un si digne fils d'un si admirable père, écouta ce discours non-seulement sans s'étonner, mais avec joie, et lui répondit qu'il aurait été indigne de naître s'il refusait d'obéir à sa volonté, principalement lorsqu'elle se trouvait conforme à celle de Dieu. En achevant ces paroles, il s'élança sur l'autel pour être immolé ; et ce grand sacrifice allait s'accomplir si Dieu ne l'eût empêché. Il appela Abraham par son nom, lui défendit de faire mourir son fils, et lui dit « que ce qu'il lui avait commandé de le lui sacrifier n'était pas pour le lui ôter après le lui avoir « donné, ou parce qu'il prît plaisir à répandre le sang humain, mais seulement pour éprouver son obéissance ; que maintenant qu'il voyait avec « quel zèle et quelle fidélité il lui avait obéi, il agréait son sacrifice et l'assurait pour récompense qu'il ne manquerait jamais de l'assister, lui et « toute sa race ; que ce fils, qu'il lui avait offert et qu'il lui rendait, vivrait heureux et fort longtemps ; que sa postérité serait illustre par une « longue suite d'hommes vaillants et vertueux ; qu'ils assujettiraient par les « armes tout le pays de Canaan, et que leur renommée serait immortelle, « leurs richesses si grandes et leur bonheur si extraordinaire, qu'ils seraient « enviés de toutes les autres nations. »

Dieu en suite de cet oracle fit paraître un bélier pour être offert en sacrifice. Ce fidèle père et ce sage et heureux fils s'embrassèrent, transportés de joie par la grandeur de ces promesses, achevèrent le sacrifice et retournèrent vers Sara ; et Dieu, faisant prospérer tous leurs desseins, combla de bonheur tout le reste de leur vie.

Tous les jours de son existence, Israël répète l'histoire de Moria, dit dans sa prière : « Nous sommes, ô Seigneur, ton peuple, enfants de ton alliance, fils d'Abraham, ton ami, à qui tu as juré sur la montagne de Moria ; les descendants d'Isaac, son fils unique, qui fut attaché sur l'autel. » Nous demandons à Dieu d'avoir pitié de nous en faveur de cet acte immortel accompli par notre ancêtre, et nous nous fortifions nous-mêmes dans la résignation et le sacrifice pour nous rendre dignes d'un si illustre modèle. Aussi mille et mille fois Israël, pour rester fidèle à son Dieu et à sa foi, a sacrifié ses fils et ses filles, ses femmes et ses enfants, subissant toutes les tortures et tous les supplices plutôt que de se prosterner devant le démon de l'apostasie... Mille et mille fois, de pieux israélites furent attachés sur l'autel enflammé ;... mais au lieu d'entendre une voix d'ange arrêtant le bras homicide, ils n'entendirent que la voix infernale de Satan criant aux bourreaux : Frappez !

Mais Israël, par son sacrifice et son martyre, a sauvé le monde ; son sang versé à torrents a fait éclore sur la terre la lumière et le salut ; ses ossements, dispersés sur tous les points du globe par la main de ses persécuteurs, proclament mille fois mieux Dieu et la vérité que toutes les statues, tous les monuments, tous les pompeux édifices... Moria, apothéose d'Abraham, sanctuaire rayonnant, impérissable, transporté à travers tous les siècles et dans toutes les contrées habitées par un fils de notre race, tu retentis encore aujourd'hui des promesses divines en faveur d'Israël. Fais que bientôt l'humanité ouvre les yeux et entende le son messianique *de la corne du bélier* ; et alors le fils d'Abraham sera affranchi de ses liens, aura cessé d'être un sacrifice, une victime, son feu brûlera sur tous les autels, sa lumière brillera dans tous les sanctuaires, et *toutes les générations de la terre seront bénies en lui.*

CINQUIÈME SIDRA

פ׳ חַיֵּי שָׂרָה

(Genèse, XXIII à XXV, 18)

ויבא אברהם לספד לשרה ולבכתה :

Mort de Sara. — Acquisition du caveau de Machpéla. — Mission d'Éliézer. — Rébecca à la fontaine. — Mariage d'Isaac. — Mort d'Abraham.

Abraham devait subir une dernière et bien douloureuse épreuve. Descendu du Moria, le grand et impérissable autel où le père des croyants fit briller à tout jamais la foi d'Israël et son sacrifice, les yeux rayonnants des promesses divines et le front illuminé par l'auréole du pontife, il trouva Sara morte... Sa sainte et héroïque compagne, l'associée de ses vertus et de sa gloire, celle qui avait partagé ses périls et sa mission de salut parmi les hommes, celle que Dieu lui-même avait appelée *princesse* (chap. XVII, 15), mère de nations et de rois, celle qui, dans une époque de prodiges, était elle-même une merveille de beauté, de grâce et de noblesse, la joie, le rayonnement, la fête et le sourire de sa maison et de sa génération, la voilà inanimée, privée de cette voix divine à laquelle Abraham lui-même devait obéir (chap. XXI, 12), de ce regard céleste qui avait porté le trouble dans le cœur des rois égyptien et philistin, et la lumière de la vérité dans toutes les âmes pures qui l'entouraient...

La légende dit que Satan s'était déguisé en vieillard res-

pectable et avait apporté à Sara la fausse nouvelle de la consommation du sacrifice d'Isaac. Dans sa terreur, elle partit
pour se rendre au-devant de son époux, et c'est en chemin,
à Hébron, qu'elle fut atteinte par la mort. Abraham vint la
pleurer, manifester devant tout un peuple attendri sa douleur et son malheur. Cependant, malgré le profond déchirement de son cœur, il ne voulut laisser à personne le soin des
devoirs funèbres, celui de donner à sa compagne bien-aimée
une marque suprême de sa tendresse et de son amour, et il
acquit du chef de l'endroit, Ephrôn, fils de Zoçhar, un digne
lieu de sépulture où Sara fut enterrée avec des honneurs
royaux, et qui, recevant plus tard les restes mortels d'Abraham, d'Isaac, de Jacob, de Rébecca et de Lia, est demeuré
à tout jamais un objet de vénération universelle.

Le patriarche avait essuyé dix épreuves (*Aboth*, V, 3) avec
une résignation, un héroïsme et une grandeur d'âme surhumains. Le ciel n'avait plus rien à lui demander et devait
tout lui donner ; aussi les bénédictions divines descendaient
sur lui en abondance. Son âge avancé était exempt de toutes
les infirmités de la vieillesse ; sa prospérité, sa fortune, sa
considération publique augmentèrent de plus en plus ; ses
contemporains l'appelaient נשיא אלהים *prince de Dieu*. Dans sa
maison régnaient la paix, la vertu, le bonheur; Ismaël lui-
même abandonna une vie répréhensible pour rentrer dans
la voie du bien. Alors Abraham songea à assurer l'avenir
et les destinées de sa race, à concourir, par le mariage de
son fils, à la réalisation de la parole du Seigneur, qui lui
avait promis une postérité nombreuse comme les étoiles
du firmament.

Jouissant de beaucoup de richesses et d'une renommée
sans égale, il aurait pu trouver pour Isaac une femme dans
les plus splendides maisons, dans les familles princières
qui l'entouraient, et s'assurer par là de grandes et puissantes
alliances. Mais fidèle au devoir israélite, repoussant pour
son fils un bonheur construit par la vanité et l'orgueil et

condamné par la religion, il se rappela qu'il avait encore quelque part, au fond de la Mésopotamie, des parents possédant peut-être une jeune fille digne d'allumer dans sa maison en deuil le flambeau de Sara. Dans cet espoir il fit appeler son plus fidèle et plus ancien serviteur, l'adjura par l'Eternel, le Dieu du ciel et de la terre, de ne point choisir pour son fils une épouse parmi les filles des Cananéens au milieu desquels il résidait ; mais de se rendre dans son pays natal, auprès des restes de sa famille, pour y chercher une compagne à Isaac. Et sur un doute exprimé par le digne serviteur au sujet de la réussite de cette démarche, le saint patriarche éleva le regard vers le ciel et fit entendre ces simples et sublimes paroles de confiance et de prière :

« L'Eternel, le Dieu du ciel qui m'a fait sortir de la maison de mon père et du pays de ma naissance, et m'a dit : « Je donnerai cette terre à ta postérité », lui, il enverra son ange devant vous, et vous y trouverez une femme pour mon fils. »

Voici comment la légende raconte le voyage du serviteur d'Abraham (Josèphe, liv. I, chap. xv.)

Après avoir juré de remplir fidèlement le vœu de son maître, Eliézer prit dix chameaux et se dirigea, accompagné d'une suite de dix hommes, vers la Mésopotamie, à la résidence de Nachor. Il était porteur d'un acte par lequel Abraham faisait donation à Isaac de tous ses biens, ainsi que de cadeaux précieux qui, par leur rareté, étaient fort estimés. Le trajet entre Beér-Schéba et Haran fut parcouru par les voyageurs en peu d'heures, car la route s'était raccourcie miraculeusement et était venue au-devant d'eux, de sorte qu'Eliézer arriva le soir même au puits devant la porte de Haran. Plusieurs jeunes filles allant puiser de l'eau vinrent au-devant de lui. Alors il pria Dieu de lui faire trouver au milieu d'elles celle qui était destinée à devenir l'épouse d'Isaac; il la reconnaîtrait par ce signe qu'elle lui donnerait de l'eau à boire, tandis que les autres la lui refuseraient. Bien que ces pa-

roles fussent peu prudentes, puisqu'elles livraient le sort de
l'entreprise au hasard et que la jeune fille ainsi désignée pouvait être une esclave, une idolâtre ou frappée de quelque
infirmité grave, Dieu exauça cependant la prière d'Eliézer,·
par amour d'Abraham.

Cependant toutes les jeunes filles déclarèrent qu'elles ne
pouvaient lui offrir de l'eau, puisqu'elles devaient la porter
à la maison et qu'il n'était pas facile d'en puiser. En ce moment arriva Rébecca, fille de Bethuel, fils de Nachor (frère
d'Abraham) et de Milka (sœur de Sara), belle et vertueuse
comme nulle autre vierge de l'endroit. Son arrivée à la fontaine était chose extraordinaire, car, élevée comme une princesse et possédant des esclaves nombreux, elle n'avait jamais eu l'habitude de se rendre au puits. Quand elle parut,
l'eau monta d'elle-même! Elle reprocha aux autres jeunes
filles leur conduite peu aimable envers l'étranger et leur dit:
« Quel bien ferez-vous aux hommes si vous refusez même un
peu d'eau? » Eliézer, en entendant ces paroles si pleines de
nobles sentiments, lui répéta sa demande ; alors elle descendit vite l'amphore et donna à boire à Eliézer et à ses chameaux. Il la regarda avec étonnement, et, espérant avoir
atteint le but de son voyage, lui offrit un anneau orné d'une
pierre précieuse du poids d'un demi-sicle (symbole du demi-sicle offert par tout israélite pour la construction du
Tabernacle), et deux bracelets pesant dix sicles d'or (image
des deux Tables de la loi avec les dix commandements).

Rébecca fait connaître à Eliézer le nom de sa famille et
lui offre avec une grâce parfaite l'hospitalité de sa maison,
car, dit-elle, « il y a chez nous des provisions *en abondance*,
ainsi que de la place pour loger; » ne craignez donc pas de
nous incommoder, de nous gêner, de nous occasionner
une dépense ; venez, vous serez le bien venu, vous et les
vôtres, et vous serez béni à votre arrivée et béni à votre
départ !

Profondément ému de ce langage divin qui lui rappelait

la douce et angélique voix d'Abraham et de Sara ; frappé de cette visible et miraculeuse assistance de Dieu qui le guidait comme par enchantement à l'heureuse réalisation de ses vœux, Eliézer s'inclina devant l'Eternel, lui adressa du fond de son cœur les plus ferventes actions de grâces, et dit : « Loué soit le Seigneur, le Dieu de mon maître Abraham, qui ne lui a pas retiré sa faveur et son amour ! En vérité le Très-Haut m'a conduit dans la bonne voie, à la maison du frère de mon maître ! »

Il se dirige vers la demeure des parents de Rébecca, dont le frère, Laban, avait couru au-devant de lui en l'abordant par ces paroles hospitalières : « Viens, homme béni de Dieu ! pourquoi restes-tu dehors, lorsque j'ai préparé la maison ? » Eliézer entre, on lui offre à manger et à boire ; mais le fidèle serviteur d'Abraham, pensant à son devoir et non à ses besoins personnels, déclare qu'il ne mangera rien avant d'avoir rempli sa mission. Il raconte sa rencontre providentielle avec Rébecca à la fontaine, plaçant ainsi sa demande en mariage sous l'invocation et le patronage de Dieu. Aussi les parents de la jeune fille répondirent-ils : « La chose étant décidée par l'Eternel, nous ne pouvons rien y changer ; voici Rébecca, emmène-la et pars, et qu'elle soit l'épouse du fils de ton maître, ainsi que Dieu le veut. »

Eliézer, en entendant cet heureux consentement, objet de son plus ardent désir, se prosterna devant le Très-Haut, distribua à Rébecca et à ses parents des présents splendides, célébra avec la famille les fiançailles des jeunes époux, et puis, le lendemain, il partit avec la belle et illustre fiancée, qui emportait les vœux et les bénédictions de sa famille. Isaac, qui était allé au-devant de la caravane, accueillit avec tous les transports du bonheur celle qui allait être la douce compagne de son existence ; il la conduisit dans la tente maternelle, qui, plongée dans le deuil et l'obscurité depuis la mort de la sainte femme, s'illumina de nouveau à l'arrivée de Rébecca et fut entourée, comme pendant la vie de Sara, des rayons du ciel et de toutes ses bénédictions.

כל זמן ששרה קיימת היה נר דולק מערב שבת לערב שבת וברכה מצויה
בעיסה וענן קשור על האהל ומשמתה פסקו וכשבאת רבקה חזרו (ב״ר) .

L'Écriture sacrée retrace les moindres détails de la vie domestique des patriarches pour nous montrer sur quelles bases de pureté, d'innocence et de sainteté s'est fondée la famille israélite. On a vu des peuples fameux, des dynasties princières, des religions et des cultes avoir pour point de départ des alliances immorales, la corruption et le crime, des familles puissantes fières de leur haute noblesse et dont l'origine n'est que vice et honte. Il n'en est pas ainsi de la race d'Abraham, dont la naissance et la constitution sociale sont entourées d'une lumière éblouissante, d'une divine auréole qui brille dans l'histoire d'un éclat immortel. Rois et nations, prosternez-vous devant les titres de noblesse d'Israël !...

Abraham ne veut pas que son fils choisisse, dans les maisons riches et puissantes qui l'entourent, une épouse idolâtre qui apporterait dans le sein de la famille des mœurs corrompues, des habitudes répréhensibles et ruineuses, le mépris, l'infidélité et la haine envers ses proches, compromettrait la force du corps et de l'âme de ses enfants, l'avenir et la grandeur d'une postérité appelée à de hautes destinées. Il veut pour son fils une femme simple et vertueuse qui ait puisé dans l'exemple et les traditions de sa famille les notions du bien et du devoir, la pureté de la vie et des croyances israélites, la force de résister à toutes les séductions, d'accomplir toutes les lois saintes de l'épouse et de la mère, et de consacrer son existence entière à la grande et glorieuse mission de créer pour l'humanité des hommes possédant la ressemblance de Dieu !

Et Abraham confie cette grave entreprise, dont le résultat lui cause les plus vives inquiétudes, à son serviteur,

qu'il traite en ami, en membre de sa famille. Il ne lui ordonne pas avec hauteur, avec la voix impérieuse du
maître, d'exécuter ses ordres, mais le conjure, « au
nom du Dieu du ciel et de la terre », de se rendre dans
son pays natal pour chercher une femme à Isaac. Et en le
faisant partir, au lieu de lui donner des instructions et
d'étaler sous ses yeux les avantages de fortune matériels,
financiers, qu'il pourra faire briller à 'Haran, prononce
sur sa tête une bénédiction touchante (XXIV, 7). Voilà
comment l'homme de bien traite ses serviteurs, et comment l'esclavage et la servitude sont bannis de la société
israélite.

Et Éliézer, arrivé au but de son voyage, cherche-t-il
parmi les filles les plus belles et les plus riches la future
épouse de son maître ? Reconnaît-il dans la jeune personne la plus brillante par son faste, la plus fière par le
luxe de ses vêtements et le nombre de ses esclaves, celle
qui mérite de régner en souveraine dans la maison d'A-
braham ? Oh ! non, mais bien dans celle qui se montre la
plus charitable et la plus hospitalière, qui révèle le meilleur cœur et la meilleure âme, et qui, dans l'abondance de
la richesse, donne l'exemple de la modestie, de la simplicité et du travail !

Et quelle est la dot qu'il demande pour Isaac et que la
jeune fiancée emporte de chez elle ? La bénédiction de ses
parents ! (XXIV, 60.)

––––––––

Toutes les joies domestiques sont entrées dans la maison du saint patriarche. En donnant ses biens à Isaac, il
n'oublia pas les autres membres de sa famille et assura
leur sort pendant sa vie encore (XXV, 6). Puis, il s'en-
dormit du sommeil éternel, après une vieillesse heureuse
— בשיבה טובה — à l'âge de cent soixante-quinze ans. Isaac

et Ismaël l'enterrèrent dans la sépulture de Machpéla, à côté de Sara.

Sem et Eber, dit la tradition, marchèrent devant le cercueil, et tous les habitants de Canaan, avec leurs princes et leurs dignitaires, suivirent le convoi funèbre. Les habitants de 'Haran et leurs chefs accoururent également des contrées lointaines, et tous s'écrièrent : « Malheur au navire qui a perdu son pilote, malheur à la société qui a perdu son guide ! » (*Baba Bathra*, 91*a*). אוי לו לעולם שאבד מנהיגו ואוי לה לספינה שאבד קברניטא.

Une année entière fut consacrée au deuil d'Abraham. Les hommes et les femmes, les vieillards et les petits enfants pleurèrent sa mort, car il avait été bienveillant pour tous, sincère envers Dieu, droit envers les hommes. Sa piété était constante, inébranlable ; il servait Dieu et marchait dans ses voies depuis son enfance jusqu'à sa mort — אברהם הוא בצדקתו מתחילתו ועד סוף — (*Meguilla*, 11 *a*). Le Seigneur était avec lui, le sauva des mains de Nemrod et le fit triompher des quatre rois qui étaient venus de l'Orient envahir le pays. Abraham guida ses contemporains vers la connaissance du vrai Dieu, recueillit les pélerins et les voyageurs pour leur offrir la plus touchante hospitalité. C'est pourquoi le Très-Haut bénit toute la terre à cause d'Abraham, dont la mémoire est l'éternelle vénération des hommes, la force et l'immortelle gloire d'Israël.

Le Midrasch dit :

« Quand Dieu dit : — *Que la lumière soit !* il pensa à Abraham.

« Le ciel et la terre furent créés en vue d'Abraham, qui devait propager dans le monde le nom de l'Éternel. »

SIXIÈME SIDRA

פ׳ תּוֹלְדֹת

(Genèse, XXV, 19, à XXVIII, 9)

הֲלֹא אָח עֵשָׂו לְיַעֲקֹב נְאֻם ה׳
וָאֹהַב אֶת יַעֲקֹב וְאֶת עֵשָׂו שָׂנֵאתִי :

Naissance d'Ésaü et de Jacob. — Vente du droit d'aînesse. — Isaac dans le pays des Philistins. — Bénédiction à ses fils. — Fuite de Jacob en Mésopotamie.

Après avoir consacré quelques lignes à Ismaël, mort à l'âge de cent trente-sept ans, et à l'énumération de ses enfants, gouvernés par douze princes, et se répandant peu à peu dans les contrées situées entre l'Arabie et l'Égypte, les annales saintes continuent de raconter l'histoire de la descendance d'Abraham par Isaac, le fils prédestiné.

La Sidra précédente termine par un mot significatif : « Il (l'Ismaélite) *tomba* au milieu de ses frères », עַל פְּנֵי כָל אֶחָיו נָפָל, envahit et usurpa des pays qui ne lui appartenaient pas [1], donnant ainsi, dès la naissance de la race israélite, le signe de cette violence, de cette injustice dont il a trop souvent, dans la suite des temps, fait si cruellement souffrir ses frères de la famille d'Abraham. Et la Sidra suivante

---

[1] Raschi : כָּאן הוּא אוֹמֵר לְ׳ נְפִילַת וְלִהְלָן (בְּרֵאשִׁית י״ז י״ב) אוֹמֵר עַל פְּנֵי כָל אֶחָיו יִשְׁכֹּן. עַד שֶׁלֹּא מֵת אַבְרָהָם יִשְׁכֹּן מִשֶּׁמֵּת אַבְרָהָם נָפַל :

commence par raconter l'antagonisme, la haine d'un autre
frère d'Israël, d'Esaü, d'Édom, dont la persécution a été si
terrible et si sanglante durant tant de siècles. Ceux qui
devaient nous aimer le plus, ceux dont les religions avaient
puisé dans la nôtre tout ce qu'elles possèdent de bon, de
vrai, de juste, nous ont haïs et opprimés en perpétuant les
traditions de haine et de barbarie d'Ismaël et d'Esaü, en
prenant à l'un ses mœurs sauvages (והוא יהיה פרא אדם), et à
l'autre son glaive meurtrier (ועל חרבך תחיה).

Jacob, encore au sein de sa mère, a à lutter contre son
frère, son ennemi ; lutte de la vérité contre l'erreur, de la
civilisation contre la barbarie, de l'esprit contre le matérialisme. En effet, Esaü, dès son enfance, passe son temps
à chasser, à se procurer les plus grossières jouissances ;
il vend pour un plat de lentilles son droit d'aînesse, la bénédiction de son père, l'exercice du sacerdoce religieux
appartenant aux premiers-nés avant la construction du
Tabernacle, la direction et la garde de la famille après la
mort du père, enfin la possession de la terre sainte ; il a
la conscience du mal, il sent l'abîme s'ouvrir sous ses pas,
et il dit : Obligé de mourir (הנה אנכי הולך למות), à quoi bon
tous ces biens sacrés, toutes ces félicités de l'âme, tous ces
bonheurs de l'avenir ? Ce qu'il me faut, ce sont des jouissances matérielles immédiates, l'assouvissement des appétits du corps et des exigences de la passion. Donne-moi
donc de ce plat, de cet aliment *rouge* qui attire mes yeux,
excite mes désirs et fait bouillonner mon sang, et périssent
toute ma grandeur morale sur la terre et toute mon élévation dans le ciel !...

Mais Jacob était l'homme de la simplicité, de la retraite,
du recueillement (יושב אהלים) ; et tandis que son frère cou-
rait les bois et se livrait à une vie licencieuse et sauvage,
lui, passait son temps dans les écoles de Sem et Eber, illu-
minait son esprit du flambeau des vérités et des connaissances divines, et s'exerçait dans la pratique de toutes les
nobles et douces vertus. S'il pensa aux choses matérielles,

s'il prépara le plat de lentilles devenu pour Esaü l'objet
d'une misérable convoitise, c'était, dit la tradition, le
repas funèbre qu'il voulait offrir à son père en deuil pour
Abraham, mort en ce jour. Aussi, déjà avant la naissance
des deux frères, Dieu proclama le droit d'aînesse de Jacob
en disant à Rébecca : « Deux nations sont dans ton sein,
tu donneras le jour à deux peuples; l'un sera plus puissant
que l'autre, mais l'aîné sera assujetti au plus jeune. »
(XXV, 23.) La vraie force, la vie de l'avenir et la grandeur du monde ne seront pas dans les légions d'Esaü allant
à la chasse des conquêtes et des jouissances matérielles,
mais dans les tribus de Jacob assises sous les tentes, chantant Dieu, étudiant sa loi et proclamant sa vérité.

Isaac dut essuyer les mêmes vicissitudes et presque les
mêmes épreuves qu'Abraham. Comme lui, il attendit de
longues et pénibles années la naissance d'un enfant;
comme lui encore qui avait un fils, Ismaël, peu à la hauteur
de sa noble extraction, il eut également un fils, Esaü, dont
la vie était si peu conforme aux saintes mœurs de sa famille; comme lui, il fut chassé de son pays par la famine
et dut se réfugier chez les Philistins; comme lui, il courut
des dangers sérieux à cause des grâces et de la beauté de
sa femme; comme lui, il eut à subir des vexations et des
injustices cruelles au milieu du peuple où il donnait
l'exemple de toutes les vertus. Mais comme lui aussi, il
reçut la visite du Seigneur, qui lui renouvela toutes les
grandes et glorieuses promesses faites à son père, en lui
disant : « Je multiplierai ta postérité comme les astres du
ciel; je donnerai à tes descendants toutes ces provinces,
et tous les peuples de la terre seront bénis par eux, *parce
que Abraham a obéi à ma voix, qu'il a observé mes prescriptions, mes lois et mes enseignements.* » Voilà le plus certain
et le plus précieux héritage que les parents puissent laisser à leurs enfants, le plus sûr moyen de garantir leur
avenir, de les rendre à tout jamais heureux et prospères :

en leur laissant la bénédiction divine qu'ils ont méritée
eux-mêmes par la pureté et la sainteté de leur vie. L'homme
qui a accompli les commandements de Dieu sur la terre
peut, en mourant, puiser dans les trésors du ciel pour en-
richir ses enfants. « Je fus jeune, dit le sage, je suis devenu vieux, et je n'ai jamais vu le juste abandonné et ses
enfants manquer de pain. » נער הייתי וגם זקנתי ולא ראיתי צדיק
נעזב וזרעו מבקש לחם. Durant de longs siècles, sur la terre de
l'exil, souvent ennemie et barbare, et au milieu de toutes
les sanglantes et meurtrières persécutions, Israël vit et
grandit par le patrimoine de bénédictions célestes que lui
ont laissé les vertus immortelles de ses aïeux. En marchant
avec Dieu, nos pères ont assuré notre fortune parmi les
hommes.

Aussi, comme Abraham, Isaac prospéra sur la terre
étrangère, qui lui rendit le centuple de ce qu'il semait
(XXVI, 12). Le roi redouta sa puissance (verset 16), et
rechercha son amitié en lui disant : « Nous voyons que
l'Éternel est avec toi, c'est pourquoi nous demandons ton
alliance » (verset 28). Isaac creusa partout des puits dans
le sol, répandant le bien et la vie sur son passage, et fit
pénétrer dans les cœurs la source des eaux plus vivifiantes
de la vraie foi. Par un touchant et pieux culte pour son
père, il en fit revivre partout la sainte mémoire (verset 18);
tous ses travaux, toutes ses conquêtes reçurent de lui un
nom qui était une action de grâces envers le Seigneur
(verset 22), l'expression de sa filiale gratitude pour son
divin Bienfaiteur. Alors le Très-Haut lui apparut de nouveau à Beêr-Schéba et lui dit : « Je suis le Dieu de ton
père Abraham; ne crains rien, car je suis avec toi; je te
bénirai, je multiplierai ta postérité *à cause d'Abraham,
mon serviteur.* » Isaac éleva un autel, invoqua le nom du
Seigneur, et y dressa sa tente. Avant de songer à lui-
même et à ses besoins personnels, il pensa à Dieu et à son
culte. La vraie, la plus sûre et plus splendide demeure de
l'israélite est le sanctuaire de son Dieu, ainsi que l'a dit le

5

pieux roi d'Israël : « Je demande au ciel une seule chose que je désire ardemment, c'est de séjourner pendant tous les jours de ma vie dans la maison du Seigneur et de contempler sans cesse son arche sacrée. » (Psaumes, XXVII, 4.)

———

Isaac était avancé en âge, ses yeux s'étaient obscurcis, il ne voyait plus les vices d'Esaü ni les vertus de Jacob. Alors il appela son fils aîné et lui dit : « Je suis vieux, et je ne connais point le jour de ma mort; prends tes armes, va aux champs et chasse pour moi du gibier, et apprête-moi un plat délectable comme je l'aime, afin que j'en mange, et que mon âme te bénisse avant que je meure. »

En bon et prévoyant père, le patriarche voulait avant sa mort assurer l'avenir de son fils par une solennelle bénédiction. Chaque chef de famille qui connaît son devoir et veut le remplir fidèlement ne doit-il pas se dire sans cesse, comme Isaac : « Je ne connais point l'heure de ma mort; » tous les jours, tous les instants, je puis être ravi aux miens; ne dois-je pas songer sans cesse à leur avenir, soit en leur léguant un nom sans tache qui sera leur passeport dans le monde, soit en leur donnant l'exemple de la vertu qui sera leur protection à travers la vie, soit en leur laissant des biens qui les garantiront contre la misère et ses tentations funestes ? « Nous ne connaissons pas l'heure de notre mort, » donc soyons toujours prêts à sortir dignement de la vie, en bénissant nos enfants et en étant bénis d'eux !

Le saint patriarche, qui n'ignorait pas les défauts d'Esaü, dont le mariage avec des filles idolâtres lui avait causé un si vif chagrin (verset 35), voulait lui fournir le moyen, si facile pour lui, de mériter sa bénédiction suprême par l'accomplissement d'un devoir filial conforme aux goûts sauvages du chasseur. Il lui dit : « Apporte-moi un repas, afin que je te bénisse avant de mourir; » car le respect et l'amour des parents, dit le Décalogue, attirent aux enfants les récompenses du ciel. Mais Rébecca, qui connaissait mieux l'indignité de son fils aîné et ne voulait pas en affliger son époux ; Rébecca, qui avait reçu une révélation d'en haut promettant l'héritage d'Abraham à Jacob (XXV, 23), engagea ce dernier à surprendre, par une fraude pieuse, la bénédiction paternelle qui lui appartenait selon l'arrêt du Seigneur, et qui ne devait point s'égarer sur une autre tête. La voix divine a si bien parlé dans le cœur de cette sainte femme, que, sur les craintes manifestées par Jacob d'être maudit par son père s'il venait à découvrir la vérité, elle s'écria : « Que cette malédiction retombe sur moi, mon fils ! » Qu'il est grand et sublime cet amour maternel !...

Et Jacob se déguise en Esaü et s'approche en tremblant de son père pour lui offrir un repas mémorable. Mais il avait beau prendre le masque du méchant, se couvrir des vêtements de l'homme plongé dans la matière, imiter les allures prosaïques et vulgaires du chasseur des frivolités et des petitesses de la vie, sa voix est restée la voix de Jacob, la voix noble et élevée du cœur et de l'âme, les accents de l'esprit et le souffle inspirateur de Dieu, qui distinguent à tout jamais Israël de la sauvagerie et qui ont fait pousser à Balaam cette exclamation enthousiaste : « Je le vois du haut des montagnes, ce peuple unique qui ne se mêle point avec les barbares ! » (Nombres, XXIII, 9). — Les mains d'Israël, par les malheurs des temps, les séductions du monde et les égarements de la passion, peuvent devenir parfois *les mains d'Esaü;* mais sa voix, son cœur et son âme resteront pour toujours la voix, le cœur et l'âme de Jacob !

Et Isaac, étendant la main sur son fils prosterné devant lui, dit :

« Que le Seigneur te donne de la rosée des cieux et des « douceurs de la terre, une abondance de moissons et de « vendanges ! Que des peuples te servent et que des nations « se prosternent devant toi ! Sois le souverain de tes frères,

« et que les fils de ta mère s'inclinent devant toi ! Maudit
« soit qui te maudit, et béni soit qui te bénit [1] ! »

. Cependant Esaü, revenu de la chasse, en offre le produit
à son père, dont il demande la bénédiction ; et quand il apprend qu'un autre l'a devancé et a obtenu à ses dépens ce
bien si précieux, il pousse des cris de douleur et de rage
et des menaces de mort contre son frère. Mais Isaac, loin
de blâmer la conduite de Jacob, et éclairé par une lumière
divine qui lui montre dans ce fait la volonté du Seigneur,
s'écrie : « Eh bien, il restera béni ! » גם ברוך יהיה

. Et cet oracle du ciel a mille et mille fois retenti dans le
monde en présence de tous les Esaü et de tous les chasseurs d'Israël.

Quand Pharaon voulait exterminer la race israélite et disait : פן ירבה « Elle pourrait se multiplier » (Exode, I, 10),
la voix céleste répondit : כן ירבה Oui, elle se multipliera, elle
grandira, elle est bénie à tout jamais ! גם ברוך יהיה.

Quand le prophète païen, Balaam, s'est chargé de la
mission odieuse de maudire Israël, l'oracle divin lui cria :
כי ברוך הוא « Il est béni ! » (Nomb , XXII, 12.)

Quand les ennemis de David, le roi de Juda et sa gloire,
s'élevaient contre lui et disaient : אין ישועתה לו באלהים סלה
« Il n'est point de salut pour lui auprès de Dieu » (Ps. III),
le Très–Haut fit entendre, du haut de la montagne sacrée
(ויענני מהר קדשו), la parole de promesse immortelle : גם ברוך
ויהיה « Il sera béni ! »

---

[1] Josèphe (liv. I, chap. XVII) rend en ces termes la bénédiction d'Isaac :
« Dieu éternel, de qui toutes les créatures tiennent leur être, vous avez
comblé mon père de biens ; je vous suis redevable de tous ceux que je possède, et vous avez promis de rendre ma postérité encore plus heureuse.
Confirmez, ô Seigneur, par des effets la vérité de vos paroles, et ne mé-
prisez pas l'infirmité dans laquelle je me trouve, puisqu'elle me fait avoir
encore plus de besoin de votre assistance. Soyez le protecteur de cet enfant
que je vous offre ; préservez-le de tout péril ; faites-lui passer une vie tranquille ; répandez sur lui à pleines mains les biens dont vous êtes le maître ;
rendez-le redoutable à ses ennemis, et faites que ses amis l'aiment et l'honorent. »

Quand Aman, dans son ivresse de sang et de meurtre, cherchait dans le sort le mois le plus propice à l'exécution de ses desseins monstrueux contre notre peuple, et qu'il s'arrêta au mois d'*adar* comme devant nous être funeste, l'oracle divin s'écria encore : גם ברוך יהיה « Ce mois sera une bénédiction et une fête pour Israël ! »

Quand durant de longs siècles de ténèbres et de barbarie Israël fut pourchassé, torturé, jeté dans les tombeaux d'infernales prisons et dans le feu d'horribles búchers par des générations stupides et féroces qui disaient: « Il est damné, il est maudit, il n'a pas notre foi, le tuer c'est une œuvre pie agréable au ciel », — Dieu répondit toujours aux bourreaux : גם ברוך יהיה Israël est béni, vous ne pouvez rien contre lui, il vivra malgré tous vos instruments de sang et de meurtre... car il est mon fils, l'enfant de ma loi, le rayonnement de ma vérité (ח' אמר אלי בני אתה אני היום ילדתיך); il est immortel !

Et quand enfin le soleil a reparu sur la terre, que le génie de l'humanité a brisé les fers, éteint les búchers, repoussé les superstitions, le fanatisme et l'intolérance dans l'enfer, leur source et leur foyer, et que le monde se demande avec surprise : Comment ces quelques israélites perdus au milieu de tant de millions d'hommes, esclaves encore hier, sans instruction, sans civilisation, sans l'indépendance qui donne le courage, et sans le bonheur qui élève l'esprit et le cœur ; comment ces quelques parias saignant encore des blessures faites à leur corps et à leur âme par des chaînes séculaires, sont-ils aujourd'hui à la hauteur de tous les progrès, de toutes les civilisations, marchant au premier rang des sociétés d'élite, rendant tous les grands services à leurs pays, à leurs concitoyens, à leur temps, s'élançant à toutes les nobles conquêtes, travaillant à toutes les bénédictions du genre humain?... C'est, dit l'éternelle vérité au haut du ciel, גם ברוך יהיה Israël est béni et toutes les familles de la terre seront bénies en lui!

Et quand un jour la trompette de la délivrance univer-

selle retentira dans le monde, que le brouillard se dissipera
dans les âmes, et que le genre humain tout entier sera illuminé par les clartés du Sinaï, alors le Seigneur, dans une
nouvelle et suprême apparition, dira : גם ברוך יהיה Vous
tous serez bénis dans la vérité israélite par le bonheur et le
salut immortel!

La bénédiction d'Isaac s'accomplit à tout jamais envers
ses fils, s'ils restent fidèles à la loi, aux enseignements,
aux traditions de leur père, et lui offrent tous les jours de
leur vie un repas délectable מטעמים de vertus, d'actes et de
croyances israélites, non avec les mains d'Esaü, mais avec
la voix de Jacob; si Israël reste sur la terre le fidèle et in-
corruptible pontife dont le Très-Haut a dit:

« Une doctrine de vérité était dans sa bouche, jamais
fausseté ne souilla ses lèvres, il marcha devant moi dans
la paix et la droiture, et ramena des multitudes de la voie
du péché.

« C'est ainsi que les lèvres du pontife doivent être les
gardiennes de la loi, de l'enseignement distribué par sa bouche, car il est un envoyé de l'Eternel Zébaoth! » כי מלאך ה'
צבאות הוא (Malachi, I, 20, 21.)

SEPTIÈME SIDRA

פ' וַיֵּצֵא

(Genèse, XXVIII, 10, à XXXII, 3)

אהיה כטל לישראל יפרח כשושנה
ויך שרשיו כלבנון :

Pérégrination de Jacob en Mésopotamie. — Son songe merveilleux et ses
vœux. — Son arrivée chez Laban. — Ses travaux et ses mariages. —
Naissance de onze fils et d'une fille. — Sa fuite. — Ses discussions et
sa réconciliation avec Laban.

Rébecca avait entendu les horribles imprécations d'Esaü
et ses menaces de mort contre son frère. Le méchant qui
avait méprisé, foulé aux pieds, vendu pour un vil prix le
droit d'aînesse et les précieuses bénédictions y attachées,
était maintenant transporté de fureur, parce qu'il lui arrivait selon ses œuvres. C'est ainsi que trop souvent l'impie,
après avoir violé tous les commandements de Dieu, accuse
le ciel d'être injuste à son égard, de ne point lui verser
la prospérité et le bonheur que la religion donne à ses
enfants fidèles. Nous demandons à l'Auteur de tout bien
des richesses, de la santé, des honneurs publics, des trésors de grâces et de félicité, et plus d'une fois nous refu-
sons à son culte la dîme de notre or, le demi-sicle de
notre cœur, une pensée de notre âme, un sacrifice de notre
vie ! « Le fils, s'écrie le prophète, honore son père, le
serviteur, son maître : si je suis votre père, où sont mes

honneurs ; si je suis votre maître, où est le respect ? dit l'É-
ternel Zebaoth... Vous apportez sur mon autel du pain
souillé, et vous demandez : — En quoi avons-nous profané
le sanctuaire ? Ou vous dites : — La table du Seigneur est
couverte de mépris !... Quand vous offrez pour sacrifice
une bête malade, remplie d'infirmités, n'est-ce pas un mal ?
Offrez donc cela à votre prince, et voyez s'il l'accepte et
s'il vous accueille avec grâce ! » (Malachi, I, 6-8.)

Tourmentée par des inquiétudes mortelles, Rébecca
pressa son fils bien-aimé de se réfugier chez Laban, « jusqu'à ce que la colère de ton frère, dit-elle, soit passée,
qu'il ait oublié ce que tu lui as fait ; et alors j'enverrai là-
bas pour te ramener ici. » Mais après s'être montrée mère
affectueuse et pleine d'un amour sans bornes, la sainte
femme se révéla épouse tendre et animée de la plus ardente
sollicitude pour son mari, à qui elle voulait cacher à tout
prix les desseins sanguinaires de son fils aîné, et dont la
nouvelle aurait porté un coup funeste au cœur, peut-être
aux jours d'Isaac. Que fit-elle ? Elle lui dit : « Je suis dégoû-
tée de la vie, à cause des filles de Chêth ; si Jacob prend une
épouse parmi elles, à quoi me sert la vie ? » Ce prudent
langage, dont l'admirable énergie était bien faite pour produire la plus vive impression sur Isaac, porta celui-ci à
ordonner lui-même à Jacob de se rendre en Mésopotamie,
dans la famille de Bethuel, pour y choisir une femme
parmi les filles de Laban. Il le bénit en ces termes : « Le
Dieu tout-puissant te bénira, te fera multiplier et grandir,
afin que tu deviennes une masse de peuples ; il fera descendre sur toi la bénédiction d'Abraham, sur toi et sur tes
enfants, en te rendant possesseur de la terre que Dieu a
donnée à Abraham. »

Dans la pensée d'Isaac et aux yeux du monde, Jacob
allait faire un heureux et joyeux voyage matrimonial. Il
n'en fut pas ainsi, hélas !

De même que son aïeul fut obligé de quitter sa patrie

et sa famille pour proclamer sur la terre étrangère le nom
de l'Éternel et lui élever des monuments sacrés, de même
Jacob dut saisir le bâton du voyageur, abandonner un père
infirme prêt à descendre dans la tombe, une mère adorée
qu'il ne devait plus revoir, et prendre la route si amère de
l'exil. Mais comme Jacob, père des douze tribus, représentait plus immédiatement Israël, dont il allait porter le nom,
ses tribulations, ses douleurs et ses destinées, son sacrifice, son martyre et sa gloire, Jacob dut quitter son pays
dans des conditions bien plus cruelles qu'Abraham : il dut
fuir devant son propre frère qui en voulait à sa vie.

Et pourquoi ?

Demandez-le à tous les peuples, nos frères dans l'humanité, qui nous ont persécutés, torturés, massacrés, pour
avoir, au prix du plat de lentilles, au prix de toutes les jouissances matérielles et de tous les renoncements à ce monde,
acquis le droit d'aînesse de la vérité et de la lumière, et ce
salut éternel en face duquel le paganisme est forcé de s'é-
crier comme Esaü : הנה אנכי הולך למות « Je vais mourir ! »

Demandez-le à tant de nations civilisées, qui haïssent et
oppriment encore aujourd'hui Jacob, leur concitoyen, leur
frère et semblable devant Dieu et la famille humaine, parce
qu'il réclame aussi une part des bénédictions paternelles,
un peu de rosée du ciel, un peu de fruits de la terre, un peu
d'air et d'espace, le droit et la justice, et ne comprend pas
que le souverain, comme un père aveugle, ait des préférences
pour une partie de ses enfants, auxquels il permet l'exercice sanglant *de la chasse*, comme Isaac demandant du gibier à son fils, plutôt qu'il ne leur ordonne la pratique de
la vertu, de la tolérance, de l'amour du prochain !...

Faut-il donc, pour combattre les haines et les iniquités,
et conquérir son bon droit sur la terre, que Jacob se dé-
pouille de ses vertus antiques, de sa tunique de douceur et
de sainteté, se couvre du vêtement sauvage d'Esaü, et dise
aux Nemrods des temps barbares et aux chasseurs d'enfants

juifs des temps modernes : « Je suis des vôtres !... Venez manger de ma chasse ! »

Jacob part de Beér-Schébâ et se dirige vers Haran. Errant dans une contrée déserte et inconnue, il est surpris par la nuit loin de toute habitation humaine. Il prend des pierres de la route pour y reposer sa tête, et se couche sur la terre nue.

N'est-ce pas là l'image désolante, la première étape de l'exil d'Israël, le premier chapitre de ses douleurs et de son martyre, mais aussi de son héroïsme et de sa gloire ? Ces pierres servant de couche au patriarche, n'y voit-on pas les futurs souterrains de la persécution, les cachots et les tortures de l'inquisition, les sombres Ghetti de l'intolérance et du fanatisme ;..... et n'est-ce pas là ce קפיצת הדרך, cette vision prophétique rapprochant les temps et les lieux, qui montrait à Jacob ce qui devait arriver à ses enfants au bout de longs siècles, parmi des nations innombrables, et sur l'étendue du monde entier ?..... Mais les pierres du patriarche qui, selon la légende, s'étaient disputées ensemble, voulant chacune « que la tête du juste reposât sur elle », combien étaient-elles plus sensibles, plus humaines, plus civilisées que les cœurs de tant de peuples, de rois et de pontifes qui ont repoussé et repoussent encore aujourd'hui le fils de Jacob, avec une cruauté qui ferait rougir les sauvages et pleurer les rochers du désert !...

Cependant sur cette terre nue et désolée où Jacob s'arrête la nuit, s'élèvera un jour le temple de Jérusalem, le sanctuaire de la vérité et du salut, et ces pierres de l'oppression d'Israël portent l'échelle divine qui va à la lumière et à Dieu ! Cette échelle mystérieuse, plantée dans le sol sacré de Canaan, va jusqu'au ciel en traversant tous les siècles et tous les empires, l'Egypte, Babylone, Rome, toutes les contrées où nous avons souffert, où nous souffrons encore ; et partout où la main homicide d'Esaü pèse sur Jacob, les anges du Seigneur montent et descendent l'échelle céleste, comme des chérubins lumineux gardant les portes du Paradis, comme des sentinelles invincibles veillant sur notre sanctuaire, sur notre vie et notre avenir; et partout où nous sommes foulés aux pieds, renversés dans la poussière, le Très-Haut est placé sur le sommet de l'échelle et dit à Jacob: « Je suis l'Eternel, le Dieu d'Abraham et d'Isaac; la terre où tu es couché malheureux, proscrit, méprisé, appartiendra à ta foi, à tes idées, à ton esprit religieux et moral, à ta postérité spirituelle, qui se répandront à l'Occident et à l'Orient, au Nord et au Midi, et toutes les générations de la terre seront bénies en toi et en ta famille. Bénis, heureux, seront les pays qui te recevront dans leur sein avec justice et amour; maudits seront ceux qui te repousseront: car, quand le juste s'en va מכה הדרה מכה הדרה זיוה, le bonheur et la prospérité, le mouvement et le sourire de la vie, les chants de la terre et les bénédictions du ciel, tout s'en va; l'Eden disparaît et fait place au désert... Je suis avec toi et je te protégerai partout où tu iras. Que la barbarie et l'idolâtrie te persécutent; que la haine, la méchanceté, les ténèbres de l'ignorance et de la superstition te maltraitent; que la violence et le crime t'arrachent tes enfants pour les traîner dans l'esclavage ou aux autels de l'erreur; que l'enfer conjure contre toi toutes ses puissances et toutes ses fureurs: je serai avec toi, et te garderai, et ne t'abandonnerai point que je n'aie accompli tout ce que je t'ai annoncé, tes grandes et immortelles destinées! »

Jacob se réveille, et il s'écrie: « En vérité l'Eternel est en cet endroit, et moi je l'ignorais! Ah! que ce lieu est redoutable! Voici la maison du Seigneur et voilà la porte du ciel! »

Dans tous les biens de la terre, dans le fortuné et brillant avenir que la vision céleste lui avait montré, pour lui et sa postérité, le patriarche, inspiré par la vérité, ne voit que Dieu et son sanctuaire, le moyen de fonder ici-bas le temple, le foyer sacré, d'entretenir le culte du Très-Haut, de pratiquer, de propager et de glorifier la foi d'Israël ! La liberté, les richesses, les dignités sociales, la possession de tous les biens matériels de la vie que Dieu accorde aux descendants de Jacob, ce n'est pas pour leur offrir les jouissances éphémères et souvent corruptrices du monde, ce n'est pas là le but de leur existence, la pensée et la gloire de leur avenir. Mais à chaque bonheur qui leur arrive, à chaque conquête qu'ils font au milieu des peuples, à chaque bénédiction qui descend sur eux, à chaque honneur, à chaque force et à chaque splendeur qui viennent entourer leur nom, ils doivent s'écrier avec leur ancêtre qui venait de recevoir la promesse d'une fortune immense : C'est l'Eternel ! c'est la maison du Seigneur ! C'est la porte du ciel ! C'est à ces grandes choses, à ces augustes et immortels intérêts, que doit servir toute ma prospérité d'ici-bas. Que la possession est redoutable מה נורא המקום הזה et pleine de dangers, et entourée de piéges et d'abîmes, si elle n'est pas consacrée au Seigneur, au salut de notre âme, au sanctuaire de notre Dieu ; si son possesseur dit : אנכי לא ידעתי « Je l'ignorais ! »

Aussi, en se levant, en sortant de cette vision divine, que fit Jacob? Fit-il des projets pour l'organisation, l'entretien et la jouissance de ses richesses futures ? Non : il éleva un autel au Très-Haut, appela l'endroit où il avait reposé, *Beth-El*, maison de Dieu, et prononça un vœu solennel pour promettre à la chose sacrée une partie de ce qu'il pourrait acquérir, ne demandant pour lui-même « qu'un morceau de pain, un vêtement, le bonheur de revenir à la maison de son père, et d'avoir toujours l'Eternel pour Dieu. » Sa première espérance de fortune était une espérance religieuse.

Fortifié et rafraîchi dans son âme par ses divines contemplations de la nuit et par l'acte de piété matinale accompli en l'honneur du Très-Haut, Jacob marcha d'un pas léger vers le but de sa pérégrination. Il arriva à un puits entouré de plusieurs troupeaux de brebis ; pour les abreu-

ver, il fallait les efforts de tous les bergers réunis pour enlever la pierre qui le couvrait. A la vue de Rachel, sa douce
et rayonnante parente, dont l'apparition lui semblait déjà la
réalisation de toutes les divines promesses, Jacob roula
tout seul la pierre de dessus l'ouverture du puits et abreuva
le troupeau de Laban.

Ravissante image d'une grande et éternelle vérité ! Toutes
les races humaines réunies, tous les efforts de leurs esprits
les plus élevés et de leur science la plus vaste ne pouvaient
ôter la pierre, ne pouvaient pénétrer jusqu'à la source de
la vie, qu'Israël seul vint leur ouvrir par la puissance de
sa foi, par le courage et l'héroïsme de son sacrifice, et par
ce bâton de Moïse qui brisa les rochers et en fit jaillir des
jets de lumière et de salut ! Voilà la Thorâ, voilà la source
de la vie, voilà les flots de la vérité : humains, allez vous y
désaltérer ! חשקו השאו ולכו רעו ; l'immortalité vous y attend !...
עד וחיים גדול

Les tribulations commencent pour Jacob. Se soumettant
pendant sept ans au travail le plus dur pour conquérir Rachel, à laquelle l'attachaient les liens de la plus puissante affection, il est victime d'une fraude monstrueuse au
moment où il croyait atteindre à la félicité. Cependant il a
le bonheur de voir naître successivement douze fils qui de-
viendront les fondateurs immortels des tribus d'Israël. Chacun d'eux reçoit de sa mère un nom significatif, qui est une
action de grâce à l'Eternel ou une prière. Ce ne sont pas
de ces appellations vulgaires inventées par le caprice, le
hasard, la vanité, ou même prise dans le monde païen
et idolâtre, dans la fable ou sur le théâtre, et qui impriment à
l'homme, dès sa naissance, le sceau de la vulgarité, de la
nullité et de la misère morale, une vraie profanation de l'âme ;
mais des noms sacrés qui représentent des idées élevées, ouvrent de vastes horizons à l'esprit, provoquent la
méditation et des pensées saintes, et rappellent sans cesse à
l'enfant comme au vieillard, son origine, son devoir, sa no-

blesse spirituelle, ses destinées dans l'immortalité; des
noms qui sont des anges gardiens et la sanctification de la
vie!..... Une des causes de la délivrance des Hébreux de
l'esclavage égyptien, dit la tradition, était leur attachement
à leur nom qu'ils ne changeaient point. Ce nom était une
force et une arme pour persévérer, pour lutter et pour
triompher. *Israël* se rappellera toujours par son nom qu'il
a combattu des puissances mille fois supérieures et les a
vaincues. Voilà une noblesse et une gloire qui obligent,
שרית עם אלהים ועם אנשים ותוכל.

Et quelle confiance en Dieu et quelle tendresse conjugale ne se trouve-t-il pas, par exemple, dans ces paroles
de Lia nommant son premier fils *Reüben:* « Car Dieu a vu
ma peine, et maintenant mon mari m'aimera! » Quelle touchante et religieuse mélancolie, quelles larmes et quelles
espérances dans cette exclamation à la naissance de Siméon : « Dieu a entendu que j'étais haïe!... » Et la pauvre Rachel, que demanda-t-elle à son mari pour ne pas
succomber à la jalousie, à la douleur de voir sa sœur si
triomphante? Demanda-t-elle des toilettes, des plaisirs, des
diamants, des voitures, un palais? Oh non! elle disait
seulement : « Donne-moi des enfants, sinon je meurs ! »
Et après que la Providence lui eut accordé ce seul bonheur
qu'elle avait ambitionné, après que son *Ben-Oni* eut poussé
le premier soupir de l'existence, Rachel ne tint plus à la
vie, et elle se coucha dans la tombe, sur ce chemin de Ra-
mah, où elle pleure tant de fois en voyant passer ses enfants pour aller à l'exil...

La paix domestique de Jacob est souvent troublée par
des jalousies et des discordes intérieures, et puis Laban,
son astucieux beau-père, lui suscite mille difficultés pour
le frustrer dans ses droits les plus légitimes et pour le retenir dans la servitude. Se dérobant enfin par la fuite à
une existence devenue intolérable, et obéissant à la voix
de l'Éternel qui lui dit : « Retourne au pays de tes parents,

au lieu de ta naissance, je serai avec toi », il est pour-
suivi, comme un malfaiteur, par Laban, qui l'accuse de lui
avoir dérobé ses dieux! Odieuse et horrible ingratitude!
Jacob l'avait servi fidèlement pendant vingt ans, avait
veillé sur son bien pendant les ardeurs du jour et les froids
de la nuit, lui sacrifiant sa jeunesse, sa santé, toutes ses
forces, apportant la prospérité, l'abondance, toutes les
bénédictions dans sa maison; et maintenant l'ingrat s'arme
contre son noble bienfaiteur et lui fait la chasse sur la
grande route!

N'est-ce pas là encore la fidèle image de l'histoire d'Israël? Au milieu de peuples innombrables des temps anciens et modernes, Israël a apporté, par son industrie, ses
lumières et son activité, la prospérité, la richesse publique
et privée, souvent les sciences, la morale, la civilisation,
tous les progrès. Plus d'un puissant empire pouvait lui
dire comme Laban : נחשתי ויברכני ח' בגללך « Je sens que l'Éternel m'a béni à cause de toi. » Comment l'a-t-on récompensé? Par la spoliation, la calomnie et la persécution.
Hélas! combien de fois l'accusation de Laban : « Tu as touché à mes dieux », n'a-t-elle pas fait couler des torrents
de sang israélite!...

Et dans combien de pays, se disant civilisés, n'a-t-on
pas encore mesuré étroitement à Israël l'air et l'espace, lui
disputant ses droits les plus sacrés, lui contestant le salaire légitime de son travail et de ses œuvres, changeant
mille fois les lois pour amoindrir sa place au soleil, et lui
refusant tantôt cet état, tantôt cette profession, tantôt ce
commerce, tantôt cette fonction publique où la jalousie,
l'envie et la haine le voyaient réussir... « Il a changé mon
salaire dix fois » והחליף את משכרתי עשרת מנים, s'écrie Jacob;
combien de lois sur les juifs existe-t-il encore dans le
monde destinées à rogner, à raccourcir la vie de nos frères
et à la couvrir de honte, de larmes et de deuil!... Combien
de fois des constitutions civiles et des gouvernements ont-
ils proclamé hypocritement devant le monde ce grand prin-

cipe, annoncé aussi d'abord par le cheik de Mésopotamie :
אך עצמי ובשרי אתה « Tous les hommes sont égaux et doivent
jouir des mêmes droits », tandis que, dans la pratique, des
milliers d'enfants de la patrie gémissent comme les filles
de Laban : הלוא נכריות נחשבנו לו « Nous sommes traités
comme des étrangers!... Nous n'avons pas de place dans
la maison de notre père! » העוד לנו חלק ונחלה בבית אבינו
(XXXI, 14).

Mais les temps des épreuves auront un terme pour Israël.
« Dieu a vu ses douleurs et ses peines » — את עניי ואת יגיע
כפי ראה אלהים — ; il est témoin et juge dans notre procès
contre l'intolérance et l'injustice — אלהי אברהם ואלהי נחור
ישפטו בינינו — ; et quand arrivera le jour messianique où
l'humanité signera l'alliance de la fraternité et de l'amour,
alors Jacob ne rencontrera plus sur son chemin des Labans
ennemis, mais, comme sur la route de Canaan, *des anges
du Seigneur* dans tous les hommes devenus frères, dans
toutes les races devenues sœurs, enfants de la même vérité, de la même justice, de la même lumière. — ויעקב הלך
לדרכו ויפגעו בו מלאכי אלהים

•

HUITIÈME SIDRA

פ׳ וַיִּשְׁלַח

(Genèse, XXXII, 4, à XXXVI)

וּבְהַר צִיּוֹן תִּהְיֶה פְלֵיטָה וְהָיָה קֹדֶשׁ
וְיָרְשׁוּ בֵּית יַעֲקֹב אֵת מוֹרָשֵׁיהֶם :

Retour de Jacob. — Son ambassade à Ésaü. — Combat nocturne. —
Israël. — Sa rencontre avec Ésaü. — Dinah et la vengeance de ses
frères. — Naissance de Benjamin et mort de Rachel. — Mort d'Isaac. —
Postérité d'Ésaü et d'Édom.

Jacob était depuis vingt ans en Mésopotamie ; il pouvait
espérer que cette longue et douloureuse absence effacerait
jusqu'au souvenir de son dissentiment avec son frère, et ne
laisserait dans le cœur de ce dernier aucune trace d'ini-
mitié ; cependant il n'en fut pas ainsi. Rébecca lui avait
promis d'envoyer chez lui et de le ramener de la terre
étrangère quand la colère d'Ésaü serait passée (XXVII,
45). Cette promesse ne s'était pas réalisée ; aucun messager de paix ne lui était arrivé de la maison paternelle ; aussi
Jacob dut-il se convaincre que la haine de son frère le menaçait toujours ; il n'aurait pas osé retourner dans son pays
si Dieu lui-même ne l'y eût encouragé en lui promettant
sa protection divine (XXVI, 3). Hélas ! la haine frater-
nelle contre Jacob a duré de longues années, de longs siècles, et les espérances de Rébecca, de la mère de l'humanité, ont mille fois été déçues, et se sont changées en
larmes !

Jacob, confiant dans l'appui du Seigneur, veut cepen-

6

dant faire tout ce qui est humainement possible pour apaiser son frère ; l'assistance du Ciel, dont il est certain, ne
lui fait pas négliger les devoirs de la terre, les convenan-
ces sociales. Il sait que pour le vrai israélite, les lois du
monde sont des lois sacrées ; aussi envoie-t-il une ambassade à Esaü, au pays de Séir, dans les champs d'Edom,
et lui fait dire :

« J'ai séjourné chez Laban, et m'y suis arrêté jusqu'à
présent ; j'ai acquis des troupeaux et des esclaves ; j'envoie l'annoncer à mon seigneur, pour obtenir grâce à ses
yeux. »

En d'autres termes : J'ai été exilé, proscrit pendant de
longues années, obligé de vivre sous la dépendance d'un
méchant et de subir sa loi ; j'ai acquis, par le travail le
plus dur et le plus pénible, quelques bêtes et quelques
esclaves ; mais aucune puissance, aucune suprématie, aucune possession territoriale, ni la rosée du ciel, ni les douceurs de la terre, rien de cette bénédiction qui a tant causé
votre irritation. Me haïrez-vous après cette longue expiation ? Mais, si je ne possède ni vos richesses ni votre pouvoir, j'ai gagné à la sueur de mon front assez de biens pour
n'être à la charge de personne, pour vivre indépendant et
faire honneur à ma famille. Me repousserez-vous, me fer-
merez-vous vos bras, après cette preuve éclatante de
l'honnêté de ma vie et de la pureté de ma conduite ? Tout
ce que j'ai est la laborieuse et sainte œuvre de mes mains,
non le produit de la violence, de l'iniquité, de sanglantes
conquêtes. Ne suis-je pas digne d'être votre frère, le fils
de notre père commun ?

Les messagers reviennent, et annoncent qu'ils ont bien
rencontré Esaü, qui marche au devant de son frère, à la
tête de quatre cents hommes.

Alors Jacob eut peur ; ce déploiement de force brutale
ne lui annonçait rien de bon ; ces lances et ces épées qui
s'avançaient vers lui, au lieu des bras d'un frère, firent
douloureusement saigner son cœur. Alors il divisa ses

hommes et ses troupeaux en deux parties pour ne pas les exposer tous ensemble aux coups de l'ennemi ; il adressa au Seigneur une prière fervente, exprimant la crainte d'avoir peut-être, par ses péchés, démérité des grâces et des promesses divines qu'il avait obtenues — קטנתי מכל החסדים ומכל ; — האמת אשר עשית את עבדך ; — et il envoya à Esaü une partie considérable de ce qu'il possédait pour dissiper sa colère par ce grand sacrifice. — Vous lui direz : « Votre serviteur Jacob nous suit, car il s'est dit : Je veux l'apaiser par les présents qui me devancent, puis je verrai sa face ; peut-être m'accueillera-t-il avec bienveillance. »

Jacob, fait observer Raschi, se prépare à trois choses : à agir par des cadeaux, par la prière, et au besoin par la résistance. — לדורון לתפלה ולמלחמה.

Et il en fut ainsi pendant toute notre histoire.

Mille et mille fois Israël, s'approchant de ses frères dans l'humanité par les accents les plus tendres et les plus touchants de l'amour fraternel, ne trouva que l'armée d'Esaü, les baïonnettes et les instruments de mort, l'intolérance qui repousse, la haine qui maudit et la force brutale qui tue.

Alors Israël, pour payer chèrement un peu d'air et de soleil, pour satisfaire la cupidité et la convoitise des peuples et des princes, leur abandonna une grande partie de ce qu'il avait conquis au prix de toutes les fatigues, de tous les efforts, de toutes les privations. Pour mieux le dépouiller, on disait qu'Israël était immensément riche, lui qui ne possédait, comme Jacob, qu'un peu de bien mobilier, exposé à tous les hasards et à toutes les vicissitudes, excitant la rapacité du brigand qui passe, du chevalier qui descend de son repaire de la montagne, du prêtre sur l'autel, et du roi sur le trône !... Israël ne possédait pas un pouce de terrain sur la vaste étendue du globe, pas une cabane pour abriter son corps fatigué et meurtri ; il n'avait qu'un peu d'or à la main pour payer son péage à travers les siècles et les empires, et ce peu d'or, reste de tant de

grandeur et de puissance, lui fut arraché tous les jours
avec son sang et sa vie !

Mais Israël a eu surtout recours à la prière, à l'appel
au Seigneur, son Protecteur, son Gardien, son Vengeur.
Partout où il trouva sur son chemin une pierre pour reposer
sa tête, il éleva un autel au Très-Haut, établit une échelle
divine entre son âme et son Dieu, et trouva la porte du
ciel au milieu de tous les déserts et au fond de tous les
cachots... « Dans mes tortures (מן המצר), j'ai invoqué l'Eternel, et il m'a répondu en me délivrant. » (Ps. CXVIII, 5.)
Un mot de prière, une larme, une pensée d'amour envoyée
au ciel, a mille fois vaincu la puissance d'Esaü, sa haine
et ses armées.

Enfin Israël a aussi résisté par les armes, il a combattu
et opposé à ses adversaires un courage, un héroïsme que
nul peuple n'a surpassé. Il n'a pas lâchement ouvert
les portes de Jérusalem à l'ennemi, et ne lui a pas présenté
à genoux les clefs du temple. Mais il a défendu avec la dernière goutte de son sang son pays et son sanctuaire, et
c'est sur un monceau de ruines enflammées, sur le corps
de toute une nation, à travers l'incendie, le néant et la
mort, que les légions romaines ont pu pénétrer dans la
Cité Sainte. Pour arriver au sanctuaire d'Israël, l'ennemi, dans tous les temps, a dû pratiquer par la hache une
brèche mortelle au cœur expirant de nos pères !... Toutes
les puissances réunies de la terre n'ont jamais pu asservir
complétement Israël et l'abattre.

C'est pourquoi suivons ces illustres et glorieux exemples; imitons le patriarche dans sa conduite en présence
du danger, et agissons comme lui : — להדרון להנה ולמלחמה.

1° Payons largement notre bienvenue à la société ; donnons à nos semblables qui nous traitent en hommes et en
citoyens, au pays qui nous protége et nous aime à l'égal
de tous ses enfants, au souverain qui nous distribue tous
les bienfaits de la loi commune, tout ce que nous pouvons

ôter aux besoins de notre propre famille, aux nécessités de notre propre vie, tout ce que nous pouvons distraire du morceau de pain que nous avons gagné à la sueur de notre front, de la pièce d'or que nous avons conquise par les efforts de notre esprit. Faisons que, par notre désintéressement et notre droiture envers nos concitoyens, par notre patriotisme et nos sacrifices envers notre pays, par notre charité et notre amour envers tous, Esaü lui-même soit touché de notre conduite, nous ouvre ses bras et devienne notre frère!

2° Mais ne négligeons pas pour cela *la prière*, l'accomplissement de nos devoirs religieux israélites, à côté des devoirs sociaux. Ne sacrifions pas l'alliance de Dieu à l'alliance des hommes. Notre véritable force n'est ni dans la bienveillance des nations, ni dans la justice des lois, ni dans l'équité et la bonté des princes, mais dans notre croyance immortelle, dans la lumière et la vie que nous avons reçues sur le Sinaï!... A toutes les époques de notre histoire, et souvent au sein d'une civilisation avancée et de peuples policés, fiers de leurs progrès, nous étions humiliés, maltraités, obligés de prier le Seigneur, comme Jacob : « Sauvez-nous de notre frère Esaü! — הצילני נא מיד אחי מיד עשו. » « Dans tous les temps on a cherché notre perte. » שבכל דור ודור עומדים עלינו לכלותינו. Le sentiment des hommes et leurs lois sont variables : Dieu seul est constant dans son amour et sa justice — אני ח' לא שמיתי — et sa loi est éternelle. C'est pourquoi répétons souvent, méditons sans cesse ces paroles de notre prière du soir : « Nous nous réjouissons à tout jamais de tes commandements, ô Seigneur, car ils sont notre vie et le prolongement de nos jours; nous y pensons jour et nuit ; ne nous retire pas ton amour dans toute l'éternité! »

3° Forts du sentiment d'avoir rempli notre devoir envers les hommes et envers Dieu, ayons alors le courage de combattre, de lutter, de résister — למלחמה. N'acceptons pas stoïquement les coups de nos ennemis, ne baissons

pas la tête devant l'injustice et l'iniquité, ne nous taisons
pas quand la calomnie et la haine soulèvent contre nous la
société; combattons par tous les moyens, avec toutes les
forces de notre âme et de notre corps, pour l'honneur de
notre nom, pour les droits de nos frères, pour le triomphe
de notre foi, pour la gloire de notre Dieu ! A un rassem-
blement d'hommes sortis hier d'un esclavage de plusieurs
siècles, saignant encore des blessures faites par les fers
et les coups de l'oppresseur, Moïse pouvait dire : ה' ילחם
לכם ואתם תחרישון « L'Éternel combattra pour vous, tenez-
vous tranquilles » (Exode, XIV, 14); mais à des hommes
libres, membres d'une société où règnent la civilisation
et l'intelligence, à des hommes qui ont derrière eux quarante siècles d'histoire et d'héroïsme, et qui défendent la
plus sainte des causes, la voix divine dit : « Aidez-vous
et le Ciel vous aidera ! » Le lion de Juda ne doit pas
ramper dans la poussière où le serpent répand son venin.
Soyons certains que celui qui conseille le silence et une
lâche résignation quand on frappe sur la joue d'Israël et
de son culte, n'est pas un descendant d'Abraham, l'intré-
pide guerrier qui attaqua quatre rois, ni de David, le
héros couronné par tant de victoires, ni de nos martyrs
immortels qui préférèrent la mort à la honte, mais bien le
fils de quelque esclave égyptien qui se prosterna devant
toutes les infamies. Mais s'il faut savoir lutter toujours
contre la haine, il faut aussi résister parfois à l'*amour*, à
la séduction.

Voyons en effet Jacob, qui redoutait Esaü et lui en-
voyait des présents pour lui rendre hommage : il eut à
soutenir quelques heures après un combat nocturne prodigieux avec une puissance surnaturelle dont il resta vainqueur. « Ton nom ne sera plus désormais *Jacob*, lui dit
son antagoniste mystérieux, mais ISRAEL, car tu as lutté
avec des êtres divins et avec des hommes, et tu les as vaincus. » (XXXII, 28.) Israël ne doit donc plus craindre Esaü;

son nom lui rappelle à tout jamais sa force, sa noblesse, ses devoirs, ses droits et ses triomphes. Son ennemi, désespéré de réussir, le blessa à la cuisse (verset 25) *pour l'empêcher de marcher ;* mais Israël n'est pas resté en arrière ; il a marché à travers tous les âges et toutes les ruines ; il s'est avancé vers toutes les grandeurs et toutes les bénédictions, et il s'est élevé à toutes les gloires. On a eu beau l'arrêter par les chaînes, les tortures, les lois d'exclusion ; il a brisé toutes les entraves, renversé tous les obstacles, et s'est élancé en avant, car Dieu lui a dit : « Je vous donnerai des guides parmi les anges » יסירי לך מהלכים בין העמדים האלה (Zacharie, II, 14) ; « je vous porterai sur des ailes d'aigle jusqu'à moi ! » ואשא אתכם על כנפי נשרים (Exode, XIX, 4.)

Jacob rencontre le lendemain son terrible frère accompagné d'une véritable armée ; mais Esaü court vers lui, le presse sur son cœur, l'embrasse et pleure... Voilà le résultat des manières polies et affables de Jacob, qui souvent effacent la plus vive animosité מענה רך ישיב חמה (Proverbes, XV, 1) ; voilà aussi le seul triomphe qu'Israël ait jamais ambitionné et cherché : non l'humiliation et la ruine de ses adversaires, mais leur retour à des sentiments meilleurs ; il leur tendait la main, leur ouvrait les bras, et les appelait ses frères !

Jacob, de retour en Canaan, éleva un autel et l'appela · « Dieu est le Dieu d'Israël » — אל אלהי ישראל.

Nous arrivons à un drame sanglant.

Jacob s'était établi à l'entrée de Sichem, gouverné par Hémor le Chivvéen. Un jour Dinah, la fille de Lia, sortit pour voir les femmes du pays ; cette curiosité blâmable, cet oubli de la timide et pieuse réserve de la jeune fille israélite eut pour Dinah des conséquences terribles : le fils du gouverneur la remarqua, l'enleva et lui fit violence. Cependant le ravisseur, aimant avec passion sa victime, voulut en faire son épouse, et pria son père d'en faire la demande à sa famille. Quand les fils de Jacob apprirent cet outrage fait à leur sœur et à leur race, « cette flétrissure imprimée à Israël » כי נבלה עשה בישראל, ils éprouvèrent une grande consternation et un courroux ardent.

Cependant Hémor vint demander la main de Dinah pour son fils, dont le cœur était vivement épris; il offrit à la famille de Jacob tous les avantages : une alliance intime par des mariages avec les indigènes, la faculté de s'établir dans tout le pays et de l'exploiter, toutes les libertés et tous les priviléges. « Imposez-moi, ajouta-t-il, la dot la plus considérable, et je vous la donnerai; » et sur la réponse des fils de Jacob qu'ils ne pouvaient pas donner leur sœur à un incirconcis, le gouverneur et son fils acceptèrent non-seulement pour eux-mêmes cette douloureuse condition, mais pour tous les habitants de la ville, qui s'y soumirent sans hésiter. C'est alors que Siméon et Lévi, frères de Dinah, sachant le peuple souffrant, prirent leurs épées, marchèrent sur la ville, et en firent périr tous les habitants mâles; ils pillèrent les maisons et les champs, enlevant tout ce qu'ils pouvaient enlever, emmenant avec eux les femmes et les enfants, semant autour d'eux la ruine et la mort. Et quand Jacob leur reprocha cette conduite horrible, leur faisant entrevoir les dangers imminents qui les menaçaient par l'indignation des peuples d'alentour, ils répondirent : « Devait-on traiter notre sœur comme une prostituée ! »

Certes, ce meurtre d'une ville entière est un crime épouvantable, et Jacob, sur son lit de mort, en maudit les auteurs; mais il montre aussi combien le sentiment d'honneur était profondément gravé dans le cœur de nos pères. Ils repoussèrent toutes les offres, tous les avantages, tous les biens, l'or et les alliances; rien ne pouvait les satisfaire, effacer la tache faite à leur blason, qu'ils lavèrent dans le sang. Pour eux, toute la ville était complice de l'outrage fait à Dinah; tous les habitants devaient s'opposer à la perpétration d'un acte infâme; ils ravagèrent la ville *qui avait déshonoré leur sœur,* dit l'Ecriture (XXXIV, 27). C'est

ainsi que les fautes et les vices du souverain sont souvent
la ruine et la destruction de tout un peuple. A côté de l'insulte faite à leur famille, les fils de Jacob voyaient la
profanation de leur croyance; leur cœur et leur sanctuaire
étaient également violés, souillés; il leur fallait une vengeance terrible, une satisfaction sanglante. Si leur acte
était coupable, leur sentiment était sublime, noble, héroïque. Qu'on dise donc encore que dans la race israélite l'or
peut laver la honte !

Après cet épisode effroyable, Dieu dit à Jacob de partir
pour Beth-El, de s'y fixer, et d'y élever un autel au Seigneur. Le patriarche et les siens ne furent pas inquiétés
durant ce nouveau voyage, « car une terreur divine ré-
gnait dans le pays qu'ils traversaient, et ils ne furent point
poursuivis. » L'Éternel apparut de nouveau à Jacob, confirma son changement de nom en celui d'*Israël*, et lui répéta toutes ses grandes et précieuses promesses. Mais
Jacob eut le malheur de perdre en route Rachel, sa chère
et bien-aimée femme, morte en donnant le jour à Benjamin, à *Ben-Oni*, « le fils de sa douleur. » Elle fut enterrée sur
le chemin d'Ephroth, où son âme a si souvent consolé
Israël venant sur sa tombe lui raconter ses souffrances...

La légende raconte :

Lorsque Jacob, quittant Laban, retourna en son pays, sa bien-aimée
Rachel éprouva en route les douleurs de l'enfantement, qui augmentaient
de plus en plus. Elle en fut vaincue et mourut. Arrivée au trône de l'Éternel, sa première prière était celle-ci : « O Seigneur ! ne me refusez pas la
demande que je dépose respectueusement au pied de votre trône; laissez-
moi voir de temps en temps les miens, dont vous m'avez séparée de si
bonne heure... — Ta prière, répondit le Très-Haut, ne peut t'être accordée qu'en partie; trois fois seulement tu pourras voir les tiens, mais tu
ne pourras soulager leur misère. »

Quand elle descendit pour la première fois du ciel, elle trouva son mari,
Jacob, pâle et triste à cause de la perte de son fils Joseph. Elle l'entendit
dire : « Je descendrai de douleur dans la tombe. » Elle entendit ces paroles désolantes sans pouvoir essuyer les larmes de ce visage en deuil.

Quand elle descendit pour la deuxième fois sur la terre, elle trouva ses

enfants enchaînés , exilés , poursuivis comme les bêtes des bois , et même
leur tombe n'échappa point à la fureur. Elle vit tout cela , mais n'en put
encore rien faire.

Pleine de douleur elle quitta la vallée des larmes ; son âme saigna à la
vue des souffrances de ses enfants ; mais elle ne put venir à leur aide.

Et quand elle revint pour la troisième fois sur la terre , elle vit de plus
grands malheurs encore. Hérode assassinait beaucoup d'innocents enfants
d'Israël : les mères pleuraient , les pères étaient en deuil , et Rachel aussi
poussa des gémissements , et sa voix pleine de larmes retentit longtemps.

Mais Dieu lui dit : « Sèche tes pleurs, la destinée humaine doit traverser des déserts aussi bien que des champs fleuris ; la jubilation et le chant
funèbre alternent ici-bas. Abandonne-moi avec confiance le sort des tiens,
ils sont aussi mes enfants. »

Rachel se sentit soulagée et retourna au ciel. Le sort de ses descendants lui tient toujours profondément au cœur; elle demande toujours, à
chaque nouvel arrivant, après la situation de ceux qui lui sont si chers ;
mais ses soupirs sont dissipés , ses plaintes douloureuses se taisent, puisque ses enfants sont également les enfants de Dieu , dont le cœur a encore
plus d'amour et de tendre sollicitude que celui d'une mère.

Jacob se rendit à Hébron, le lieu de sa naissance, et
ferma les yeux à son père, mort à l'âge de cent quatre-
vingts ans. Il peut se reposer un instant de ses fatigues, de
ses épreuves, oublier Esaü, Laban, Sichem, toutes ses tribulations. Il peut, sur la terre sacrée d'Abraham et d'Isaac,
vivre selon les généreuses et saintes inspirations de son
cœur, rendre à Dieu tout ce qu'il lui avait promis, donner à
ses fils l'exemple de toutes les vertus et de toutes les nobles
actions, les initier aux devoirs de leur glorieuse mission,
préparer le grand et immortel avenir d'Israël... Mais pendant qu'il sème ainsi sur le sol de Canaan les bénédictions
et le salut de ses enfants, Esaü, Edom, l'ennemi de notre
race, se fortifie et s'étend sur les hauteurs de Séir, où il
multiplie ses armées et forge les armes pour notre perte...
« Mais un jour, les libérateurs monteront sur la montagne
de Sion pour juger la montagne d'Esaü, et l'Éternel seul
régnera. » ‏ועלו מושיעים בהר ציון לשפט את הר עשו והיתה לה' המלוכה.‎

NEUVIÈME SIDRA

פ׳ וַיֵּשֶׁב

(Genèse, XXXVII à XL)

בקש יעקב לישב בשלוה
קפץ עליו רוגז של יוסף :

Joseph excite la jalousie et la haine de ses frères, qui le vendent en
Égypte. — Juda et Tamar. — Fidélité et piété de Joseph dans la maison
de Potiphar. — Il est victime d'une calomnie et mis en prison. — Il
explique les songes de ses co-détenus.

« Jacob, espérant vivre tranquille désormais, fut atteint
par l'événement de Joseph. Quand les hommes pieux dési-
rent la quiétude ici-bas, alors Dieu dit : — Il ne leur suffit donc pas le bonheur qui leur est réservé dans le monde
à venir, ils voudraient encore être heureux dans celui-ci ! »
(Midrasch.)

Le patriarche aspirait au repos. Après tant de tribulations et d'épreuves douloureuses, après tant de fatigues
du corps et de l'âme, il espérait finir en paix ses jours dans
cette douce habitation paternelle dont il avait été si longtemps exilé. Mais le Très-Haut, dans sa sagesse infinie et
ses jugements impénétrables, en avait décidé autrement,
et Jacob fut frappé dans sa plus tendre affection, dans Joseph, le fils de sa vieillesse, la joie de son âme, le souvenir et l'image de sa chère Rachel... Après avoir lutté
avec tant de malheurs, triomphé même d'un antagoniste
céleste, Jacob dut soutenir à la fin un combat bien plus

terrible, un combat de larmes et de deuil, contre la plus
déchirante des douleurs, la plus cruelle des épreuves.

Il avait pour Joseph un amour particulier, extrême, et
le lui témoignait publiquement en toute occasion, non-
seulement parce que c'était le fils, le précieux héritage de
Rachel, mais aussi parce qu'il était, — la suite l'a bien
démontré, — un grand et brillant esprit [1]. Cette prédilection irrita profondément les frères de Joseph, qui lui en
voulaient aussi, à cause des rapports fâcheux qu'il faisait
d'eux à leur père et, ajoute un commentateur, à cause de
son intimité avec les fils de Bilha et Zilpa, enfants d'esclaves, objets de leur mépris. « Ils le prirent en haine et
ne purent lui parler amicalement. » L'Ecriture sainte, par
ces dernières paroles, constate que les fils de Jacob, malgré leurs fautes, ne connaissaient pas au moins l'hypocrisie et la dissimulation. מתוך גנותם למדנו שבחם שלא דברו אחת בפה
ואחת בלב.

Cette haine allait recevoir un nouvel et funeste aliment.
Joseph raconta à ses frères qu'il avait eu un songe : « Nous
étions aux champs, occupés à attacher des gerbes ; soudain
ma gerbe se leva et resta debout, alors les vôtres l'entourèrent et s'inclinèrent devant elle. » Ses frères, à ce récit,
transportés de colère, s'écrièrent : « Voudrais-tu régner
sur nous ? Voudrais-tu devenir notre maître ! »

Mais Joseph, malgré cette explosion, leur raconta un
nouveau songe, et dit : « J'ai vu le soleil, la lune et onze
étoiles se prosterner devant moi. » Jacob, voyant l'impression terrible que ces paroles produisaient sur ses fils,
apostropha Joseph en ces termes : « Que veut dire un pareil songe ? Devrions-nous venir, moi, ta mère et tes
frères, nous prosterner en terre à tes pieds ! » Le courroux
des fils de Jacob était au comble, mais le patriarche attendait en secret l'événement. ואביו שמר את הדבר.

___

[1] Onkelos traduit les mots בן זקנים par בר חכים « fils de la sagesse ».
D'après la tradition, Jacob enseigna à Joseph tout ce qu'il avait appris
lui-même à l'école de Sem et Eber.

Les songes, dans les temps bibliques, étaient souvent
des révélations, des visions prophétiques par lesquelles
Dieu daigna soulever devant les hommes d'élite le voile
de l'avenir. Plus l'esprit était élevé et pouvait se dégager
du monde matériel, plus aussi il pénétrait dans les obscurités
du songe et voyait clair dans ses révélations. Nous avons
vu la grandeur et la sublimité du songe de Jacob, montrant, par le symbole auguste de l'échelle s'élevant de la
terre aux portes du ciel, la grandeur et la domination spirituelles d'Israël dans l'avenir du monde. Aussi le songe de
Jacob, qui ne devait se réaliser que dans la suite des âges,
ne se répétait-il pas sous deux formes différentes, comme
les songes de Joseph et de Pharaon, dont la réalisation
devait être prochaine. Quand Joseph raconta son premier
songe, qui ne pouvait indiquer qu'une future supériorité
temporelle, puisqu'il avait pour image des gerbes de blé,
un tableau champêtre, Jacob ne disait rien; mais, quand
Joseph révéla son deuxième songe, montrant les astres du
ciel se prosternant devant lui, c'est-à-dire une domination
spirituelle, alors le patriarche sembla éprouver une vive
émotion, et il blâma son fils en termes énergiques, peut-
être aussi dans la pensée secrète d'apaiser par ce moyen
les frères de Joseph. Ce qui les blessait surtout, ce n'étaient
pas les songes en eux-mêmes, puisque ces visions noc-
turnes étaient des phénomènes ordinaires alors, mais la
manière dont Joseph les communiquait על חלמתיו ועל דבריו.
Il paraît même que le songe des gerbes de blé n'était pas
le premier de ce genre qu'il leur racontât, puisque l'Ecriture dit à cet endroit: « Ils le haïrent encore davantage, à
cause de *ses songes*. Mais, lorsqu'il parla de son songe du
soleil, de la lune et des onze étoiles qui lui rendaient hommage, songe qui ne pouvait être exact, d'abord, parce que
la mère de Joseph était morte et ne pouvait plus, par conséquent, se prosterner devant son fils; ensuite, parce que,
comme nous l'avons dit, ce songe indiquait une domination
spirituelle promise déjà à Jacob, alors les frères de Joseph

sentirent une indignation violente. Ils étaient fermement convaincus que Joseph rêvait si souvent la nuit d'une domination sur eux, parce qu'il y pensait sans cesse dans la journée,
qu'il n'y avait donc là aucune espèce de révélation divine,
mais les rêves et les espérances d'une ambition audacieuse
et démesurée. Dès ce moment ils méditèrent la vengeance.
Joseph, telle était la volonté du ciel, devait agir avec imprudence et provoquer l'animosité de ses frères, parce que
le temps était venu où Israël devait marcher par l'esclavage
au Sinaï et à la délivrance éternelle!

Un jour les fils de Jacob allaient conduire leurs troupeaux dans les environs de Sichem. Alors le patriarche
dit à Joseph de se rendre auprès d'eux pour lui apporter de
leurs bonnes nouvelles, montrant ainsi qu'il aimait tendrement tous ses enfants, et aussi qu'il ne soupçonnait pas
les pensées terribles dont ils étaient animés envers leur
frère. Joseph, qui connaissait le danger imminent auquel
cette mission l'exposait, n'hésita cependant pas d'accomplir le désir de son père, car son respect et son amour
filial étaient pour lui infiniment plus sacrés et plus précieux que sa vie. Il part de la vallée d'Hébron, s'égare en
route, rencontre un homme qui lui demande ce qu'il cherche; il répond : « Ce sont mes frères que je cherche. »
Hélas! combien de fois le fils de Jacob a-t-il cherché dans
l'humanité des frères vers lesquels son cœur s'élançait
avec tous les saints et nobles battements de l'amour, et ne
trouva que des ennemis qui le précipitèrent dans la tombe,
ou brisèrent son corps et son âme par les chaînes de
l'esclavage!...
Arrivé près de ses frères, Joseph fut dépouillé de sa tunique, gage précieux de la tendresse paternelle, jeté dans
une citerne, puis vendu à des marchands ismaélites qui
passèrent pour se rendre en Egypte. Les coupables égor-
gent un chevreau, trempent dans son sang la tunique de
leur frère et l'envoient à Jacob. Le malheureux père s'é-

crie : « C'est la robe de mon fils ! Une bête féroce l'a dévoré.... » Toute la famille se presse autour de lui pour le
consoler ; mais il refuse toute consolation, disant : « Je
descendrai en deuil, vers mon fils, dans la tombe ! » Il
pleure amèrement, déchire ses vêtements, s'enveloppe
dans un cilice, en proie à un long désespoir....

Certes, c'est une triste page et une tache dans notre
histoire, un crime affreux qui a été, de longs siècles après,
le prétexte de l'horrible martyre de dix illustres docteurs
en Israël (עשרה הרוגי מלכות), sous les Romains (an 135 de
l'ère vulgaire) [1]. Mais n'oublions pas que les frères de
Joseph ont agi sous l'impression irrésistible de la plus violente exaspération ; ils craignaient même, d'après une
tradition, de subir le sort d'Ismaël et des autres fils d'A-
braham, que le patriarche avait banni de sa maison, en
faveur d'Isaac. (XXV, 6.) Puis, dans leur égarement,
dans leur crime, on reconnaît encore l'humanité, le cœur
israélite, sa piété et sa crainte de Dieu. Ruben, l'aîné des
douze frères, s'oppose de suite au meurtre de Joseph et
propose de le jeter au fond d'une citerne, « dans la pensée
de le sauver de leurs mains et le ramener à son père. » Et
quand, plus tard, il ne trouva plus la victime, dont il
ignorait la vente aux Ismaélites, il déchira ses vêtements
et s'écria avec épouvante : « L'*enfant* n'y est plus, et moi,
que deviendrai-je ! »

---

[1] Rabbi Akiba, un de ces héros de la foi, fut conduit au supplice à
l'heure de la récitation du *schemâ*. On lui arracha avec des tenailles de fer
la chair de son corps, et il dit pourtant avec la plus sainte ferveur la prière,
confessant Dieu et son amour. « Comment ? s'écrièrent ses disciples épou-
vantés, cette constance va aussi loin ! » Il répondit : « Mon désir le plus
ardent a toujours été de remplir cette loi divine : — Tu aimeras l'Éternel ton
Dieu de tout ton cœur, de toute ton âme, quand même elle te sera arrachée.
Et maintenant que l'occasion est si favorable, ne dois-je pas accomplir ce
saint commandement ? » Il resta au mot *échod* (« Dieu est un ») jusqu'à ce
que son âme le quitta.

Voici, d'après Josèphe, le discours adressé par Ruben à ses frères :

« Il leur représenta la grandeur du crime qu'ils voulaient commettre, la haine qu'il attirerait sur eux ; que si un simple homicide donne de l'horreur à Dieu et aux hommes, le meurtre d'un frère leur est en abomination ; qu'ainsi il les conjurait d'appréhender la vengeance de Dieu, qui voyait déjà dans leur cœur le cruel dessein qu'ils avaient conçu ; qu'il leur pardonnerait néanmoins s'ils en avaient du regret et en faisaient pénitence ; mais qu'il les en punirait très sévèrement s'ils l'exécutaient. Qu'ils considérassent que toutes choses lui étant présentes, les actions qui se font dans les déserts ne peuvent pas plus lui être cachées que celles qui se passent dans les villes, et que, s'ils s'engageaient dans une action si criminelle, leur propre conscience serait leur bourreau. Il ajouta que, s'il n'est jamais permis de tuer un frère lors même qu'il nous a offensés, et qu'il est au contraire louable de pardonner à ses amis quand ils ont failli, à combien plus forte raison étaient-ils obligés de ne point faire de mal à un frère dont ils n'en avaient jamais reçu ; que la seule considération de sa jeunesse les devait porter non-seulement à en avoir compassion, mais à l'assister même et le protéger ; que la cause qui les animait contre lui les rendait encore plus coupables, puisqu'au lieu de concevoir de la jalousie du bonheur qui lui devait arriver et des avantages dont il plaisait à Dieu de le favoriser, ils devaient s'en réjouir et les considérer comme les leurs propres, vu que, lui étant si proches, ils pourraient y participer ; et qu'enfin ils se remissent devant les yeux quels seraient l'indignation et le courroux de Dieu contre eux, si, en donnant la mort à celui qu'il avait jugé digne de recevoir de sa main tant de bienfaits, ils osaient entreprendre de lui ôter le moyen de le favoriser de ses grâces. »

L'historien ajoute que Ruben, voyant l'insuccès de ses exhortations et la résolution bien arrêtée de ses frères d'exécuter leur projet funeste, leur proposa de choisir un moyen plus doux, de se rendre moins criminels : de mettre Joseph dans une citerne du désert, d'où il espérait le tirer en leur absence.

Juda, celui des frères qui exerçait le plus d'influence et d'autorité, repoussa à son tour l'idée horrible d'abandonner son frère dans la citerne à une mort cruelle, et il dit : « Quel avantage aurions-nous de tuer notre frère et de cacher son sang ? Vendons-le aux Ismaélites, mais ne portons pas la main sur lui, *car il est notre frère, notre chair.* » Ah ! que cette parole de Juda retentisse à tout jamais dans la conscience de ceux d'entre nous qui seraient tentés de

faire du mal à un de leurs frères, de leurs concitoyens, de
porter une main criminelle sur sa vie, ses biens, ses droits;
de tuer son honneur, sa considération publique, sa renommée; de creuser un piége, un abîme, sous ses pas, sa
position, sa prospérité, son avenir... Qu'ils se disent : Que
gagnerions-nous d'agir dans les ténèbres, de cacher le
sang de notre victime et notre forfait, puisque le regard clair
voyant de l'Eternel voit tout, pénètre nos pensées et nos
actes, et que Dieu est témoin et juge de notre conduite
homicide envers notre frère !.... Qui sait ? Nous maltraitons
aujourd'hui notre semblable, nous le repoussons et le li-
vrons à l'humiliation, à la misère ; peut-être un jour se-
rons-nous forcés, nous ou nos enfants, de nous prosterner
devant lui, de demander grâce, de solliciter un morceau
de pain.... Ne voyons-nous pas une preuve éclatante de
ces changements providentiels du sort humain dans les destinées de Joseph? עדות ביהוסף שמו בצאתו על ארץ מצרים (Ps.
LXXXI, 6.) Dans tous les cas, nous affligeons cruellement notre Père commun, qui, à la vue des larmes, du
bonheur déchiré de son fils, s'écrie comme Jacob : Une
bête féroce l'a dévoré !

L'Ecriture sainte interrompt l'histoire de Joseph pour
raconter un épisode déshonorant de la vie de Juda.
« Un péché, disent nos docteurs, en amène un autre »
עברה גוררת עברה. Les remords de sa conscience, l'inquiétude
et les tortures de son âme, ont sans doute poussé Juda à
chercher dans des jouissances grossières, indignes de lui,
l'oubli du crime accompli. « Il descendit d'auprès de ses
frères (וירד מאת אחיו), vit la fille d'un Cananéen et l'épousa »
(XXXVIII, 1, 2); il *descendit* de ses dignités, dit un docteur; il fut destitué par ses frères, qui, voyant l'immense
affliction de leur père, dirent à Juda : « C'est toi qui as
proposé de vendre Joseph ; si tu avais dit de le ramener à
la maison, nous t'aurions obéi également. » C'est ainsi que
les complices d'un homme deviennent souvent ses accusa-

teurs, et que l'union dans le mal n'est jamais de longue
durée אין שלום אמר ח' לרשעים. Juda, qui avait pris toutes les
précautions pour cacher l'attentat commis sur son frère, ne
put cacher sa propre honte. C'était déjà un commencement
du châtiment.

Joseph fut emmené en Egypte, vendu par les marchands
arabes à Potiphar, officier du roi. Dieu fut avec le fils infortuné de Jacob, le protégea visiblement, fit réussir toutes
ses œuvres. Aussi son maître, frappé de ces signes éclatants de l'assistance divine, combla-t-il le jeune Hébreu de
toutes ses faveurs, lui accorda toute sa confiance, et le mit
à la tête de sa maison. Dès ce moment, la bénédiction du
ciel descendit sur la demeure, les biens, les champs, toutes
les affaires de l'Egyptien, à cause de Joseph, aux mains
de qui il abandonna tous ses intérêts. Joseph, outre
toutes ses précieuses qualités de l'esprit et du cœur, était
d'une grande et merveilleuse beauté.

Alors il arriva que la femme de son maître, attirée par
la fascination de tant d'attraits et entraînée par une passion violente, tenta sur Joseph les plus puissantes séductions. Mais il résista héroïquement, lui disant : « Mon
maître m'a confié tout ce qu'il possède, il n'estime personne plus que moi dans sa maison, il m'a tout abandonné,
sauf toi, parce que tu es son épouse : comment pourrais-je
donc commettre un aussi grand mal et pécher contre le
Seigneur? » Mais, sourde à ces touchantes et pieuses paroles, aveuglée par l'éblouissement du désir, la femme de
Potiphar voulut un jour entraîner de force dans l'abîme le
fils de Jacob, qui s'enfuit épouvanté, laissant entre les
mains de l'Egyptienne son manteau. Alors, transportée de
fureur, elle appela ses gens et son mari, leur raconta que
l'esclave hébreu voulait lui faire le plus grand des outrages, et que, repoussé par elle, il avait pris la fuite en
laissant son habit, preuve de son crime. Joseph fut jeté en
prison.

La légende de toutes les religions a conservé un grand nombre de curieux détails sur ce remarquable et glorieux chapitre de l'histoire de Joseph. Voici un des faits les plus intéressants qui s'y rattachent :

La femme de Potiphar, dévorée par le feu de la passion, devint pâle, abattue, dépérissait à vue d'œil. Ses amies, les dames de la cour, auxquelles elle avait confié la cause de ses tourments, se moquèrent d'elle pour s'être éprise d'un esclave qui sans doute ne méritait pas tant d'attention. Elle les invita à une brillante collation et leur fit donner des couteaux bien tranchants pour manger des fruits. Sur ses ordres, Joseph entra dans la salle du festin; sa vue, sa beauté éblouissante produisit la plus vive émotion au milieu des convives, qui ne pouvaient plus détacher leurs regards de la ravissante figure du jeune Hébreu. Elles s'oublièrent tellement dans cette contemplation, qu'elles ne remarquèrent pas les blessures que les couteaux faisaient à leurs mains, ni le sang qui en coulait avec abondance. Alors elles reconnurent, en rougissant, combien étaient fondés les sentiments de leur amie, à qui elles conseillèrent de se servir de son autorité pour satisfaire ses désirs et mettre un terme à ses souffrances [1].

Une tradition raconte que Joseph, vaincu par une tentation si puissante, était sur le point de pécher; mais en ce moment lui apparut l'image de son père qui lui dit : « Mon fils, un jour les noms de tes frères et le tien seront gravés sur les pierres précieuses ornant la poitrine du grand pontife; voudrais-tu, en te couvrant d'une tache, que ton nom y fût effacé! » Alors Joseph s'arma d'un courage surhumain et resta pur. (*Sota*, 36, *b*.) Heureux, mille fois heureux les parents, si leur image, si leur souvenir arrête leurs enfants sur le chemin de la perdition, au bord de l'abîme, et les rappelle au devoir, à la vertu, au bien et au juste! Malheur, mille fois malheur aux parents, si leurs

---

[1] *Midrasch Tanchuma*, chap. 40; *Sépher hayascher*; *Koran*, Sure 12.

enfants, appelés pour leurs fautes devant le juge suprême,
répondent comme Adam : Le père, la mère que tu m'as
donnés, m'ont montré le fruit défendu, m'ont offert l'exemple du mal, m'ont conduit sur la route du précipice où je
suis tombé!...

Le voilà donc en prison, le pauvre et saint martyr,
puni pour sa sublime vertu par celui-là même qui lui devait la plus profonde reconnaissance; le voilà enfermé,
étouffé entre quatre murs, le jeune lis du Liban, privé du
soleil radieux de Canaan, de l'air pur et vivifiant descendant du Moria, n'entendant plus l'écho de la harpe séraphique chantant des cantiques divins dans la maison paternelle, ne sentant plus le zéphyr qui passe et qui lui apporte un baiser et une bénédiction de son père, ne voyant
plus les oiseaux qui traversent l'espace, lui portant sur
leurs ailes dorées un salut, un sourire de la patrie...

Cependant, d'après toutes les traditions et des indices
historiques d'une grande importance, Potiphar ne se trom-
pait point sur la conduite de sa femme et ses imputations
calomnieuses; seulement, pour sauvegarder son honneur
et pour n'être pas forcé de châtier sévèrement la coupable,
qui appartenait peut-être à une famille puissante, il dut
paraître accepter la véracité de l'accusation. Mais, au lieu
de faire enfermer Joseph dans un lieu destiné aux criminels ordinaires et de basse condition, il choisit pour lui une
prison distinguée, la Bastille égyptienne, affectée aux fonc-
tionnaires royaux chargés de quelque faute. Joseph n'était
plus un accusé vulgaire, mais un prisonnier d'Etat. Il ne
pouvait plus être question d'une tentative criminelle sur une
femme, mais on dut croire à une affaire politique d'une
haute gravité.

Mais dans la prison, comme dans le palais de Potiphar,
Dieu fut avec Joseph et lui attira la bienveillance et les faveurs du gouverneur, qui lui confia la direction des hommes
et des choses. Exerçant ainsi une véritable autorité sur ses

codétenus, et s'intéressant à leur sort, Joseph remarqua un matin deux prisonniers, l'échanson et le panetier du roi, plongés dans une tristesse profonde. A sa question : « Pourquoi votre visage est-il sombre aujourd'hui ? » ils répondirent : « Nous avons eu un songe, et il n'y a personne pour l'interpréter. » Joseph dit : « L'interprétation est à Dieu, il peut cependant la révéler à un mortel ; racontez-moi donc vos songes. » L'échanson lui apprit alors qu'il avait vu dans son rêve trois ceps de vigne se couvrir de fleurs et de bourgeons qui mûrissaient et se transformaient en grappes ; il avait la coupe de Pharaon dans sa main, cueillait les raisins et les pressait dans la coupe royale, qu'il présentait à Pharaon. Joseph lui dit [1] d'espérer, puisque son songe signifiait que dans trois jours il sortirait de prison par ordre du roi et rentrerait en ses bonnes grâces. « Car Dieu a donné au fruit de la vigne divers excellents usages et une grande vertu. Il sert à lui faire des sacrifices, à sceller l'amitié entre les hommes, à leur faire oublier leurs inimitiés, et à changer leur tristesse en joie. »

Le maître-panetier, espérant recevoir pour son songe une explication aussi heureuse, dit qu'il avait rêvé d'avoir porté sur la tête trois corbeilles dont l'une était remplie de toutes sortes de pâtisseries pour Pharaon ; mais un oiseau passait et les mangeait de dessus sa tête. Joseph répondit : « Dans trois jours le roi te fera trancher la tête, attacher à un gibet, et les oiseaux viendront becqueter ton corps. » L'interprétation de ces songes se confirma à la lettre.

Joseph avait dit encore à l'échanson : « Souviens-toi de moi lorsque tu seras heureux, et rends-moi service ; parle pour moi à Pharaon, et fais-moi sortir de cette maison ; car j'ai été enlevé du pays des Ibrim, et ici non plus je n'ai fait aucun mal pour avoir été mis dans ce cachot [2]. » Remar-

---

(1) D'après l'historien *Josèphe*, liv. II, chap. 3.

(2) בַּבּוֹר « Dans cette fosse. » Joseph, dans ces épanchements douloureux, pensait sans doute à la citerne du désert où ses frères l'avaient jeté sans raison ; c'est pourquoi il dit : « Et ici *non plus* je n'ai rien fait pour être plongé dans la *fosse*. »

quons le pieux sentiment israélite qui portait Joseph, non-seulement à faire connaître sa race et sa croyance religieuse, mais à garder le secret sur le crime de ses frères, à se taire sur la haine fratricide qui l'avait arraché des bras de son père, vendu et foulé aux pieds comme un vil esclave, et à dire simplement : « J'ai été dérobé du pays des Hébreux. » Puissions-nous imiter ce généreux exemple et cacher avec soin les fautes de nos frères, alors même que nous en sommes les victimes !

« Le maître-échanson fut rendu à son emploi, présenta la coupe à Pharaon, *mais ne se souvint point de Joseph et l'oublia.* » C'est, disent nos docteurs, parce que le fils de Jacob, au lieu d'espérer en Dieu seul, comme il est dit : « Heureux l'homme qui met en Dieu sa confiance » (Ps. XL, 5), a placé cette fois son espoir dans un mortel. Aussi dut-il souffrir encore deux ans les souffrances de l'emprisonnement.

Le livre saint des musulmans dit à peu près la même chose ; on y lit : (*Koran*, Sure XII) :

Il répondit (Joseph à ses deux codétenus) : « Je veux vous expliquer vos songes comme le Seigneur me l'a révélé ; car j'ai quitté les gens (la maison de Potiphar) qui ne croient pas en Dieu et qui nient la vie future ; je suis la religion de mes pères Abraham, Isaac et Jacob, et il ne nous est point permis de placer à côté de Dieu un être quelconque. Cette religion nous a été donnée par la bonté divine, pour nous et pour tous les hommes ; mais la plupart d'entre eux n'en sont point reconnaissants. O mes amis, plusieurs maîtres divisés sont-ils donc meilleurs que l'unique et tout-puissant Seigneur ? Vous honorez, à côté de lui, rien que des noms, inventés par vous et vos pères, ce que Dieu n'a pas permis, car il a ordonné de l'honorer lui seul. Voilà la vraie religion, mais la plupart des hommes ne la connaissent pas. O mes amis, en vérité l'un de vous versera de nouveau le vin à son maître, mais l'autre sera attaché à la croix et les oiseaux mangeront de sa tête. C'est ainsi qu'est décidée la chose sur laquelle vous désirez être instruits. Et toi (parlant à l'échanson), souviens-toi de moi auprès de ton maître. » C'est ainsi que Satan fit oublier à Joseph le souvenir de son Dieu ; c'est pourquoi il dut rester encore quelques années en prison.

Nous avançons dans l'histoire merveilleuse de Joseph : la séduction lui tend des piéges presque surhumains et l'enveloppe par la plus puissante fascination. Il s'arrache du bord de l'abîme, mais laissant entre les mains de l'ennemi son vêtement, qui devait être une preuve de sa lutte, de son innocence, de sa vertu, et qui devint au contraire un signe de sa culpabilité et l'instrument de sa condamnation. La séduction, c'est l'apostasie qui nous guette, c'est l'infidélité à Dieu et à sa loi qui nous poursuit sans cesse et nous dresse mille embûches. C'est surtout aux époques où les intérêts matériels s'emparent des esprits, où la prospérité de la matière est considérée comme le suprême bonheur de l'homme et sa plus belle destinée, où chacun ne songe qu'à grandir, qu'à faire ses affaires. — ויבא הביתה לעשות מלאכתו — , que la séduction redouble ses efforts, augmente ses moyens d'action et fait le plus de victimes. En religion comme en politique, il est, hélas! toujours des hommes qui se donnent au. dernier et plus haut enchérisseur !

Sans doute, l'apostasie a peu de succès en Israël ; nos frères les plus égarés lui échappent et restent insensibles à ses dangereuses tentations. Mais tout en nous sauvant, nous laissons trop souvent entre ses mains notre manteau, nous abandonnons les formes extérieures, les pratiques sacrées, les cérémonies du culte, les traditions de nos pères, et toute la vie israélite, pour adopter des mœurs qui ne valent pas les nôtres, pour plaire à des générations dont souvent nous avons peu à nous louer, pour sacrifier notre passé immense à une société où jamais notre lendemain n'est assuré, au lieu de lui dire comme Joseph : Aucune race humaine n'est plus grande que nous dans le monde et dans l'histoire — איננו גדול בבית הזה ; Dieu nous a tout donné : la vérité, la liberté morale, la lumière, la force et l'émancipation spirituelle, l'immortalité — ולא חשך ממני מאומה ; pourquoi aurions-nous honte de notre glorieuse extraction? pourquoi chercherions-nous à effacer de notre front le signe d'une divine origine, et deviendrions-nous coupables envers le Seigneur — וחטאתי לאלהים !

Comme dans le récit biblique, ces concessions, ces trophées qu'on laisse entre les mains du mal, loin de nous assurer le salut, deviennent au contraire des prétextes à notre humiliation, les causes de notre perte. Souvent, en abandonnant, en déchirant le manteau de la religion qui nous a si vigoureusement protégés à travers les siècles et les barbaries, on s'est flatté de gagner l'amitié des princes et le respect des peuples. Vaine et folle espérance ! La vérité est qu'avec un sincère et inébranlable attachement à la foi de nos pères, avec une indépendance religieuse ferme et digne, nous ne donnerions jamais à l'intolérance prise contre nous. Elle ne pourrait pas dire : Voilà une classe d'hommes qui ne respectent pas leur religion, qui ne reculent devant aucune profanation des choses saintes, qui ont abandonné entre mes mains des pratiques et des commandements de leur culte comme autant de preuves de leur impiété — הכר נא למי התחתמת והפתילים והמטה האלה ; leur contact est donc dangereux ; il faut les frapper, les proscrire, pour que leur exemple ne puisse corrompre les autres populations. L'intolérance ne pourrait pas, découvrant les plaies de la Synagogue, montrant la céleste robe de la foi déchirée par nos mains, s'écrier triomphalement en présence de Dieu et de l'humanité : Israël est mort ; Israël s'est tué ! חיה רעה אכלתהו... L'intolérance, enfin, ne pourrait plus nous vendre à nos ennemis et nous faire retomber dans la servitude... L'humanité entière, frappée des vertus sociales et de la piété religieuse de la famille israélite, s'écriera comme Juda : צדקה ממני « Elle est plus juste que moi ! » et elle verra que tout ce qu'Israël fait et entreprend au milieu de la société, pour la grandeur des pays et le bonheur des hommes, prospère et est béni par le Seigneur— באשר ה' אתו וכל אשר הוא עשה ה' מצליח.

DIXIÈME SIDRA

פ' מִקֵּץ

(Genèse, XLI à XLIV, 17)

אבל אשמים אנחנו על אחינו אשר ראינו
צרת נפשו בהתחננו אלינו ולא שמענו :

Joseph est retiré de la prison pour expliquer les songes de Pharaon ; il est élevé à de hautes dignités. — Son mariage et ses enfants. — Arrivée de ses frères ; il leur fait subir une épreuve. — Leur deuxième voyage en Égypte avec Benjamin. — Joseph veut le retenir. — Désespoir de ses frères.

Deux années après, le roi d'Égypte eut dans la même nuit deux songes : il rêva qu'il se trouvait sur les bords du Nil, et qu'il voyait sortir du fleuve sept vaches belles et grasses qui se mirent à paître dans la prairie ; puis sept autres vaches, chétives et maigres, qui dévorèrent les premières. Il s'éveilla, se rendormit, et vit dans un second rêve sept épis pleins et beaux s'élever sur une même tige ; puis sept autres, étiolés et flétris, germer après les premiers et les engloutir.

Le matin, Pharaon, frappé de cette double vision de la nuit, qui le troublait profondément (« son cœur battait » ותפעם רוחו), fit venir les magiciens, les astrologues, tous les sages d'Égypte, pour leur raconter ses rêves ; mais nul d'entre eux n'en put donner une explication satisfaisante. Alors le maître-échanson dit au roi : « J'ai commis un jour une faute, et Pharaon, irrité contre ses serviteurs, me fit

mettre en prison, moi et le maître-panetier. Nous eûmes un
songe la même nuit, lui et moi; chacun rêvait ce qui lui
devait arriver. Et il y avait là avec nous un jeune Hébreu,
esclave du chef des gardes, qui nous interpréta nos songes, et il nous arriva selon son interprétation. » Le maître échanson, sans doute dans l'espoir d'être récompensé,
n'hésita pas à rappeler devant le roi ses fautes, son châtiment, sa honte; mais pour atténuer son ingratitude envers
Joseph et prévenir une élévation de celui-ci, qui aurait pu
le punir de son oubli, il dit à Pharaon que l'interprétateur
de son rêve était Hébreu et esclave, c'est-à-dire indigne
de toute grandeur dans l'État. La bonté des méchants, disent nos docteurs, n'est jamais véritable רעים הטובה שאין
כטובה כיסום ; mais ils sont souvent, et malgré eux, un instrument dans la main de la divine Providence, pour accomplir un acte de justice et assurer le salut aux hommes
de bien.

Pharaon fit venir devant lui Joseph, en présence de toute
la cour assemblée, et lui dit : « J'ai eu un songe, et personne n'a su me l'expliquer. J'ai entendu dire que tu savais
interpréter un songe. » Joseph répondit : « Ce n'est pas
moi, c'est Dieu qui me permettra de répondre pour le bonheur de Pharaon. » Le jeune et pieux israélite, à la face
d'un souverain idolâtre, de ses pontifes et de ses dignitaires, proclame ainsi le Dieu de ses pères et lui rend hommage. Il décline tout mérite personnel et attribue à l'inspiration divine seule tout ce qu'il pourra révéler de bien et
de vrai dans cette heure solennelle. Voilà comment le vrai
fils d'Israël confesse Dieu et propage sa gloire au milieu
des peuples.

Joseph écoute le récit du songe royal, puis l'explique
en ce sens que les sept vaches grasses et les sept épis
pleins signifient sept années bonnes et fertiles pendant lesquelles le pays jouira d'une grande abondance de biens
terrestres; mais les sept vaches maigres et les sept épis
vides annoncent sept autres années de disette et de famine

qui effaceront jusqu'au souvenir des années meilleures. C'est pourquoi il conseille au roi de choisir un homme prudent et sage pour prendre des mesures utiles dans cette grave conjoncture, surtout d'imposer les terres et d'amasser, pendant les sept années d'abondance, la plus grande quantité possible de blé et de le conserver en magasin pour l'approvisionnement du peuple pendant les sept années de disette, afin que le pays ne fût pas consumé par la famine.

Joseph avait cessé de parler; il avait montré qu'il était non-seulement un prophète, mais un homme pratique d'une pénétration remarquable, sachant trouver un remède efficace aux maux et aux catastrophes qui menacent de loin. Pharaon et ses dignitaires étaient frappés, émus de son discours; alors le roi, dans un élan d'admiration, s'écrie : « Pourrions-nous trouver un homme comme celui-ci, inspiré de l'esprit de Dieu! » Se tournant vers Joseph, il lui dit : « Puisque Dieu t'a révélé toutes ces choses, nul n'est intelligent et sage comme toi. Tu commanderas désormais sur ma maison, tout mon peuple obéira à ta parole, je serai seulement élevé sur toi par le trône. Vois, je te place à la tête de tout le pays d'Égypte! »

Et Pharaon ôta son anneau royal de son doigt, le passa à celui de Joseph, qu'il couvrit des insignes de sa haute dignité, le fit monter sur un char splendide, et on cria devant lui : ABRÉCH! *à genoux!* Le roi dit encore à Joseph : « Je suis Pharaon, mais sans ta permission, nul ne pourra rien entreprendre dans toute l'Égypte! »

Voilà un mémorable acte d'émancipation, l'élévation d'un israélite au milieu d'un peuple idolâtre puissant, mais jouissant déjà d'un haut degré de civilisation par les arts et les lettres. Cette élévation était due, non à la faveur, à des intrigues, à la corruption ou à la violence, mais au mérite, aux services éclatants rendus par Joseph au pays qui l'avait accueilli et traité d'abord comme esclave. Il en est

de même de l'élévation de Mardoché, motivée par l'immense service qu'il avait rendu au roi en lui sauvant la vie,
et de l'élévation de tous les grands israélites dans l'histoire, qui tous sont montés par l'échelle de leurs mérites
personnels et les bénédictions dont ils ont semé leurs pas.
Salomon lui-même, malgré les splendeurs et la puissance
de son trône, n'a réellement régné sur les israélites, dans
leur cœur, leur vénération et leur amour, qu'après avoir
rendu le jugement immortel sur l'enfant disputé par deux
femmes, c'est-à-dire après avoir montré à tous qu'il était
roi, non par la naissance ou la conquête, mais par l'esprit.
Tous voyaient, dit la Haphtarà de ce sabbath, que la sagesse divine l'inspirait dans l'exercice de la justice; *alors
Salomon régna sur tout Israël* (I Rois, III, 14, 15). Partout où nous voyons une élévation israélite dans le monde,
soyons sûrs qu'il y a là une grande vertu ou une grande
lumière; Israël ne reconnaît pas d'autre grandeur. Notre
émancipation est celle du mérite et du travail, la récompense des services, du dévouement et des bénédictions que
nous apportons à la société.

Nous sommes au commencement des années mauvaises
prédites par Joseph. Grâce aux excellentes mesures prises
par lui, la disette se faisait moins sentir en Égypte que
dans les pays limitrophes. Elle s'étendit jusqu'en Canaan,
dans la famille du patriarche. Alors Jacob dit à ses fils de
se rendre en Égypte pour acheter du blé; ils partirent au
nombre de dix, à l'exception de Benjamin, parce que
Jacob se disait : Il pourrait lui arriver un accident. L'Écriture les désigne maintenant par « frères de Joseph », car,
dit un commentateur, ils se repentaient d'avoir vendu leur
frère, et prenaient la résolution de le racheter à n'importe

quel haut prix, et de le traiter avec amour et tendresse.
Ils arrivèrent en Égypte, où Joseph commandait en souverain ; ses rêves allaient s'accomplir.

Ses frères, qui ne le reconnaissaient pas, se prosternèrent devant lui la face contre terre ; lui les reconnut, leur
parla durement, les questionna sur leur pays et le but de
leur voyage, et finit par leur dire : « Vous êtes des espions,
vous venez ici pour découvrir les points vulnérables de notre empire. » Ils protestent humblement contre cette imputation injurieuse, et donnent des renseignements précis
sur leur patrie et leur famille. « Nous sommes, disent-ils,
douze frères, fils d'un habitant de Canaan ; le plus jeune
est auprès de notre père, *et l'autre n'est plus.* » Joseph per-
siste dans son accusation, déclare qu'il ne croira pas à leur
sincérité et leur honnêteté, s'ils ne lui présentent leur
plus jeune frère ; que l'un d'eux doit donc aller le chercher,
tandis que les autres resteront ses prisonniers jusqu'à son
retour. Il les enferme en effet pendant trois jours, puis il
leur dit qu'il craint le Seigneur, et que pour cela il leur
rend la liberté, à l'exception de l'un d'entre eux, qu'il garde
comme otage jusqu'à leur arrivée. Il fit arrêter sous leurs
yeux Siméon, se détourna et pleura. Et les frères se
dirent l'un à l'autre : « Voilà que nous sommes punis à
cause de notre conduite envers notre frère ; nous avons vu
l'anxiété de son âme quand il nous implorait, et nous ne
l'avons point écouté ;... c'est pour cela que le malheur
nous frappe. » Ruben ajoute : « Ne vous avais-je pas dit
alors : —Ne vous rendez pas coupables envers cet enfant!
Mais vous ne m'avez pas écouté, et voilà qu'on nous demande compte de son sang !... »

Combien devons-nous sans cesse penser à ces paroles
des fils de Jacob, et craindre le châtiment, si nous restons
sourds aux supplications de notre frère, si nous voyons la
détresse, l'anxiété de son âme, sans venir à son secours,
si nous ne le tirons pas de la fosse, de l'abîme, où peut-
être l'insensibilité de notre cœur et la dureté de nos actes

l'ont jeté ou laissé souffrir... Son âme au désespoir, son
sang crie à l'Éternel, qui nous en demande compte!...

Joseph agit ainsi sévèrement envers ses frères, sans
doute pour les punir de leur conduite si barbare envers
lui et les préserver par là de la punition plus terrible du
Ciel. Il voulait aussi les forcer à lui amener bientôt Benjamin, son bien-aimé frère, qu'il avait quitté enfant ; c'est
sans doute dans ce même but qu'il a fait replacer l'argent
de ses frères dans leurs sacs de blé, connaissant leur rigoureuse loyauté, et sachant que cet argent serait un
motif puissant pour les faire revenir sans retard, afin de
le restituer. Après leur départ, dit l'Écriture, il combla de
bienveillance et d'attention Siméon, qu'il avait fait charger
de liens sous les yeux de ses frères. Ses rigueurs n'étaient
qu'apparentes ; son cœur et son amour se trahissaient par
ses larmes [1].

———————

Quelle fut la douleur de Jacob quand ses fils revinrent
sans Siméon, en lui annonçant qu'ils devaient amener en
Égypte Benjamin pour se conformer aux ordres et dissiper
les soupçons de l'homme puissant qui gouverne ce pays!
Le saint et malheureux vieillard gémit et pleure, reproche
à ses fils d'avoir inutilement donné en Égypte tant de détails sur leur famille, et il s'écrie : « Vous m'arrachez mes
enfants! Joseph a disparu,... Siméon a disparu,... et vous
voulez m'enlever encore Benjamin!... Tous les malheurs
me frappent! »

Ruben eut beau protester, supplier, offrir la vie de ses
enfants, comme caution de Benjamin, le patriarche ne

———

[1] Peut-être aussi Joseph, devant les Égyptiens, a-t-il traité durement
ses frères, les accusant d'espionnage, de chercher les côtés faibles du pays,
ce qui prouvait avec éclat son attachement et sa fidélité à l'Égypte, afin
de pouvoir un peu plus tard leur faire beaucoup de bien et les combler de
faveurs, sans exciter les défiances du roi et du peuple.

voulait pas consentir au départ de son plus jeune fils : « S'il lui arrivait un malheur en chemin, dit-il, vous feriez descendre ma vieillesse en deuil dans la tombe. » Mais la famine augmentait de plus en plus ; le blé apporté d'Égypte était épuisé ; alors Jacob veut que ses fils y retournent pour en acheter de nouveau. Juda répond qu'ils ne peuvent se présenter devant le maître de ce pays sans être accompagnés de Benjamin ; il adresse à son père les paroles les plus éloquentes, les plus énergiques, les plus émouvantes, et lui dit à la fin : « Laisse donc aller le jeune homme avec moi, afin que nous puissions partir ; nous ne mourrons pas alors de faim, nous et nos enfants. C'est moi qui réponds de lui, c'est à moi que tu le redemanderas ; si je ne te le ramène, si je ne le remets sous tes yeux, je veux être considéré à tout jamais comme coupable envers toi ! » Être coupable envers ses parents est un grand et horrible crime en Israël. Aussi le patriarche, malgré toutes les indicibles angoisses de son âme, est-il ébranlé par ce solennel engagement de Juda, et il dit en pleurant : « Puisqu'il en est ainsi, faites ceci : prenez des meilleures productions du pays, et offrez-les comme présent à cet homme : un peu de baume, un peu de miel, des parfums, de la myrrhe, des dattes et des amandes ; emportez une somme d'argent double pour restituer celui qui a été remis, par erreur sans doute, dans vos sacs. Et prenez votre frère... Allez, retournez vers cet homme... Que le Dieu tout-puissant vous fasse trouver grâce devant lui, afin qu'il laisse repartir avec vous votre autre frère, ainsi que Benjamin... Pour moi, me voilà privé de nouveau de mes enfants !... »

Jacob, ici comme au moment de se rencontrer avec Ésaü, ne néglige pas les moyens humains pour échapper au danger ; il envoie des présents au gouverneur d'Égypte, comme il en avait envoyé au chef redoutable de Séir ; il recommande à ses fils de restituer l'argent qu'ils ont trouvé dans leurs bagages, et de prouver ainsi qu'ils sont des hommes d'honneur ; mais son principal espoir est en Dieu ;

c'est de lui qu'il attend la protection et le retour de ses enfants.

Les fils de Jacob reprennent la route de l'Égypte, cette route sur laquelle ils ont fait marcher leur frère vers l'exil et la servitude. Cette fois Joseph les accueille avec bonté et les fait conduire dans son palais. Cette circonstance les inquiète; ils pensent qu'on veut les retenir et les punir à cause de l'argent qui s'est trouvé dans leurs sacs; mais l'intendant de la maison de Joseph les rassure, leur dit qu'il a parfaitement reçu le montant du blé qu'ils ont acheté, que c'est sans doute le Dieu de leur père qui leur a fait trouver un trésor; il leur amène en même temps Siméon. Joseph vient, ils se prosternent à terre et lui présentent leur présent: Son rêve des *onze étoiles* s'inclinant devant lui s'est réalisé... Il demande des nouvelles de leur vieux père, s'il vit encore, et salue son frère Benjamin par ces mots: « Dieu te soit favorable, mon fils! » Il se hâte de sortir pour pleurer dans sa chambre, car une vive émotion s'est emparée de lui. Il se lave le visage, revient et se contient; il ordonne qu'on serve le repas. Il fait servir ses frères à une table à part pour ne pas blesser ses convives égyptiens, auxquels leurs coutumes défendent de manger avec les Hébreux. Mais il a soin de leur faire porter des plats de sa table et d'en choisir les meilleurs pour Benjamin. Ils boivent avec lui et s'enivrent. Une dernière et terrible épreuve leur est réservée.

Joseph ordonne à son intendant de remplir leurs sacs de blé, autant qu'ils en peuvent porter, d'y ajouter l'argent de chacun, et de mettre sa coupe d'argent dans le sac de Benjamin. Le lendemain, quand ses onze frères venaient de sortir de la ville avec leurs chargements, il les fit poursuivre et accuser de lui avoir dérobé sa coupe. « Pourquoi, leur dit l'intendant, rendez-vous le mal pour le bien? N'est-ce pas la coupe dans laquelle boit mon maître et qui est pour lui un instrument de divination? C'est mal, ce que

vous avez fait! » Ils se récrient avec force contre cette imputation odieuse, rappellent qu'ils ont rapporté de Canaan
l'argent qu'ils ont trouvé dans leurs sacs; « comment dé-
roberions-nous, dans la maison de ton maître, de l'argent
ou de l'or! Qu'il meure celui dans la possession de qui
quelque chose sera trouvé! et nous tous nous serons les
esclaves de mon seigneur. »

Ils s'empressent de descendre leurs sacs, l'intendant
fouille et trouve la coupe dans le sac de Benjamin... Les
malheureux fils de Jacob déchirent leurs vêtements, retournent à la ville, se jettent à genoux devant Joseph, qui leur
reproche leur action. Juda dit: « Que dirons-nous à mon
seigneur? Comment nous justifier? Dieu veut nous châtier
de nos péchés... Nous voici tous tes esclaves, nous et celui aux mains de qui la coupe a été trouvée. » Mais Joseph
répond: « Loin de moi d'agir ainsi! L'homme chez qui on
a trouvé la coupe sera mon esclave, et vous, retournez en
paix auprès de votre père! »

Les fils de Jacob, dans ce douloureux épisode, ont bien
expié et noblement réparé leur crime; ils n'ont pas voulu
abandonner leur jeune frère aux mains du gouverneur d'É-
gypte, mais ils ont offert de rester tous esclaves et de partager le triste sort de Benjamin. Voilà la vraie solidarité
d'Israël, la sainte fraternité qui nous associe aux dangers
et aux malheurs de nos frères. Ils avaient vendu Joseph
comme esclave, et maintenant ils veulent tous recevoir les
fers, accepter toutes les misères et toutes les souffrances,
pour ne pas se séparer de Benjamin... Leur crime n'existe
plus... Puissions-nous tous de la famille de Jacob agir
ainsi, réparer ainsi nos torts envers les nôtres, voir dans
les coups qui les frappent le châtiment de nos propres
fautes, et alors nous aurons rempli notre plus saint devoir
sur la terre, et l'ange de la miséricorde, en nous fermant
les yeux, dira à notre âme : ואתם עלו לשלום אל אביכם « Montez
en paix auprès de votre Père! »

8

ONZIÈME SIDRA

פ׳ וַיִּגַּשׁ

(Genèse, XLIV, 18, à XLVII, 27)

———

וידע הגוים כי אני ה׳ מקדש את
ישראל בהיות מקדשי בתוכם לעולם :

Discours de Juda. — Joseph se fait connaître à ses frères et fait venir
son père et sa famille en Égypte. — Départ de Jacob de Canaan. —
Joseph le présente à Pharaon. — Le patriarche s'établit avec ses fils
dans le pays de Goschen. — Soins de Joseph pendant la famine.

L'Écriture sainte nous fait assister à une des scènes
les plus dramatiques dont l'histoire nous ait conservé le
souvenir. Joseph avait refusé l'offre de Juda de partager
avec ses frères le sort de Benjamin accusé d'un crime, et
il avait dit que le coupable seul devait rester entre ses
mains. Alors Juda s'approche courageusement du maître de
l'Égypte, et lui adresse le discours le plus touchant, le plus
irrésistible. Il ne cherche pas à défendre son frère contre
une imputation monstrueuse qui, malgré une preuve matérielle apparente, — la coupe trouvée dans les bagages de
Benjamin, — ne pouvait sérieusement atteindre un fils de
Jacob. On avait vu les frères tellement indignés d'une telle
accusation, qu'après avoir rappelé l'incident de l'argent
trouvé dans leurs sacs et qu'ils avaient rapporté volontairement en Égypte pour le restituer, ils s'écrièrent :
« Qu'il meure, celui d'entre nous sur lequel on trouvera quelque chose ! »

Juda ne défend pas son frère, car cela lui eût paru inutile et contraire à sa dignité ; mais il rappelle l'ordre arbitraire et passablement despotique donné par Joseph pour forcer Benjamin à venir en Égypte, ce qui indiquait clairement un parti pris, l'intention secrète de l'attirer dans un piége et de le perdre. L'arrivée de Benjamin pouvait-elle en effet prouver que ses frères ne fussent pas des espions, comme on les avait accusés d'abord ? On voulait donc sans raison aucune avoir sous la main le jeune homme, et le frapper sans cause sous un prétexte quelconque [1]. Juda donne de nouveau des détails sur sa famille : est-il possible que dans un foyer pareil de vertu, de noblesse, de sainteté, le vice, le crime, un acte honteux puisse germer et naître ? Il fait surtout un tableau déchirant des douleurs de son père, de la lutte qu'on avait eue à soutenir pour obtenir qu'il se séparât de Benjamin : « Il nous dit : — Retournez et achetez un peu de vivres. Nous répondîmes : — Nous ne pouvons partir si notre jeune frère ne nous accompagne, car autrement nous ne pouvons paraître devant ce seigneur. Alors ton serviteur notre père nous dit : — Vous savez que ma femme m'a donné deux fils ; l'un a disparu, et j'ai dit : il a dû être dévoré ! et je ne l'ai point revu jusqu'à ce jour. Si vous me prenez encore celui-ci, s'il lui arrive un malheur, vous précipiterez de douleur ma vieillesse dans la tombe... Et maintenant, quand je retournerai auprès de notre père sans le jeune homme dont la vie est attachée à la sienne, quand il verra que cet enfant n'est pas avec nous, il mourra !... et nous aurons jeté dans la tombe notre vieux père... Cependant ton serviteur a répondu de cet enfant à son père en disant : — Si je ne te le ramène, je serai coupable à jamais envers mon

---

[1] C'est peut-être pour cela que Juda a dit : כי כמוך כפרעה « *Tu es l'égal de Pharaon* », faisant entendre finement à Joseph qu'il est grand et puissant comme le roi et mérite ainsi les hommages et la vénération des hommes ; mais aussi absolu et despotique comme lui et se rend coupable d'un acte injuste et cruel.

père... Permets donc, ô seigneur, que ton serviteur reste ton esclave à la place du jeune homme, et qu'il reparte, lui, avec ses frères; car, comment pourrais-je retourner auprès de mon père sans lui ramener son enfant! Pourrais-je voir l'affliction qui accablerait mon père?... »

Voilà les sublimes et divins accents de l'amour filial. Après s'être noblement offert en sacrifice pour son jeune frère, Juda veut se sacrifier maintenant pour son père, pour lui épargner la douleur et le désespoir. Le vaillant et chevaleresque fils de Jacob, dans sa pieuse modestie, dans sa magnanime abnégation, espère que la perte de sa personne à lui sera moins sensible à son père que celle de Benjamin, et il veut se condamner à ne plus revoir sa famille, ses enfants, se courber sous le joug et les fers de l'esclavage, lui, le chef brillant et vénéré de sa maison, l'espérance et l'étoile d'Israël!... La seule grâce qu'il demande, c'est de souffrir pour les siens et de dégager sa responsabilité. Il aime mieux mourir que de manquer à sa parole. Ah! que Juda représente bien le vrai israélite, son amour infini pour ses parents, son sacrifice pour sa famille, ses sentiments d'honneur, son courage et son héroïsme!

Josèphe, qui a écrit d'après des traditions d'une valeur incontestable, rend ainsi la dernière partie du discours de Juda :

« Si la mort de Joseph ne m'avait fait connaître jusqu'à quel point va l'extrême tendresse de notre père pour ses enfants, je ne vous ferais pas tant d'instance pour la conservation d'un fils qui lui est si cher; ou, si je vous en faisais, ce serait seulement pour contribuer à la gloire que vous aurez de lui pardonner; et nous souffririons la mort avec patience, si un père qui nous est en si grande vénération se pouvait consoler de notre perte. Mais, quoique nous soyons jeunes et ne fassions que commencer à goûter les plaisirs de la vie, nous ressentons beaucoup plus son mal que le nôtre, et nous ne vous prions pas tant pour nous que pour lui, qui n'est pas seulement accablé de vieillesse, mais de douleur. Nous pouvons dire avec vérité que c'est un homme d'une éminente vertu; qu'il n'a rien oublié pour nous porter à l'imiter, et qu'il serait bien malheureux si nous lui étions un sujet d'affliction. Notre absence le touche déjà de telle sorte qu'il ne pourrait sans mourir apprendre la nouvelle et la cause de notre mort. La honte dont elle serait accompagnée abrégerait ses jours, et pour éviter la confusion qu'il en recevrait, il souhaiterait de sortir du monde avant que le bruit en fût répandu. Ainsi, quoique votre colère soit juste, faites que votre compassion pour notre père soit plus puissante sur votre esprit que le ressentiment de notre faute. Accordez cette grâce à sa vieillesse, puisqu'il ne pourrait se résoudre à nous survivre; accordez-la à la qualité de père pour honorer la vôtre en sa personne, et vous honorer vous-même, puisque Dieu vous a donné cette même qualité. Ce Dieu qui est le père de tous les hommes vous rendra heureux dans votre famille, si vous montrez que vous respectez un nom qui vous est commun avec lui, en vous laissant toucher de compassion pour un père qui ne pourrait supporter la perte de ses enfants. Notre vie est entre vos mains : comme vous pouvez nous l'ôter avec justice, vous pouvez par grâce nous la conserver ; et il vous sera d'autant plus glorieux d'imiter, en nous la conservant, la bonté de Dieu qui nous l'a donnée, que ce ne sera pas à un seul, mais à plusieurs, que vous la conserverez. Car ce sera nous la donner à tous que de la donner à notre frère, puisque nous ne pourrions nous résoudre à lui survivre, ni retourner sans lui trouver notre père, et que tout ce qui lui arrivera nous sera commun avec lui. Ainsi, si vous nous refusez cette grâce, nous ne vous en demanderons point d'autres que de nous faire souffrir le même supplice auquel vous le condamnerez, parce qu'encore que nous n'ayons point de part à sa faute, nous aimons mieux passer pour complices de son crime et être condamnés avec lui à la mort, que d'être contraints par notre douleur de nous faire mourir de nos propres mains. Je ne vous représenterai point, seigneur, qu'étant encore jeune et sujet aux faiblesses de son âge, l'humanité semble obliger à lui pardonner. Je supprimerai à dessein plusieurs autres choses, afin que si vous n'êtes pas touché de nos prières, on puisse en attribuer la cause à ce que j'aurai mal défendu mon frère ; et que si au contraire vous lui pardonnez, il paraisse que nous n'en sommes redevables qu'à votre seule clémence et à la pénétration de votre esprit, qui aura mieux connu que nous-mêmes les raisons qui peuvent servir à notre défense. Mais si nous ne sommes pas si heureux et que vous vouliez le punir, la seule faveur que je vous demande est de me faire souffrir au lieu de lui la peine à laquelle vous le condamnerez, et de lui permettre d'aller retrouver notre père, ou, si votre dessein est de le retenir esclave, vous voyez que je suis plus propre que lui pour servir. »

———

Joseph ne put résister plus longtemps à tant d'amour fraternel, à tant de grandeur d'âme, au tableau si touchant de la douleur de son père. Il était vaincu. Son cœur, contenu jusqu'alors, déborda, fit explosion, et il s'écria : « Que tout le monde sorte d'ici ! » Il éleva la voix, mais ses paroles étaient couvertes par les larmes… Il dit : « *Je suis Joseph*;… mon père vit-il encore?… » A cette révélation immense, ses frères furent frappés de bonheur et de terreur, inondés de mille sentiments qui les suffoquaient et arrêtaient les battements de leur cœur; mais il les rassure, les presse sur sa poitrine, et leur dit que s'ils l'ont vendu, ils ne doivent pas en être consternés; c'est Dieu qui l'a voulu pour qu'il les sauve de la famine. « Ce n'est pas vous qui m'avez fait venir ici, mais Dieu; il m'a élevé à la dignité de *père* de Pharaon, de maître de sa maison, de régent de tout le pays d'Égypte… Hâtez-vous de le dire à mon père… Qu'il vienne auprès de moi sans retard!… Faites-lui connaître la gloire qui m'environne en Égypte, et tout ce que vous avez vu; hâtez-vous d'amener ici mon père. »

Joseph embrassa Benjamin et ses frères, et pleura sur leur sein. Pharaon apprend avec plaisir la grande nouvelle et engage Joseph à inviter ses frères à venir avec leur père habiter la meilleure contrée de l'Égypte. Joseph, au nom du roi, leur donne des voitures, des provisions pour la route, et des vêtements d'honneur; il ajoute pour Benjamin d'autres présents magnifiques, et envoie à son père vingt bêtes de somme chargées des plus précieuses productions de l'Égypte. Il fait partir ses frères, et leur recommande de ne point se quereller en chemin — אל תרגזו בדרך.

Unie dans le malheur, la famille israélite ne doit pas se diviser dans la prospérité, se désunir au jour de la délivrance. Sur la route du bonheur, la voix d'en haut nous dit comme Joseph : Bannissez la discorde, soyez unis, donnez-vous la main pour aller à votre Père, et réjouir son cœur après l'avoir si profondément affligé… Qu'il retrouve ses enfants après les avoir perdus!… Que nous portions la joie dans son âme — ותחי רוח יעקב אביהם — en lui disant : Nous avons serré la main de notre frère!… Ton fils occupe de hautes dignités, il commande sur un grand peuple et est assis sur les marches d'un trône; *mais il vit encore!*….

Il est resté le fils de Jacob, il a gardé sa foi sainte, nos vertus et nos mœurs antiques, et il n'a pas rougi de ses frères; il parle toujours le pieux langage de l'affection et de la fraternité israélites — כי פי המדבר אליכם; il sent et avoue que s'il a été élevé à une grande position dans le monde, c'est pour être l'appui, la providence, la bénédiction de ses frères — לשום לכם שארית בארץ, auxquels il dit sans cesse: Approchez-vous de moi! גשו נא אלי; il a confessé son Dieu et nous a pressés dans ses bras devant Pharaon et à la vue de tout un puissant empire... Ton fils n'est pas mort !

Qui pourra décrire les transports, le ravissement du patriarche, quand ses fils revinrent et lui apportèrent la nouvelle si inespérée de l'existence de Joseph... L'Écriture sacrée seule pouvait, par un seul mot, nous dire ce qui se passait alors dans l'âme de Jacob : « La vie revint à l'esprit de leur père. » Il s'écrie : « Mon fils Joseph vit encore... Je veux partir et le voir avant de mourir ! »

Le deuil était banni, le voile funèbre déchiré, le soleil et le sourire du ciel remplissaient le cœur du saint vieillard, l'esprit divin descendait de nouveau sur lui, les chants et la harpe sacrée se firent entendre dans la demeure si longtemps désolée... Israël part avec tous les siens, arrive à Beêr-Schéba, offre au Seigneur des sacrifices et des actions de grâces ; puis l'Éternel lui apparaît dans une vision nocturne, l'appelle deux fois par son nom, et lui dit : « Je suis le Dieu de ton père; ne crains pas de descendre en Mizraïm, car je t'y ferai devenir un grand peuple; je descendrai moi-même avec toi en Égypte, et moi aussi je t'en ferai remonter, et c'est Joseph qui te fermera les yeux. » Il n'y aura plus de nouvelle séparation entre le père et le fils.

Le Dieu de nos pères est toujours avec Israël sur la terre

de l'exil, dans la proscription et la persécution : il l'accompagne sur la route de Mizraïm comme sur celle de
Babylone, comme sur celle de Rome; il ne l'abandonne
jamais, et s'il permet parfois, à cause de nos péchés, et
pour éprouver notre foi, qu'Israël soit opprimé, chargé
de chaînes ou d'humiliations, soyez sûrs qu'il accomplit
également cette promesse donnée au patriarche : « Je t'en
ferai aussi sortir. » Les pyramides de l'Égypte seront renversées, les mers se diviseront, les rochers du désert s'ouvriront, les abîmes des siècles et des sociétés se comble-
ront, le monde du chaos et des ténèbres croulera, pour
laisser passer Israël marchant à la liberté, à la lumière,
au salut immortel de l'humanité!...

Jacob et sa famille, au nombre de soixante-six personnes, sont arrivés en Égypte. A son approche, Joseph fit
atteler son char, et alla au devant de son père. En l'apercevant, il se jeta à son cou et y pleura longtemps. Alors
Jacob dit à Joseph : « Je puis mourir à présent, puisque je
t'ai vu et que tu vis encore... » Joseph présenta ses frères
à Pharaon, qui les accueillit gracieusement, les interrogea
sur leur genre de vie, et leur assigna la fertile terre de Goschen, si riche en pâturages. Puis Joseph introduit également son père auprès du roi, qui en reçoit la bénédiction.
La famine allant toujours croissant, Joseph développe toutes les ressources de son génie, prend les mesures les plus
mémorables pour sauver le pays et le peuple, qui lui rend
hommage par ce mot touchant de reconnaissance : הֶחֱיִתָנוּ
Tu nous rends la vie!

Voilà dans quelles circonstances nos pères ont dû quitter leur belle et rayonnante patrie pour aller sur la terre
étrangère, qui leur préparait les fers de l'esclavage. La
division entre Joseph et ses frères, la discorde en Israël,

voilà la principale et l'éternelle cause de nos malheurs, de
notre abaissement au milieu des nations. Le jour de notre
réconciliation dans l'amour de nos frères et dans l'union
de notre foi en Dieu, le Très—Haut accomplira cette splendide promesse annoncée par son prophète :

« Je les constituerai en un seul peuple dans le pays, sur les montagnes
d'Israël, et un seul roi régnera sur tous; ils ne seront plus divisés en
deux nations, en deux royaumes.

« Ils ne se souilleront plus par des abominations, par l'idolâtrie et le
péché; je les sauverai de toutes les habitudes où ils ont failli, je les puri-
fierai, ils seront pour moi un peuple, et moi je serai pour eux un Dieu.

« Et mon serviteur David régnera sur eux ; ils auront tous un même
pasteur; ils marcheront selon mes lois, ils observeront mes commandements et les pratiqueront.

« Ils habiteront la terre que j'ai donnée à mon serviteur Jacob et où
étaient établis vos pères; ils y demeureront, eux, leurs enfants et les enfants de leurs enfants, à jamais; et David, mon serviteur, sera leur prince
pour toujours.

« Je contracterai avec eux une alliance de paix, une alliance éternelle;
je les rendrai grands et puissants, et j'établirai au milieu d'eux mon sanctuaire à tout jamais.

« Ma demeure resplendira sur eux, je serai pour eux un Dieu, et ils
seront pour moi un peuple.

« Alors les nations apprendront que moi, l'Éternel, je sanctifie Israël,
puisque mon sanctuaire sera au milieu d'eux éternellement. »

(Ézéchiel, XXXVII, 21-28.)

DOUZIÈME SIDRA

פ׳ וַיְחִי

(Genèse, XLVII, 28, à L)

לא יסור שבט מיהודה ומחקק
מבין רגליו עד כי יבא שילה :

Jacob tombe malade. — Il communique à Joseph ses dernières volontés. —
Promotion de Manassé et d'Ephraïm à la dignité de chefs de tribus. —
Ses prophéties et ses bénédictions à ses enfants. — Sa mort et ses
funérailles. — Mort de Joseph.

L'heure allait sonner où Jacob devait quitter la terre où
il avait tant souffert, tant lutté, où il avait donné l'exemple de toutes les nobles et saintes vertus, et où il avait
fondé pour l'éternité la famille d'Israël et ses merveilleuses
destinées. Exilé de la maison paternelle pendant vingt ans,
plongé durant vingt-deux autres années dans le deuil le
plus cruel', à cause de Joseph, il a montré dans toutes les
circonstances une puissance de caractère, une grandeur
d'âme, une force de résistance, qu'on chercherait en vain
chez les plus fameux héros de l'antiquité. Étranger à toute
ambition, cherchant toutes ses félicités terrestres dans le
bonheur de ses enfants, ne voulant conquérir ici-bas d'autre pouvoir que celui d'élever sur son passage des autels
au Seigneur, il était même peu touché du brillant sort de
son royal fils, à qui il dit en le revoyant : « Je puis mourir
à présent, puisque je t'ai vu, puisque tu vis encore ! » Tout
le reste, la couronne de l'Égypte, et toutes ses richesses, et

toutes ses splendeurs, lui importaient peu. Il avait vu Joseph, et la sainte union israélite rétablie parmi ses fils ; il avait vu que les tribus d'Israël étaient complètes pour marcher en avant et conquérir l'avenir ; alors il voulut se reposer de ses fatigues, célébrer son sabbath immortel, s'endormir sur la terre pour se réveiller dans le ciel et vivre dans le souvenir et les bénédictions des hommes.

Joseph fut informé que son père était malade. L'Écriture sainte ne parle point de maladie d'Abraham et d'Isaac, ni d'aucun patriarche antérieur. Tous semblent avoir cessé de vivre, après une vieillesse robuste très prolongée, sans douleurs et sans maladie. Mais Jacob avait trop souffert pendant de longues années, il s'était imposé un labeur trop rude dans les plaines de la Mésopotamie, il avait trop pleuré la mort de Rachel et la disparition de Joseph, pour ne pas éprouver à la fin de ses jours des défaillances physiques cruelles. Il a dit à Pharaon avec une triste mélancolie : « Les années de ma vie ont été courtes et malheureuses. » Peut-être aussi devait-il être malade, être averti de sa fin prochaine, afin qu'il révélât à ses fils les grandes choses de l'avenir.

Mais il veut reposer dans la terre sainte de Canaan, à côté de ses pères, dans le sol sacré où son cœur et son âme sont attachés par tous les tendres souvenirs du passé, par toutes les glorieuses apparitions de l'avenir. Aussi adjure-t-il son puissant fils et lui dit : « Accorde-moi une grâce et une preuve de fidélité — חסד ואמת — : ne m'enterre pas en Égypte; je veux dormir avec mes pères, c'est pourquoi tu me transporteras hors de Mizraïm et tu m'enseveliras dans leur sépulture. » Joseph promit de remplir ce pieux désir.

Heureux les enfants qui se sentent dignes de reposer à côté de leurs parents, de partager leur tombe, après avoir, pendant une vie digne et honorable, partagé leurs vertus, leur piété, leur amour pour les hommes et leur attachement

à Dieu. Un fils impie comment oserait-il mêler ses ossements à ceux de ses père et mère, s'approcher d'eux dans
le séjour éternel après les avoir affligés, reniés dans sa vie,
après s'en être séparé par sa conduite répréhensible, ses
vices, ses transgressions des traditions et des croyances
religieuses de ses ancêtres!... Pour avoir le droit et l'honneur de dormir dans la tombe à côté de son père, il faut
l'avoir mérité par une vie pure et sainte, cette noble et suprême manifestation du respect filial.

Joseph revient chez son père et lui amène ses deux fils,
Manassé et Éphraïm. Ici il se passe une scène bien atten-
drissante. Le patriarche fait un effort et s'assied sur son lit,
afin de recevoir dignement ses enfants qu'il veut bénir et
combler d'une précieuse faveur. Il veut adopter comme
siens les fils de Joseph; mais que peut-il faire, lui, pauvre
et en quelque sorte exilé sur la terre étrangère, pour des
fils d'un vice-roi, pour des princes? Quelle valeur peut
avoir cette adoption d'un vieillard qui ne possède ni richesses ni puissance? Détrompons-nous; voici les trésors,
les grandeurs, la splendide fortune de Jacob: « Le Dieu
tout-puissant m'est apparu à Louz, en Canaan, et m'a béni;
il m'a dit: — Je te ferai croître et multiplier, je te ferai
devenir une assemblée de peuples, et je donnerai ce pays
à tes descendants, comme possession perpétuelle. » Le roi
d'Égypte est-il aussi riche que ce pauvre malade à qui Dieu
a promis de si brillantes destinées pour ses enfants? Certes
non. Mais Joseph, en acceptant pour ses fils, comme une
précieuse faveur, cette adoption de Jacob; en se montrant
jaloux de la préférence que son père va accorder à Éphraïm,
plus jeune que Manassé, ne montre-t-il pas une confiance
inébranlable, absolue, dans les promesses du Seigneur et
dans l'élection future d'Israël? Jacob, malade et mourant
sur la terre étrangère, distribue à ses fils des pays, des trésors, des couronnes, parce qu'il les possède dans la parole
de son Dieu! Il ne demande pas à Joseph, au gouverneur

de l'Égypte, de soutenir ses frères, de leur créer une position, d'assurer leur avenir et celui de leurs enfants ; non,
il ne lui demande qu'un seul service, que l'accomplissement d'un seul devoir : de conduire ses restes mortels en
Canaan. Quant à l'avenir de ses fils, il leur réserve le plus
magnifique et le plus glorieux qu'un mortel puisse rêver;
il leur laisse un patrimoine impérissable !

Dans cette heure solennelle, le patriarche donne un
touchant souvenir et une larme à Rachel, dont il rappelle
la mort subite sur la route d'Éphrath, puis il embrasse les
fils de Joseph et lui dit : « Je n'espérais pas revoir ton
visage, et voici que le Seigneur m'a même fait voir tes enfants ! » Joseph et ses fils se prosternent devant leur père,
et Jacob étend ses mains sur Manassé et Éphraïm, bénit
Joseph et dit : « Puisse le Dieu devant lequel ont marché
mes pères Abraham et Isaac, le Dieu qui m'a gardé depuis
ma naissance jusqu'à ce jour; puisse l'ange qui m'a sauvé
de tout mal, bénir ces enfants ! Que mon nom et celui de
mes pères soit rappelé en eux, et puissent-ils se multiplier
sans cesse sur la surface de la terre ! » Un peu après, il
ajoute : « Israël vous nommera dans ses bénédictions, en
disant : *Dieu te fasse devenir comme Éphraïm et Manassé !* »

Et ces prières et ces bénédictions de Jacob sont restées
depuis un héritage sacré et bien-aimé dans la famille israélite. Quand nos enfants qui commencent à peine à bé-
gayer les mots *père* et *mère* se couchent le soir et remet-
tent leur âme à Dieu, ils joignent leurs petites mains et
disent : המלאך הגאל אתי מכל רע יברך את הנערים « Que l'ange qui
m'a délivré de tout mal bénisse les enfants ! » Et quand nos
parents veulent nous donner leur sainte bénédiction, les
jours de sabbath et de fête, à la maison et au temple,
quand nous partons de la maison paternelle ou lorsqu'ils
nous quittent, eux, hélas ! et leur famille et la vie, ils ré-
pètent encore les divines paroles du patriarche : « Dieu te
fasse devenir comme Éphraïm et Manassé ! » ישמך אלהים
כאפרים וכמנשה. Et ces mots simples et candides, nous les

recueillons comme un doux et cher trésor, comme une richesse pour l'avenir et une garantie de bonheur! Nous ne
croyons plus au malheur quand Jacob, du haut du ciel,
nous dit, par la bouche de notre père, de notre mère:
« *Dieu te fasse devenir comme Éphraïm et Manassé!* »

Mais le plus grand honneur, la plus noble vénération
que nous puissions témoigner à nos parents, c'est quand,
par notre conduite et nos vertus, nous accomplissons ce
vœu, cette prière du patriarche : ויקרא בהם שמי ושם אבתי
« Puisse mon nom et celui de mes pères être rappelé en
eux! » Que le monde entier, en voyant notre vie, dise:
Ils sont les dignes fils d'Abraham, d'Isaac et de Jacob!
Malheur aux enfants qui n'osent pas avouer le nom pur et
sans tache de leur père, qu'ils ont traîné dans la boue par
leurs désordres! Malheur à ceux qui sont obligés de cacher
la noblesse de leur naissance, dont ils ne se sentent plus
dignes!...

Jacob dit ensuite à Joseph : « Je vais mourir; Dieu sera
avec vous, et il vous ramènera au pays de vos aïeux. Je te
donne à l'avance une part au-dessus de celle de tes frères,
celle que j'ai conquise sur l'Amoréen par mon glaive et
mon arc. » D'après un commentateur, cette part promise
à l'avance à Joseph était le territoire de Sichem, où ses
restes mortels, emportés d'Égypte, furent enterrés (Josué,
XXIV). C'était une juste et affectueuse compensation
pour sa tunique, gage de la tendresse paternelle, déchirée
et souillée par ses frères.

———

Nous arrivons à un spectacle émouvant. Le patriarche
fait appeler tous ses fils, et leur dit : « Rassemblez-vous,
je veux vous révéler ce qui vous arrivera dans les temps
reculés. Réunissez-vous et écoutez, enfants de Jacob! Prê-
tez attention à votre père Israël ! »

Et, frémissant de respect et de crainte devant la majesté de l'auguste et saint vieillard, tremblant d'émotion devant l'esprit divin qui va leur parler par la bouche de leur père, les fils de Jacob entendent leur jugement, la punition ou la récompense de leur conduite, l'arrêt de leurs futures destinées, tous les mystères de l'avenir sortir de la voix et du regard de leur père, devenu à l'heure suprême leur juge, leur prophète, leur oracle de Dieu !... Ils sont là, à genoux devant Jacob, confondus dans les mêmes larmes et les mêmes sentiments, formant autour de la tête du patriarche une splendide et lumineuse auréole de vertus et de grandeur, et recueillant dans leur âme, comme une étincelle de vie et un éclair d'espérance, chaque parole qui tombe de sa bouche, chaque rayon qui descend de ses yeux... Et lui, qui parle encore sur la terre tandis que son esprit plane déjà au haut du ciel, fait entendre un langage et des accents qui ne sont plus de ce monde, distribuant à chacun de ses fils le blâme ou l'éloge, selon ses œuvres, menaçant les uns, consolant les autres, bénissant tous et déroulant sous leur regard les vastes horizons de l'avenir d'Israël. Avec une touchante mélancolie, il déplore de ne pouvoir accorder à Ruben « son premier-né et sa force » les hautes dignités attachées à ce titre, mais que celui-ci a perdu par un acte répréhensible. Il maudit la violence de Siméon et Lévi et retire son âme et son honneur de leur société ; il les disperse en Israël, afin qu'ils ne puissent plus se réunir pour une œuvre de colère et d'iniquité. La douceur, la tolérance, l'amour des hommes, voilà ce qui doit distinguer les tribus de Jacob. Il promet à Zabulon, à Issachar, à Dan, à Gad, à Aser, à Nephtalie et à Benjamin, toutes sortes de bonheurs et de félicités matérielles et spirituelles dans la suite des temps, assurant à chacun les biens et les prospérités qu'il a mérités par ses qualités particulières, assignant à chaque tribu sa place dans la division et l'organisation future de la Palestine, et révélant les événements les plus graves des âges à venir. Il donne à Joseph spécialement une grande et magnifique bénédiction, lui promettant les trésors du ciel et de la terre, et lui disant à la fin : « Les vœux de ton père, qui surpassent ceux de mes ancêtres, s'élèvent à la hauteur des montagnes éternelles ; puissent-ils descendre sur la tête de Joseph, sur le front de celui qui est un prince parmi ses frères ! » Mais les plus sublimes et les plus divines paroles de Jacob s'adressent à Juda, comme représentant d'Israël dans l'avenir. Il lui dit :

« JUDA, tes frères te rendront hommage ; ta main pèsera « sur le cou de tes ennemis ; les enfants de ton père se « prosterneront devant toi.....

« Le sceptre ne quittera point Juda, ni la magistrature « sa descendance, jusqu'à l'arrivée de SCHILO, auquel « obéiront les peuples. »

Et cette grande prédiction de Jacob, inspirée par l'esprit divin, s'est confirmée et se confirmera dans tous les temps : Juda, Israël, après avoir régné pendant de longs siècles comme un puissant et illustre peuple, a conservé et conservera le sceptre de la vérité éternelle, la domination de l'esprit, la couronne de la lumière et du salut, *jusqu'à l'arrivée de Schilo*, du MESSIE ;... car alors cette vérité, cette lumière et ce salut n'appartiendront plus à Juda seul, mais à toute la race humaine, puisqu'alors toute la terre sera remplie de la connaissance de Dieu, et que toute l'humanité ouvrira son cœur et son âme aux rayons vivifiants descendant du Sinaï, et fera retentir sur toute la surface du globe cette grande et immortelle confession : *Écoute, Israël, l'Éternel notre Dieu est un Dieu-Un !*

Le patriarche bénit ses enfants, les prie de l'enterrer dans la sépulture héréditaire de Machpélah, puis il cesse de parler, et son âme monte au ciel... La terre a perdu sa lumière, et Dieu une de ses plus grandes gloires parmi les hommes.

Joseph demande à Pharaon et obtient l'autorisation de faire transporter en Canaan les restes mortels de son père. Les funérailles de Jacob furent grandioses ; Joseph et ses frères, les dignitaires et officiers du roi, les magistrats et les anciens d'Égypte, des chars et des cavaliers, toute une armée, formèrent le convoi funèbre. Sur la route de Canaan, les populations se joignirent à ce deuil immense, et les princes, dit la légende, déposèrent leurs couronnes sur le cercueil du patriarche. Tout l'Orient se prosterna sur la tombe de l'homme immortel qui est à tout jamais notre bénédiction, notre noblesse, notre cher et sacré souvenir.

Les frères de Joseph se sentant abandonnés et craignant qu'après la mort de leur père Joseph ne vienne à les haïr et à les punir à cause de leur conduite coupable envers lui, lui adressent au nom de Jacob de touchantes sollicitations de pardon et d'oubli, se rendent ensuite chez lui, et tombent à ses genoux. Joseph verse des larmes, console et rassure ses frères par des paroles pleines de tendresse et de piété. Mais ses jours aussi sont comptés. Il sent sa fin approcher ; alors il adjure ses frères et leur dit : « Dieu se souviendra de vous et vous ramènera dans le pays qu'il a promis à Abraham, à Isaac et à Jacob, et alors emportez mes ossements d'ici. » Il est mort à l'âge de cent dix ans, avant tous ses frères, dont il était presque le plus jeune.

Joseph ne demandait pas à ses frères de l'enterrer immédiatement en Canaan, comme son père, sans doute parce qu'il pensait que ses frères, n'ayant pas son pouvoir et son influence sur Pharaon, n'obtiendraient pas l'autorisation nécessaire, d'autant moins que lui, Joseph, par sa naturalisation égyptienne et sa qualité de haut dignitaire d'État, serait réclamé et retenu par l'Égypte comme lui appartenant. Peut-être aussi espérait-il que son tombeau, en rappelant sans cesse aux Égyptiens ses services et ses mérites, serait une protection et une force pour ses frères et leurs enfants. Après avoir considéré son élévation dans la vie, non comme une récompense de ses mérites personnels, mais comme un moyen employé par la Providence pour soutenir la famille de Jacob, il voulait que son ombre veillât encore sur les siens, que son esprit pénétrant voyait exposés à bien des dangers. Mais il désirait que ses restes mortels partissent de Mizraïm avec les légions du Seigneur.

Le voilà disparu de la terre ce vertueux et magnanime prince israélite dont la radieuse image reste éternellement entourée du respect et de l'admiration des hommes. Y a-t-il dans les annales de l'humanité une figure plus noble et plus pure que celle de Joseph? Y a-t-il pour tous nos frères appelés par les peuples à de hautes positions et à de splendides destinées, un exemple plus grand et plus sévère de fidélité et de constance religieuse israélite dans les plus fortunées et plus brillantes situations de la vie? Aussi Joseph, que le roi-poëte a déjà identifié avec Israël (Psaumes LXXX, 2), en est-il la fidèle image, et son histoire est celle du peuple de Dieu tout entier.

Aimé de son Père, Israël fut haï, persécuté par ses frères de la famille humaine, arraché de sa patrie, exilé dans des contrées étrangères, dispersé sur toute l'étendue de la terre, traité en paria et en esclave. וימררהו ורבו וישטמהו בעלי חצים

Mais partout Dieu fut avec lui; il resta inébranlable dans ses devoirs et dans ses croyances; les plus puissantes séductions ne purent le rendre coupable envers les hommes, parjure envers le Seigneur. Il aima mieux être plongé dans la prison, chargé de fers, subir les tortures et la mort, qu'écouter la voix de la tentation. Il laissa souvent son manteau, ses biens, son sang et sa vie, mais il sauva son âme et l'honneur de la foi israélite.

Cependant, sur la terre étrangère, Israël expliqua les songes des peuples, leur montra la vérité au milieu de leurs rêves et de leurs erreurs, la lumière voilée par l'ignorance, les superstitions, les ténèbres. Il rendit partout des services immenses, apportant partout avec l'amour de son cœur et la justice de sa loi, l'abondance de la vie éternelle au milieu de la misère morale, de la famine et de la mort. C'est de son abondance de nourriture céleste, de sa manne sinaïque, du lait et du miel de sa Thorâ, que toutes les nations de la terre ont vécu et vivront à tout jamais, et sont forcées de dire : חֱחֱיִתָנוּ « Nous te devons la vie ! »

Comment l'a-t-on récompensé?... Mais les temps de la réparation sont arrivés...; les peuples, en avançant de plus en plus vers la lumière et le salut, en montant l'échelle de Jacob, de la justice, de la vraie civilisation et de la vraie croyance, élèveront Israël à la hauteur de ses droits, de sa mission, de son pontificat divin, le revêtiront du manteau de gloire à la place de sa robe déchirée et trempée dans le sang... et le proclameront à tout jamais l'élu de ses frères !

תהדיין לראש יוסף ולקדקד מיר אחיו.

L'EXODE

—

TREIZIÈME SIDRA

פ׳ שְׁמוֹת

(Exode, I à VI, 1)

———

תבאים ישרט רקכ יציך ופרח
ישראל ומלאו פני תבל תנובה :

Accroissement de la famille de Jacob. — Oppression et tyrannie. —
Naissance de Moïse. — Son dévouement à ses frères. — Sa fuite et
son mariage. — Apparition divine. — Il est appelé à être le sauveur
d'Israël. — Sa mission auprès de Pharaon. — Insuccès.

Le martyre d'Israël commence.

L'Écriture sainte donne ici de nouveau les noms des
fils de Jacob venus en Égypte : n'est-ce pas pour montrer
combien Pharaon et les oppresseurs d'Israël de tous les
temps étaient coupables de maltraiter une race d'hommes
qui descendaient d'une si noble et si sainte famille, et qui
avaient reçu en héritage toutes les vertus et tous les droits
au respect et à l'amour du monde ? N'est-ce pas aussi pour

montrer à nous-mêmes combien nous devons lutter contre
l'oppression, ne point nous laisser abattre, avilir, dégrader
par l'intolérance et la tyrannie, ne point oublier, même au
milieu de toutes les persécutions et toutes les humiliations,
la grandeur et la noblesse de notre origine? Quiconque se
rappelle avoir eu pour aïeux les fils de Jacob, c'est-à-dire
toutes les illustrations et toutes les gloires, laissera-t-il
jamais enchaîner son esprit, asservir son cœur, ployer
son âme sous le joug honteux où la violence et la barbarie
tiennent captif son corps?...

Les promesses divines s'accomplissaient de plus en plus.
La famille de Jacob, qui comptait soixante-dix personnes à
son arrivée en Égypte, s'accrut et se multiplia tellement
qu'elle devint un peuple nombreux : « le pays en fut rempli. »

Aussi le roi, qui avait oublié Joseph et ses services,
commença-t-il à redouter la puissance des Hébreux, et
souleva contre eux les défiances et l'animosité de son peuple. Alors, pour arrêter leur développement et leur élévation, on les soumit à des corvées accablantes, aux travaux
forcés les plus pénibles, à une oppression cruelle; ils durent bâtir des cités, des forteresses, des pyramides, se
livrer aux plus durs ouvrages de la ville et des champs.
Cependant, plus on les opprimait, plus on leur rendait la
vie amère, et plus ils se multipliaient : « on prit en horreur les enfants d'Israël. »

Irrité, épouvanté, par cette force de résistance, le roi ne
recula plus devant le crime le plus monstrueux; il commanda aux sages-femmes des Hébreux de tuer tout enfant
mâle à la naissance duquel elles seraient appelées. Et lorsque ces pieuses femmes refusèrent de concourir à une telle
barbarie, Pharaon ordonna à *tout son peuple* de jeter au
fleuve tout petit garçon israélite qui viendrait à naître.
Tous les Égyptiens devinrent ainsi d'abominables bourreaux, les exécuteurs du plus exécrable des forfaits; ils se

croyaient peut-être libres, eux, tandis qu'ils étaient les
vils esclaves et les instruments méprisables d'un tyran. [1]

La première oppression des descendants d'Abraham,
comme toutes celles dont ils eurent à souffrir dans la suite,
n'avait pas pour cause leur indignité; on ne leur reprochait
pas de ne point mériter la liberté, l'égalité des droits et de
la justice, à cause de leurs vices, de leur infériorité morale
et sociale ; au contraire, ils furent toujours persécutés
parce que, comme en Égypte, ils étaient *puissants*, c'est-
à-dire déployant une supériorité intellectuelle et spirituelle qui fit trembler les despotes, dont la force consistait
dans l'ignorance, l'abrutissement, les ténèbres des nations.
Les princes justes et les peuples libres seuls ont pu supporter nos frères et les ont traités avec bienveillance.
Aussi Pharaon ne dit pas: « Les Hébreux, qui se multiplient
tant, pourront un jour se joindre à nos ennemis et devenir
les maîtres de cet empire »; mais bien: « Ils sortiront du
pays » ועלה מן הארץ ; car voudront-ils rester ici où règnent
l'abomination des mœurs, les horreurs d'un culte monstrueux, le despotisme du roi, la domination infernale des
prêtres, la nuit des intelligences et la dégradation de
l'homme !

Au milieu de ces douleurs et de ces angoisses d'Israël,
il se produisit un fait providentiel, une apparition merveilleuse, une puissance et un salut au sein de nos frères, un

---

[1] Pharaon, dit la légende, vit dans un songe un vieillard vénérable
tenant dans ses mains une balance, dont l'un des plateaux était chargé de
tous les habitants d'Égypte, et l'autre d'un petit agneau qui pesait cependant plus que tout le reste.

Troublé par ce rêve, il fit venir les interprètes et les magiciens pour le
lui expliquer. Tous pâlirent d'effroi et n'osèrent révéler au roi la signification
fatale de cette vision. Mais Balaam, l'un d'eux, dit au souverain : « La puissance est encore en ta main; si tu en fais complètement usage, tu feras
mentir le songe. Fais jeter tous les enfants nouveau-nés dans le fleuve,
et tu pourras défier le danger qui te menace. »

fait qui exerça une influence impérissable sur l'avenir moral
et spirituel de l'humanité : Moïse vint au monde.

Un homme de la maison de Lévi épousa une fille de Lévi.
La femme conçut et enfanta un fils ; elle vit qu'il était bien
et le cacha pendant trois mois. Mais, ne pouvant le tenir
caché plus longtemps, elle prit un panier de jonc, qu'elle
enduisit de bitume et de poix, y plaça l'enfant et le déposa
dans les roseaux au bord du fleuve. La sœur du nouveau-
né se tint au loin pour voir ce qui lui arriverait. Or, la fille
de Pharaon descendait avec ses femmes pour se baigner
dans le fleuve ; elle aperçut le panier au milieu des roseaux,
et elle envoya son esclave pour le retirer. Elle l'ouvrit et
vit l'enfant : c'était un petit garçon qui pleurait. Elle en
eut pitié, et dit : « C'est un enfant des Hébreux. » Alors
sa sœur dit à la fille de Pharaon : « Dois-je appeler une
nourrice des Hébreux pour qu'elle t'allaite cet enfant ? —
Va, » lui répond la princesse ; et la jeune fille alla chercher
la mère de l'enfant. La fille de Pharaon lui dit : « Prends
cet enfant et allaite-le-moi, je te donnerai ton salaire. »
La femme prit l'enfant et le nourrit. L'enfant grandit ; elle
l'apporta à la fille de Pharaon, qui l'adopta comme fils, et
lui donna le nom de Moïse : « car, dit-elle, *je l'ai retiré de
l'eau.* » [1]

Voilà le simple récit de l'Écriture sainte. La légende a
entouré la naissance de Moïse et son séjour à la cour du
roi d'Égypte de toutes les splendeurs du merveilleux. Elle
raconte entre autres faits miraculeux :

Jochabed mit au monde un garçon. Elle n'éprouva pas la moindre douleur à la naissance de l'enfant ; elle fut également affranchie, pendant
sa grossesse, de toutes les incommodités auxquelles les femmes sont
soumises dans cet état. Quand Moïse naquit, une splendide lumière se
répandit sur tout l'univers ; la douleur de sa mère fut d'autant plus
vive lorsqu'elle jeta un regard sur la figure rayonnante de son enfant,
qu'elle dut livrer aux eaux du Nil. Alors il arriva que la fille de Pharaon

---

[1] Ce nom, donné par la fille de Pharaon, semble donc devoir être
égyptien. Aussi Josèphe y voit-il les mots égyptiens *mo* (eau) et *usos* (sauvé).

fut horriblement atteinte de la lèpre, et tous les médecins égyptiens ne trouvèrent point de remède. Ne pouvant se baigner dans l'eau chaude, la princesse se rendit au Nil; là elle aperçut, flottant sur le fleuve, le panier de jonc où se trouvait Moïse. Elle le fit chercher, l'ouvrit, et éprouva une pitié profonde à la vue de ce cher enfant qui pleurait amèrement. Mais, au moment où elle éprouvait des sentiments si louables et si humains, la hideuse lèpre disparut, et la princesse devint blanche comme la neige, fraîche et florissante comme aux jours de sa première jeunesse. « Ainsi ce que nul ne pouvait faire, ce petit enfant l'a fait! Je lui dois donc plus qu'à mon meilleur médecin! Ma reconnaissance ne fera pas défaut; je veux le faire élever et soigner comme s'il était mon propre fils. » Elle fit appeler un grand nombre de femmes égyptiennes; mais Moïse ne voulait recevoir la nourriture d'aucune d'elles; sa bouche sacrée ne voulait pas tremper dans le lait des païennes. Myriam, la sœur de Moïse, remarquant de loin ce que la princesse désirait faire, chercha vite la mère de l'enfant; à peine l'eut-il aperçue, qu'il étendit les bras vers elle. Elle le mit sur son sein, et, comme il y but immédiatement, elle fut saluée avec joie par la princesse comme nourrice.

Quand Moïse n'eut plus besoin du lait maternel, la princesse le fit venir à la cour et le soigna comme la plus tendre mère. Le roi lui-même aima le charmant petit garçon, le prit souvent sur ses genoux, et chercha à l'amuser de toute manière.

Dans la troisième année de la naissance de Moïse, Pharaon était assis un jour sur son trône, la reine à sa droite, la princesse sa fille tenait Moïse sur les genoux à sa gauche, et tous les princes d'Égypte se trouvaient autour du roi. Soudain Moïse étend la main vers la couronne étincelante de Pharaon, la lui ôte de la tête et se la pose sur son propre front.

Alors le roi réunit son conseil pour demander son avis sur ce qui venait de se passer; Job, Jéthro et Balaam étaient les principaux conseillers. Balaam dit : « Quiconque touche à la couronne mérite la mort »; mais Jéthro, à qui un pressentiment disait que l'enfant serait un jour membre de sa famille, s'opposa à cet avis et dit : « Quelle utilité pourrait avoir la mort d'un innocent enfant qui, incapable de jugement, ne sait distinguer le bien du mal? Un Pharaon craindrait-il un enfant? Quel homme raisonnable est donc irrité de l'action d'un enfant? Esclaves, apportez deux vases, remplissez-en un de pierres précieuses et l'autre de charbons ardents. Essaye maintenant, ô roi! si l'enfant sait distinguer entre les pierres de *schoham* et les charbons. S'il prend ces derniers, que la vie lui soit épargnée; mais, s'il étend la main vers les premières, il aura prononcé contre lui-même la sentence de condamnation. »

Ce conseil plut au roi, plus encore à sa fille; mais Balaam pâlit de dépit et de colère.

On apporta les vases; Moïse voulait toucher aux pierres précieuses, mais son ange gardien l'en empêcha et conduisit sa main vers les charbons, dont l'enfant mit un dans sa bouche. Pharaon redevint tranquille, mais Moïse s'était brûlé la langue et éprouva dès ce jour une difficulté pour parler. Sa vie fut ainsi sauvée.

Moïse, le sauveur de nos pères, élevé dans le palais même de leur persécuteur, traité et honoré comme un prince, n'oublia pas cependant son origine, sa famille, les souffrances effroyables de ses frères. Un jour il va les trouver au milieu de leurs peines et de leurs larmes ; il voit un Égyptien frapper un Hébreu ; alors, n'écoutant pas la voix de la prudence, oubliant les dangers, la mort qui le menacent, mais entraîné par une noble indignation contre l'oppression et un saint et héroïque attachement pour ses frères, il tue l'Égyptien... Le lendemain, il sort de nouveau et remarque deux Hébreux se querellant ; il dit à celui qui avait tort : « Pourquoi frappes-tu ton prochain ? » Le méchant lui répond : « Qui t'a nommé chef et juge entre nous ? Voudrais-tu me tuer comme tu as tué l'Égyptien ? » Hélas ! qu'il y a beaucoup d'hommes qui se soumettent à toutes les tyrannies, acceptent toutes les humiliations, tous les outrages de la part d'étrangers, tandis qu'ils se révoltent contre la plus douce autorité de leurs frères, en repoussent avec orgueil, avec colère, la moindre parole de blâme ou d'exhortation ! Ils n'ont de courage que contre leurs core ligionnaires pour leur faire tout le mal possible, comme l'homme en Égypte qui tint le plus horrible langage à Moïse, et le trahit pour une grande et noble action accomplie pour venger Israël ! Voilà comment sont souvent encouragés ceux qui travaillent, combattent, exposent leur vie pour leurs frères !...

Voilà aussi comment le prophète d'Israël, l'envoyé de la vérité, le vrai sauveur de notre peuple, se révèle aux hommes et manifeste sa mission sur la terre. Ce n'est pas par des paroles, par des sermons, des controverses théologiques, ou en prêchant aux faibles et aux opprimés une lâche et dégradante soumission, en leur promettant le royaume du ciel, etc., mais par l'action, par le courage, en tuant l'Égyptien qui frappe l'Hébreu, en montrant à tous comment il faut lutter contre la tyrannie, sacrifier sa fortune et tous les bonheurs d'ici-bas, et exposer sa vie pour l'honneur et le salut de ses frères...

Pharaon, ayant appris le fait, voulut faire mourir Moïse. Alors Moïse s'enfuit au pays de Madian, fit la connaissance du prêtre Jéthro, dont il épousa la fille Séphora.

Un commentateur dit :

« Admirez l'œuvre silencieuse de la Providence, qui veille sur les jours de ceux qui sont appelés à être ses organes. Malgré toute son astuce et sa puissance, Pharaon, justement par ses décrets de meurtre contre les israélites, éleva à sa propre cour leur sauveur, et c'est sa fille qui dut appeler pour nourrice de Moïse la mère de celui-ci, qui garda sa vie avec les yeux de l'amour maternel et grava si profondément dans son cœur l'attachement à sa malheureuse nation, qu'il ne put l'oublier facilement au milieu de la vie bruyante et splendide de la cour.

« Et quand un jour il était peut-être exposé à oublier son peuple opprimé à côté des heureux Égyptiens, une puissance invisible l'entraîna vers ses frères pour ranimer ses souvenirs d'enfance et se consacrer à tout jamais par le sang à leur sort et à leur délivrance. Le voilà ennemi déclaré de leurs oppresseurs ; il est proscrit par eux et ne peut plus revenir au milieu d'eux. Il doit partir, se livrer dans la solitude aux sentiments que lui a inspirés sa mère pour ses frères malheureux, sentiments de justice et de pitié pour les opprimés, ainsi qu'il les manifesta envers les israélites et les filles de Jéthro. Et ce Jéthro, prêtre de la race croyante d'Abraham, dut l'entraîner par sa fille dans une contrée qui devint plus tard la scène de la révélation du Dieu-Un. »

Moïse conduisit les troupeaux de Jéthro dans le désert et arriva à la montagne sainte, à Horeb. Un ange du Seigneur lui apparut dans une flamme au milieu d'un buisson ; il voyait le buisson, qui brûlait, mais ne se consumait point. Moïse se dit : « Il faut que j'approche et que je regarde cette grande apparition ; pourquoi le buisson ne se consume-t-il pas ? »

Voici ce que la légende raconte :

Moïse paissait dans le désert les troupeaux de son beau-père. Plongé dans des méditations sur le sort de ses frères en Égypte, il ne remarqua que tard la disparition de l'une de ses brebis. Il alla à sa recherche et la trouva apaisant sa soif près d'une source d'eau. « Pauvre créature, dit-il, voilà donc la cause de ta fuite! Si j'avais su, je t'aurais conduite, portée même sur mes bras jusqu'ici. Mais viens, petit mouton; je vais te rapporter chez nous. »

Le Père céleste entendit cela, et lui, qui est le tendre créateur de tous les êtres, se réjouit de ces sentiments affectueux de Moïse. Alors une voix retentit au ciel : — « Moïse! si tu portes dans ton cœur une telle compassion pour un simple animal, tu as certainement un amour bien plus grand pour les hommes créés à ta ressemblance. Sois donc le pasteur de mon peuple d'Israël ; tu seras digne de cette mission, car, certes, celui qui est grand dans les petites choses est encore plus grand dans les grandes. »

Nous sommes sur une terre sacrée. Recueillons-nous, mortels, et écoutons avec adoration et une sainte émotion de notre âme la voix du Très-Haut qui dit à Moïse :

« Je suis le Dieu de ton père, le Dieu d'Abraham, « d'Isaac et de Jacob. .. J'ai vu la misère de mon peuple « en Mizraïm, et j'ai entendu les cris que lui arrachent « ses oppresseurs ; je connais ses maux.

« Je suis descendu pour le délivrer des mains de « l'Égyptien et pour le ramener de ce pays dans un autre « qui est bon et vaste, dans un pays où coulent le lait et « le miel, sur la terre du Cananéen, du Héthéen, de l'A- « morrhéen, du Phirizéen, du Hévéen et du Jébuséen.

« Maintenant, va; je t'envoie à Pharaon, et tu feras « sortir mon peuple, les enfants d'Israël, de Mizraïm. »

Moïse, qui avait caché sa figure devant l'apparition divine, frappé, effrayé de la grandeur de cette mission, dit avec modestie : « Qui suis-je pour aller chez Pharaon, et comment pourrais-je, moi, faire sortir les enfants d'Israël de Mizraïm ? »

Le Seigneur répond : « Je serai avec toi, et voici le signe qui montrera que je t'ai envoyé : quand tu auras ramené le peuple de l'Égypte, vous servirez Dieu sur cette montagne. »

Le saint homme avait peur, d'un côté, de n'être pas à la hauteur d'une telle tâche, de l'autre, d'être mal jugé par les israélites, d'être accusé de vouloir les soustraire à la

domination égyptienne pour régner sur eux et être leur
maître à la place de Pharaon : ne l'avait-on pas déjà apos-
trophé par ces cruelles paroles de haine : « Qui t'a nommé
chef et juge parmi nous ? » Alors le Seigneur le rassure et
lui dit 1° « Je serai avec toi » : donc tu réussiras, et, am-
bassadeur de Dieu, tu es revêtu d'une assez haute dignité
pour te présenter chez un prince de la terre ; 2° « Vous
servirez l'Éternel sur cette montagne » : donc on ne pourra
pas t'accuser d'une ambition personnelle, puisque toi
comme tout Israël vous n'aurez d'autre souverain que moi
et vous me rendrez hommage ici-même. Le désintéressement, l'abnégation, les seuls soucis de la gloire de Dieu et
de son culte, voilà ce qui sera éternellement le signe éclatant que Dieu nous a envoyés et que nous sommes inspirés
de son esprit, de la pensée du ciel et du salut des hommes [1]. Tout ministre de ses propres intérêts ne saurait
être ministre du Dieu d'Israël.

Moïse dit encore au Seigneur : « Je viendrai donc chez
les enfants d'Israël, et je leur dirai : — Le Dieu de vos pères m'envoie vers vous. — Et s'ils me demandent : Quel
est son nom ? que leur répondrai-je ? »

Dans sa pieuse et incomparable humilité, Moïse craignait d'être méconnu de ses frères, soupçonné peut-être
de servir une fausse divinité. Il y avait de longues années
qu'il avait quitté l'Égypte, personne ne l'y connaissait

---

[1] C'est ainsi que nous comprenons comment un fait qui devait arriver
dans l'avenir, l'adoration de Dieu sur le Sinaï, pouvait servir longtemps
avant de signe, de preuve, de la mission divine de Moïse, de lettre de crédit
auprès de son peuple. Raschi dit que Moïse avait exprimé un doute sur les
vertus des Hébreux pour mériter la délivrance ; alors le Seigneur lui a
montré l'adoration future sur la sainte montagne comme motif et mérite suf-
fisants de cette haute faveur. Mais le texte ne dit rien qui justifie ce doute
de Moïse ; ensuite comment expliquer le כי אנכי שלחתיך ? Il faudrait aussi :
« il (le peuple) servira Dieu sur cette montagne », au lieu de : « vous servirez
Dieu ». Mendelssohn veut résoudre cette difficulté en traduisant זה לך האות
par « voici ce qui te servira d'assurance que je t'ai envoyé » (dieses hier
diens dir zur Versicherung). Moïse n'avait certes pas besoin lui-même de cette
assurance.

plus [1] ; ne pouvait-il être repoussé par ceux-là mêmes
qu'il allait délivrer ? D'un autre côté, les israélites, plongés
depuis tant de générations dans une servitude épouvantable, n'ayant sous les yeux qu'un culte idolâtre qui semblait
protéger leurs maîtres et les rendre si puissants, ne pouvaient-ils avoir oublié les saintes traditions de leurs pères,
le nom de leur Dieu? Les hommes, hélas! ne demandent-
ils pas souvent : — Qui êtes-vous? Avez-vous le droit de
nous apporter le bien, la lumière, le salut? Quel est votre
nom, votre position, pour vouloir nous instruire, nous
rendre meilleurs, nous sauver?

Dieu répond à Moïse: « JE SUIS CELUI QUI EST ; tu diras
donc aux enfants d'Israël : *Celui qui est m'envoie vers
vous.....* Tu leur diras encore : L'Éternel, le Dieu de vos
pères, le Dieu d'Abraham, d'Isaac et de Jacob, m'envoie
vers vous. — Tel est mon nom à jamais, tel est mon souvenir pour toutes les générations. »

Le Très-Haut n'est pas une divinité éphémère ou nationale, comme celles des Égyptiens; mais un Dieu éternel,
universel, *présent,* qui, dans tous les temps et dans tous les
empires, a le droit et le pouvoir de châtier le crime; donc
l'Égypte ne saurait se soustraire à son jugement, à son bras
vengeur; Pharaon avec tous ses faux dieux ne saurait la
protéger contre la puissance de *Celui qui est,* de l'Éternel
qui est partout et domine sur tout, qui était avec nous en
Mizraïm et sera avec nous dans toutes les contrées et tous
les siècles.

Mais, ô suprême et splendide grâce accordée à Israël!
le Tout-Puissant, le Maître du monde, le Dieu de l'univers, il nous dit que le nom sous lequel il veut être connu
à tout jamais, c'est celui de *Dieu d'Abraham, d'Isaac et de*

---

[1] Le roi auprès de qui Moïse avait été élevé était mort (II, 23), ainsi
que tous ceux qui en voulaient à sa vie (IV, 19). Moïse avait quatre-vingts
ans en se présentant à Pharaon (VII, 7); en supposant qu'il avait eu vingt
ans en fuyant l'Égypte (l'Écriture dit : « En ce temps, Moïse, étant devenu
grand, sortit voir ses frères », II, 11), il était donc resté absent soixante ans.

Jacob! Voilà son *souvenir* : Israélites, ne l'oublions pas !...
C'est à nous, à notre race, que le Créateur de l'univers veut
attacher son nom adoré, trois fois saint, devant lequel se
prosternent le ciel et la terre !... Que ce souvenir, que ce
nom, soit éternellement gravé dans notre cœur, sur notre
front, dans tous les actes de notre vie, et alors l'humanité
ne demandera plus : Comment s'appelle le Seigneur ?

Moïse reçoit d'autres instructions pour se rendre en
Égypte, assembler les anciens d'Israël, puis se présenter
avec eux chez le roi et demander qu'il laisse partir les
Hébreux, pendant trois jours, pour offrir des sacrifices à
leur Dieu dans le désert. Le Seigneur annonce en même
temps le refus du roi, son endurcissement et les calamités
dont il frappera l'Égypte pour amener de force la délivrance
des israélites.

Cependant Moïse hésite encore ; il craint de ne pas obtenir la confiance, la croyance de ses frères ; alors Dieu
lui donne le pouvoir d'opérer des miracles sous leurs yeux.
Puis Moïse oppose son peu d'habitude de la parole, sa langue embarrassée, sa difficulté de s'exprimer ; mais Dieu
lui dit : « Qui a donné la voix à l'homme ?... Va donc, je
serai avec ta bouche, et je t'enseignerai ce que tu dois
dire. » Il lui adjoindra Aaron pour parler au peuple et qui,
bien que plus âgé que Moïse, ne sera pas jaloux de la
haute mission, du haut rang de son frère ; mais « il ira à sa
rencontre et se réjouira dans son cœur en le revoyant ».

Moïse, désormais missionnaire du Très-Haut, prend son
bâton merveilleux, retourne chez son beau-père Jéthro, et
lui dit : « Je désire me rendre auprès de mes frères en
Mizraïm pour voir s'ils vivent encore. » Il part avec sa
femme et ses enfants, reçoit en route de nouvelles instructions divines, de nouveaux encouragements d'en haut ;

Dieu lui dit : « Parle ainsi à Pharaon : — Voici les paroles de l'Éternel : *Israël est mon fils, mon premier-né* ; je te dis donc : Laisse partir mon fils pour qu'il me serve ; tu refuses, eh bien ! je tuerai ton premier-né à toi ! »

Le Très-Haut, le Souverain du ciel et de la terre, proclame comme fils Israël enchaîné, esclave, foulé aux pieds, couvert d'opprobre et d'ignominie : combien serions-nous alors coupables de désavouer, de renier notre Dieu devant les peuples, de nier Celui qui, devant tous les rois et toutes les nations de la terre, nous dit : — Vous êtes mes fils, les premiers-nés de mon esprit et de ma vérité !

Moïse et Aaron, arrivés en Égypte, réunirent les anciens du peuple, qui, animés d'une sainte croyance en entendant les paroles d'espérance des envoyés du Seigneur, se prosternèrent devant eux. Puis, les deux frères se présentent chez Pharaon et lui disent : « Voici ce qu'a dit l'Éternel, le Dieu d'Israël : — Laisse partir mon peuple afin qu'il me célèbre une fête dans le désert. » Pharaon répond : « Qui est donc l'Éternel à qui je devrais obéir pour laisser Israël s'en aller ? Je ne connais point l'Éternel, et je ne laisserai pas partir Israël. »

Le roi d'Égypte ne connaissait d'autres divinités que des divinités locales, régnant chacune sur un peuple, un pays, une nationalité politique, géographique spéciale. Il ne comprenait pas un *Éternel*, un *Dieu d'Israël*, qui ne répond à aucune possession territoriale, à aucune société de race et d'idiome particuliers. Alors Moïse et Aaron lui dirent : « Le Dieu *des Hébreux* nous est apparu », lui annonçant ainsi une divinité qui protége spécialement leurs frères. Mais Pharaon, craignant peu un Dieu qui doit être bien faible, puisqu'il laisse ses adorateurs dans une horrible servitude, et qui n'a pour temple que le désert, apostrophe vivement Moïse et Aaron et leur dit : « Pourquoi détournez-vous le peuple de ses travaux ? Allez à votre tâche ! » Puis il ordonne qu'on redouble de rigueur et d'oppression envers les Hébreux ; il fait frapper les inspecteurs qui montrent un peu de pitié et d'humanité. Alors Moïse retourne vers le Seigneur, dans la prière et le recueillement, et lui dit : « Mon Dieu, pourquoi laisses-tu ainsi opprimer ton peuple ? Pourquoi m'as-tu envoyé ? Depuis que je suis venu chez Pharaon pour parler en ton nom, il maltraite encore davantage ce peuple, et tu ne l'as pas encore délivré. » L'Éternel répond à son serviteur : « Tu verras bientôt ce que je ferai à Pharaon : d'une main puissante il les renversa ; d'une main puissante il les fera sortir de son pays. »

Il ne sera plus besoin de prier le tyran, mais lui-même suppliera Israël de partir pour marcher à travers le désert à ses hautes destinées et remplir sa mission divine parmi les hommes. Car, s'il est aujourd'hui esclave, opprimé, étouffé par la barbarie,

« Jacob prendra un jour de nouvelles racines — הבאים ישרש יעקב —, Israël repoussera, refleurira, remplira le monde de fruits.

« En vérité, voici ce que dit l'Éternel à la maison de Jacob, lui qui a sauvé Abraham : — Jacob ne sera plus humilié, son visage ne pâlira plus ! car ses enfants, en voyant mes œuvres au milieu d'eux, glorifieront mon nom, honoreront le Saint de Jacob, exalteront le Dieu d'Israël ! » ואת אלהי ישראל יערצ (Isaïe, XXVII, 6 ; XXIX, 23).

QUATORZIÈME SIDRA

פ' וָאֵרָא

(Exode, VI, 2, à IX)

בעבור את בית ישראל מן העמים אשר
מטו שם בם ונקדשתי בם לעיני הגוים :

**Nouvelles promesses de délivrance.—Généalogie de Moïse et d'Aaron.—
Leurs démarches auprès de Pharaon. — Le bâton miraculeux. — Les
plaies d'Égypte.**

Le Seigneur continue de parler ainsi à Moïse :

« Je suis l'Éternel.

« Je suis apparu à Abraham, à Isaac et à Jacob, comme
« Dieu tout−puissant; mais je ne leur ai pas été connu
« sous mon nom d'Éternel.

« J'ai aussi contracté une alliance avec eux, leur pro-
« mettant le pays de Canaan, le pays qu'ils habitaient.

« Or, j'ai entendu les gémissements des enfants d'Is-
« raël, asservis par les Égyptiens, et je me suis souvenu
« de mon alliance.

« C'est pourquoi dites aux enfants d'Israël : — Je suis
« l'Éternel, je vous affranchirai du joug des Égyptiens,
« je vous délivrerai de leurs travaux, je vous sauverai par
« mon bras étendu et par des jugements sévères.

« Je vous adopterai pour mon peuple, et je serai votre
« Dieu; vous saurez alors que c'est moi l'Éternel, votre
« Dieu, qui vous ai délivrés du joug égyptien.

« Je vous ramènerai dans le pays que j'ai juré de don-
« ner à Abraham, à Isaac et à Jacob ; je vous le donnerai
« en héritage, moi l'Éternel. »

Moïse, à la vue des cruelles souffrances de ses frères et
de l'insuccès de sa première démarche, avait éprouvé une
impatience douloureuse ; le découragement, le désespoir,
s'étaient emparés de son âme ; alors il reprochait à Dieu
de n'avoir pas encore délivré son peuple, lui dont la puissance peut agir instantanément, sans ajournement et sans
délai.

Le Très-Haut lui répond qu'il était apparu aux patriarches comme *tout-puissant* pour les sauver d'un danger
immédiat quelconque, comme Abraham de la fournaise de
Nemrod, Isaac de la jalousie d'Ismaël et des mauvais desseins des Philistins, Jacob de la haine d'Ésaü, de Laban, des
alliés de Sichem. Aussi avait-il dit à Abraham : אני אל שדי
« Je suis le Dieu tout-puissant, marche devant moi et sois
parfait » (Genèse, XVII, 1); ne crains rien ! Isaac avait
dit à Jacob partant pour la Mésopotamie : ואל שדי יברך אתך
« Que le Dieu tout-puissant te bénisse !» (*ibid.*, XXVIII, 3);
Jacob avait prié sur ses fils allant en Égypte avec Benjamin : ואל שדי יתן לכם רחמים לפני האיש « Puisse le Dieu tout-
puissant vous faire trouver miséricorde devant cet homme ! »
(*ibid.*, XLIII, 13) ; il avait dit encore à Joseph avant de
mourir : אל שדי נראה אלי בלוז « Le Dieu tout-puissant m'est
apparu à Louz et m'a béni » (*ibid.*, XLVIII, 3).

Mais les patriarches n'avaient pas eu occasion de connaître, d'éprouver les bienfaits et les grâces de l'*éternité*
de Dieu qui étend sur l'avenir, sur tous les âges et tous les
empires, son regard divin, ses jugements, ses récompenses
et ses châtiments, les trésors inépuisables de sa bonté et de
son amour immortel. Ce qu'il leur avait promis, l'alliance
qu'il avait daigné contracter avec eux, ne devait s'accomplir que dans la suite des temps ; mais l'heure approche :
Le Seigneur, *tout-puissant* aux jours d'Abraham, d'Isaac et

de Jacob, est tout-puissant dans l'*éternité*, et Pharaon va bientôt l'éprouver : « Je suis l'*Éternel !* »

Moïse rapporta aux enfants d'Israël les consolations et les promesses divines, mais ils ne l'écoutèrent point « à cause de leur cœur oppressé et de leur dure servitude ».

Les pauvres martyrs n'avaient pas encore reçu la force spirituelle du Sinaï, qui les rendit plus tard, eux et leurs enfants, invincibles, invaincus au milieu de toutes les persécutions et de toutes les tortures. Mais, hélas! combien est-il d'hommes qui, au sein même de la liberté et de toutes les prospérités, n'écoutent point Moïse à cause de leur esprit borné, de leur cœur étroit, de leur asservissement volontaire sous le joug du monde et sous la domination du péché !... מקצר רוח ומעבדה קשה.

L'Écriture sainte, au moment ou Moïse et Aaron se présentent sur la scène du monde pour y accomplir une action impérissable, nous fait connaître leur généalogie. Admirons ici une fois de plus la modestie et la délicatesse de Moïse; rédacteur du Pentateuque, avant de parler de Lévi, le chef de sa tribu, il cite Ruben et Siméon et leurs enfants; puis, en donnant les noms de tous les membres de sa famille, il passe sous silence ses propres fils, comme plus tard il ne leur confère aucun pouvoir, aucun titre, aucune dignité en Israël. Saint et glorieux exemple qui mérite le respect et l'admiration des hommes.

———————

Dieu ordonne à Moïse et à Aaron de retourner auprès de Pharaon, de l'avertir de nouveau des malheurs qui accableront l'Égypte s'il refuse de laisser partir les Hébreux. Et le roi, qui avait dit : « Qui est l'Éternel ? » qui avait nié le pouvoir de Dieu sur son pays, « apprendra alors, dit la voix divine, que je suis l'Éternel, lorsque j'aurai étendu ma main sur Mizraïm, et retiré les enfants d'Israël du milieu d'eux. »

Les deux envoyés du Très-Haut se présentent chez Pharaon, et comme preuve de l'authenticité divine de leur mission, Aaron jette son bâton devant le roi et ses serviteurs, et le bâton se transforme en serpent. Pharaon fait appeler ses sages et ses magiciens, qui par leurs enchantements imitent ce prodige ; mais le bâton d'Aaron engloutit les leurs. Le cœur de Pharaon s'endurcit. [1]

Le Seigneur, dans sa miséricorde infinie, avant de frapper le méchant lui envoie de nouvelles exhortations. Le tyran, qui se fait rendre des honneurs divins et qui conteste au Très-Haut toute autorité sur l'Égypte, va éprouver terriblement la puissance du Dieu d'Israël et sa domination sur le monde entier. Moïse étend son bâton sur le Nil, dont les eaux se changent soudain en sang. Le fleuve sacré des Égyptiens, adoré par eux comme une divinité qui rend leur pays si fertile et si fécond, ce fleuve, qui était le premier instrument du meurtre des enfants de notre peuple, fut aussi le premier frappé, dégradé par la main de l'Éternel. Encore aujourd'hui, les eaux du Nil, au moment de leur élévation, ont une couleur de sang et rappellent ainsi à tout jamais la grandeur de notre Dieu et son amour pour Israël.

Après cette première plaie, viennent tour à tour les

---

[1] Un voyageur moderne raconte qu'on voit souvent sur les places publiques des villes égyptiennes des saltimbanques qui roulent autour de leur bras un serpent fort dangereux dont la langue caresse la bouche de l'homme ; puis soudain celui-ci saisit le reptile par la tête et le lance avec force à terre. Le serpent reste étendu, inanimé, roide ; l'homme le prend de nouveau par la tête et s'appuie sur lui comme sur un bâton en se promenant dans le cercle formé par les spectateurs. Ensuite le dompteur passe plusieurs fois sa main sur le singulier bâton, en approche la tête de sa bouche, souffle là dessus, et le bâton redevient peu à peu serpent et se roule de nouveau autour du bras de son maître.

Ce phénomène est produit par une pression sur la nuque du serpent, qui tombe dans un spasme tonique, s'étend, devient immobile, et reste quelque temps dans cette position d'engourdissement absolu. Par la chaleur de la main ou par des attouchements magnétiques, il se ranime vite. C'est par ce moyen que les prêtres égyptiens ont pu tromper Pharaon et profaner le miracle réel d'Aaron. (Frankl, de l'Égypte.)

fléaux des grenouilles, de la vermine, des bêtes malfaisantes, de la mortalité des animaux domestiques, des ulcères et de la grêle. Chaque fois Dieu avait fait avertir le roi du malheur qui allait fondre sur son empire, et chaque fois Pharaon supplia Moïse d'intercéder auprès du Très-Haut pour faire cesser la calamité ; mais, le lendemain, le barbare viola tous ses engagements et resta de nouveau en révolte contre le Seigneur. Il voyait la ruine et les terreurs de son peuple, son magnifique pays transformé en désert, toutes les prospérités et toutes les espérances s'anéantir ; il entendait les gémissements des malheureuses populations frappées dans tout ce qu'elles avaient de précieux, d'utile, de nécessaire à la vie, et pourtant son injustice, sa cruauté l'emporta ! Voilà comment ils aiment leurs peuples, les souverains qui décrètent des lois intolérantes contre leurs sujets israélites...

Un célèbre voyageur [1], en parlant des plaies dont l'Égypte fut visitée au temps de Moïse, dit que toutes ces plaies s'y sont naturalisées depuis et reviennent de temps en temps comme signe de la justice de Dieu.

« Des essaims de mouches couvrent le pays ; les habits des voyageurs en paraissent noirs, et les yeux des enfants sont surmontés, à la place des cils, d'un cercle de mouches qui ne se laissent point chasser. C'est un aspect lamentable, hideux. Encore aujourd'hui, les riches ferment les fenêtres de leurs salles à manger et arment leurs domestiques de queues de paon : car tous les mets se couvrent de mouches. Elles se glissent derrière les voiles des femmes et les rideaux des lits ; elles s'introduisent sous les couvertures et empêchent de dormir.

« Le Nil, en se retirant, laisse derrière lui une armée de grenouilles et de crapauds. Le vent du désert apporte encore aujourd'hui, sur toute la surface de la vallée du Nil,

[1] Hammer-Purgstall.

des nuées de sauterelles qui obscurcissent le ciel et dévorent les champs. La poussière produit une vermine dégoûtante. Souvent, quand le Nil n'atteint pas une hauteur suffisante, la famine désole le pays ; et lorsque, après de fortes averses dans la haute Égypte, le fleuve enlève la terre rougeâtre des montagnes, il semble rouler des flots de sang.

« Quand l'inondation a atteint son dernier degré, les habitants sont affligés d'une éruption de peau appelée lèpre du Nil, et d'égilops. Outre les éclipses ordinaires du soleil et l'obscurcissement par les nuées de sauterelles, le *simoon* obscurcit souvent l'horizon par la poussière et les vapeurs du désert. Enfin, l'ange de la mort frappe terriblement le pays par le fléau de Dieu, la peste, qui n'épargne aucun premier-né des hommes ou des bêtes. »

Cependant Pharaon lui-même ne pouvait se faire illusion plus longtemps. Déjà, à la troisième plaie, ses magiciens s'écrièrent : « C'est un doigt de Dieu ! » avouant et proclamant la toute-puissance d'un Être suprême régnant sur tous les dieux, tous les souverains, toutes les lois naturelles et surnaturelles. A la quatrième plaie, le roi vit que la terre de Goschen, habitée par les Hébreux, était épargnée du fléau, ainsi que l'avait annoncé la parole divine. Le même fait se répéta à la plaie suivante et pendant la grêle qui détruisit toutes les moissons de l'Égypte. Et pour ne laisser aucun doute dans l'esprit de Pharaon, Dieu lui a fait dire : « Je pourrais, dès à présent, étendre ma main et te frapper de la peste, toi et ton peuple, et tu disparaîtrais ainsi de la terre ; mais je te conserve encore afin de te montrer ma puissance, et pour que mon nom soit proclamé dans tout l'univers. » Et en effet, au milieu de la tempête effroyable qui frappa tout le pays, hommes, bêtes et champs, Pharaon fit appeler Moïse et Aaron, et leur dit : « J'avoue cette fois que j'ai péché ! L'Éternel est juste et moi et mon peuple nous sommes des impies. » Combien de fois, hélas !

le châtiment du ciel, la ruine de leur empire et leur propre conscience arrachaient aux princes de la terre cette confession de Pharaon : *Dieu est juste et nous sommes des impies!* et pourtant leur cœur a persévéré dans son endurcissement, leur gouvernement dans sa barbarie, et ils n'ont pas laissé Israël servir librement son Dieu!

Que de grandes et précieuses leçons résultent de notre Sidra!

Le Très-Haut rappelle l'alliance qu'il a contractée avec nos pères, sous le nom de Dieu *tout-puissant*. Donc ne désespérons jamais, ne craignons pas la persécution à cause de notre foi et de notre fidélité, car le Seigneur a la puissance et le pouvoir de nous protéger, de punir nos persécuteurs, de faire triompher sa loi et sa vérité, de nous assurer nos droits et notre liberté dans le monde, dans tous les temps et au milieu de toutes les générations : il est *éternel!*... Agissons en dignes fils de nos pères, rappelons leur nom et leurs vertus dans notre vie et nos actes, et alors Dieu se souviendra aussi de son alliance, accomplira ses promesses et nos glorieuses destinées.

La servitude du matérialisme et sa tyrannie exercent une terrible influence sur l'homme; elles l'empêchent d'écouter la douce voix de son âme, de sentir les nobles battements de son cœur, de suivre les divins élans de son esprit. Enchaîné par le matérialisme au joug de l'esclavage terrestre, l'homme, sans force de s'affranchir, ne peut s'élever au ciel.

Cette force, l'homme doit la chercher et la trouver en lui-même; il a une grande et sainte mission à remplir sur la terre et dont rien ne peut l'exempter, ni sa faiblesse physique, ni sa position modeste, ni la crainte du monde, ni aucune difficulté qu'il rencontrera sur son chemin. Si sa parole est faible, embarrassée comme la langue de Moïse,

Dieu sera avec lui, l'inspirera, rendra sa voix éloquente,
son bras fort, son action irrésistible. Pour guides de son
peuple, le Seigneur a choisi d'humbles pasteurs : Moïse,
le plus grand des prophètes, et David, le plus illustre des
rois !

Et quand les hommes demandent un signe de la puissance du Très-Haut, alors une voix céleste leur dit : « Jetez
votre bâton devant Pharaon, et il se transformera en serpent. » Ce que l'homme considère comme son bâton, son
appui, sa force et sa puissance, tourne souvent contre lui,
se change en serpent et lui devient funeste. Son or se fond
dans le creuset du malheur, au feu des passions, corrompt
son cœur, pétrifie son âme, glace tous ses ardents et généreux instincts ; ses amis le trahissent, ses enfants l'affligent
et brisent sa vie, dont ils devaient être les invincibles soutiens ; sa haute position, ses dignités, l'exposent à la fou-
dre, attirent sur sa tête la tempête et la mort... Son bâton
devient un serpent qui mord son âme, empoisonne et ronge
sa vie !... Le vrai appui, le vrai soutien, la protection infaillible et éternelle, c'est Dieu.

L'homme, dans ses périls, dans ses malheurs, invoque
toujours ce soutien et cette protection, avoue qu'il a péché, reconnaît le doigt et la justice du Seigneur dans ce qui
lui arrive, et fait de solennelles promesses de réparation ;
mais, à l'exemple de Pharaon, quand le danger a cessé,
quand le fleuve de son existence a perdu la couleur de sang
et est redevenu limpide et calme, quand l'orage ne gronde
plus sur sa tête et que son horizon s'éclaircit, oh ! alors il
oublie souvent ses engagements les plus sacrés et Dieu,
retombe dans le mal et s'attire de nouveau la juste colère
du ciel. Hélas ! que n'entend-il la voix, la menace d'en
haut qui lui dit, comme au roi d'Égypte : — Aujourd'hui
tu es encore heureux dans ton égarement, mais demain tu
seras frappé ! מחר יהיה האות חזה.

Ce terrible lendemain du châtiment qui arrive tous les
jours dans la vie des individus, l'histoire le montre chez

des peuples fameux et puissants dont la ruine et l'anéantissement disent leurs crimes envers les descendants d'A-
braham et les lois de l'humanité. Ils ont été punis, effacés
de la carte du monde, parce que, comme Pharaon, ils ont
maltraité nos pères et ne leur ont point permis de servir
Dieu sur la sainte montagne. Israël aussi a péché, irrité
parfois son Père, son Protecteur; il l'a cependant conservé au milieu de tous les désastres et de toutes les sanglantes persécutions de ses ennemis, « afin qu'il proclame
à tout jamais sur la terre le nom de l'Éternel. » Ne l'oublions pas! ואולם בעבור זאת העמדתיך בעבור הראתך את כחי ולמען ספר
שמי בכל הארץ.

C'est pourquoi élevons les mains vers le Très-Haut,
prions-le que le tonnerre de la guerre ne se fasse plus entendre dans le monde, que la grêle des batailles, de la
haine et de la discorde cesse, que toute la famille humaine
se réunisse sous le regard et dans l'adoration du Père commun des hommes — אמרש את כפי אל ה' הקולות יחדלון והברד לא
יהיה עוד למען תדע כי לה' הארץ; et que la voix de Jacob puisse partout retentir librement, proclamant la vérité, enseignant la
loi, annonçant le salut, chantant l'Éternel! ביום ההוא אצמיח קרן
לבית ישראל ולך אתן פתחון פה בתוכם וידעו כי אני ה'. (Ezéchiel,
XXIX, 21.)

La mission d'Israël n'est pas de bâtir des pyramides aux
souverains de Memphis et des autels au soleil d'Héliopo-
lis; mais d'élever, sur toute la surface de la terre et dans le
cœur de l'humanité, des monuments impérissables à la
vérité, des sanctuaires immortels à la lumière, qui est la
loi du Dieu-Un.

QUINZIÈME SIDRA

פ׳ בא

(Exode, X à XIII, 16)

ואתה אל תירא עבדי יעקב ואל תחת
ישראל כי הנני מושיעך מרחוק :

Les sauterelles et les ténèbres. — Institution de la fête de Pesach. — L'Agneau pascal et le pain sans levain. — Mort des premiers-nés égyptiens. — Sortie des israélites de Mizraïm. — Consécration des premiers-nés et commandements.

Pharaon reste opiniâtre, endurci dans le mal ; son beau pays n'est déjà plus qu'une ruine, qu'une immense désolation ; ses serviteurs gémissent, protestent et lui disent : « Jusqu'à quand celui-ci (Israël) sera-t-il pour nous une cause de malheur ? Laisse donc partir ces gens, afin qu'ils servent l'Éternel, leur Dieu ! Ne vois-tu donc pas encore que l'Égypte est perdue ? »

Sans doute il le voyait, le doute n'était plus possible ; il sentait bien la puissance du Seigneur et son amour pour Israël ; mais il résista encore, trouvant peut-être dans son orgueil idolâtre un plaisir cruel de dominer, de torturer un peuple appartenant à la plus grande Divinité du ciel et de la terre. Cependant, pour ne pas soulever contre lui la juste colère des Égyptiens, il fit semblant de vouloir céder, et il dit à Moïse et à Aaron : « Eh bien ! allez, servez votre Dieu ; mais quels sont ceux qui doivent partir ? » Moïse

répond : « Nos jeunes gens et nos vieillards, nos fils et
nos filles, car nous devons célébrer une fête à l'Éternel. »

En Israël chacun est pontife du Seigneur ; il n'y a ni
privilége pour les uns, ni exclusion contre les autres ; nous
tous nous sommes appelés dans le sanctuaire pour sacrifier
sur l'autel, recevoir en nous le feu céleste, les bénédictions
et les grâces de notre Dieu. Mais Pharaon, habitué à un
culte abominable où les prêtres et les castes privilégiées
sont tout et le peuple traité en paria, veut seulement permettre aux hommes d'aller remplir leurs devoirs religieux,
et retenir leurs femmes et leurs enfants. Sur le refus de
Moïse et d'Aaron, il les chassa de sa présence.

Une nouvelle et terrible plaie, celle des sauterelles, vint
ravager les champs d'Égypte et détruire tout ce que les
fléaux précédents avaient épargné. On n'avait jamais vu,
dit l'Écriture, et on ne verra jamais une pareille quantité
de ces bêtes. Pharaon fit appeler Moïse et Aaron et leur
dit : « J'ai péché envers l'Éternel et envers vous ; pardon-
nez-moi donc cette fois encore mon péché et priez pour
moi votre Dieu, afin qu'il détourne de moi *cette mort!* » Le
fléau disparut sur les supplications des envoyés du Seigneur, mais le tyran viola encore sa parole.

Un nouveau désastre visite Mizraïm : des ténèbres impénétrables enveloppent tout le pays, « mais la lumière
règne dans la demeure de tous les enfants d'Israël. » Dans
les sociétés plongées dans les ténèbres de l'erreur et des
faux cultes, *nul ne voit son frère* — לא ראו איש את אחיו, — il
n'est ni égalité, ni justice, ni fraternité ; chacun voit dans
son semblable ou un tyran ou une victime ; *nul ne peut se
lever de sa place*, — ולא קמו איש מתחתיו, — car le cœur et
l'esprit sont égarés, enchaînés à toutes les misères et toutes
les servitudes de la vie, opprimés par des lois intolérantes
et barbares. Dans les demeures d'Israël seules, dans la
rayonnante sphère de sa loi divine et de ses mœurs saintes
et pures, chacun voit un frère dans son prochain, enfant
comme lui du même Père et de la même lumière ; chacun

peut se lever de sa place la plus humble, monter vers le
ciel et arriver au sommet du Sinaï, au degré suprême de
l'échelle de Jacob; là, tout est clarté, chant et amour,
justice et fraternité pour les hommes, hymne et adoration
pour l'Eternel !

Pharaon, accablé de tant de terribles châtiments, offre à
Moïse de laisser partir les Hébreux pour servir leur Dieu ; il
veut seulement retenir leur bétail comme gage de leur retour.
Moïse lui dit : « Toi-même tu devras nous donner des sacrifices et des holocaustes que nous offrirons à l'Éternel,
notre Dieu. Nos troupeaux aussi partiront avec nous, il
n'en restera pas ici un pied ; car nous en aurons besoin
pour servir notre Dieu ; nous ne savons même pas comment
nous devons servir l'Éternel jusqu'à ce que nous soyons
arrivés à l'endroit fixé. » Tout ce que l'israélite possède
doit être à la disposition du culte divin ; il ignore ce que le
Seigneur peut demander de sacrifices à ses biens et à sa vie
pour éprouver sa foi et son amour. Pharaon apostrophe
vivement Moïse et lui dit : « Retire-toi de ma présence !
Garde-toi de revoir mon visage, car le jour où tu te présen-
teras encore devant moi, tu mourras ! »

L'oppresseur d'Israël allait être frappé par un dernier et
épouvantable fléau annoncé depuis longtemps : la mort de
tous les premiers-nés des Égyptiens. « Il sera en Mizraïm
un tel cri d'épouvante comme on n'en avait pas entendu
auparavant, comme on n'en entendra jamais. »

Israël allait donc quitter un esclavage de quatre siècles
et marcher dans la liberté et la lumière vers ses destinées
immortelles. Mais pour le constituer en peuple, pour or-
ganiser sa glorieuse nationalité, pour poser et consolider
les fondements de son avenir, Dieu lui donna un commandement religieux, une loi d'union et de fraternité à la table
du Seigneur, le sacrifice de l'agneau pascal dans toutes les
familles, le signe de la foi sur toutes les portes, le pain
azyme et les herbes amères comme souvenir du passé, com-

me sanctification du présent, comme symboles de l'avenir.

La nuit si terrible pour l'Égypte et si heureuse pour Is-raël est arrivée. Pendant que les descendants d'Abraham se relèvent de leur longue oppression et chantent des can-tiques au Très-Haut, Pharaon et tous ses serviteurs et tout son peuple poussent un immense cri de terreur, car la mort frappe dans toutes les maisons. Ils pressent les Hé-breux de partir et leur donnent volontiers leurs objets les plus précieux. Le roi sollicite seulement la bénédiction de ses victimes : il est vaincu ; ses dieux sont dans la pous-sière... Israël sort de Mizraïm armé pour tous les combats de l'avenir ; il célèbre sa Pâque et son affranchissement pour toute l'éternité.

« *Ce mois-ci sera pour vous le premier des mois, le com-mencement de l'année.* » Voilà les premiers mots de l'insti-tution pascale israélite ; car, pour l'individu comme pour les peuples, la vie réelle ne commence que par l'émanci-pation, par l'affranchissement, par la liberté. L'existence de l'esclave, de l'homme soumis à la servitude et à l'oppres-sion, n'a ni jours, ni saisons, ni sabbats, ni fêtes ; pour lui, le temps ne marche pas et le soleil ne se lève jamais. Son existence est une nuit éternelle, une solitude et un chaos où la souffrance et la mort ont éteint la lumière et brisé tous les ressorts et tous les mouvements. Ce n'est qu'à l'heure de leur délivrance que nos ancêtres ont commencé à compter le temps, les pulsations de la vie, la date de leur naissance, l'histoire de leur constitution sociale et politique. La nuit terrible de l'Égypte était l'aurore ra-dieuse de leur naissance véritable, de leur existence immortelle.

Mais il y a deux affranchissements : celui du corps et celui de l'esprit. Le premier seul n'est que la liberté de la bête dans la forêt, du sauvage dans le désert, du brigand

dans son repaire. Il ne donne ni force ni durée ; mille accidents peuvent le briser et l'anéantir. L'affranchissement
véritable, c'est la liberté morale. L'homme ou le peuple
qui l'a une fois conquise est invincible et délivré éternellement ; toutes les puissances brutales et toutes les chaînes
de la tyrannie ne peuvent plus en faire un esclave.

Pour affranchir réellement Israël, pour l'armer à tout
jamais contre la barbarie et la servitude, Dieu lui donna à
la fois, dans la nuit du 14 Nisan, la liberté matérielle et la
liberté morale. Cette dernière liberté, fondement et garantie de l'autre, a dû aussi être la première inaugurée par nos
pères : le sacrifice de l'agneau pascal, la réunion en société
spirituelle, la religion enfin a dû précéder leur sortie de
Mizraïm.

L'essence de la liberté matérielle est l'individualisme,
l'isolement, la séparation ; en un mot, l'égoïsme. Tout contact la gêne dans ses mouvements ; tout rapprochement
l'entrave et l'importune ; tout partage lui semble un amoindrissement de ses droits ; la limite qui lui est imposée,
celle de respecter la liberté d'autrui, est considérée par elle
comme un préjudice et une contrainte. Caïn était gêné
dans sa liberté par le seul homme qui habitait avec lui la
terre, et il devint fratricide pour être plus libre... La
liberté morale et spirituelle, au contraire, veut la communauté, la fusion, la fraternité des hommes sous le regard et
dans l'amour d'un Père commun. C'est un flambeau divin
qui ne se sent pas amoindri en allumant dans toutes les
âmes et tous les cœurs la lumière céleste et le feu sacré.
C'est pourquoi Dieu a fait dire à Israël:

« Chacun de vous prendra un agneau par famille, par
maison ; si la famille est trop peu nombreuse pour le consommer seule, elle se réunira à ses voisins pour avoir le
nombre nécessaire. » Voilà l'union religieuse, le lien sacré
du culte, la communauté du Seigneur. Et l'homme soumis
auparavant à la servitude et à l'oppression est devenu, par
ce sacrifice de Pâques, un pontife inviolable du Très-Haut.

La tyrannie désormais peut encore le charger de fers, mais elle ne peut plus asservir son âme ni effacer de son front la majesté de sa dignité et l'auréole de sa grandeur impérissable : *Il est sacré par l'Éternel !* קדש לה׳.

La liberté matérielle, pour exister une heure sur la terre, a besoin de l'inégalité sociale, d'hommes armés de pouvoir et d'autorité sur les autres pour la protéger et la maintenir. La liberté morale et spirituelle proclame une égalité parfaite dans le sanctuaire du Seigneur. Il n'y a là ni riches ni pauvres, ni grands ni petits, ni puissants ni faibles, mais des frères devant la vérité, des enfants devant Dieu, des âmes devant lesquelles s'ouvrent également les trésors de l'infini et les portes du ciel ! Aussi, pour inaugurer et consacrer à tout jamais cette égalité religieuse israélite, la cérémonie pascale a dû s'accomplir de la même façon chez tous les Hébreux ; tous étaient obligés de manger du pain sans levain, des herbes amères, et l'agneau préparé de la même manière ; leurs maisons devaient toutes se distinguer, non par leur splendeur et leur richesse, mais *par le signe du sacrifice*, indiquant que les habitants confessent la vérité, pratiquent la vie sainte du judaïsme, et sont prêts à donner à Dieu et à sa loi leur sang et leur vie... Et cette sainte égalité doit être une loi éternelle au milieu de nous ; et alors, quand le Seigneur passera, il verra cette marque auguste et sacrée sur la demeure d'Israël et ne permettra pas au destructeur de frapper ; et quand les peuples passeront, ils verront cette fraternité et cette félicité dans la famille israélite, et, éblouis par la vive clarté de notre sanctuaire et inspirés par ses révélations divines, ils s'écrieront, non comme les Égyptiens : « Nous allons tous mourir ! » mais : « Nous allons tous vivre de la vie immortelle ! »

Par sa liberté morale et spirituelle, l'israélite est affranchi de toutes les servitudes de la terre ; rien n'est plus capable d'enchaîner son esprit, d'affaiblir son regard, d'abaisser ses aspirations élevées, d'arrêter ses élans par

les misères et les entraves du monde. C'est pour cela qu'il
a été dit à nos pères :

« Vous le mangerez (l'agneau) ainsi : les reins ceints,
vos chaussures aux pieds et un bâton à la main ; *vous le
mangerez précipitamment.* » Le vrai israélite, attaché avec
toutes les affections de son cœur à sa famille, à ses concitoyens, à sa patrie, doit cependant être toujours prêt à
quitter tout, à abandonner l'Égypte, et toutes ses splendeurs, et toutes ses jouissances, pour suivre dans le désert
la voix de son Dieu et lui élever un tabernacle. Il ne doit
pas se laisser enchaîner par les préoccupations et les soucis
de l'existence, il ne doit pas craindre l'avenir, « il ne doit
rien réserver de l'agneau de Pâques pour le lendemain. »
S'il reste plongé dans les douceurs et les enivrements de la
vie, s'il est lié par les liens abrutissants des intérêts matériels, s'il n'a pas la force de secouer ses chaînes, de se lever, de se ceindre les reins, de prendre le bâton du voyageur, de marcher à la lumière et à la vraie liberté, sans
regarder en arrière, il est esclave à tout jamais et ne doit
point s'asseoir à la table du sacrifice pascal. Le vrai israélite, dans toutes les générations et tous les siècles, se
considère et agit comme s'il était lui-même sorti de Mizraïm. בכל דור ודור חייב אדם לראות את עצמו כאלו הוא יצא ממצרים.

Le sacrifice doit être *entier*. « Vous devez le manger
dans la même maison, vous n'en porterez rien au dehors,
vous n'en briserez pas les os ; toute la communauté d'Israël l'accomplira. »

La vérité israélite, la religion dont le Dieu-Un nous a
fait le précieux don sur le Sinaï n'accepte pas de composition de conscience ; elle veut que ses fils lui appartiennent
tout entiers, sans partage et sans division. Celui qui ne
confesse pas sa foi devant le monde, qui prétend la posséder dans son cœur, dans le secret de sa vie, qui la mutile
dans ses formes, la nie dans ses manifestations, qui ne lui
rend pas hommage dans l'assemblée de ses frères, celui-là

n'est pas sorti de l'Égypte, il est toujours dans les fers de l'esclavage... Notre fête est une *convocation sainte* — מקרא קדש, — un appel du Seigneur adressé à tous ses enfants; quiconque manque à cet appel montre qu'il est frappé d'une lèpre morale; il se déclare lui-même profane et impur. Nos devoirs envers la société, qui sont aussi des lois sacrées, ne doivent pas, ne peuvent pas nous empêcher d'accomplir nos devoirs envers Dieu. « Nul de vous ne sortira de sa maison jusqu'au matin » ואתם לא תצאו איש מפתח ביתו עד בקר : aucune affaire du monde, aucune préoccupation de la vie ne doit nous troubler dans nos heures de recueillement, dans nos cérémonies saintes, dans l'exercice de notre divin pontificat, dans la méditation de nos vivifiants et augustes souvenirs, dans l'élévation de notre cœur et de notre âme vers le Seigneur !

Soyons sûrs que cet attachement public à nos croyances, loin de nous aliéner le respect et la sympathie des peuples, nous assurera, comme à nos pères, la grâce des Égyptiens, la bienveillance et l'amour de nos concitoyens, surtout leur confiance. Des hommes qu'on voit intègres envers Dieu ne sauraient être perfides envers les hommes. Le déserteur, l'apostat en religion seul est capable de toutes les trahisons sociales.

Voyons à quelle grandeur, à quelle splendide dignité, nos ancêtres, esclaves encore la veille, étaient élevés le lendemain après le sacrifice pascal, après leur constitution en communauté israélite : « En ce jour, toutes les légions de l'Éternel sortirent du pays de Mizraïm. » Les parias de l'Égypte étaient soudain transformés en *légions de l'Éternel !* soldats de la vérité, marchant et combattant désormais sous le drapeau de l'honneur divin et du salut éternel.

C'est pourquoi « cette nuit de Pesach est une nuit d'*observation* — ליל שמורים — pour tous les enfants d'Israël, à tout jamais. » C'est là que nous célébrons éternellement notre délivrance de la servitude, de l'oppression, des bas-

sesses et des hontes de la vie, en nous réunissant autour
de la sainte table, en communauté du Seigneur, en famille
spirituelle, en enfants du Très-Haut. Là toutes les chaînes
tombent, toutes les barrières se lèvent, toutes les haines s'é-
vanouissent, toutes les portes s'ouvrent, et la voix d'Israël
dit à l'humanité tout entière : « Que celui qui a faim vienne
manger ; que celui qui est dans le besoin vienne célébrer la
Pâque avec nous ! »

Chaque fois que nous exerçons la charité israélite envers
nos frères, afin que nul cœur ne manque dans la joie de nos
fêtes ; chaque fois que les légions du Seigneur se rendent
à l'appel de leur religion, et que nul n'est absent des rangs
de la communauté, nous sortons de Mizraïm et nous devenons libres ! Aussi, quand votre fils demandera : — Comment pouvons-nous exister pendant de si longs siècles,
malgré tant de sanglantes persécutions dans les temps anciens, malgré tant de causes de déchirement et de décom-
position dans les temps modernes ? Répondez-lui : —
בעבור זה עשה ח' לי בצאתי ממצרים C'est pour ces vertus de la
charité israélite, pour cet inébranlable attachement à Dieu
et à sa loi, pour ces mœurs antiques et saintes de la famille
de Juda, qui sont le vrai progrès et la vraie civilisation,
pour ce touchant culte domestique qui transforme toute
demeure israélite en sanctuaire du Très-Haut ; c'est pour
les lumières que nous allumons dans notre maison et dans
notre âme, pour le vin que nous sanctifions avec toutes les
jouissances de la vie, et surtout pour le pain que nous dis-
tribuons, que le Seigneur fait en notre faveur tant de
miracles, nous protége si visiblement, nous fortifie et nous
élève au milieu de toutes les barbaries, nous fait sortir de
Mizraïm tous les jours de notre existence !...:

Que ces vérités soient donc à tout jamais *un signe sur
notre main, un souvenir devant nos yeux* — והיה לך לאות על
ידיך ולזכרון בין עיניך, —et que la loi de l'Éternel soit constamment dans notre bouche — למען תהיה תורת ח' בפיך , dans
notre parole et dans nos actions. Et de même que c'est par

« une main puissante » ביד חזקה — que Dieu nous a tirés
de l'Égypte, de même employons la force, toute l'énergie et
toute la vigueur de notre âme pour nous délivrer nous-
mêmes de notre propre esclavage, de notre propre servitude, pour briser les liens honteux qui nous étouffent et
empêchent notre esprit de s'élever à la sanctification et à la
lumière. Avec le sacrifice de Pesach, faisons le sacrifice de
tout ce qui est contraire à la dignité, à la grandeur, à la
gloire de l'israélite, de tout ce qui nous arrête dans notre
élan vers le véritable bien, de tout ce qui trouble notre
cœur, obscurcit ou éteint le divin flambeau qui nous éclaire,
nous réchauffe et marche devant nous depuis Mizraïm...
Sacrifions à l'Éternel toutes les pensées dégradantes, toutes
les passions indignes — בכור בהמה, — et élevons nos enfants dans la pureté, la clarté et le salut de notre religion
וכל בכור בני אפדה. Faisons pour nous-mêmes ce que Dieu a
fait pour nos pères, et affranchissons-nous ! כי בחזק יד הוציאנו
ח' ממצרים.

Qu'elle est belle et glorieuse la religion d'Israël ! Sa première loi est une fête, sa première manifestation une hymne
de la liberté, sa première cérémonie élève ses enfants à la
plus haute et plus auguste dignité, celle de pontife du Seigneur ; et les symboles de cette fête—l'agneau pascal et le
pain du pauvre — nous enseignent le sacrifice pour nous-
mêmes, l'amour et la charité pour nos semblables !...

SEIZIÈME SIDRA·

פ' בְּשַׁלַח

(Exode, XIII, 17, à XVII)

———

אנכי לה' אנכי אשירה ·
אזמר לה' אלהי ישראל ׃

La marche d'Israël. — La colonne de feu. — Passage de la mer Rouge.—
Destruction de l'armée égyptienne. — Chant de triomphe. — Epreuves
dans le désert. — La manne. — Attaque d'Amalec. — Édification d'un
autel de souvenir.

> Quand Israël sortit de Mizraïm,
> La maison de Jacob du milieu des barbares,
> Juda devint le sanctuaire du Seigneur,
> Israël son royaume;
> La mer le vit et s'enfuit,
> Le Jourdain retourna en arrière.

Le drame d'Égypte devait avoir un épilogue immortel.
Pharaon, au milieu des larmes et du deuil de son peuple,
en présence de milliers de convois funèbres conduisant les
premiers-nés, le bonheur des familles et l'espérance du
pays à la tombe; sentant encore la main de la mort frapper
dans sa propre maison, et entendant les cris de désespoir
élever vers le ciel leur lamentable concert, Pharaon re-
grettait déjà d'avoir laissé partir les Hébreux! Il voulait
les ramener à l'esclavage, eux qui, par le sacrifice de
l'agneau pascal, par la réunion en communauté sainte dans
la nuit du 14 Nisan, étaient devenus libres à tout jamais,
un peuple de pontifes du Très-Haut!

Cependant les israélites étaient sortis armés de Mizraïm, armés de la protection visible et des promesses magnifiques de l'Éternel, fortifiés par l'épreuve et par la foi, emportant les richesses, les bénédictions de l'Égypte, et les ossements de Joseph, véritable drapeau d'honneur, d'héroïsme et de gloire; guidés par Moïse, le prince, le pontife, le soldat du Seigneur, et Dieu marchant devant eux, le jour dans une colonne de nuée, et la nuit dans une colonne de feu. Comment Pharaon osa-t-il s'attaquer de nouveau à tant de force et à tant de puissance?

Dieu marche toujours devant nos tribus, et nos persécuteurs ne l'aperçoivent point. Seulement, *pendant le jour*, lorsque brille sur notre tête le soleil de la prospérité, de la liberté, du bonheur, alors nous oublions parfois nousmêmes le divin Guide qui nous conduit et nous éclaire, ou nous ne le remarquons que faiblement à travers un nuage; mais, *pendant la nuit*, quand le malheur et la persécution nous atteignent, oh! alors Dieu devient pour nous une colonne de feu et la religion une lumière splendide qui illuminent notre âme et font rayonner d'un éclat immortel notre fidélité dans la croyance et notre héroïsme dans le martyre.... Non, jamais la divine colonne de feu ne cesse de marcher devant Israël et d'éclairer sa route : peuples et rois, soyez-en convaincus; israélites, ne l'oublions pas!

לא ימיש עמוד הענן יומם ועמוד האש לילה לפני העם.

Pharaon, à la tête d'une armée formidable, d'un peuple furieux ne respirant que pillage et mort, poursuivit les Hébreux pour les replonger dans l'esclavage. Les malheureux, frappés de terreur en voyant derrière eux les épées d'innombrables ennemis jetant des reflets sinistres sur les sables du désert, le bruit lugubre des chariots de guerre qui faisaient trembler le sol, et tous les appareils de destruction inventés par le génie du mal, tandis que devant eux la mer Rouge fermait tout chemin à la fuite et au salut; les malheureux Hébreux poussèrent des cris de détresse, apo-

strophèrent Moïse par ces paroles d'ingratitude et de désespoir : « N'y avait-il donc pas de tombeau en Égypte pour
que tu nous amenasses périr dans le désert ? Que nous as-
tu fait là en nous faisant sortir de Mizraïm ! Ne te disions-
nous pas : Laisse-nous ! nous servirons les Égyptiens ;
car cela vaut mieux que mourir dans le désert. »

On pardonnera ce cruel langage à des infortunés livrés
à toutes les angoisses, quand on voit des hommes libres et
heureux penser, parler et agir d'après ce même langage.
Ils s'enchaînent eux-mêmes à toutes les servitudes de la
terre, bâtissent péniblement des Pithom et des Ramsès,
construisent à la sueur de leur front les pyramides de leur
orgueil et les obélisques de leur cupidité, s'attèlent en
esclaves au char de toute idole d'or et d'argent, tandis
qu'ils considèrent l'existence simple et modeste, la vie
pure et sainte, la vraie liberté et la vraie richesse comme
un *désert* où ils ne veulent pas s'enterrer, mais où cependant Dieu marche devant eux en colonne de feu, fait descendre dans leur cœur et leur âme la manne spirituelle et
tous les trésors du ciel, les porte sur des ailes d'aigle
sur toutes les splendides hauteurs où rayonne le soleil, et
les élève au-dessus de toutes les misères et toutes les
grandeurs humaines... Mais eux disent : Il nous vaut mieux
servir Mizraïm !

Moïse répond : « Ne craignez rien ; restez calmes, et
vous verrez le secours de l'Éternel... Le Seigneur combattra pour vous, mais vous, gardez le silence ! »

Que ceux qui ne veulent pas agir et combattre, qui
aiment mieux la quiétude et l'égoïsme de l'inaction que
les dangers et les sacrifices de la lutte, quand il s'agit de
l'avenir et du salut de leurs frères, se taisent au moins et
ne découragent pas les soldats et les sauveurs de leur
peuple !...

Le Seigneur combattra pour vous, mais n'entravez pas
son action par vos clameurs et ne vous en rendez pas indignes par vos protestations. Il n'est pas besoin de paroles

pour être frappé de la protection divine infaillible, entourant à tout jamais Israël comme d'un rempart d'airain in-
franchissable. « Restez debout et vous verrez le secours de
l'Éternel » התיצבו וראו את ישועת ח'. Vous n'avez qu'à ouvrir
les yeux pour voir, dans tous les siècles et au sein de
toutes les persécutions, comment Israël est resté debout,
au milieu de tous les piéges, tous les tombeaux et tous les
abîmes, parce que Dieu ne permet pas qu'il tombe et qu'il
meure.

———

Un miracle immortel va s'opérer.

Le Seigneur dit à Moïse d'élever son bâton et d'étendre
sa main vers la mer qui va se diviser pour laisser une
route ferme et sûre au passage de son peuple. Puis, l'ange
de Dieu qui marchait devant le camp des Hébreux se plaça
derrière eux, ainsi que la colonne de nuée qui les précé-
dait; de sorte que les Égyptiens ne purent approcher toute
la nuit d'Israël, enveloppé comme d'un voile impénétrable.
En même temps, un vent d'orient impétueux souffla pendant la nuit et mit la mer à sec. Les israélites passèrent
sains et saufs, tandis que l'armée égyptienne, qui les poursuivit, fut engloutie sous les flots; pas un soldat ne sur-
vécut.

Mille et mille fois on s'est efforcé de trouver une explication naturelle au prodige de la mer Rouge. On a surtout
parlé de flux et de reflux, phénomène qui produit périodiquement la retraite des eaux et leur retour. Ici cette explication n'est pas admissible; les Égyptiens, habitants du
pays, eussent connu certainement ce phénomène s'il existait, et ils ne se seraient pas engagés dans le lit de la mer
à l'heure du retour des eaux, qui pouvait être exactement
calculée à l'avance. Ensuite, d'après le texte de l'Écriture,
les eaux ne s'étaient point retirées, mais elles s'élevèrent
comme une muraille à droite et à gauche des légions d'Is-

raël ; la mer s'était *divisée*, non retirée. D'autres faits miraculeux précédèrent d'ailleurs le passage de la mer Rouge, faits qui méritent certainement autant de croyance que ce passage lui-même. Le camp des Égyptiens fut jeté, à l'aube du jour, dans une confusion profonde ; les chars de bataille perdirent leurs roues et se traînèrent péniblement. Le miracle était si visible, que l'armée de Pharaon s'écria avec épouvante : « Fuyons devant Israël, car le Seigneur combat pour eux contre Mizraïm ! » Et « Israël vit la main puissante avec laquelle l'Éternel avait frappé l'Égypte, et le peuple craignit Dieu, crut en lui et en Moïse, son serviteur. » Les spectateurs, les témoins oculaires de cette journée merveilleuse, amis et ennemis, étaient convaincus, pénétrés du miracle ; comment pourrions-nous en douter ?

Puisse Israël croire éternellement en Dieu et en Moïse, son serviteur, non-seulement quand des pays barbares sont frappés pour les crimes qu'ils commettent envers nos tribus, mais quand les peuples tolérants et justes sont bénis à cause de nous et du respect qu'ils témoignent pour nos personnes et nos croyances, nos droits sur la terre et nos destinées dans le ciel. Sur les bords de la mer Rouge et sur tous les immenses champs mortuaires de tant de nations disparues pour leurs fautes, la résurrection se fera le jour où Israël pourra croire et proclamer librement son Dieu, lui chanter un cantique dans le concert de l'humanité réconciliée et unie en famille de frères !

Et Moïse et les enfants d'Israël entonnèrent un cantique sublime à l'Éternel. Voilà comment se manifestent la joie, le bonheur, le triomphe du vrai fils de Juda : par une élévation vers le Seigneur et une action de grâces au ciel. Dans cet immortel poëme retentissant sur la mer Rouge, il y a quatre grandes pensées, fondements et trésors du judaïsme : *Dieu, Israël, le Temple, le Messie.*

1° עזי וזמרת יה « Ma force, mon chant, c'est le Seigneur. »
Toute la puissance de l'Égypte, ses richesses, ses splendeurs, ses arts, ses temples, toutes les grandeurs de
l'homme et toutes les merveilles de ses créations sont pé-
rissables et ne méritent aucun culte, aucune adoration.
Dieu seul est la vraie force et la vraie victoire, et c'est à
lui seul que nous devons notre chant, nos hymnes, nos
pensées et nos prières, notre respect, notre amour, nos
espérances. « C'est notre Dieu qu'il faut glorifier, le Dieu
de nos pères qu'il faut exalter. » זה אלי ואנוהו אלהי אבי וארממנהו.

2° נחית בחסדך עם זו גאלת « Tu conduis par ta grâce le peuple que tu as délivré; tu le conduis par ta puissance à ta
demeure sainte. » La main du Très-Haut conduit et protége Israël à travers tous les déserts, tous les espaces et
tous les temps, pour l'amener à son sanctuaire, pour répandre sur le passage du peuple-pontife sa vérité, sa lumière,
son salut. « Dieu a délivré Israël. » Quelle nation barbare,
quel prince despote, quelle idole humaine pourrait l'enchaîner de nouveau, sans s'exposer au sort de Pharaon, à
l'exécration de l'avenir, à la malédiction éternelle?

3° תבאמו ותטעמו בהר נחלתך « Tu l'amèneras, tu le planteras
sur la montagne de ton héritage, au lieu que tu t'es préparé, ô Éternel! pour ta résidence, au sanctuaire que tes
mains ont élevé, ô Seigneur! » Jérusalem et le Temple,
voilà l'objet de l'infini amour de Dieu, sa chère pensée,
l'immortel souvenir du passé, la rayonnante espérance de
l'avenir. Le sanctuaire sur la terre correspond au sanctuaire dans le ciel, et l'homme qui célèbre ici-bas le culte
divin s'élève à la ressemblance de Dieu! Maison du Père
céleste, où tous ses enfants se réuniront un jour en famille,
le Temple de Jérusalem fera descendre le feu sacré et le
pain de vie dans le cœur et l'esprit de toute l'humanité. Et
Israël, qui déjà aujourd'hui, au milieu d'illustres nations,
ne chante plus les cantiques de Sion *sur une terre étrangère,*
mais sur un sol où règnent le droit, la justice et la liberté;
Israël, en lévite du Seigneur, fera les honneurs de la de-

meure sainte, en ouvrira larges les portes, et dira à toutes les races humaines : Entrez !

4° ח' יִמְלֹךְ לְעֹלָם וָעֶד « L'Éternel régnera à tout jamais. » Quand les temps seront accomplis et que le Messie, le Prince de la paix, paraîtra sur la terre, le Dieu—Un régnera parmi les hommes, qui, renonçant à toute idolâtrie, à toute erreur et toute superstition dégradante, ne reconnaissant d'autre supériorité parmi les mortels que celle de la vertu, du mérite, du pouvoir légal conféré par une loi juste et équitable ; les hommes établiront au milieu d'eux une égalité parfaite, une concorde et une alliance éternelles, un royaume de justice, d'amour, de sainteté et de lumière sur lequel le Seigneur régnera à tout jamais !

« Et Myriam, la prophétesse, sœur d'Aaron [1], prit un tambourin à la main, et toutes les femmes la suivirent avec des tambourins et des danses. Myriam leur dit : —Chantez l'Éternel, qui a fait éclater sa gloire : le coursier et le cavalier, il les a précipités dans la mer. »

En Israël, les femmes n'ont jamais été des esclaves d'Orient, des prisonnières de harem, bannies de la société des hommes et de toute vie morale et sociale. Elles ont toujours pris part aux joies et aux douleurs de leurs frères, ont combattu et triomphé avec eux, ont partagé leurs tra-

[1] Les commentateurs cherchent à expliquer cette désignation de Myriam comme sœur d'Aaron et non de Moïse. Peut-être l'Écriture sainte, ne mentionnant pas Aaron dans tout ce glorieux chapitre de la sortie de Mizraïm, à laquelle il avait cependant pris une part active, voulait-elle saisir l'occasion du cantique de sa sœur pour citer son nom. Mais ce qui nous paraît plus fondé, c'est que l'Écriture, en désignant ici Myriam comme *prophétesse*, veut rappeler qu'elle avait comme son frère Aaron, qui était également un *nabi*, un orateur, adjoint comme tel à Moïse dans sa mission auprès de Pharaon (Exode, IV, 14, 16; VII, 1), le don de l'éloquence et de la poésie sacrée ; c'est pourquoi elle prit l'initiative de réunir les femmes pour exécuter un cantique en l'honneur de Dieu.

vaux, leurs progrès, leurs succès. Elles ont l'âme noble et
vaillante, et comprennent toute grande chose et toute belle
action. Elles sont l'ornement de notre temple, la joie de
notre maison, l'orgueil et la bénédiction de notre société.
Animées de saintes vertus et de sublime piété, les femmes
d'Israël disent éternellement à leurs compagnes, à leurs
enfants et à leurs familles : שִׁירוּ לַה׳ « Chantez l'Éternel ! »

————————

Les israélites, quittant la mer Rouge, s'engagent dans
le désert, un océan de sable de feu, où bien des privations
et des épreuves les attendent. Ils sont tourmentés par les
ardeurs épouvantables du soleil d'Arabie, par la soif et la
faim, et toutes les cruelles souffrances d'une terre aride,
calcinée, sans végétation, sans arbres, sans route, sans
vie. Est-il étonnant alors que leur courage ait faibli parfois et que, abîmés dans les douleurs du présent, ils aient
de temps en temps oublié leur bonheur à venir ? Il y a
soixante ans, une célèbre armée occidentale, commandée
par le plus grand capitaine des temps modernes, pourvue
de toutes les ressources matérielles et morales, campa et
combattit dans les plaines de l'Égypte et à l'entrée du désert, non pendant quarante ans, mais seulement pendant
quelques mois ; et cette armée, composée d'hommes jeunes
et vigoureux, succomba sous le souffle meurtrier du climat,
malgré la sévère discipline et l'honneur militaire, et tous
les encouragements moraux, et toutes les promesses de la
gloire. Comment les Hébreux avec leurs femmes, leurs
enfants et leurs vieillards, toutes leurs faiblesses et toutes
leurs misères, auraient-ils pu résister à l'atmosphère dévo-
rante qui les entourait comme les flammes d'une fournaise?
Mais Israël a dû, d'après les décrets du ciel, apprendre à
souffrir et à lutter, à se priver de toutes les jouissances
matérielles, presque de tous les besoins de la vie, à vivre
sans pain et en dehors de toutes les conditions ordinaires

de l'existence humaine ; il a dû s'affermir et s'aguerrir, se
préparer au grand et terrible pèlerinage à travers les siècles, à tous les combats, tous les martyres et tous les
triomphes de l'avenir... Ce ne sont pas quarante siècles,
mais l'immortalité qui allait le contempler !

Cependant, comme une mère pleine d'inquiète sollicitude et d'amour pour ses enfants, la divine Providence, au
milieu de la désolation du désert, procura à Israël ce dont
il avait besoin ; les eaux amères de Mara s'adoucirent et
une nourriture agréable tomba du ciel. Pour fortifier nos
pères encore davantage contre les défaillances que les
épreuves pouvaient produire, il leur donna, à Mara déjà,
des lois et des commandements — שם שם לו חוק ומשפט —,
qui élèvent l'homme au-dessus de toutes les faiblesses
terrestres, et il leur dit : « Si vous écoutez la voix de l'Éternel votre Dieu, si vous faites ce qui est bien à ses yeux, si
vous obéissez à ses commandements et observez ses or-
donnances, aucune des maladies dont j'ai frappé Mizraïm
ne vous atteindra ; car moi, l'Éternel, je vous guéris. »
La religion et ses saintes pratiques nous affranchissent,
même dans notre existence physique, de bien des souffrances, des douleurs du corps et de l'âme, produites souvent par des abus matériels qui sont une violation de la
loi religieuse de pureté et de sanctification, par des inquiétudes et des désespoirs qui sont un péché contre la confiance due au Seigneur.

Cette confiance dans le secours et l'amour infini du
Très-Haut, nos pères durent l'apprendre et s'en pénétrer
profondément en recevant tous les matins la manne pour
leurs besoins de la journée, mais dont ils ne purent rien
conserver pour le lendemain. Un commentateur dit :
« Chose merveilleuse, de même que chez la manne,
Dieu, encore aujourd'hui, fait comme pleuvoir du ciel son
pain quotidien au négociant, à l'agriculteur, à l'artisan,
selon le nombre de têtes que chacun a dans sa maison,

quand souvent il ne sait la veille, comme Israël dans le
désert, où trouver ce pain le lendemain. Mais il faut *que
chacun sorte et cherche* ce dont il a besoin, comme tout
israélite dans le désert; quiconque est trop paresseux pour
travailler, ou qui n'est pas actif en temps utile, à l'heure
propice, ne trouvera plus la nourriture céleste, en quelque
quantité et quelque bon matin que Dieu l'ait envoyée. Celui
qui arriva trop tard ne trouva plus de manne, qui se fondait
quand le soleil s'échauffait. Mais à l'activité il faut joindre
la sobriété et la simplicité dans la jouissance, afin que l'appétit sensuel ne désire pas toujours les pots-au-feu égyptiens; alors le nécessaire et la santé ne feront jamais défaut, comme chez la manne simple et mesurée du désert. Et
si on ne se laisse pas dominer par l'avarice jusqu'à ne pas
employer à sa conservation et à son bien-être ce qu'on a
acquis, et qu'on ne cherche pas à amasser sans cesse par
la crainte de l'avenir, de sorte que le bien se corrompt
comme chez les hommes sans foi (verset 20); mais que,
confiant dans le Père qui nourrit ses enfants, aujourd'hui
et à tout jamais, on s'accorde, à soi et aux siens, le nécessaire et en distribue à ceux qui ont faim et qui souffrent,
comme tout israélite dans le désert abandonna son superflu
à son prochain (verset 18); si enfin, comme Israël (verset 30); après avoir recueilli pour les besoins de son corps,
on se réserve les heures du sabbath et des fêtes pour son
âme, pour recueillir autant de pieuses pensées et de sentiments élevés qu'il en faut pour sa vie spirituelle, alors
on appartient au nombre des bienheureux et on jouira
d'une félicité éternelle. »

Le sixième jour, chacun, en venant à la maison, trouva
que sa récolte était double; alors Moïse, consulté à ce
sujet par les chefs des tribus, leur dit : « C'est demain le
repos, le saint jour du sabbath; préparez aujourd'hui votre
nourriture pour demain; » et le lendemain, il dit encore :

« C'est aujourd'hui sabbath, consacré à l'Éternel ; aujour-d'hui vous ne trouverez rien dans les champs. »

Cependant quelques hommes du peuple sortirent pour recueillir, mais ils ne trouvèrent rien ; alors le Seigneur dit à Moïse : « Jusqu'à quand vous refuserez-vous à ob-server mes commandements et mes lois ? Voyez : l'Éternel vous a donné le jour du repos, c'est pourquoi il vous donne, le sixième jour, du pain pour deux jours ; que chacun reste donc chez lui et ne sorte point le septième jour. »

Pourquoi n'avons-nous pas toujours la force d'observer et de sanctifier le sabbath, de ne pas le profaner par les affaires et les préoccupations de la vie, en pensant que Dieu, pour récompenser notre obéissance à sa loi, nous donne le sixième jour une double mesure de pain, et nous accorde certainement pour le sacrifice du sabbath une cé-leste compensation en bonheur, en bénédictions, en tré-sors infinis ! Et ce qu'on trouve le sabbath, par la transgres-sion d'un commandement sacré et auguste, n'est-il pas souvent moins que rien, chargé de la colère et de la puni-tion du ciel ! « Que nul ne sorte de son endroit le sabbath », dit la voix divine ; et cet endroit, c'est le temple du Sei-gneur, l'assemblée des fidèles, le foyer domestique et le saint culte au milieu de la famille. « Mangez aujourd'hui ce que Dieu vous a donné hier », il peut vous en donner encore, il vous donnera certainement le centuple de ce que vous lui sacrifiez ! Vous verrez alors si l'Éternel est au milieu de nous ou non, חדש ח׳ בקרבנו אם אין.

« Et Amalec vint et combattit contre Israël à Raphidim. Alors Moïse dit à Josué : — Choisis des hommes, sors et combats Amalec ; demain je serai debout au sommet de la montagne, le bâton divin à la main. Josué fit comme Moïse lui avait ordonné et offrit la bataille à Amalec, tandis que Moïse, Aaron et Hur montèrent au sommet de la montagne.

Il arriva lorsque Moïse élevait la main, Israël triomphait ; mais lorsqu'il abaissait la main, Amalec l'emportait. »

Il en est toujours ainsi : quand Israël élève sa main et son cœur vers Dieu, quand son regard et son âme sont tournés vers son Gardien et son Protecteur, alors ses ennemis ne peuvent rien contre lui. Et aussi si nous ne laissons pas tomber la main ; si, tout en espérant et en attendant le secours du Très-Haut, nous agissons, nous repoussons l'agression, nous travaillons avec toute la force et l'énergie de notre esprit, non dans un but d'intérêt personnel, de vanité ou de renommée, mais sincèrement, en vue de Dieu et de sa gloire, d'Israël et de son honneur — ויהי ידיו אמונה ; — si, en un mot, « Dieu et sa loi sont notre bannière » — ה' נסי, — alors nos efforts seront bénis, notre courage récompensé, et nous sortirons victorieux des plus terribles luttes.

Amalec, ayant attaqué lâchement nos pères lorsqu'ils étaient faibles, abattus, découragés par toutes les indicibles souffrances du désert, est voué par la justice suprême à l'exécration éternelle, comme tous nos persécuteurs qui ne respectent pas en nous notre faiblesse et notre dispersion sur la terre. כן יאבדו כל איביך ה' ואהביו כצאת השמש בגברתו — « Ainsi périssent tous vos ennemis, ô Seigneur ! mais que ceux qui vous aiment resplendissent comme le soleil dans son puissant éclat ! »

DIX-SEPTIÈME SIDRA

פִּ' יִתְרוֹ

(Exode, XVIII à XX)

כִּי אֶת הַמֶּלֶךְ ח' צבאות
ראו עיני :

Visite de Jéthro dans le camp de Moïse. — Son conseil ; organisation judiciaire. — Révélation divine sur le Sinaï. — Les dix commandements. — Impression profonde sur le peuple.

Un charmant épisode vint mettre en mouvement et réjouir le camp des Hébreux.

Jéthro ayant appris tous les miracles que Dieu avait faits en faveur de Moïse et d'Israël, se rendit, avec Séphora et ses deux fils Gerson et Éliézer, qui se trouvaient chez lui en Midian, auprès de Moïse, dans le désert, près de la montagne du Seigneur.

Moïse alla à la rencontre de son beau-père et de sa chère famille et les amena sous sa tente ; puis il leur raconta comment Dieu avait châtié Pharaon et Mizraïm à cause d'Israël, et toutes les tribulations qui les avaient assaillis eux-mêmes en route, et comment le Très-Haut les avait secourus.

Alors Jéthro manifesta sa joie et dit : « Loué soit l'Éternel qui vous a sauvés de la main des Égyptiens et de la main de Pharaon, et qui a délivré son peuple du joug de Mizraïm. Maintenant je reconnais que l'Éternel est plus

12

grand que tous les dieux, puisqu'il a puni les méchants selon leur crime. »

L'homme se venge et punit, sans pouvoir, souvent sans vouloir conserver une juste mesure et dire à ses coups : Jusqu'ici et pas plus loin ! La violence de son ressentiment, sa vue courte et son impuissance l'empêchent de proportionner exactement le châtiment à l'expiation, et de choisir l'heure, les moyens, les circonstances pour rendre cette expiation d'une équité parfaite. Même le législateur et le juge, affranchis des passions, des sentiments arbitraires et d'une partie de l'impuissance de l'homme privé, sont loin de pouvoir prononcer une sentence infaillible et de frapper avec une justice rigoureuse. Dieu seul peut et veut juger et punir dans la mesure exacte de la faute ; lui seul connaît les maux, les douleurs et les conséquences produits par le crime, comme aussi la pensée qui l'a fait naître, et il sait imprimer à la punition, à la réparation, des douleurs et des conséquences analogues. Ainsi Dieu a fait engloutir par la mer Rouge les Égyptiens qui, à leur tour, avaient noyé les enfants israélites dans le Nil ; toutes les plaies tombées sur Mizraïm, dit la tradition, étaient conformes aux diverses tortures que Pharaon avait fait subir aux Hébreux — מידה כנגד מידה. C'est pourquoi Jéthro s'écrie : « Maintenant je reconnais que l'Éternel est le plus grand des dieux, puisqu'il a châtié les Égyptiens par les mêmes choses avec lesquelles ils avaient exercé leur tyrannie » כי בדבר אשר זדו זדו עליהם.

Et le prêtre de Midian, le ministre d'un faux culte, offrit des sacrifices au Dieu de Moïse : il était converti à la vérité et à la lumière. Puis, Aaron et les anciens d'Israël vinrent manger avec lui le pain devant le Seigneur. Voilà comment la famille israélite se réunit à ses repas et à ses festins : elle mange *devant le Seigneur*, avec des pensées saintes dans le cœur et des actions de grâces sur les lèvres. Les tables d'Israël sont des autels sacrés ; sa nourri-

ture un sacrifice, et sa joie un encens pur envoyé au ciel!
Les toasts qu'il porte et les chants qu'il chante sont des
hymnes au Très-Haut et sa glorification.

Le lendemain, Jéthro assista à une audience judiciaire
de Moïse. Frappé de l'immensité de la tâche, voyant le juge
occupé du matin au soir à recevoir les réclamations du
peuple qui l'assiégeait, à rendre justice, à faire connaître
aux parties « les commandements de Dieu et ses enseignements », Jéthro lui conseilla de se décharger d'une partie
de son fardeau, de choisir « des hommes intègres, craignant Dieu, aimant la vérité, des hommes incorruptibles »,
pour l'aider dans l'administration de la justice.

Telles sont les qualités qu'Israël doit chercher dans ses
chefs et guides : non la richesse, le nom sonore, la position élevée, la dignité sociale, mais des hommes intègres,
craignant Dieu et pratiquant son culte, aimant la vérité et
la religion qui en est la source et le foyer ; des hommes
haïssant le lucre, l'intérêt personnel, l'ambition, la flatte-
rie et le mensonge ; des hommes bienveillants, modestes,
accessibles au pauvre comme au riche, à toutes les heures
— וישפטו את העם בכל עת ; — et alors, avec de tels chefs et de
tels guides, la prospérité de la communauté, ses progrès,
son élévation, sa paix et son avenir sont assurés à jamais.
וגם כל העם הזה על מקומו יבא בשלום.

Nous arrivons à la plus grande et plus merveilleuse page
de notre histoire, au plus brillant et plus auguste monument de notre religion, à l'apparition de Dieu sur le Sinaï,
aux paroles divines de l'Alliance, aux Dix commandements.

Le jour était arrivé où Dieu voulait donner à Israël sa
consécration sacerdotale éternelle, faire éclater sur la terre

une lumière et une vie impérissables, et asseoir le monde
moral et spirituel sur des fondements indestructibles.

Le Seigneur appela Moïse du haut de la montagne, et
lui dit :

« Voici ce que tu diras à la maison de Jacob, et ce que
« tu annonceras aux enfants d'Israël :

« Vous avez vu ce que j'ai fait aux Égyptiens ; je vous
« ai portés sur des ailes d'aigle, et je vous ai amenés à
« moi.

« Si donc vous obéissez à ma voix et gardez mon al-
« liance, vous serez pour moi un bien de prédilection entre
« tous les peuples. Toute la terre m'appartient ;

« Mais vous serez pour moi un royaume de pontifes et
« un peuple saint. »

Nous devons obéir au Seigneur déjà par reconnaissance,
en nous rappelant les miracles qu'il a accomplis pour nous
sauver de Mizraïm ; ce n'est ni la peur ni la violence morale ou matérielle qui nous doivent approcher du Sinaï,
mais le souvenir des bienfaits de Dieu, notre attachement
et notre amour. C'est sur des ailes d'aigle, dans notre
liberté, notre dignité et notre élévation, que le Très-Haut
nous porte sur les hauteurs lumineuses de la vérité et du
salut, non par la contrainte et la force brutale. Ce n'est
pas par les terreurs des châtiments, par les malédictions
de l'avenir, que nous devons ouvrir le sanctuaire d'Israël,
mais par le souvenir du passé, par la pensée de la tendresse et de la protection paternelle du Seigneur.

La voix divine semble dire encore à nos pères : Vous
êtes maintenant dans le désert, livrés à des privations et
à des souffrances ; vous vous trouverez souvent, pendant
de longs siècles, dans d'affreux déserts, exposés à toutes
les misères et toutes les douleurs, au milieu de pays et de
peuples florissants... ; mais rappelez-vous ce que j'ai fait
aux Égyptiens en changeant, à cause de vous, leur brillant
empire en une vaste et funèbre désolation, et soyez con-

vainous que j'agirai de même envers toutes les nations qui, dans la suite des temps, vous maltraiteront et vous persécuteront. Si, sur toute cette terre qui m'appartient, vous ne possédez pas un coin qui soit à vous, n'oubliez pas que vous êtes mon bien de prédilection, *un royaume de pontifes*, s'étendant sur tous les espaces, tous les peuples, tous les siècles : quelle est la nation, quelque puissante et illustre qu'elle soit par l'étendue de ses possessions et le nombre de ses trésors, qui puisse se comparer au peuple du Seigneur, debout, immortel, au-dessus des âges et des mondes qu'il domine, et à son royaume de pontifes ?

Mais la condition de cette divine élection, de ces destinées splendides, de ce vol rayonnant sur des ailes d'aigle vers l'avenir et la gloire, c'est « d'obéir à la voix de l'Éternel et de garder son alliance ». Aussi tout Israël, pénétré, illuminé de cette grande et inviolable vérité, s'écria-t-il comme un seul homme : « Tout ce que l'Éternel a dit, nous le ferons ! » Et cet engagement solennel de nos pères au pied du Sinaï, nous devons le remplir à tout jamais comme la plus sacrée des dettes, « car ce n'est pas avec eux seuls que le Seigneur a contracté une alliance sur l'Horeb, mais avec nous tous qui vivons encore aujourd'hui. » (Deutéronome, V, 3.)

Israël se prépare et se sanctifie pour le grand jour, tandis que Moïse élève, au pied de la montagne, un autel et douze pierres pour les douze tribus d'Israël, et que les jeunes gens, les premiers-nés, offrent à l'Éternel des sacrifices et le culte pur de leur âme. Tout attend, prie, adore et espère...; alors, à l'aube du troisième jour, le Sinaï est enveloppé de tous les feux du ciel, des éclairs jaillissent de la nue et plongent la terre dans un océan de lumière, le tonnerre gronde, les sons puissants de la trompette céleste retentissent, le monde tremble et la nature arrête ses battements, et, ô mystère et prodige sublime ! au milieu de cette scène grandiose, indescriptible, incompréhensible, au milieu de cette clarté et de cette majesté, de ce concert formidable et de cette adoration du ciel et de la terre, apparaît à son peuple l'Éternel, béni soit-il, le Trois fois Saint, dont le nom fait tressaillir notre cœur et plier notre genou, et de sa voix adorable il dit à Israël :

I

« *Je suis l'Éternel, ton Dieu, qui t'ai fait sortir du pays de Mizraïm, de la maison de l'esclavage.* »

Le Seigneur n'a pas seulement créé le monde, mais il y exerce éternellement son action, sa justice, sa haute et infaillible magistrature. Il daigne spécialement s'occuper d'Israël, le premier-né de sa loi et de sa vérité, de ses sacrifices et de ses épreuves, le fait sortir de Mizraïm et punit ses oppresseurs. Il veut que nous soyons libres, pour que nous puissions remplir avec une indépendance parfaite notre mission d'enseignement et de salut parmi les hommes : malheur à ceux qui nous persécutent et nous enchaînent ! Dès le jour où Dieu a fait dire à Pharaon : « Affranchis mon fils pour qu'il me serve », שלח את בני ויעבדני, il n'est pas permis à un souverain terrestre ou à un peuple de nous opprimer à cause de notre culte. Et avec Israël, le Très-Haut veut la liberté pour le genre humain tout entier, et il l'a placée au frontispice de sa loi, comme fondement et condition de l'ordre divin et humain.

II

« *Tu n'auras pas d'autres dieux devant ma face ; tu ne te feras point d'idole, ni aucune image de ce qui est au ciel en haut, ou sur la terre en bas, ou dans les eaux sous la terre. Tu ne te prosterneras point devant elles et ne les serviras point ; car moi, l'Éternel ton Dieu, je suis un Dieu jaloux, punissant les fautes des parents dans leurs enfants jusqu'à la troisième et à la quatrième génération, dans ceux qui me haïssent; mais étendant ma grâce jusqu'à la millième génération, sur ceux qui m'aiment et observent mes commandements.* »

Le Créateur a bien voulu créer l'homme à son image, nous donner une âme, une lumière divine qui nous permet de nous élever au Seigneur; mais nous ne devons pas abaisser Dieu à la ressemblance humaine, lui prêter notre forme périssable, nos défauts, nos passions, nos imperfections. Non-seulement le culte barbare d'abominables idoles de bois et de pierre est un outrage au Très-Haut et une honte pour l'homme, mais aussi toute vénération exagérée, toute adoration d'une puissance, d'une force, d'une supériorité sur la terre, est une idolâtrie condamnable, une insulte au Seigneur. Ne voyons et n'adorons pas dans ce qui est au-dessous et à côté de nous, dans la richesse matérielle, les possessions terrestres, les dignités sociales, les grandeurs humaines et les renommées, *une image de Dieu*, de la seule et vraie grandeur, de la seule et vraie puissance; car tout ce qui est force, richesse, puissance, splendeur ici-bas, disparaît souvent et ne laisse plus de trace « à la troisième et à la quatrième génération, » montrant ainsi qu'il n'est qu'ombre et chimère, néant et poussière, sinon malheur et malédiction! Mais les grâces de Dieu attachées à sa vérité, à sa lumière, à son culte sont impérissables et « s'étendent jusqu'à la millième génération. »

III

« *Tu ne proféreras pas en vain le nom de l'Éternel ton Dieu; car l'Éternel ne laisse point impuni celui qui profère son nom en vain.* »

Prononcer en vain, pour les choses les plus futiles et les plus insignifiantes, le nom trois fois saint du Très-Haut, de Celui que le ciel et la terre adorent à genoux et invoquent en tremblant, c'est outrager Dieu et profaner le sanctuaire inviolable des hommes et des anges. Il en est de même quand nous prions sans recueillement, des lèvres et non du cœur, ou quand, dans nos offices divins, nous répétons inutilement, pour les besoins du chant, le nom sacré comme note de musique; alors nous proférons également en vain le nom de l'Éternel et nous nous rendons coupables de sacrilége.

Mais le plus grand, le plus horrible des crimes, c'est quand on invoque le nom du Très-Haut pour affirmer un mensonge, quand on rend ainsi Dieu complice de la plus abominable des actions. Le meurtrier tue quelquefois dans les ténèbres de la nuit, dans un moment de colère, de passion, d'aveuglement; mais que dire de celui qui, de sang-froid, à la clarté du jour, devant les hommes et en présence de juges, fait descendre Dieu de son trône céleste pour en faire un témoin, un soutien de la fraude, du mensonge, du vol!... Aussi Dieu ne laisse pas impuni le parjure. « J'amènerai la malédiction dans la maison de celui qui jure faussement par mon nom. » (Zacharie, V, 4). « Le ciel et la terre tremblèrent, disent les anciens, lorsque le Seigneur dit : Tu ne prononceras pas faussement mon nom. »

IV

« *Souviens-toi du jour du sabbath pour le sanctifier. Pendant six jours tu travailleras et tu rempliras ta tâche; mais le septième est un jour de repos consacré à l'Éternel ton Dieu; tu ne feras aucun ouvrage, ni toi, ni ton fils, ni ta fille, ni ton serviteur, ni ta servante, ni ton bétail, ni l'étranger habitant avec toi.*

« *Car en six jours l'Éternel a créé le ciel et la terre, et tout ce qui s'y trouve, et il s'est reposé le septième jour : c'est pourquoi l'Éternel a béni le jour du sabbath et l'a sanctifié.* »

Ainsi que le travail, le repos est un commandement de
Dieu, qui, après avoir dit à l'homme : « Tu mangeras ton
pain à la sueur de ton front », lui a dit aussi : « Souviens-
toi du sabbath. » Et le repos du septième jour ne nous est
pas commandé à cause de notre faiblesse physique, et
pour nous rappeler la fragilité et les défaillances de notre
nature animale, mais pour nous élever davantage à la ressemblance du Seigneur, qui s'est reposé également après
le travail, bien qu'il n'éprouve ni fatigue ni lassitude. Le
sabbath est ainsi l'honneur, l'élévation de l'homme, la
transformation de son être terrestre en être divin, et voilà
ce que les anciens ont appelé נשמה יתירה, la suprématie de
l'âme sur le corps.

Pour nous, le sabbath est une alliance de Dieu avec
Israël ; en ce jour, nous manifestons devant le monde notre croyance au Dieu-Un, qui nous protége et nous délivre
de la servitude de la vie comme du joug et de la persécution des méchants. Aussi, dans le deuxième Décalogue,
Moïse dit-il : « Souvenez-vous que vous avez été esclaves
en Égypte, et que l'Éternel votre Dieu vous en a tirés par
une main puissante et un bras fort ; c'est pourquoi le Seigneur vous a ordonné de pratiquer le jour du sabbath »,
לעשות את יום השבת (Deut., V, 15).

Oui, de le *pratiquer*, non de le passer stérilement dans
l'inaction ou avec des occupations frivoles et puériles,
mais en élevant notre cœur et notre âme vers Dieu ; en
quittant le monde pour le sanctuaire de la famille et le
temple du Seigneur ; en fermant notre maison aux affaires
et notre pensée aux préoccupations et aux soucis de la
terre ; en nous procurant la nourriture spirituelle nécessaire pour toute la semaine, comme nous avons travaillé
six jours pour gagner notre pain matériel ; car le sabbath
est l'image de la vie à venir — הרחמן הוא ינחילנו ליום שכלו שבת
— de la vie de l'esprit et de la béatitude éternelle. Aussi
tout doit reposer autour de nous, notre serviteur et notre
servante, notre esclave et notre inférieur ; car dans cette

existence israélite de l'âme croyante, nous sommes tous égaux, il n'y a ni maîtres ni serviteurs, ni distinction ni démarcation, mais liberté et félicité immortelles pour tous les justes, tous les observateurs de la loi, tous les enfants du Très-Haut !

Quiconque viole le sabbath profane sa propre vie, s'exile du paradis et se dégrade lui-même.

V

« Honore ton père et ta mère, afin que tes jours se prolongent sur la terre que l'Éternel ton Dieu te donne. »

De même qu'au troisième commandement, le Décalogue prononce une punition contre le violateur, parce qu'il s'agit là — le faux serment — d'un crime contre Dieu et contre l'homme, de même l'Écriture proclame, au cinquième commandement, une récompense, parce qu'il s'agit ici également d'une loi intéressant à la fois Dieu et l'homme. Nos parents représentent Dieu sur la terre, c'est pourquoi il faut les vénérer et les aimer à l'égal de notre Père au ciel ; ils représentent aussi la magistrature suprême de la société, c'est pourquoi il faut les respecter comme l'autorité de la loi et celle du prince. Le salut des États est basé sur le respect des enfants pour leurs parents : quiconque est mauvais fils ne saurait être bon citoyen.

Il en est surtout de même du salut, du bonheur, de la prospérité des familles ; c'est pourquoi Moïse ajoute, au deuxième Décalogue : ולמען ייטב לך, « afin que vous prospériez ; » car le respect et l'amour filial empêcheront toujours les enfants d'affliger leurs père et mère par une conduite répréhensible, par des mœurs qui seraient la honte de leur nom et la douleur de leur vie, de se livrer à des vices qui les réduiraient à la misère. En respectant et en vénérant nos parents, nous respectons et nous vénérons aussi leur foi religieuse, leurs enseignements, leurs traditions, et nous ne voudrions pas les scandaliser par notre impiété, profaner le sanctuaire de la famille, nous exiler du cœur paternel après notre désertion de son âme, de ses pures et saintes croyances. A côté de son culte — la loi du sabbath — Dieu place le culte des parents comme complément et condition de l'adoration du Seigneur. Jamais la bénédiction divine ne descendra sur les enfants qui transgressent le cinquième commandement, ארור מקלה אביו ואמו.

VI — VII — VIII — IX

« *Tu ne tueras point.*
« *Tu ne commettras point d'adultère.*
« *Tu ne voleras point.*
« *Tu ne porteras point de faux témoignage contre ton prochain.* »

Voilà quatre grandes et saintes lois fondamentales : le respect de la vie, de l'honneur et du bien de notre prochain ; la pureté des mœurs et l'inviolabilité du lien conjugal, c'est-à-dire la sainteté et l'avenir de la famille ; la loyauté, la sincérité et l'amour du prochain, qui nous empêcheront toujours, non-seulement de dérober son bien, de lui faire violence, mais de lui causer un tort quelconque par nos actes et nos paroles. « Ne tuez ni par votre main ni par votre langue, » לא תרצח בידך ובלשונך, a dit un docteur d'Israël [1]. Ne vous tuez pas vous-mêmes par le suicide, les passions, les dissolvants d'une conduite déréglée. Ne commettez point d'adultère, car c'est à la fois le meurtre et le vol du bonheur domestique. Vous ne déroberez point, car la société humaine ne pourrait pas plus exister si le bien de l'homme, sa propriété, le fruit de son travail, étaient livrés à la merci d'un malfaiteur, que si sa vie n'était pas respectée. Ne rendez pas de faux témoignage contre votre pro-

(1) Abraham ben-Esra.

chain ; que votre parole soit sacrée, envers les hommes de
toutes les races et de tous les cultes, envers les femmes et
les enfants, et que chacune de vos promesses envers un
mortel soit considérée par vous comme un engagement envers le Seigneur ! Notre Dieu est un Dieu de vérité et sa
loi est une loi de vérité. Soyons sincères dans notre cœur,
équitables dans nos actes, vrais dans nos paroles !

X

« *Tu ne convoiteras pas la maison de ton prochain, ni sa
femme, ni son serviteur ou sa servante, ni son bœuf, ni son
âne, ni rien qui appartienne à ton prochain.* »

C'est là le plus important des commandements et leur
clef de voûte, puisque l'observation de tous les autres en
dépend absolument [1]. Les crimes ont leur source dans le
désir, dans la convoitise. Le législateur humain ne peut
pas punir la pensée mauvaise, l'œil qui convoite le bien
d'autrui ; mais Dieu, qui voit et pénètre tout, a des châtiments pour les pensées condamnables comme pour les
actes. « Veillez surtout sur votre cœur, car il est le foyer
de la vie. » מכל משמר נצור לבך כי ממנו תוצאת חיים.

Les commandements sur Dieu sont violés à cause de la
convoitise, qui veut imiter la foule, fût-elle idolâtre et
barbare, dans l'espoir de trouver dans l'apostasie des honneurs ou des avantages matériels. On se fait des idoles *d'or
et d'argent.*

La convoitise, pour obtenir l'objet de ses désirs, ne re-
cule pas devant le faux serment (troisième commandement).

La convoitise, craignant de perdre un peu de gain et de
ne pas gagner autant que le voisin, inspire la violation du
sabbath (quatrième commandement).

---

[1] ודבור לא תחמד שקול כנגד כל עשרה הדברות .

La convoitise, le désir pernicieux, voyant dans le respect dû à l'autorité paternelle un obstacle à la réalisation de ses projets, fait transgresser le cinquième commandement.

Il en est de même des autres. C'est pourquoi le dixième commandement est placé au bout des Tables de la loi comme un ange gardien au glaive flamboyant ; c'est pourquoi le psalmiste sacré prie Dieu : « Donnez-moi, ô Seigneur ! un cœur pur, et renouvelez en moi un esprit de droiture. »

———

« Et tout le peuple vit les voix du tonnerre, les éclairs, les sons de la trompette et la montagne enflammée.... Et Dieu dit à Moïse : — Parle ainsi aux enfants d'Israël : Vous avez vu que je vous ai parlé du haut du ciel. »

Le doute n'est pas possible. Tout un peuple fut témoin de la révélation divine sur le Sinaï ; pas un seul cœur n'a douté, pas une seule voix n'a protesté. Puis, quel législateur humain aurait pu produire ces lois éternelles qui sont le fondement de toutes les sociétés, dans toutes les contrées et tous les siècles ? Toute œuvre humaine est imparfaite, susceptible de correction et de progrès ; les lois les plus sages, les plus savamment combinées, ne peuvent pas résister à l'action du temps, des mœurs, des influences géographiques et climatériques. Le Code sinaïque seul est resté le même depuis le jour de sa promulgation ; rien n'a pu le remplacer, rien n'a pu le surpasser. Donc c'est une loi de Dieu, aussi immuable, aussi parfaite, aussi au-dessus de tout travail et de tout progrès humain, que la loi physique de l'univers. Cette loi est unique comme son Auteur est un et comme doit être un le peuple d'Israël, qui fut choisi pour en être le dépositaire et l'organe parmi les hommes. Et pour que ce peuple, cet organe, ne soit pas humilié dans le monde et ne se sente pas humilié lui-même à cause de sa pauvreté et de sa position inférieure dans la

société, le Très-Haut, dont l'éblouissante majesté venait
d'illuminer le Sinaï et faire trembler les cieux et la terre,
dit : N'ayez point de dieux d'or et d'argent, de culte
pompeux et orgueilleux propre à égarer les sens ; faites-
moi un autel de terre ; et en tout lieu où sera rappelée ma
mémoire, dans le temple le plus modeste et le plus obscur,
je viendrai à vous et je vous bénirai. Surtout *n'employez
pas le fer*, la force brutale, des lois intolérantes et injustes, pour construire mon autel, pour amener les hommes à
mon sanctuaire et à ma vérité. Par votre justice et votre
amour envers tous mes enfants sur la terre, par votre douceur et votre modestie — לא תעלה במעלות על מזבחי, — montrez que vous êtes réellement mon peuple, mon royaume
de pontifes, que je vous ai portés sur des ailes d'aigle, et
que c'est à vous que je me suis révélé, כי את מלך ה' צבאות
ראו עיני.

DIX-HUITIÈME SIDRA

פ׳ מִשְׁפָּטִים

(Exode, XXI à XXIV)

וחשבי ארם חיום וחעשו את חישר
בעיני לקרא דרור איש לרעתו :

Lois et règlements. — Sabbath et jours de fête. — Exhortations contre l'idolâtrie. — Offrandes des produits de la terre. — Confirmation solennelle et adoption des lois divines. — Moïse monte sur la montagne sacrée pour recevoir les Tables de l'alliance.

Après avoir donné à Israël les dix commandements qui sont à tout jamais le fondement et le salut des sociétés humaines, le Très-Haut le dota d'un ensemble de lois admirables portant le visible cachet d'une législation divine ; code sacré qui est la plus parfaite œuvre législative du passé et de l'avenir.

Mais ici, comme au jour immortel du six Sivan, Dieu n'impose pas sa loi à nos pères ; il dit à Moïse : « Voici les lois que tu exposeras devant eux » — ואלח חמשפטים אשר תשים לפניהם ; nulle contrainte et nulle pression ; ils verront ces lois et les accepteront librement ; ils reconnaîtront les trésors de bénédictions que ma justice et mon amour leur offrent. אשר תשים לפניהם כשלחן חצרוך ומוכן לאכול לפני האדם.

Et, comme au frontispice du Décalogue, le Seigneur gravait son titre de libérateur d'Israël de la servitude égyptienne, comme droit suprême à l'obéissance et à l'adoration des hommes, il inscrit ici, sur la première page de son Code civil et pénal, une loi de liberté en faveur des esclaves; loi qui règle, adoucit et tend à faire disparaître l'esclavage du milieu de la société humaine.

D'après la doctrine israélite, tous les hommes étant créés à l'image de Dieu, enfants du même Père et portant en eux l'étincelle divine, une âme immortelle, il ne saurait exister des races d'esclaves, de parias, voués, dès leur naissance, à la dégradation et à l'ignominie. Pas plus que le judaïsme ne reconnaît de péché originel, il n'admet de malheur originel. Aussi nos lois ne pouvant extirper entièrement la plaie et la honte de l'esclavage du sein de l'humanité, puisqu'elles ne commandaient pas sur tous les peuples, et que c'était un vrai acte de charité d'arracher un esclave à un maître païen pour le donner à un maître israélite plus humain; nos lois ont fait tous leurs efforts pour diminuer, soulager la condition du malheureux qui, pour vivre, est forcé de se vendre. (Nous rappelons seulement le repos du sabbath et des jours de fêtes dont l'esclave doit jouir dans la maison israélite comme les membres de la famille.) Le Code mosaïque et talmudique a imposé au maître israélite tant de devoirs envers son esclave, que nos anciens ont dit : « Quiconque se donne un serviteur se donne un maître. » Ce que des peuples civilisés et jouissant d'une réputation de piété et de moralité n'ont pas encore fait aujourd'hui en faveur de millions d'êtres humains qui sont vendus, frappés, pourchassés, déshonorés, livrés à des maîtres cruels, meurtris et tués pour la moindre résistance à la barbarie, le judaïsme l'a fait depuis trente siècles.

La Sidra déroule sous nos yeux une suite de lois et de recommandations qui nous touchent profondément par leur délicatesse, leur extrême équité, leur douce charité pour les pauvres, leur sainte tendresse pour tous les hommes. C'est le plus admirable livre d'éducation humaine et d'organisation sociale.

« Le lecteur trouvera ici, dit un célèbre jurisconsulte français, tout ce que dit la loi civile, et, en outre, ce qu'elle n'a pas pu dire; ce que les livres saints seuls nous enseignent dans les termes les plus propres à inspirer à chacun l'amour du devoir et de la vertu. A une époque où l'on se plaint avec raison que tant de liens moraux sont relâchés, où l'autorité des pères, affaiblie déjà par les lois, l'est encore plus par les mœurs, on sentira, je crois, combien il est précieux de fortifier les âmes par le rappel de ces utiles leçons. » (DUPIN, *Règles de droit et de morale tirées de l'Écriture sainte.*)

« Quiconque frappe son père ou sa mère est puni de mort. Quiconque maudit son père ou sa mère est puni de mort. » Les lois modernes, qui prononcent la peine capitale contre le soldat coupable de la moindre voie de fait envers son supérieur, un caporal, n'ont que de faibles châtiments pour le fils dénaturé qui lève la main sur son père et sa mère, la plus haute et la plus sainte autorité sur la terre. Le Code israélite considère comme parricide l'enfant qui maudit ses parents, les frappe par une parole.

« Si quelqu'un tue son prochain avec préméditation, vous l'arracherez même de mon autel pour le faire mourir. » Le temple du Dieu d'Israël ne sera jamais un asile inviolable pour le crime, et aucune qualité, aucune dignité temporelle ou spirituelle ne saurait soustraire le coupable à la punition. Une même loi pour tous.

« Si des hommes se querellent et que l'un frappe l'autre d'une pierre ou du poing, sans que mort s'ensuive, mais d'une manière qui l'oblige à garder le lit, si le blessé peut se lever plus tard et sortir appuyé sur un bâton, celui qui l'aura frappé sera acquitté, mais il le dédommagera du temps perdu, et payera les frais de guérison. » La loi ne cherche pas ici qui est l'agresseur, mais qui est l'auteur des blessures; elle prononce son arrestation jusqu'à ce que le blessé soit hors de danger; car, en cas de mort, elle pro-

nonce la peine capitale. Dans tous les cas, celui qui s'est
servi d'une pierre ou du poing (d'après plusieurs commentateurs באגרף veut dire motte de terre) pour blesser son
antagoniste, a été frappé d'une punition pécuniaire considérable, d'une indemnité de temps et de frais, puisque, à une
époque où l'art médical était peu avancé, la guérison des
blessures pouvait durer fort longtemps et être très dispen-
dieuse. Cette extrême sévérité dans la répression était bien
faite pour prévenir les rixes et leurs sanglantes conséquences [1]. La loi de « œil pour œil, dent pour dent », qui,
dans la législation mosaïque, signifie compensation pécuniaire pour le membre perdu, avait le même but.

« Si un taureau frappe un homme ou une femme et que
la victime en meure, le taureau sera lapidé.... Si le taureau avait déjà frappé précédemment, et que son maître,
averti, n'ait pas veillé sur lui, l'animal sera lapidé et son
maître mérite également la mort... Aussi donnera-t-il pour
sa vie toute rançon qu'on lui imposera. » Impossible d'a-
voir plus de sollicitude pour la sécurité publique. Le propriétaire d'une bête dangereuse est considéré et presque
traité comme un meurtrier.

« Si quelqu'un dérobe un bœuf ou un mouton, et qu'il
le tue ou le vende, il devra restituer cinq bœufs pour un
bœuf, et quatre moutons pour un mouton. » Dans les lois
modernes, le voleur est puni d'emprisonnement, de réclu-
sion, ce qui est une mince satisfaction pour le volé; si le
juge condamne le voleur à des dommages-intérêts, il les
fixe malheureusement toujours trop bas (voy. *Règles de
droit*, p. 210). Aussi est-il des voleurs nombreux qui,
après leur sortie de la prison, jouissent tranquillement,
effrontément, du produit de leurs rapines, souvent sous les
yeux de leurs victimes qu'ils ont plongées dans la misère.

---

[1] Le וְרַפֹּא יְרַפֵּא semble indiquer qu'un service médical régulier était
déjà organisé chez les Hébreux dans le désert.

Le Code israélite assure une réparation plus réelle à l'homme qui a été privé de son bien par une main criminelle : « Le voleur doit payer, et s'il n'a rien, il sera vendu comme esclave pour son vol. »

« Si quelqu'un séduit une jeune fille qui est encore libre, il lui donnera une dot et l'épousera. » Dans des circonstances analogues, les tribunaux français accordent tout au plus des dommages-intérêts qui, loin d'être une réparation, ajoutent souvent à l'outrage, comme prix accepté pour la honte. La loi israélite protége plus efficacement l'honneur des familles. Un illustre docteur a dit : « Cette disposition du Code sacré est fort juste, car ordinairement un homme ne séduit pas une jeune fille qu'il juge digne d'être son épouse, autrement il la demanderait en mariage. Mais, pour abuser de celle dont la beauté lui inspire des désirs coupables, il lui fait toutes sortes de promesses, notamment celle du mariage, promesses perfides qu'il a l'intention de violer et puis d'abandonner sa victime. La Thorâ a prévenu un pareil crime. »

« Ne laisse pas vivre les sorciers. » Ils portent la superstition et les ténèbres dans les esprits, le désordre dans la famille, l'idolâtrie et la mort spirituelle dans la société, et provoquent à tous les actes coupables. Le Code pénal français dit (art. 479, § 7) : « Les gens qui font métier de deviner et pronostiquer, ou d'expliquer les songes, sont punis d'une amende de 11 à 15 francs. » On connaît les résultats de cette faiblesse de la répression : l'abrutissement du peuple, l'anéantissement de sa raison et de son âme.

« Vous n'humilierez et n'opprimerez point l'étranger, car vous avez été étrangers vous-mêmes dans le pays d'Égypte.

« Vous n'opprimerez point la veuve ni l'orphelin ; si vous les opprimez, ils crieront vers moi et j'entendrai leurs cris ; alors ma colère s'allumera, je vous frapperai de l'épée, vos femmes seront veuves et vos enfants orphelins.

« Si tu prêtes de l'argent à un pauvre de mon peuple,
ne le traite point comme un exacteur, n'exige point d'intérêt de sa part. Si tu prends en gage le manteau de ton
prochain, tu le lui rendras au soleil couché, car c'est peut-
être son seul vêtement, le drap qui le couvre : sous quoi
coucherait-il ? S'il crie alors vers moi, je l'entendrai, car
je suis miséricordieux. »

Qui pourrait n'être pas profondément ému à la lecture
de ces nobles et divines lois israélites si pleines de tendresse et d'amour pour l'étranger, la veuve, l'orphelin, le
pauvre ! Et ici il ne s'agit pas de simples recommandations
charitables et morales, mais de *mischpatim*, de commandements positifs, aussi obligatoires pour nous et aussi inviolables que les prescriptions du Décalogue. Quel législateur
humain aurait trouvé dans son cœur ces touchantes et magnanimes lois de désintéressement, de générosité et de
fraternité, ou aurait osé les proposer aux hommes ? Dieu
seul pouvait le faire : il annonce des châtiments plus terribles contre l'oppresseur de la veuve et de l'orphelin que
contre le violateur de son propre culte divin !

« Ne suivez point la foule quand elle agit mal ; ne vous
rangez pas dans un jugement à l'avis du plus grand nombre
contre la justice. »

Ne formant qu'une faible minorité au milieu des peuples,
les fils d'Abraham, surtout, ne doivent pas voir dans la
majorité, dans la multitude, une preuve en faveur de ses
lois et de ses croyances. Pas plus que la force brutale et la
raison du plus fort, le nombre n'est pas toujours un signe
de la vérité.

« Si tu rencontres égaré le bœuf ou l'âne de ton ennemi,
ramène-le-lui. Si tu vois l'âne de ton ennemi abattu sous
sa charge, garde-toi de l'abandonner, mais soulève-le et
soulage-le de son fardeau. »

Voilà comment l'israélite doit avoir pitié de toute créature vivante et agir envers son ennemi. L'Écriture sainte
semble choisir exprès, pour nous prescrire une conduite

généreuse envers nos ennemis, des êtres animés qui ne peuvent parler et raconter notre belle action.

Pour inspirer au peuple toute vénération pour l'autorité du juge et rendre ainsi aux lois le plus de respect possible dans l'esprit de tous, le Code sacré dit encore, à côté de beaucoup d'autres prescriptions admirables :

« N'outrage pas les magistrats institués par Dieu — אלהים לא תקלל ונשיא לא תאר — et ne maudis pas les chefs de ton peuple. ». Le juge et le prince, légalement et régulièrement établi au temple de la justice et sur le trône, et remplissant fidèlement leur mandat parmi les hommes, représentent Dieu sur la terre.

Cependant les plus belles et plus parfaites lois risqueraient d'être oubliées, négligées, violées secrètement et publiquement, si l'homme ne se rappelait de temps en temps leurs origine et consécration divines, si lui-même ne se retrempait souvent dans la source vivifiante de la religion, s'il n'avait Dieu devant le regard de la pensée qui l'empêche de faire le mal en secret, ce qui l'habitue à l'éviter en public ; si, en un mot, nous n'étions pas devant le Seigneur « des hommes saints » ואנשי קדש תהיון לי, pour devenir devant le monde des hommes de bien.

C'est pourquoi, après tant de lois civiles et pénales, le Code divin prescrit l'observation du sabbath et des fêtes. « Trois fois l'année vous paraîtrez devant le Seigneur votre Dieu. » Comment oserions-nous passer le seuil du sanctuaire et paraître devant le Très—Haut, si nous étions chargés de fautes et d'iniquités, si les sacrifices que nous voulons déposer sur l'autel étaient le fruit d'injustices et de torts faits à notre prochain ! « On ne se présentera pas devant ma face les mains vides » ולא יראו פני ריקם, sans offrande pure et légitime, sans bonnes œuvres et sans vie dignement, saintement remplie. Par les sacrifices, les pré-

mices des fruits de la terre (verset 19) qu'il faut porter au
temple, l'homme apprend le désintéressement, l'horreur
de la cupidité qui conduit à presque tous les crimes dans
la société. « Servez l'Éternel votre Dieu, et il bénira votre
pain et votre eau » ועבדתם את ח' אלהיכם וברך את לחמך ואת מימיך.
Vous n'aurez pas besoin de chercher votre prospérité et
votre bonheur dans le bien d'autrui. La sanctification du
sabbath et des fêtes est la garantie de la sainteté du travail
de la semaine — סוף מעשה במחשבה תחלה ; la religion, la pensée de Dieu et son culte sont l'ennoblissement des œuvres
de l'homme, l'élévation et l'auréole de son existence.

En vivant ainsi purement parmi les hommes et saintement dans le temple du Seigneur, nous pouvons chasser
tout souci, toute inquiétude, toute crainte de l'avenir ; nous
pouvons marcher tranquillement et sûrement en avant, car
la voix divine nous dit : « J'enverrai mon ange devant
vous, afin qu'il veille sur vous sur la route et qu'il vous
conduise au lieu que je vous ai destiné. » Toute action méritoire est un ange, toute bonne pensée est une colonne de
feu, toute larme qu'on a séchée est un rayon divin, qui
marchent devant nous comme une bénédiction, une lumière, un chant de séraphin, et nous conduisent à nos
destinées immortelles.

Le Très-Haut appelle Moïse pour lui donner les Tables
de pierre avec la loi écrite et les instructions verbales, la
loi orale pour les enseigner à Israël — להורותם. Moïse monta
sur la sainte montagne enveloppée de nuages, et il y séjourna pendant quarante jours et quarante nuits. Israël
doit s'attendre à de grandes choses, à des bénédictions
infinies, à des trésors incommensurables, à toutes les ra-
dieuses splendeurs du ciel, puisque son représentant au-

près du Seigneur, cessant pendant quarante jours d'être un mortel pour devenir un esprit pur, se trouve au foyer de la vérité, à la source de la lumière, reçoit de la bouche de l'Éternel les enseignements de vie et de salut, et voit de son regard ébloui notre temple sur la terre et nos gloires dans l'éternité.

DIX-NEUVIÈME SIDRA

פ׳ תְּרוּמָה

(Exode, XXV à XXVII, 19)

———

ושכנתי בתוך בני ישראל ולא
אצזוב את עמי ישראל :

Instructions divines pour recueillir des offrandes volontaires destinées à la construction d'un sanctuaire. — Plan et détails de l'édifice.

« L'Éternel parla ainsi à Moïse : Dis aux enfants d'Israël qu'ils m'apportent des oblations ; vous recevrez ces oblations de tout homme qui offre spontanément.

« Voici les objets que vous recevrez d'eux : De l'or, de l'argent et de l'airain ; de la laine azur, pourpre et cramoisie ; des fils de lin et du poil de chèvre ;

« Des peaux de bélier teintes en rouge, des peaux de Tachasch et du bois de Schittim ; de l'huile pour le luminaire, des aromates pour l'onction et pour l'encens ;

« Des pierres de Schoham et des pierres précieuses à être enchâssées dans l'Éphod et le Pectoral.

« Ils m'élèveront un sanctuaire, et j'habiterai au milieu d'eux. »

Au milieu de l'affreuse solitude, du désert brûlant où le voyageur de quelques jours éprouve des souffrances et des tortures indicibles, Israël put vivre miraculeusement, s'arrêter de longues années, recevoir, avec la loi divine, son organisation civile et religieuse, se constituer en peuple, en société bien réglée comme sous les climats les plus fortunés, et se préparer à son grand et glorieux avenir. Il avait reçu du ciel le pain quotidien nécessaire à son existence matérielle, et la révélation sinaïque, la nourriture céleste, nécessaire à sa vie spirituelle; Dieu voulait aussi qu'Israël eût un temple dans le fond du désert, pour lui apprendre d'en posséder à tout jamais, sur tous les points du globe, dans tous les temps et toutes les circonstances, au milieu de toutes les ruines, toutes les désolations, tous les déserts.

Le lien sacré, la communauté spirituelle formée dans la nuit du sacrifice pascal en Égypte et au pied du Sinaï, Israël devait les perpétuer par le sanctuaire, par la maison consacrée au Seigneur et à la réunion de la famille israélite. Dieu, dans son amour infini, veut demeurer au milieu de nous, non-seulement dans notre cœur et notre esprit, mais dans notre vie terrestre, dont le temple est le symbole, la sanctification et le rayonnement. Et de même que dans le désert, lorsque nos pères vécurent sous des huttes misérables qui ne pouvaient les protéger contre les chaleurs du jour et les froids de la nuit, ils offrirent cependant tout ce qu'ils possédaient, toutes les ressources de leur avenir, pour édifier une digne demeure au Seigneur; de même nous devons éternellement nous habituer au sacrifice et à tous les renoncements quand il s'agit du culte du Très-Haut, de l'honneur et de la glorification de notre foi sur la terre.

Mais, comme le Dieu d'Israël est un Dieu libérateur qui a en horreur toute contrainte, et comme notre loi est une loi de liberté qui repousse toute violence, notre temple doit être bâti par des dons volontaires — מאת כל איש אשר ידבנו לבו — par des offrandes données *par le cœur*, non par l'orgueil, la vanité, ou obtenues par des moyens coercitifs. Ce ne sont pas la forme extérieure, les pompes et les splendeurs de l'édifice qui peuvent honorer le Dieu de nos

pères, mais la pensée qui a présidé à son fondement et
l'amour qui l'a élevé. Chaque pierre du temple donnée
avec contrainte est une tache, une plaie, une profanation.
Le Seigneur aime à voir dans sa maison le sacrifice, la
piété, l'attachement de son peuple, non une magnificence
mensongère produite par la force brutale, par l'or impur
arraché à l'avarice des riches ou au pain du pauvre.

Et pour que le sanctuaire israélite ne puisse dégénérer
en édifice profane où le caprice, l'imagination déréglée et
la vanité humaine impriment plutôt le culte de l'homme
que celui de Dieu, l'idolâtrie d'un architecte ou d'un prince
plutôt que l'exaltation du Très-Haut ; pour que, surtout,
le sanctuaire israélite conserve, comme notre religion elle-
même, son unité au milieu de toutes les variations et de toutes
les inconstances, le modèle de notre Tabernacle a été donné
à Moïse sur le Sinaï — ‏ככל אשר אני מראה אותך את תבנית המשכן‏.
— Tout, dans notre temple, doit rappeler la sainte montagne et ses éclairs immortels, nos traditions sacrées et
notre origine ; et rien ne doit y faire oublier l'architecte
céleste pour l'architecte terrestre, le Créateur pour la
créature.

———————

Quatre œuvres principales ornaient le sanctuaire : l'Arche sacrée, la Table avec le Pain de proposition, l'Autel,
le Chandelier d'or.

1° Au commencement, et comme inauguration de son
histoire, Israël reçut la destination glorieuse d'être l'Arche
renfermant la loi divine, les Tables de l'alliance de Dieu
avec l'humanité, du *Témoignage* de la vérité sinaïque, le
vase contenant la lumière éternelle, le dépositaire des
principes de vie et de salut sur lesquels repose le monde.
Cette arche vivante, qui devait être transportée d'une extrémité de la terre à l'autre, à travers toutes les générations et tous les siècles, fut protégée par deux chérubins,

deux anges gardiens, la Foi et la Fraternité, qui, étendant leurs ailes d'or au-dessus du temps et de l'espace, firent de tous les enfants de Jacob dispersés sur la surface du globe une grande et harmonieuse famille — ותמידם איש אל אחיו, — se soutenant, s'aimant d'un amour immortel, couvrant et défendant, au prix de son sang, le divin trésor qui lui est confié — סוככים בכנפיהם על הכפורת; — éprouvant partout les mêmes battements de cœur pour tout ce qui est bien, grand, charité, dévouement et sacrifice, c'est-à-dire pour tout ce qui est israélite; sentant partout le même noble sang de Juda couler dans ses veines, et élevant partout sa voix fidèle et courageuse pour s'écrier : « Écoute, Israël, l'Éternel notre Dieu est un Dieu-Un! »

2° Après qu'Israël eut reçu les Tables de la loi, la couronne de la Thorâ, le Très-Haut lui accorda *la table avec le pain de proposition*, la Palestine, le pays aux fleuves de miel et de lait, la prospérité et la richesse matérielles. Israël put ainsi se reposer de ses longues fatigues de Mizraïm et du désert, se préparer à des fatigues plus longues et plus douloureuses, mettre en pratique les commandements révélés au Sinaï, et apprendre ainsi à tous les peuples et aux âges futurs, que la loi israélite n'est pas une abstraction, une simple théorie sans application possible, mais qu'elle est le plus parfait et le plus admirable instrument d'organisation sociale, de civilisation et de progrès. La législation mosaïque a prouvé, par les longs siècles de bonheur et de gloire de la Terre-Sainte, qu'elle renferme la paix, la grandeur et le salut des États. La législation mosaïque dit éternellement aux nations : « Vous qui êtes attachées à l'Éternel et à sa loi, vous vivrez à tout jamais! » ואתם הדבקים בה' חיים כלכם היום.

3° Le temps de la persécution vint, et voilà Israël transformé en *autel*, en *victime*... Son sang est répandu aux quatre coins de la terre — על ארבע מטות, — sa chair brûlée

sur les bûchers, ses membres déchirés par la torture ; tout
est *airain* autour de lui, « des pinces, des tenailles, des
réchauds », ומלגתיו ומחתתיו, — des instruments de mort...;
tout est cruauté et barbarie, les cœurs et les âmes, les lois
et les mœurs, les princes et les peuples... Mais, au milieu
de ce martyre infini, de ce sang, de ces meurtres et de ces
ténèbres, Israël apparaît comme

4° Un flambeau à d'innombrables branches — *Menorah*
— comme un foyer de lumière allumé et entretenu par
l'étude de la loi sacrée, comme un ciel étincelant d'étoiles
dans une nuit profonde. Et ce feu sacré de la science divine, qui a toujours fait briller d'un si vif éclat les enfants
de Juda au milieu de leurs malheurs et de l'obscurité du
monde, ce feu sacré, ce chandelier d'or pur de l'esprit,
sera éternellement notre force, notre grandeur, notre gloire
devant les hommes, notre mérite devant Dieu. Il dira à
jamais ces paroles d'en haut entendues par le prophète qui
voyait le chandelier à sept branches dans une vision céleste : « Ni par les armées ni par la force, mais par mon
esprit, dit l'Éternel Zébaoth. » לא בחיל ולא בכח כי אם ברוחי
אמר ה' צבאות (Zacharie, IV, 6). Voilà la puissance impéris-
sabe d'Israël : l'esprit, la lumière de Dieu ! Cette Menorah de la culture intellectuelle, ce flambeau de la Thorâ a
des ornements, des grâces, des beautés et des ravissements
qui surpassent infiniment tous les trésors de la terre et
toutes les œuvres des hommes.

———————

Nous tous, dans notre jeune âge, nous devons être *une
arche sacrée*, recevoir en nous les Tables saintes, la religion et ses enseignements, la morale et ses vertus, les
vrais principes et leur sanctification. Notre père et notre
mère, deux chérubins donnés à l'enfant par Dieu, veillent
sur cette arche, nous protégent, nous gardent, nous gui-

dent par la main de l'amour, et nous portent sur leurs
épaules, au chemin de Canaan, vers le bonheur de notre vie.

Jeunes hommes, nous devons apprendre à nous procurer
la table et le pain, à gagner honorablement notre vie, à
conquérir une digne place dans la société, à faire honneur
à notre famille, à notre pays, à notre Dieu ; à remplir fidèlement et religieusement tous les devoirs sacrés envers
nos concitoyens, notre patrie, notre communauté et notre
culte.

Hommes accomplis, nous devenons *autel,* nous apprenons *le sacrifice;* sacrifice envers nos enfants, nos parents,
notre pays, notre temple, nos semblables qui souffrent et
qui pleurent ; sacrifice de nos penchants, de notre liberté,
de nos inclinations, souvent de nos forces, de notre repos
et de notre santé, pour nous soumettre aux mœurs de notre
temps et à toutes les lois sociales, souvent aussi pour atteindre un but rêvé par notre orgueil et notre ambition.

Et vers le déclin de notre vie ici-bas, faisons que nous
soyons *un flambeau* de sagesse, d'expérience, d'enseignement, et, s'il est possible, de science et d'esprit, un exemple de vertu et de piété, une lumière d'or pur qui fasse
briller et bénir à tout jamais notre nom parmi les hommes ;
lumière vers laquelle nos enfants, comme les six branches
du candélabre sacré, tourneront leur regard et leur cœur
pour éclairer leur âme et illuminer leur existence de toutes
les saintes pensées et de toutes les nobles actions.

Quand le Seigneur a dit : « Que la lumière soit ! » il créa
l'arche sainte avec les Tables de la loi, la Thorâ, pensée
première, but et âme de la création du monde — בשביל
התורה שנקרא' ראשית דרכ. — La terre se couvrit ensuite de
végétation, de plantes et d'arbres pour la nourriture de
l'homme : voilà la table avec le pain de vie. Dans les astres
créés dans l'étendue du ciel, nous voyons le grand chandelier du temple avec ses sept branches. Les animaux nés
le sixième jour représentent l'autel et les sacrifices, et

Adam, c'est le pontife, placé dans le paradis, ce premier sanctuaire, pour en faire le service — לעבדה — et y célébrer Dieu.

Nos patriarches représentent le flambeau du temple ; ils sont la lumière au milieu des ténèbres, éclairant la route de l'humanité vers Dieu et la vérité. Moïse et les prophètes sont l'arche sacrée et les tables de la loi. Aaron et la tribu de Lévi sont l'autel et les sacrifices. Les juges et les rois d'Israël rappellent la table avec le pain, gouvernant par leur sagesse et défendant par les armes le sol de Canaan, et assurant la prospérité et la paix de notre peuple.

Notre fête du six Sivan, l'anniversaire de la Révélation, voilà encore la sainte arche avec les Tables de la loi. Les solennités de Rosch Haschanâ et du Kippour, consacrées à la pénitence, au recueillement, au jeûne et aux larmes, voilà l'autel et le sacrifice. Soukoth, la fête de la joie, c'est la lumière ; et Pesach, la fête des mazoth, c'est la table avec le pain azyme, la réunion sainte et auguste de la famille autour de la cérémonie du Séder.

Israélites, dépositaires fidèles et organes de la loi sinaïque, nous représentons l'arche et les pierres du Décalogue. Pères de famille, nous sommes la table avec le pain, la providence terrestre que Dieu a donnée à la vie de nos enfants. Citoyens, nous devons être le flambeau du Tabernacle, une lumière pour notre pays, marchant en avant avec lui vers le progrès et la civilisation, éclairant l'avenir et les destinées de la patrie d'un vif et divin éclat. Hommes, nous devons être l'autel et le sacrifice, le sacrifice, la charité et l'amour pour tous nos frères qui souffrent dans l'humanité...

Puisse notre maison, le palais du riche comme la cabane du pauvre, renfermer une arche sacrée, être un temple séparé du monde, où, loin du bruit, des passions et des combats de la vie, le père de famille, en pontife du Seigneur, enseigne et bénit, et répand autour de lui l'encens divin de la paix, du bonheur, de toutes les vraies félicités.

Puisse-t-on y voir la Menorah, la lumière du sabbath illuminer les cœurs et faire rayonner la joie céleste dans les yeux; la sainte table avec le pain consacré où la famille se réunit en concorde et en amour pour célébrer les fêtes du Très-Haut, chanter ses cantiques, et se retremper dans les forces vivifiantes et la sanctification du foyer domestique. Puisse-t-on y remarquer aussi l'autel et le sacrifice, les enfants rendant hommage à leur père et à leur mère, les vénérant et les aimant d'une tendresse sans bornes, immolant leur propre bonheur, donnant leurs biens et leur vie pour le bonheur et la vie de leurs parents, étendant même le culte pur et sacré du respect filial au delà de la tombe de leur père et de leur mère — נכוב לחח, — à leur nom et leur souvenir... Alors l'Éternel dira à chacune de nos familles : ועשו לי מקדש ושכנתי בתוכם, Puisque vous m'avez fait un sanctuaire, je demeurerai au milieu de vous !

Puissions-nous dans nos synagogues, ornées de l'arche du Seigneur et de sa Thorâ, avoir toujours aussi la table avec le pain, l'entretien digne et abondant du culte divin, la table entourée de nombreux et fidèles convives — לחם פנים לפני תמיד ; — l'autel du dévouement, le sacrifice de tous les amours-propres, de toutes les prétentions et de toutes les vanités, quand il s'agit de l'administration de la chose sainte et du gouvernement de l'assemblée de Dieu; et surtout *le flambeau*, le ministre de la religion faisant descendre du haut de la chaire de vérité la lumière israélite dans les esprits, marchant devant nous comme la colonne de feu devant nos pères sur le chemin du Sinaï, et possédant, non-seulement une valeur intrinsèque, des sciences et des vertus comme de l'or pur, mais aussi des *ornements*, des qualités sociales aimables qui le font rechercher et aimer comme une grâce, une fête, un sourire et un enchantement...

Puissent tous les hommes avoir dans leur cœur et dans leur esprit l'arche sacrée de la foi et de la religion, la table

et le pain de la charité et de l'amour du prochain, l'autel et
le sacrifice en faveur de l'humanité souffrante, le flambeau
de la science et de l'élévation spirituelle ; et alors chaque
mortel sera un temple du Seigneur, et tous les enfants du
Créateur ne formeront plus qu'une seule communauté, une
seule famille, un seul cœur et un seul Tabernacle, où demeureront à tout jamais l'Éternel, sa lumière et sa bénédiction ! חזק חזק ונתחזק.

VINGTIÈME SIDRA

פ' תְּצַוֶּה

(Exode, XXVII, 20 à XXX, 10).

אתה בן אדם הגד את בית ישראל
את הבית ויכלמו מעונותיהם :

De la préparation de l'huile sainte pour le luminaire. — Description des
vêtements sacerdotaux. — Installation des prêtres. — Le sacrifice quotidien. — L'autel de l'encens.

Après les prescriptions détaillées sur la construction du
Tabernacle et ses ornements, l'Écriture contient ici des
instructions sur les vêtements du grand pontife et des autres prêtres, et sur diverses parties du culte intérieur. Il y
a là, à côté d'une simplicité touchante, des splendeurs, des
chefs-d'œuvre prodigieux que Dieu, la vérité, Israël et sa
foi, pouvaient seuls faire sortir des sables du désert. La
confection des habits d'Aaron offrirait peut-être à l'art si
avancé et si vanté du XIXᵉ siècle des difficultés insurmon-
tables. Quelle comparaison pourrait-on établir entre les
temples les plus fameux et les plus magnifiques des autres
cultes, élevés par des peuples heureux, riches et puissants,
à des époques où tous les progrès de l'esprit humain bril-
laient du plus vif éclat, et le sanctuaire d'Israël dans le
désert, dont les grâces et les beautés éblouissantes con-
trastaient si merveilleusement avec la pauvreté et les souffrances de nos pères, le lieu désolé de leur séjour, l'incer-
titude et les dangers de leur vie, les ténèbres du temps, la

14

grossièreté des mœurs, l'enfance où étaient plongés encore
l'industrie et les travaux des hommes !

Le sanctuaire des tribus de Juda n'est plus, mais la
parole de Dieu existe toujours et conserve à tout jamais sa
haute signification et son impérissable valeur. Elle nous
apprend que toutes les pompes, toutes les splendeurs ar-
chitecturales, musicales et artistiques, ne constituent pas
le vrai culte du Seigneur. Que doit donc être ce culte ?
Notre Sidra nous le dira.

Et d'abord, l'huile la plus pure — שמן זית זך, — les sentiments les plus élevés et l'enthousiasme divin le plus ardent, doivent allumer le feu sacré dans l'âme des hommes
— להעלות נר תמיד — et l'y entretenir, non-seulement pendant les quelques instants de la prière, « mais du soir
au matin, devant l'Éternel ! » מערב עד בוקר לפני ח'. C'est
l'huile d'*olivier* qui doit alimenter le flambeau sacré; c'est
la paix qui doit régner dans la communauté d'Israël.

Ce n'est pas la crainte ou l'éloge des hommes qui doit
nous conduire devant l'autel du Très-Haut; ce n'est pas
l'orgueil et le désir de briller qui doivent nous porter à des
actes de charité, mais des pensées saintes et de nobles
inspirations, l'amour de Dieu et l'amour de nos semblables.
Nous ne devons reculer devant aucun sacrifice réel, devant
aucune immolation — כתית למאור — de nos penchants et de
nos intérêts terrestres, pour rendre hommage à Dieu et
nous dévouer à l'humanité.

La lumière israélite qui nous éclaire et nous anime, nous
ne devons pas seulement l'allumer dans l'intérieur de notre
foyer domestique, de notre communauté, de notre Tabernacle, mais nous devons la montrer aussi hors le sanctuaire — מחוץ לפרוכת, — partout où il a plu à la divine Providence de nous conduire; car cette lumière, qui était le
flambeau, la vie, la gloire de nos pères, est une loi éternelle pour Israël — חוקת עולם לדורותם מאת בני ישראל, — son
salut et son avenir, le phare immortel placé sur les hau-

teurs du Sinaï pour diriger le vaisseau de l'humanité dans le port de la vérité.

Après l'édifice, l'arche sacrée, l'autel et la lumière sainte, le principal agent du divin culte, c'est le PONTIFE. Mais, en Israël, le pontife n'est pas le représentant de Dieu auprès des hommes, mais le représentant des hommes auprès de Dieu ; ce n'est pas un être supérieur, infaillible, surnaturel, un demi-dieu, un collègue de la Divinité, muni de pleins pouvoirs pour régner en maître sur la terre, et se faisant rendre, dans le temple, les honneurs et l'adoration dus au Très-Haut ; mais c'est « Aaron et ses fils, les frères de Moïse, *pris parmi les enfants d'Israël* » — את אהרן אחיך ואת בניו אתו מתוך בני ישראל, — des hommes comme les autres hommes, n'ayant d'autre privilége que celui *de servir Dieu* — לכהנו לי, — et non de se faire servir par le peuple ; ne possédant d'autre supériorité que celle de la vertu, de la science, des devoirs et des sacrifices. Ce n'est pas une idole dans le sanctuaire, faisant oublier Dieu, mais un fidèle serviteur de la communauté, confessant au Seigneur ses propres faiblesses et montrant ses propres plaies, afin d'obtenir le pardon céleste pour les faiblesses et les défauts de ses frères. Mais cette position naturelle et inférieure du pontife israélite l'empêche-t-elle de recevoir de la communauté l'amour et la vénération dus à celui qui a consacré sa vie aux plus chers et plus sacrés intérêts des hommes ? Oh ! non.

« Vous ferez de saints vêtements à Aaron, pour sa considération et sa splendeur » ועשית בגדי קודש לאהרן אחיך לכבוד ולתפארת ; — les fidèles doivent songer avec une tendresse filiale aux besoins matériels de leurs pasteurs — ועשה להם מכנסי בד לכסות בשר ערוה, — assurer ici-bas un morceau de pain à ceux qui travaillent à notre vie éternelle dans un monde meilleur. Obligés de songer sans cesse à la prospérité du temple, où prendraient-ils le temps de penser à leur propre maison ? Nous ne devons reculer de-

vant aucun sacrifice pour élever aussi haut que possible la
position sociale de celui qui est le sanctuaire vivant d'Israël, et dont la vie extérieure doit être considérée et
embellie comme un ornement du temple. On honore le
Seigneur en honorant les organes de sa parole et de sa
vérité. C'est une dette sacrée qu'il faut acquitter envers
le ministre de Dieu et sa famille — חקת עולם לו ולזרעו אחריו.

Mais, en comparaison de ces devoirs faciles que nous
avons à remplir envers nos pontifes, combien sont infiniment plus grandes et plus difficiles leurs obligations envers
la communauté !

« Aaron portera leurs noms sur ses épaules, devant
l'Éternel, en souvenir » על שתי כתפיו לזכרון. Le ministre de
la religion a charge d'âmes ; il porte le fardeau et la responsabilité du troupeau confié à sa garde et à son amour.
« Aaron portera le nom des enfants d'Israël sur le rational
du jugement, sur son cœur, quand il entrera dans le sanctuaire, en constant souvenir devant l'Éternel. » Le nom
d'Israël, sa pensée et le soin de son salut, doivent être
gravés dans le cœur et sur les épaules du pontife ; il doit
sentir constamment le poids de sa haute mission et n'avoir
à l'esprit d'autres préoccupations que le vrai bonheur et
le vrai progrès de sa communauté. Sur les épaules et dans
le cœur.... sa vie matérielle et sa vie spirituelle doivent
appartenir à ses frères, « qu'il a *à justifier* devant le Très-
Haut, toujours et sans cesse, » et aussi devant la société,
en leur apprenant le plus de vertus, le plus de principes
salutaires, le plus de saintes actions. ונשא אהרן את משפט בני
ישראל על לבו לפני ה' תמיד. Son esprit doit être éclairé par les
Ourim et *Toumim,* par la vraie lumière allumée à l'éclair
du Sinaï, et non pas à la clarté douteuse de sa propre raison ; et alors, quand il viendra en présence de l'Éternel
pour enseigner ses frères — בבואו לפני ה', — il sera bien
inspiré et rendra de divins oracles. Il sera la colonne de
feu marchant devant Israël !

Le pontife doit aussi porter *des clochettes d'or,* faire en-

tendre hautement sa voix dans le sanctuaire — וישמע קולו
בבאו אל הקודש, — et ne pas se taire, et ne pas étouffer sa
parole, et ne pas s'effacer devant les serviteurs et les adorateurs de Baal. Non-seulement dans le temple, mais dans
l'école, dans la maison, dans l'État, dans le monde, partout, devant Dieu et devant les hommes, — לפני ח' ובצאתו
— il doit être l'organe d'Israël et de ses intérêts divins, un
orateur sacré, un *nabi*, comme Aaron, pour assister Moïse
devant Pharaon et défendre sa loi en présence de la société entière — ולא ימות…

Il doit porter au front le bandeau sacré où le nom trois
fois saint du Dieu d'Israël brille d'un lumineux éclat. Dans
son enseignement et sur tous ses actes, le monde doit pouvoir lire cette glorieuse et divine inscription : « קודש לח',
Saint à l'Éternel ! »

Ainsi, le ministre du Très–Haut, s'il exerce fidèlement
le sacerdoce, porte sur ses épaules les pierres du souvenir
— אבני זכרון, — la charge, l'avenir et le salut de sa communauté. Son cœur est un *bouclier de justice* — חושן המשפט,
— plein d'amour et de tendresse pour chacun de ses frères, éclairé par les *ourim* et *toumim*, par la lumière et le
droit, la révélation sinaïque et la vérité. Sur son front,
dans son esprit, brille le nom et la pensée de Dieu, avec
laquelle il éclaire, instruit et pénètre toute la vie israélite
et en fait un culte pur et immortel au Seigneur. ונשא אהרן את
עון הקדשים אשר יקדישו בני ישראל…. לרצון להם לפני ח'. C'est surtout le soir, quand les hommes ont fini leur œuvre de la
journée et rempli leurs devoirs envers leur famille et le
monde, qu'Aaron doit *monter les lumières*, illuminer les
esprits et les cœurs, dans les écoles et les lieux sacrés.—
ובהעלות אהרן את הנרות בין הערבים.

La consécration du pontife d'Israël se fait par des *sacrifices*…, par le plus généreux dévouement aux hommes et
à leur salut, par une abnégation et un désintéressement
sans bornes, par un renoncement douloureux et héroïque à

bien des joies et bien des bonheurs de la vie. L'autel, qui
est ailleurs une riche table chargée de toutes les jouissances
terrestres, un immense trésor rempli de l'or d'Ophir et
des perles de l'Océan, un trône splendide où se place un
souverain vêtu de pourpre et de puissance, n'est, dans le
sanctuaire d'Israël, qu'une arche modeste renfermant le
pain de vie, un tronc pour les pauvres, un siége où le docteur de la loi enseigne aux hommes la vérité et l'amour,
Dieu et l'humanité, et leur dit : « Vous êtes frères ! » Comment est-il payé pour sa sublime mission d'enseignement,
de moralisation et de sanctification ? La Mischna le dit :
« Vous mangerez du pain sec, vous boirez de l'eau, vous
coucherez sur la terre nue, vous vivrez une vie de privations, et vous vous occuperez de la science divine. Vous
ne chercherez pas la grandeur pour vous-mêmes, vous ne
désirerez pas plus d'honneurs que vos disciples, vous n'en-
vierez pas la table des souverains ; car, en vérité, votre
table est plus grande que la leur et votre couronne est plus
brillante que leur couronne. » (*Aboth*, VI, 4, 5.) L'autel
d'Israël est pauvre, mais tout homme qui y touche, qui
s'approche de sa vérité et reçoit en lui son feu sacré, devient un enfant du Très-Haut ! כל הנגע בהם יקדש.

L'autel de notre sanctuaire est de terre ; aucun luxe
superflu, aucune mise en scène théâtrale ne doit servir
d'appât pour attirer des curieux au lieu de croyants, des
spectateurs au lieu de fidèles, des yeux et des oreilles au
lieu de cœurs et d'âmes ; car il ne faut pas offrir un sacrifice *étranger* — לא תעלו עליה קטרת זרה ; il ne faut pas apporter comme encens, des sentiments mêlés de désirs et d'aspirations profanes — וחטן לא חסו עליה.

Offrons au Seigneur un culte de cette sorte, des pontifes
et des temples selon son cœur et sa vérité, et sa voix divine dira : « Je me révélerai aux enfants d'Israël, et il sera
sanctifié par ma majesté — ונועדתי שמה לבני ישראל ונקדש בכבדי...
Je demeurerai au milieu des enfants d'Israël et je serai

leur Dieu... Ils sauront que je suis l'Éternel qui les ai fait sortir de Mizraïm pour que je repose dans leur sein. » (XXIX, 43–46.)

La grandeur, la gloire du sanctuaire et de ses ministres n'est point dans ce que les hommes font par leurs richesses, leur art, les titres et les honneurs qu'ils distribuent, mais dans ce que Dieu daigne faire, dans son amour et son adoption. Or, la voix du Très-Haut, en présence des splendides temples d'Égypte comme de ceux du monde entier, dit au modeste Tabernacle d'Israël : « Je sanctifierai la tente d'assignation et l'autel ; je sanctifierai Aaron et ses fils pour me servir. » וקדשתי את אהל מועד ואת המזבח ואת אהרן ואת בניו אקדש לכהן לי. Voilà la consécration immortelle de la Synagogue et de ses pontifes ! — Nos pontifes n'arrivent pas à l'autel par les degrés de la vanité et de l'idolâtrie humaines — ולא תעלה במעלות על מזבחי, mais par le souffle, l'inspiration et la lumière du Très-Haut !

C'est pourquoi, « ô fils de l'homme, parle à la maison d'Israël du Sanctuaire, afin qu'elle rougisse de ses fautes et qu'elle fonde l'Édifice sur les vrais fondements... Voici la loi du Sanctuaire : Il doit s'élever sur le sommet de la montagne,—au-dessus de toutes les hauteurs,— et tout ce qui l'entoure doit être sacré. » (Ézéchiel, XLIII, 10, 12.)

VINGT-UNIÈME SIDRA

פ׳ כִּי תִשָּׂא

(Exode, XXX, 11, à XXXIV).

וירא כל העם ויפלו על פניהם
ויאמרו ה׳ הוא האלהים:

**Contribution personnelle. — Préparation de l'huile sainte et de l'encens.
— Les artistes du Tabernacle. — Le repos du sabbath. — Les Tables
de la loi. — Le veau d'or. — Apparition divine à Moïse. — Nouvelles
Tables et exhortation contre l'idolâtrie. — Le visage rayonnant de
Moïse.**

Les prescriptions sur le sanctuaire, les ornements sacrés, les prêtres, les lévites, etc., sont données. Il s'agit maintenant de constituer la communauté, d'en compter les membres, d'assurer à chacun sa place, ses droits et ses devoirs dans l'État divin. Aussi le Seigneur dit-il à Moïse :

« Lorsque vous ferez le dénombrement des enfants d'Israël, chacun donnera à l'Éternel une rançon pour le rachat de sa personne. Tous ceux qui seront dénombrés donneront un demi-sicle.... Le riche ne donnera pas plus et le pauvre ne donnera pas moins. Cette oblation à l'Éternel sera leur rançon. »

C'est par un acte, et non par un chiffre ou un nom, qu'on devient citoyen dans le royaume du Dieu d'Israël. Dans notre communauté, il faut peser par ses œuvres; on ne compte pas par ses richesses ou sa position. La naturalisation israélite est une noblesse qui oblige.

Chacun étant tenu à remplir son devoir, à mériter son titre par ses œuvres, son dévouement, ses sacrifices, tous sont égaux devant le Seigneur. « Le riche ne donnera pas plus et le pauvre ne donnera pas moins. » Le denier que le pauvre dépose sur l'autel du Très-Haut pèse autant que le million du riche et lui donne les mêmes droits et la même considération dans l'État saint, où le plus fortuné des hommes n'est rien que lorsqu'il se trouve, de cœur et d'âme, uni à l'assemblée de ses frères : le demi-sicle du prince doit s'unir au demi-sicle du mendiant pour former l'offrande, l'encens, la communauté agréable à notre Dieu. Ce que font les uns et les autres pour la chose sacrée, voilà la rançon, le rachat, l'ennoblissement et l'élévation de leur vie — לכפר על נפשתיכם.

Mais les contributions et les sacrifices des fidèles doivent être administrés consciencieusement, employés exclusivement aux besoins du temple — ונתת אותו על עבודת אוהל מועד — — et aux intérêts religieux et moraux de tous, non à des choses et à des personnes inutiles, pour entretenir des sinécures, payer une armée d'employés et de valets, afin de créer une cour de courtisans et de flatteurs aux administrateurs et aux chefs des tribus, non une communauté au Seigneur. Les sacrifices des enfants d'Israël doivent être un souvenir, un hommage, pour l'Éternel — והיה לבני ישראל לזכרון לפני ה', non un profit pour les hommes, un scandale devant le monde, une profanation du sanctuaire.

Notre Sidra contient ensuite des prescriptions sur les ablutions des prêtres, car, dans le service divin et dans la maison de Dieu, la pureté extérieure est un grand et impérieux devoir; elle est un reflet de la pureté de l'âme et nous rappelle que nous devons sanctifier notre cœur pour paraître devant le Seigneur. (Isaïe, I, 15.) Puis l'Écriture fait connaître la manière de confectionner l'huile sainte, pour l'onction du temple et des pontifes, et l'encens. « Il ne faut pas la verser sur le corps d'un profane; » il ne faut

pas revêtir du caractère sacré un homme qui ne le mérite
pas ; il ne faut pas souiller, dégrader les choses saintes en
les faisant descendre dans la vie, les intérêts et les passions de ce monde ; il ne faut pas accorder à un mortel les
droits, les titres et l'adoration appartenant au Très-Haut.

« Quiconque fabrique l'encens pour son propre usage
sera retranché de son peuple. » איש אשר יעשה כמוה להריח בה
ונכרת מעמיו. Il en est de même de celui qui va au temple
pour recevoir des honneurs au lieu d'en rendre au Seigneur.

Le Très-Haut dit encore à Moïse :

« J'ai désigné Bezaléel, fils d'Uri, fils de Hur, de la tribu
de Juda ; je l'ai rempli de l'esprit divin, de sagesse, d'intelligence, de science et d'aptitude à tous les ouvrages,
pour inventer des procédés à travailler l'or, l'argent, l'airain, à tailler le marbre, à monter les pierres précieuses,
à travailler le bois, à exécuter toute œuvre. »

Dans tous nos travaux, dans toutes nos entreprises,
nous devons nous animer de l'esprit de Dieu, nous confier
en lui, et non en notre sagesse personnelle. Celui surtout
qui veut travailler au temple spirituel doit être doué de
l'esprit divin, pénétré d'une sainte inspiration, armé de
force et de courage pour exercer son ministère sacré sur
l'or comme sur le cuivre, sur le riche comme sur le pauvre,
sur le marbre et sur le bois, dans le palais et dans la
chaumière...

Mais la construction du sanctuaire doit s'arrêter devant
l'observation du sabbath. « Dites aux enfants d'Israël qu'ils
observent avant tout mes jours de sabbath ; car c'est à tout
jamais un signe entre moi et vous, afin qu'on sache que
c'est moi, l'Éternel, qui vous sanctifie... Que les enfants
d'Israël gardent donc le sabbath et l'observent dans toutes
les générations, comme une alliance perpétuelle ; c'est un
pacte éternel entre moi et les enfants d'Israël, car le Seigneur a créé, en six jours, le ciel et la terre, mais, le septième jour, il a cessé d'agir et s'est reposé. »

Dieu ne voulant pas qu'on travaille à son temple le sabbath, comment l'israélite oserait-il travailler à sa maison,
à l'édification de sa fortune, pendant le jour sacré et violer
le commandement divin? En nous reposant le septième
jour de toutes les préoccupations matérielles de la vie,
nous prouvons par là au monde que nous avons foi et confiance en Dieu, et que c'est lui qui nous a donné la force
et le courage, qui nous a sanctifiés — לדעת כי אני ח' מקדשכם
— pour ne craindre aucun dommage et pour faire tous les
sacrifices en son honneur. Le Très-Haut nous offre son
alliance éternelle par le sabbath; oserions-nous la repousser, c'est-à-dire nous en rendre indignes?

« Quand le Seigneur eut achevé de parler à Moïse sur
la montagne du Sinaï, il lui remit les deux tables du Témoignage, tables de pierre, écrites du doigt de Dieu. »

———————

Nous arrivons à la page la plus affligeante de notre histoire. Pendant que Moïse se trouvait dans les célestes
régions, en présence du Très-Haut, et recevait pour son
peuple des trésors de grâces immortelles; pendant cette
grande et divine scène qui se passait sur le Sinaï, au milieu
de la lumière, de l'adoration des anges, des Alléluïa du
ciel et de la terre, du frémissement et des cantiques de la
nature entière qui chantait de sa voix formidable : Saint,
saint, saint est l'Éternel Zébaoth! pendant que Moïse tenait dans ses bras les Tables de la loi, l'auguste et adorable don du Seigneur, et que, devant ses yeux éblouis et
rayonnants de bonheur et d'admiration, se déroulait le
splendide et merveilleux tableau de l'avenir d'Israël et de
ses glorieuses destinées, un spectacle affreux eut lieu au
pied de la montagne.

Voici comment notre Sidra raconte ce triste événement.

I

« Le peuple, voyant que Moïse tardait à descendre de la montagne, s'ameuta contre Aaron et lui dit : — « Lève-toi, fais-nous des dieux qui marchent devant nous ; car Moïse, cet homme qui nous a tirés de l'Égypte, nous ne savons ce qui lui est arrivé.

« Aaron leur répondit : — Détachez les anneaux d'or que portent vos femmes, vos fils et vos filles, et apportez-les-moi.

« Tout le peuple prit les anneaux d'or qu'il portait aux oreilles et les remit à Aaron.

« Aaron les reçut, les jeta dans un moule et en forma un veau de fonte, et le peuple cria : — *Israël, voilà tes dieux qui t'ont ramené du pays d'Égypte !* »

Quel égarement, quelle démence, quel crime ! Comment des hommes qui venaient d'entendre et d'accepter, par un serment solennel, le commandement divin qui leur disait : « Vous ne vous ferez aucune image ; » des hommes qui venaient d'être affranchis de l'esclavage matériel et spirituel et élevés à la haute dignité de pontifes du Seigneur, comment ont-ils pu se livrer à l'adoration d'une idole grossière et abominable !

Hélas ! chaque fois que Moïse et les Tables de la loi sont absents de notre pensée et de notre cœur, que nous oublions le Sinaï, notre dignité, notre grandeur et notre noblesse, nous nous prosternons devant le veau d'or, devant les biens et les jouissances matériels de la vie, devant tous les fétiches de la richesse et du plaisir grossier, et leur attribuons toutes les forces, tous les bonheurs, toutes les félicités, et disons autour de nous : « Voilà tes dieux, Israël ! »

Il en est de même quand nous restons dans une déplorable ignorance de la religion, quand nous ne savons plus
« ce que Moïse est devenu », quand, comme dit la tradition, Satan fait des ténèbres au-dessus de nous et en nous,
et nous montre le cercueil du prophète et de sa loi, nous
fait croire que le judaïsme est mort et que la vérité israélite a disparu ; alors nous tombons dans l'abîme et nous
devenons apostats et idolâtres...

Cependant, d'après le récit littéral de l'Écriture et les
autorités les plus considérables, nos ancêtres, même en ce
jour néfaste de monstrueuse folie, n'ont point renié Dieu.
D'abord, en s'adressant, pour la réalisation de leur projet,
à Aaron, dont la foi inébranlable ne pouvait inspirer aucun doute, ils montraient bien qu'ils ne voulaient point
consommer une horrible apostasie, contre laquelle le frère
de Moïse eût certainement lutté jusqu'à la dernière goutte
de son sang. Puis, ils ne lui ont pas dit : Fais-nous un dieu
qui nous protège, nous nourrisse, nous fasse vivre, opère
pour nous des miracles, etc. ; mais « qui marche devant
nous, » qui soit notre guide et nous montre notre chemin ;
car ils sentaient leur faiblesse, leur abandon, le besoin
d'une direction et d'une lumière supérieures. Ils avaient
vu Moïse, sans emporter aucune nourriture, monter à la
montagne, où la manne ne tombait point, et y rester quarante jours ; ils le tenaient pour mort et se crurent perdus.

Ensuite, tout le peuple ne prit pas part à cette orgie
idolâtre ; d'après la tradition, le nombre des coupables ne
s'élevait qu'à trois mille. Les excitateurs du crime étaient
probablement les étrangers qui venaient de l'Égypte et
qui leur disaient : « Voilà ton dieu, Israël, qui t'a fait sortir de Mizraïm. » Peut-être les malheureux égarés croyaient-
ils que le veau d'or était une espèce d'agneau pascal dont
le mérite, dans leur pensée, avait produit leur affranchissement.

« Tous les peuples, dit le *maître* au *Kusari* (1), adorèrent à cette époque des images; et bien que les philosophes eussent produit des preuves
en faveur de l'unité et la divinité du Créateur, ils ne restaient pas eux-
mêmes sans image à laquelle ils s'adressaient, et dont ils disaient au
peuple qu'elle était douée de quelque chose de divin et d'une qualité
miraculeuse... Le peuple n'acceptait une croyance que lorsqu'elle lui présentait une image visible à laquelle il pouvait s'adresser. Or, les israélites attendirent ce que Moïse leur avait promis, à savoir qu'il leur apporterait quelque chose de Dieu qu'ils pourraient voir et avoir devant
eux, comme la colonne de nuée et de feu, à leur sortie d'Égypte, qu'ils
regardaient et vénéraient et devant laquelle ils se prosternaient comme
étant le séjour de Dieu. Ils se tournaient de même vers la colonne de nuée
descendant sur Moïse, lorsque Dieu parla avec lui; ils se levaient en sa
présence et adoraient le Seigneur.

« Après que le peuple eut entendu les dix commandements, Moïse
monta sur la montagne pour lui apporter les tables écrites et les prescriptions sur l'arche sacrée, afin qu'il eût quelque chose de visible pour
fixer sa pensée sur Dieu et sa création. Le peuple, en attendant Moïse,
restait dans sa situation précédente, sans perspective d'un changement
dans son extérieur et ses vêtements, comme il se trouvait devant le Sinaï,
et il attendait Moïse dans les mêmes dispositions. Comme il était absent
depuis quarante jours (il n'avait point emporté de nourriture et était
parti comme s'il devait revenir le même jour), une partie du peuple fut
saisie de mauvaises pensées. La foule se divisa en partis; les plans et
les projets les plus divers furent produits; quelques hommes se réunirent
enfin pour chercher un signe visible de leur culte auquel ils pussent
adresser leur dévotion, comme les autres peuples, sans nier pour cela la
divinité de leur libérateur de l'Égypte. L'image ne devait se trouver devant eux que pour se tourner vers elle quand ils racontaient les merveilles de leur Dieu, ainsi que firent les Philistins avec l'arche, dont ils
disaient que Dieu s'y trouvait, et comme nous-mêmes parlons aussi aujourd'hui du ciel et de toutes les choses dont nous savons que leur mouvement émane directement de Dieu et non du hasard, ou de la volonté
humaine, ou des forces de la nature.

« Ainsi le péché des israélites consistait en ce que, contrairement à la
loi, ils firent une image et attribuèrent quelque chose de divin à un ouvrage de leur main et de leur volonté, fait sans ordre de Dieu. Ils trouvent cependant une excuse dans cette circonstance, que la discorde avait
éclaté à ce sujet et que le nombre des idolâtres ne dépassait pas trois
mille sur six cent mille hommes. Les grands, qui avaient donné leur
concours pour la confection de l'image, trouvaient leur excuse dans ce
fait, qu'ils voulaient voir séparés les fidèles des infidèles, pour livrer les
idolâtres à la peine de mort. Mais justement cela leur fut compté comme
un péché, parce qu'ils donnaient à l'impiété l'occasion de sortir de la pensée secrète pour entrer dans le domaine des faits.

(1) Kusari, livre 1, 97.

« Ce péché n'était donc pas une désertion complète du culte de Celui qui les avait ramenés d'Égypte, mais seulement une violation de quelques-uns de ses commandements; car il leur avait défendu les images, et ils s'en firent une lorsque leur devoir était d'attendre Moïse et non de créer eux-mêmes un objet pour s'adresser à lui et le suivre. Il en est de même de l'autel et des sacrifices dont il est question en cette circonstance. Tout cela se fit sur le conseil des astrologues et des magiciens qui se trouvaient parmi eux et qui croyaient que l'œuvre de leur propre conception les approcherait plutôt de Dieu que les actes véritables. Ils ressemblent en cela au fou qui va dans la boutique du médecin et fait mourir des gens avec les mêmes remèdes que celui-là a employés précédemment pour guérir les hommes. L'intention du peuple n'était nullement d'abandonner le culte du Seigneur; il croyait plutôt s'en occuper et s'adressait pour cela à Aaron, pour lui communiquer son dessein. Aussi Aaron l'aida-t-il dans son projet, mais commit la faute de transformer en fait la pensée de l'impiété.

« Aujourd'hui, sans doute, cette faute nous paraît grave, attendu que la plupart des peuples n'adorent plus des images; il n'en était pas ainsi alors, où tous les peuples se firent des images pour leur culte. Si les Hébreux avaient péché en construisant, de leur propre volonté, un temple pour leur dévotion, pour offrir des sacrifices et honorer Dieu, la chose ne nous paraîtrait pas si importante, puisque nous aussi avons l'habitude de bâtir des temples que nous vénérons, aimons, en attendons des bénédictions, et dont nous croyons même que la gloire de Dieu (*schina*) y repose, que des anges veillent autour d'eux, etc. Et si les temples n'étaient pas un besoin pour la réunion de nos communautés, nous trouverions cela étrange, comme au temps des rois qui ne souffrirent point qu'on établît, pour le service divin, des maisons appelées hauteurs (*bamoth*). Les rois pieux les démolirent même, afin que nulle maison ne fût vénérée, à l'exception de celle choisie par Dieu, et selon la manière prescrite. Aussi ne trouva-t-on rien d'étonnant à la vue des images des chérubins que Dieu avait ordonné d'y établir.

« Du reste, lorsque ceux qui avaient adoré le veau furent punis et mis à mort, leur nombre ne s'éleva qu'à trois mille sur six cent mille hommes. La manne ne cessa point de tomber pour leur nourriture, ni la colonne de nuée de les couvrir, ni la colonne de feu de les guider; la prophétie continua, et augmenta même. Enfin, ils ne furent privés de rien de ce que Dieu leur avait donné, sauf les deux tables brisées par Moïse; mais celles-ci aussi leur furent rendues sur ses instances, et le péché fut pardonné. »

Ajoutons qu'Aaron, en demandant les anneaux d'or des femmes, des jeunes filles et des enfants, espérait des hésitations et des refus qui retarderaient ou empêcheraient la consommation du péché; et quand cet espoir avait disparu et que l'idole était en présence, il s'écria cependant :

« Demain, il y aura une fête en l'honneur de l'Éternel ! »
Il attendait Moïse et la réparation.

II

La deuxième scène de ce drame se passe sur la sainte
montagne. Dieu dit à Moïse :

« Va, descends, car le peuple que tu as ramené de l'É-
gypte a gravement manqué.

« Ils ont bien vite dévié du chemin que je leur avais
prescrit de suivre : ils se sont fait un veau de métal fondu,
l'ont adoré, lui ont offert des sacrifices, et ont dit : —
Israël, voilà tes dieux qui t'ont tiré du pays d'Égypte.

« J'ai vu ce peuple : c'est un peuple obstiné. Maintenant
laisse-moi ; que ma colère s'enflamme contre eux ! Je les
détruirai et je ferai naître de toi une puissante nation. »

Moïse implora l'Éternel son Dieu en disant :

« Pourquoi, ô Seigneur, votre colère s'allumerait-elle
contre votre peuple que vous avez affranchi de Mizraïm
avec une grande puissance et la force de votre bras ?

« Les Égyptiens ne diraient-ils pas alors : — C'est pour
leur malheur qu'il les a délivrés ; c'est pour les faire périr
dans les montagnes et pour les faire disparaître de la surface de la terre. Cessez de vous irriter et détournez le mal
suspendu sur votre peuple.

« Souvenez-vous d'Abraham, d'Isaac et d'Israël, vos
serviteurs, auxquels vous avez juré par vous-même en disant : — Je multiplierai votre postérité comme les étoiles
du ciel ; je lui donnerai tout le pays dont j'ai parlé, et elle
le possédera à jamais comme son héritage. »

Le Seigneur revint sur l'arrêt qu'il avait prononcé contre son peuple.

Et cette touchante prière de Moïse, que la Synagogue
récite encore aujourd'hui dans ses jours de deuil et de

tristesse, que de grandes et précieuses leçons offre-t-elle à notre conduite !

En rappelant à Dieu ses efforts miraculeux pour notre délivrance, nous nous rappelons à nous-mêmes la gratitude éternelle et l'amour infini dont nous devons être animés pour notre Bienfaiteur et notre Libérateur.

En exposant au Très-Haut la joie impie et les propos outrageants des Égyptiens, de nos ennemis, à la vue des malheurs de nos frères, nous devons nous pénétrer d'autant plus de nos devoirs, veiller avec plus de sévérité sur notre conduite, afin qu'on ne puisse pas insulter Israël et son Dieu ; afin que la société ne soit pas tentée de souhaiter, de provoquer notre « anéantissement de la surface de la terre. » ולכלותם מעל פני האדמה.

En invoquant, comme une protection infaillible, le souvenir d'Abraham, d'Isaac et de Jacob, nous devons nous rappeler nous-mêmes leurs vertus, leurs mérites, et faire tous nos efforts pour nous rendre dignes de tels aïeux.

Enfin, en rappelant au Seigneur ses promesses, ses serments en notre faveur, comment pourrions-nous violer le serment que nos pères ont juré, pour eux et pour leurs descendants, de rester à tout jamais fidèles aux commandements divins et à la glorieuse mission que nous avons acceptée au Sinaï ?

III

Moïse, tenant à la main les tables du Témoignage, œuvre de l'Éternel, descend de la montagne et voit l'abomination, l'idole, les danses, les manifestations sacrilèges, le crime de son peuple. Sa colère s'enflamme ; il jette les tables sacrées et les brise au pied de la montagne ; Israël n'était plus digne de ce don du Seigneur. Puis, il saisit l'idole, la réduit en poussière et la disperse aux vents. Il adresse des reproches à Aaron, remarque l'affreux désor-

dre du peuple, et, avec l'aide de la tribu de Lévi, frappe
les coupables d'un châtiment terrible.

Le lendemain, l'homme de Dieu retourne auprès du Seigneur et dit : « Hélas! ce peuple a commis un grand péché ; il s'est fait des dieux d'or. Pardonnez sa faute ou
effacez-moi du livre que vous avez écrit ! » Voilà comment
le pasteur d'Israël offrit sa vie pour son troupeau. Mais
Dieu répondit :

« Celui-là seul qui a péché sera puni ; » chacun est responsable de ses actes, doit supporter son expiation, doit
être son propre sacrifice.

Le peuple, frappé par la colère céleste et épouvanté des
paroles sévères que la voix de Dieu fit entendre, fut plongé
dans un deuil profond; Moïse lui-même s'éloigna du camp
et établit sa tente plus loin. La demeure du prophète fut
entourée de la splendeur divine. Il supplia le Seigneur de
continuer à marcher devant Israël et de le distinguer par
là de toutes les nations de la terre. La grandeur et la gloire
des autres peuples consistent dans leurs richesses, leur
puissance, leurs arts, leur commerce, leurs progrès en
toutes choses; la grandeur et la gloire d'Israël sont dans
la présence du Très-Haut dans son sein. Le Seigneur répondit : « Je ferai encore cela, car tu as trouvé grâce à
mes yeux et je t'ai élu. »

L'Éternel dit ensuite à Moïse : « Taille deux tables de
pierre semblables aux premières ; j'écrirai sur ces tables
les mêmes paroles qui étaient sur celles que tu as brisées.»
Les commandements divins sont impérissables ; les tables
peuvent être brisées; mille changements, mille révolutions
peuvent survenir dans la société des hommes et dans la
suite des temps ; les paroles du Décalogue, les lois israélites ont toujours la même valeur, la même utilité, sont
toujours le fondement et la condition de salut de l'humanité. Nos tables ont été mille fois brisées par la persécution et la barbarie, mais les dix paroles ont survécu à

toutes les forces brutales, et l'esprit du judaïsme est resté
intact, invaincu, invincible.

Et quand Moïse remonta avec les nouvelles tables sur
la montagne, le Très-Haut descendit dans une nuée, parut
devant lui et fit entendre ces paroles d'adorable amour :

יְיָ יְיָ אֵל רַחוּם וְחַנּוּן אֶרֶךְ אַפַּיִם וְרַב חֶסֶד וֶאֱמֶת

נֹצֵר חֶסֶד לָאֲלָפִים נֹשֵׂא עָוֹן וָפֶשַׁע וְחַטָּאָה :

*« L'Éternel, l'Éternel est un Dieu miséricordieux et clé-
ment, longanime, plein de grâces et de tendresse, conservant
sa miséricorde jusqu'à la millième génération, pardonnant
la faute, la désertion et le péché. »*

A côté du Décalogue, de la loi, de la justice du Très-
Haut, voilà son amour. Mortels, imitons les vertus de
notre Dieu !

Notre Sidra contient de nouvelles et chaleureuses exhortations contre l'idolâtrie et les idoles, contre les séductions d'alliances dangereuses qui peuvent conduire à l'a-
postasie. Comme moyen efficace et infaillible de résistance,
l'Écriture répète plusieurs commandements religieux, notamment celui du sabbath et des fêtes, pendant lesquelles
tout israélite doit paraître devant son Dieu. Quand nous
avons été dans notre sanctuaire et recueilli en nous la
pensée et la parole de notre sainte foi ; quand nous observons, dans la maison et dans le monde, les saintes et vivifiantes pratiques du judaïsme, nous sommes forts contre
le mal et toutes les tentations de la terre. Nous serons
aussi heureux dans notre vie matérielle. « Nul ne convoitera
votre territoire pendant votre présence trois fois l'année
devant le Seigneur. » Nulle perte et nul dommage ne ré-
sultera, pour nos affaires et notre prospérité, de la sanctification des jours sacrés et de l'observation de toutes les
lois divines.

Quand, après quarante jours et quarante nuits, Moïse descendit de nouveau du Sinaï, portant dans ses mains les nouvelles tables du Témoignage, sa figure resplendissait, gardait un reflet lumineux de la majesté de Dieu. Nul n'osait s'approcher de lui, et il dut mettre un voile après avoir parlé à Aaron et au peuple [1]. Il était transfiguré; tous vénéraient en lui l'envoyé du ciel, l'organe de la vérité, la colonne du temple; l'idolâtrie était bannie, le veau d'or abhorré, et tout Israël, se prosternant à terre, s'écria comme un seul homme : « L'Éternel est le vrai Dieu, l'Éternel est le vrai Dieu ! » ‏ח' הוא האלהים — ח' הוא האלהים‎.

C'était le jour immortel du Kippour.

---

[1] Si, dans le monde, devant les hommes, le pasteur des âmes doit porter parfois *un voile*, cacher sa pensée, mesurer ses paroles selon les exigences sociales, dans le temple, en présence de Dieu, il doit ôter le voile, montrer la vérité dans toute sa force et toute sa lumière, sans déguisement et sans ménagement.

‏ובבוא משה לפני ח' לדבר אתו יסיר את יסטוח.‎

VINGT-DEUXIÈME SIDRA

פ׳ וַיַּקְהֵל

(Exode, XXXV à XXXVIII, 20)

———

קחו מאתכם תרומה לח׳ :

Nouvelles exhortations au sujet du sabbath. — Appel au peuple. — Abondance de dons. — Piété des femmes. — Construction du sanctuaire.

Moïse réunit toute l'assemblée d'Israël pour lui communiquer la volonté divine au sujet de l'édification du Tabernacle et prendre à cet égard toutes les mesures nécessaires. Il ne voulait rien faire de sa propre autorité, en vertu de son pouvoir temporel et spirituel, mais consulter la communauté tout entière, respecter le droit et la liberté de chacun, assurer à tous une juste et légitime participation au gouvernement de la chose sacrée. Voilà la ligne de conduite que doivent suivre tous les administrateurs, tous les dignitaires de la communauté israélite.

Mais avant d'exposer à nos pères le projet du saint édifice, Moïse leur inculque de nouveau le commandement du sabbath; non-seulement pour leur apprendre que même la construction du temple, c'est-à-dire l'affaire la plus sacrée, doit s'arrêter devant la sainteté du sabbath, mais aussi pour leur montrer que le culte le plus splendide et le sanctuaire le plus magnifique seraient, avec la profanation du sabbath, une chose triste, un non-sens, une vaine représentation

devant les hommes, une humiliation et une affliction pour
le Seigneur. Le sabbath, alliance de Dieu avec Israël, est un
des fondements du judaïsme.

« N'allumez point de feu dans vos demeures le jour du
sabbath. » Et, réunis dans vos maisons de prière et vos assemblées pieuses pendant les heures consacrées au Très-
Haut, n'allumez pas non plus le feu de la discorde. Que le
sabbath, le repos et la paix de l'âme, la réunion de la famille de Juda sous le regard et dans l'amour de son Père,
ne devienne pas un jour de trouble, de division et de haine
dans la communauté d'Israël.

Abordant la question du sanctuaire, Moïse dit : « Pré-
levez de votre bien une offrande à l'Éternel. » Prenez de
ce que *vous possédez vous-mêmes*, קחו מאתכם ; n'imposez pas
injustement, arbitrairement, votre frère ; ne soyez pas généreux, charitables, pieux, aux dépens de votre prochain ;
n'exigez pas des autres ce que vous ne faites pas vous-mêmes dans la proportion de votre fortune et de votre position. Que l'offrande faite à la chose sacrée soit pour chacun
un sacrifice réel, personnel, qu'il sente et qu'il éprouve, non
quelques miettes tombées de sa table splendide, non quelques deniers glissés de sa main trop pleine, non une aumône jetée en passant au pauvre ; cette offrande doit aussi
être un sacrifice *volontaire*, libre, spontané ; prenez vous-
mêmes du vôtre, n'attendez pas que l'on vous contraigne à
offrir au Très-Haut ce que vous devriez être empressés et
heureux de lui donner de bon et de grand cœur. כל נדיב לב
יביאה את תרומת ח'.

Le Dieu d'Israël repousse tout sacrifice déposé sur son
autel par l'orgueil, la contrainte, l'injustice, par l'avarice
et la vanité des uns, l'oppression et l'arbitraire exercés envers les autres. « Prenez du vôtre, » de ce que vous avez
acquis honorablement, légitimement. Malheur à celui qui
présente à l'Être suprême une offrande émanant d'une source
impure ! Malheur à celui qui s'imagine pouvoir acheter avec

de l'argent le pardon et les grâces du ciel pour les torts faits
à son prochain !

Moïse avait parlé, et de suite tout le peuple, les hommes
et les femmes, les vieillards et les jeunes gens, apportèrent
tout ce qu'ils avaient de beau et de précieux. C'était une ardeur, une émulation, une soif de donner comme l'histoire
n'en offre peut-être pas d'exemple. Pauvres, privés de tout,
n'ayant pas de vêtements pour se couvrir, nos pères n'hési-
tèrent pas un instant à se dépouiller de leurs dernières ressources en l'honneur de notre Dieu. Les femmes non—seulement apportèrent leurs bijoux, leurs belles étoffes, leurs
ornements, mais elles se mirent avec bonheur à filer, à tis-
ser, à broder, à arranger mille choses pour l'embellissement
de la demeure du Seigneur. Les anneaux d'or donnés, dans
un moment de funeste égarement, pour la confection d'une
idole, ont été noblement, saintement rachetés. La foule
des donateurs était tellement grande que l'Écriture dit :
ויבאו האנשים על הנשים « Les hommes et les femmes vinrent
pêle-mêle. » Les objets apportés étaient si nombreux,
que Moïse, sur l'avis des artistes, fit publier dans le camp
l'avis qu'on n'apportât plus rien ; car ni lui ni les ouvriers ne voulurent s'approprier le superflu des dons, faire
tourner la piété du peuple à leur intérêt personnel. Pourquoi tous les chefs de communauté, tous les entrepreneurs
de travaux, n'agissent-ils pas ainsi ? Pourquoi, hélas ! les
plus louables et les plus saintes entreprises portent—elles
souvent la tache de la cupidité, de l'égoïsme, des vues inté-
ressées ?

Voilà donc ce peuple si souvent accusé d'aimer l'or au-
dessus de toute chose : il donne tout ce qu'il possède pour
élever un autel au Très-Haut ! Les hommes et les femmes,
les grands et les petits, les riches et les pauvres, apportent
ce qu'ils ont de précieux et travaillent avec une ardeur sans
égale à l'édification du sanctuaire. Cette belle et magnanime
conduite de nos pères doit faire rougir tous ceux d'entre
nous qui n'ont pas de cœur pour la chose sacrée et lui refu-

sent, au sein de leurs richesses, tout appui et tout sacrifice. Mais si les avares et les égoïstes restent en arrière, Israël, comme autrefois dans le désert, a toujours assez
d'hommes dévoués et de nobles femmes pour construire un
temple au Seigneur et fonder les plus belles institutions
pour la religion, la charité, l'éducation des enfants, le progrès moral et spirituel de l'humanité, la prospérité, l'avan-
cement et la grandeur de notre race parmi les hommes.

Moïse fait connaître que Dieu lui-même a désigné Besalél et Ohliab pour exécuter les travaux. Mais il y avait encore un grand nombre d'autres hommes pleins de capacité
et de talents pour contribuer à l'œuvre sainte. Les israélites ne manquaient pas d'artistes et d'ouvriers en tous
genres, aptes à faire les ouvrages les plus difficiles et les
plus remarquables. Le travail et l'art étaient tellement honorés parmi eux qu'ils furent nommés רוח אלהים, « esprit
divin, » et l'ouvrier ou l'artiste intelligent fut appelé חכם,
sage (מלאכת הקדש), titre qu'Israël
donne à ses savants et à ses docteurs les plus illustres. La
civilisation la plus avancée n'a pas fait autant pour l'homme
qui consacre sa vie au travail et à l'art.

« Les détails merveilleux, dit un écrivain célèbre [1],
que donne le livre de l'Exode sur la magnificence du Tabernacle, sur le luxe et la richesse des matériaux qu'on y
employait, et sur la beauté et la finesse des travaux, ont
fait naître des doutes sérieux sur la réalité du fait, et les
critiques modernes n'ont pas hésité à prendre tout le récit
pour une œuvre d'imagination, composée plusieurs siècles
après Moïse par quelque auteur qui aura vu la magnificence
du temple de Salomon. Les raisons dont se sont appuyées
ces critiques ne sont pas toutes également bonnes. On a
trouvé très peu vraisemblable que les Hébreux nomades
eussent pu produire dans le désert des ouvrages d'art aussi

---

[1] MONK, *La Palestine*, 127.

compliqués, puisque Salomon lui-même était obligé de se servir d'artistes étrangers.

« Mais les Hébreux, à peine sortis de l'Égypte, où fleurissaient les arts et l'industrie, pouvaient être, sous ce rapport, plus avancés que du temps de Salomon, lorsque déjà pendant plusieurs siècles ils s'étaient bornés à l'agriculture. Les parfums et autres choses semblables pouvaient être fournis par les caravanes qui, dès la plus haute antiquité, allaient porter en Égypte les produits de l'Arabie. (Genèse, XXXVII, 25.) »

« Le texte sacré est formel, dit un autre écrivain moderne [1]; l'école artistique judaïque était déjà nombreuse à la sortie d'Égypte, et ces deux artistes, qui en étaient les chefs, se nommaient Beslal (Besalél), de la tribu de Juda, et Ohliab, de la tribu de Dan. Au chapitre XXXV, nous retrouvons nos deux artistes, Beslal et Ohliab, avec l'énumération de leurs talents ; mais cette fois quelques additions sont faites à la liste des arts dans lesquels ils étaient experts. Ainsi, aux versets 33 et 35, il est question de la taille des pierres à enchâsser, de la broderie en laine bleue, rouge, jaune, et en lin, et du tissage ; mais, ce qui est plus important, c'est que Moïse, au verset 34, dit que Jéhova a donné à ces deux artistes le talent d'enseigner. Aussi trouverons-nous au verset 1er du chapitre suivant (XXXVI) la mention des hommes habiles qui avaient reçu les leçons de ces deux maîtres. »

Un auteur du dernier siècle [2] constate, sous plusieurs rapports, la supériorité de nos pères sur beaucoup d'autres peuples en fait d'architecture et d'art.

« Les Grecs et les Romains, dit-il, se servirent de matériaux ordinaires; mais l'Hébreu, pour prodiguer toutes les splendeurs à ses édifices, chercha dans les pays étrangers les pierres précieuses et le bois le plus précieux.....

[1] DE SAULCY, *Histoire de l'art judaïque*, p. 36.
[2] JEAN ERNEST FABER, *Archéologie des Hébreux*, Halle, 1773.

Déjà, au temps de Moïse, les Hébreux paraissent avoir atteint un haut degré dans l'art de tailler la pierre fine, surtout si, comme des savants modernes pensent, parmi les douze pierres du Pectoral du grand prêtre il y avait le diamant, que nous avons appris à vaincre, il y a seulement environ trois siècles, par un hasard [1]. » D'après l'estimation de beaucoup d'auteurs, la valeur des métaux précieux employés au Tabernacle s'élevait à plus de six millions de francs.

Mais si nos ancêtres occupaient une place distinguée dans les arts et tous les travaux utiles, ils ne leur accordaient leur considération et leur respect que lorsqu'ils étaient consacrés au temple, à l'élévation de l'homme, à sa sanctification, à l'ennoblissement de son cœur et de son esprit. Ils appelaient sages ceux qui s'occupaient « de travaux sacrés, » עשים את כל מלאכת הקדש, non ceux qui emploient leur talent et leur génie à produire des œuvres destinées à la perversion de l'homme, à l'égarement de ses sens, à la profanation de son âme ; des maisons, des images, des tableaux, des idoles pour le culte des vices et l'exaltation de l'immoralité. Comme la musique et la poésie des Hébreux étaient dédiées aux choses divines et aux pensées saintes, leur art était également un art sacré, et leurs

---

[1] Le même écrivain parle de la légende talmudique (*Sota*, 48 *b*) d'après laquelle Salomon a reçu d'Asmodée, le prince des démons, qui étaient soumis à sa domination, un ver à l'aide duquel il pouvait, sans recourir au fer, dont l'usage était interdit dans la construction du temple, tailler les pierres les plus dures. Comme ce ver est appelé par les talmudistes *schamir*, l'auteur pense que c'était simplement l'émeri (*smyris*), dont les anciens se servirent pour polir les pierres et les métaux.

D'après *Aboth*, V, 6, le ver Schamir fut créé pendant le crépuscule du sixième jour de la création ; on s'en servit pour graver les pierres précieuses ornant les vêtements du souverain pontife, et pour tailler le marbre destiné au temple. Le mot *schamir* renferme l'idée de dureté : le fer, plus dur que la pierre, s'appelle שמיר (*Kimchi* à Ezéchiel, III, 9) ; le diamant a le même nom (commentaire à Zacharie, VII, 12). Voy. Lewysohn, *La Zoologie du Talmud*.

marbres et leurs ouvrages de cèdre chantaient Dieu aussi
bien que les psaumes de David et les sublimes accents d'I-
saïe. « Tous les arbres de la forêt chantaient l'Éternel »
אז ירננו כל עצי יער לפני ח'. (Ps. XCVI.)

Le génie israélite monta toujours sur des ailes d'aigle
vers les sphères harmonieuses des Séraphins et de la lumière de Dieu !

Notre Sidra raconte un trait touchant : les femmes d'Israël, après avoir donné leurs bijoux et leurs étoffes précieuses, vinrent en foule apporter leurs miroirs de métal
pour la confection du bassin et de son socle, dont il est
question au chapitre XXX. Moïse, dit la tradition, ne voulait pas accepter ces objets qui servent à la coquetterie et
à des pensées profanes — מפני שעשויים ליצר חרע; — mais le
Seigneur dit : « Ce don me plaît plus que tous les autres. »
Ces miroirs, après avoir reflété la beauté et les grâces des
femmes israélites, transformés en vase sacré, refléteront à
tout jamais leurs nobles et pieux sentiments, la sainte pureté de leur âme illuminée par tous les rayons du ciel. Notre temple et nos sanctuaires domestiques montrent partout la main et le cœur de la femme d'Israël, son sacrifice,
son sourire, son amour de Dieu, le miroir de ses grandes
et belles vertus.

VINGT-TROISIÈME SIDRA

פ׳ פְּקוּדֵי

(Exode, XXXVIII, 21 à XL)

מַה כְּמֵחִי בֵית זְבֻל לָךְ
סְכֵן לְשִׁבְתְּךָ עוֹלָמִים:

**Compte des matériaux employés à la construction du Tabernacle. —
Confection des vêtements sacerdotaux. — Achèvement de la tente
d'assignation. — Inauguration.**

L'Écriture Sainte produit ici un compte détaillé de la
quantité d'or, d'argent et de cuivre employée à l'ornemen-
tation du sanctuaire et à la confection des habits sacerdotaux. C'est un grand exemple donné par le livre divin à tous
ceux qui ont l'administration des biens et des ressources de
la communauté, de rendre compte de leur gestion. Personne
au milieu de nous, quelque riche et quelque haut placé qu'il
soit, ne peut assurément prétendre à plus de confiance que
Moïse. Ce que l'homme de Dieu a fait envers Israël, un administrateur de synagogue quelconque pourrait-il refuser
de le faire ? Le temple israélite s'appelle משכן העדות « demeure du Témoignage, » témoignage de la grandeur de
Dieu, témoignage aussi des vertus de son peuple.

Grâce au talent merveilleux et à l'ardent zèle de Besalél
et de ses collaborateurs, le Tabernacle, ses ornements, les
vêtements d'Aaron et de ses fils, tous ces immenses et difficiles travaux furent achevés en peu de temps. On apporta
à Moïse toutes les parties de l'édifice, qui fut dressé un an

après la sortie de l'Égypte. Tout était exécuté avec une
perfection incomparable : il n'y avait rien à changer, rien
à corriger; les travailleurs israélites avaient produit un chef-
d'œuvre.

Moïse, frappé de la beauté des travaux, voyant qu'ils ré-
pondaient exactement au projet du Sinaï, les bénit en disant : יהי רצון שתשרה שכינה במעשה ידיכם « Puisse le Très-Haut
faire reposer sa majesté sur l'œuvre de vos mains ! Que la
grâce du Seigneur notre Dieu descende sur nous et que
l'ouvrage de nos mains réussisse et prospère par lui ! »
ויהי נעם ה' אלהינו עלינו.

Le voilà élevé le sanctuaire d'Israël, la nuée céleste le
couvre et la gloire de Dieu le remplit et l'illumine. Il est
fondé à tout jamais, rien ne peut plus le détruire, rien ne
peut plus le faire disparaître ; nous le portons avec nous sur
nos épaules, dans notre cœur, dans toutes nos pérégrinations à travers les temps et les empires — לעיני כל בית ישראל
בכל מסעיהם. Le sanctuaire d'Israël est impérissable. Le flambeau sacré est allumé, le feu divin brûle sur l'autel, et le
pontife est prêt pour tous les sacrifices.... Le monde spirituel et la vérité ont leur création visible sur la terre.

Un illustre penseur israélite, Moïse Mendelssohn, dit
à la fin de son commentaire sur l'Exode :

« Quand le Très-Haut choisit Israël comme son peuple
de prédilection, la sagesse suprême vit que lorsque les israélites seront réunis dans leur pays et auront leur organisation sociale, ils chercheront à acquérir toutes sortes de
connaissances et de métiers, sans lesquels la société ne
saurait exister. Or, en jetant un regard sur les divers métiers et professions, on trouvera qu'on peut les diviser
ainsi qu'il suit : 1° ceux qui sont *nécessaires*, indispensables
à l'homme, comme ceux qui ont pour objet la nourriture, le
vêtement, le logement, etc. ; 2° ceux qui sont *utiles*, soit à
la prospérité du pays, soit à la société en général, ou à des
individus en particulier, comme l'établissement et l'entre-

tien de routes, la fabrication de poids et mesures, l'écriture, etc., 3° ceux qui procurent un plaisir, une jouissance
à la vie humaine, comme le travail du teinturier, du bro-
deur, du tapissier, du doreur, etc. Ce sont des professions
d'élégance qui, parfois, servent à embellir les choses nécessaires ou utiles à l'homme, parfois aussi n'ont d'autre
but que son agrément, comme la confection des instruments de musique, la peinture, etc.

« Dans tous ces travaux, il y a une partie intellectuelle
et une partie matérielle, la pensée et l'exécution. La partie
intellectuelle est fondée sur des sciences profondes, comme
l'histoire naturelle, la géométrie, l'arithmétique, la loi de
la pesanteur; il y a là des recherches nombreuses et des
résultats prodigieux. Celui qui s'y livre admire l'esprit émi-
nent et le génie de celui qui en a fait la découverte. La partie matérielle, l'exécution, s'opère par les membres du corps
humain; elle n'a besoin que d'adresse et d'une connaissance
pratique de la chose; c'est le travail de l'artisan et de l'ouvrier. Cependant ce travail aussi a souvent besoin du concours intellectuel pour atteindre à la perfection désirable.
Mais l'esprit peut accomplir seul certains travaux sans aucun concours des membres du corps, comme la composition
musicale, la conduite d'un navire, le plan d'une maison, le
calcul, la médecine, etc. Il est vrai que tout cela ne s'appelle pas *métier* en langue sacrée, puisqu'il n'y a point d'a-
dresse corporelle, mais *science* et, dans les langues vulgaires, *art*.

« Or, tous ces travaux sont louables et utiles à la prospérité d'un peuple, aussi longtemps qu'ils ne dépassent pas
la juste mesure, la juste proportion. Cette mesure n'est
pas la même chez tous les peuples; elle varie selon la position matérielle du pays, le nombre des habitants, la fécondité du sol, les relations avec les peuples voisins. Au commencement, il convient de se livrer de préférence aux métiers de nécessité; puis, peu à peu, avec le progrès de la
prospérité publique, aux œuvres d'utilité et d'agrément.

Dans tous ces degrés, le trop est dangereux, surtout quand il s'agit des travaux faits pour le plaisir et le luxe de l'homme; car ils produisent le désir des jouissances sensuelles, la convoitise des richesses, l'affaiblissement du corps humain, l'envie, la jalousie, la division entre parents, la guerre entre nationaux. Ils peuvent devenir la source d'une désorganisation sociale complète.

« Nos sages ont dit : De même que Dieu a ordonné à son peuple de lui consacrer les premiers fruits de ses entrailles et de ses champs, de même il faut consacrer à son honneur les prémices de tous nos biens. Nous devons offrir au Seigneur les premiers fruits de nos pensées, de nos études, de toutes nos œuvres concernant l'organisation du pays et de la société, et les consacrer à son culte. C'est pourquoi il a ordonné à nos pères d'employer le produit de leur première science à la construction du sanctuaire et à la confection des habits sacerdotaux. Par cela, toutes leurs méditations professionnelles étaient consacrées au Très-Haut, ils pensaient désormais à lui dans tous leurs travaux, et ne cherchaient pas ce qui est vain et superflu. Leur travail, leur industrie, leurs arts, inaugurés par le sanctuaire, étaient à tout jamais salutaires et sacrés.

« Par cela aussi ils ont appris à ne pas dépasser la mesure des œuvres d'agrément et de luxe dans la suite des temps, lorsque les circonstances changeront, qu'ils se trouveront dans leur pays heureux et prospères, et qu'ils feront des progrès dans les sciences et dans les arts. Aussi, jusqu'à l'époque de Salomon, l'arche du Seigneur reposa sous des tentes; et, quand le sceptre était aux mains de ce sage roi, Juda et Israël étaient nombreux comme les sables de la mer, chacun vivait tranquille sous son figuier et son olivier, depuis Dan jusqu'à Béer-Schéba; l'or et l'argent étaient, à Jérusalem, en abondance comme les pierres; les cèdres se trouvaient en quantité comme des arbres ordinaires. Alors l'Éternel (béni soit son nom!) ordonna qu'on bâtît une maison en son honneur.

« Mais le roi fit faire pour lui aussi un palais, des constructions splendides et pompeuses, des demeures d'or et de marbre, un trône éblouissant en ivoire, des vases d'or d'un travail merveilleux ; il fit construire des vaisseaux pour lui chercher à Ophir des bois odoriférants et des pierres précieuses. Voyez jusqu'à quel point les choses étaient déjà avancées alors. Plût au ciel qu'elles en fussent restées là ! Malheureusement la soif des plaisirs et des jouissances augmenta de plus en plus, la mesure fut dépassée de bien loin, peuple et roi s'égarèrent, et il arriva ce qui devait arriver.

« Pour nous préserver de tout excès, nos sages ont dit : וכל מעשיך יהיו לשם שמים, « que tous vos travaux soient inspirés par la pensée divine. » Par ce moyen, l'homme s'applique à distinguer le bien du mal, l'utile du dangereux, et il ne laissera pas son cœur courir après de vaines et impures satisfactions. Dieu n'a point fixé de limite à nos pères, mais il leur a ordonné d'élever leurs pensées et leurs œuvres vers le ciel et de sanctifier leurs premiers travaux par son culte..... Béni soit-il et glorifié soit son nom pour nous avoir séparés des idolâtres et dotés d'une doctrine de vérité, de lois salutaires et justes, afin que nous soyons à tout jamais animés de son amour, de son respect et de son adoration. *Amen!* »

Le sanctuaire d'Israël, élevé en l'honneur du Maître de l'univers, est en même temps le plus précieux don que le ciel ait fait aux hommes pour leur ennoblissement, leur sanctification, leur élévation vers les divines régions du bien, de la lumière, du salut éternel. Le sanctuaire d'Israël est une bénédiction même pour les peuples qui le repoussent, et on y prie même pour la prospérité de la terre où nos frères n'ont pas le droit de respirer... Nous répétens encore aujourd'hui, dans la Synagogue, cette sublime prière que Salomon récita à l'inauguration du temple :

« Éternel, Dieu d'Israël, il n'est point de Dieu comme vous, ni en haut au ciel, ni en bas sur la terre ! Vous gardez l'alliance et l'amour envers vos serviteurs qui marchent devant vous sincèrement.

« Mais le Seigneur habiterait-il la terre ? En vérité, tous les cieux ne pouvant vous contenir, comment pourrait le faire la maison que j'ai bâtie !

« Cependant daignez vous tourner vers la prière et les instances de votre serviteur, ô Éternel, mon Dieu ! écoutez l'hymne et l'oraison que votre serviteur vous offre aujourd'hui.

« Que votre regard descende sur cette maison la nuit comme le jour, sur ce lieu dont vous avez dit : — C'est là que sera mon nom. — Puissiez-vous écouter la prière que votre serviteur vous y adressera !

« Accueillez les supplications que votre serviteur et votre peuple d'Israël feront monter vers vous de cet endroit ! Écoutez-les du haut de votre séjour céleste, et pardonnez !

« Lorsqu'un homme aura fait un tort à son prochain, et qu'on lui impose un serment à prêter devant votre autel, dans cette maison,

« Entendez-le du ciel, et jugez vos serviteurs en condamnant le coupable à porter le poids de sa conduite, et en justifiant le juste, en lui rendant selon son innocence.

« Si votre peuple d'Israël, pour avoir péché, est frappé par l'ennemi ; s'il revient à vous et confesse votre nom et vous prie dans cette maison ;

« Exaucez-le du ciel, et pardonnez à votre peuple d'Israël, et ramenez-le dans la terre que vous avez donnée à ses ancêtres.

« Si le ciel est fermé et qu'il n'y ait point de pluie, parce qu'ils ont péché contre vous, s'ils vous prient en ce lieu, et

16

confessent votre nom, et se repentent de leur péché dans leur affliction;

« Écoutez-les du ciel, et pardonnez les fautes de vos serviteurs et de votre peuple d'Israël, à qui vous avez montré le chemin salutaire où il doit marcher, et accordez la pluie à la terre que vous avez donnée en héritage à votre peuple.

« Si la famine est dans le pays; si la peste, la rouille, la nielle, les sauterelles, les insectes, ravagent les champs; si l'ennemi assiége les portes, ou si tout autre fléau ou maladie les accable;

« Alors toute prière et toute supplication faite par un homme de votre peuple d'Israël, par chacun qui aura reconnu la plaie de son cœur, et aura élevé ses mains vers vous dans cette maison;

« Exaucez-les du ciel, votre demeure; pardonnez et accordez à chacun selon sa voie, selon son cœur, car vous seul connaissez le cœur de tous les hommes.

« *Et lorsqu'un étranger, qui n'est point de votre peuple d'Israël, viendra d'un pays éloigné à cause de votre nom, et priera dans votre maison,*

« *Exaucez-le du ciel, votre demeure, et accordez tout ce que l'étranger aura sollicité, afin que tous les peuples de la terre apprennent à vénérer votre nom, comme votre peuple d'Israël, et qu'ils reconnaissent que votre nom est appelé sur cette maison que j'ai bâtie!* »

Le temple d'Israël est le temple de l'humanité. C'est le Sion où règne la Thorâ, la Jérusalem où retentit la parole de l'Eternel, le Sinaï qui proclame la loi d'amour et de charité, de justice et de fraternité parmi les hommes. La Synagogue, c'est le sanctuaire de l'immortalité.. מען לשבתך עולמים.

LE LÉVITIQUE

VINGT-QUATRIÈME SIDRA

פ׳ וַיִּקְרָא

(Lévitique, I à V)

מחיתי כעב פשעיך וכענן חטאתיך
שובה אלי כי גאלתיך:

Lois sur les sacrifices; la manière, le lieu, les espèces. — La rémission
des péchés.

Le sanctuaire était élevé, inauguré, et resplendissait de
la divine majesté. Il y avait, selon les paroles d'Isaac sur
la route de Moria, le feu et le bois ; mais le sacrifice était
encore absent, le culte n'était pas encore réglé. Le Législateur céleste allait pourvoir à ce besoin.

Un immense nombre de théologiens israélites et d'autres
croyances ont consacré aux sacrifices leurs savantes et profondes méditations. Les hypothèses les plus variées,
souvent les plus ingénieuses, ont été produites et combat-
tues. La vérité a-t-elle été découverte par les recherches
des philosophes et des docteurs ? Ce qui est plus certain
que les suppositions les plus admirablement conçues, c'est
ce fait incontestable : que les hommes , depuis la création

du monde, ont éprouvé le besoin des sacrifices, la nécessité d'offrir à la Divinité ce qu'ils possèdent de plus précieux, soit pour lui témoigner leur amour et leur respect,
soit pour se faire pardonner une faute en s'imposant une
punition volontaire. Cette dernière pensée se trouve surtout dans le sacrifice d'êtres vivants, dont le sang versé
pouvait être considéré par le pécheur comme une douloureuse expiation de la mort qu'il avait méritée lui-même. On
n'a pas déposé sur l'autel de l'or, de l'argent, des pierres
précieuses, mais des produits du règne animal ou du règne
végétal, qui tous représentent la vie de l'homme et lui rappellent, non ses richesses et ses vanités, mais sa nature
fragile, ses faiblesses, ses besoins, sa mortalité.

Déjà Adam, d'après la tradition, a présenté un sacrifice
à l'Éternel [1]; les vêtements de peau dont parle la Genèse (III, 21) font supposer qu'ils émanaient d'animaux offerts en sacrifice, puisque le premier homme se nourrissait
exclusivement de végétaux. Caïn, Abel, Noé, tous les patriarches offrirent des sacrifices au Très-Haut, et Pharaon
lui-même comprit parfaitement le désir des Hébreux de se
rendre au désert pour sacrifier à leur Dieu. Les sacrifices n'étaient donc pas exclusivement un usage païen, idolâtre, que le législateur israélite aurait seulement maintenu, toléré, pour ne pas trop froisser les habitudes et le
sentiment du peuple. Cette théorie de concession a pour
représentant principal Moïse Maïmonide, qui s'exprime
ainsi (*Moreh Nebouchim*, IIIe partie, chap. XXXII) :

« L'homme ne saurait passer sans transition d'un extrême
à l'autre; la nature s'oppose à ce qu'il se détache soudain
de ses habitudes. Or, à l'époque où Dieu envoya notre maître Moïse (que la paix soit sur lui!) pour faire de nous un
royaume de pontifes et une sainte nation, soit par la connaissance de Dieu, soit par son adoration ; à cette époque

---

[1] שור שהקריב אדם הראשון קרן אחת היתה לו במצחו (*Sabbath*, 28 *b*;
Chullin, 60 *a*; *Aboda Sara*, 8 *a*).

il était une coutume universelle à laquelle tous étaient habitués, un culte dans lequel tous étaient élevés, de sacrifier des animaux dans les temples ornés de statues devant lesquelles on se prosternait et brûlait de l'encens. On choisit des hommes consacrés au service des temples fondés en l'honneur du soleil, de la lune et des étoiles. C'est pourquoi Dieu, dans sa sagesse infinie qui se manifeste dans toutes ses créatures, ne voulut point nous ordonner de suspendre entièrement cette espèce de culte et de l'abolir; car cela eût été impossible à la nature humaine, qui est toujours attachée aux anciennes habitudes. Cela eût paru alors comme si de nos jours un prophète, exhortant à l'adoration divine, venait nous dire : Dieu vous ordonne de ne point le prier, ni jeûner, ni implorer son secours dans vos souffrances ; mais il veut que votre culte consiste en pensées, non en actes.

« Par cette raison Dieu nous permit de conserver ces usages religieux; mais il les régla de sorte qu'ils ne pussent plus avoir pour objet des êtres créés ou des fruits de l'imagination, mais son nom sacré. Il nous ordonna de lui bâtir un temple : « Faites-moi un sanctuaire (Exode, XXV, 8); » de consacrer l'autel à son nom : « Vous me ferez un autel de terre (ibid., XX, 21); » d'offrir les sacrifices à lui seul : « Lorsque quelqu'un de vous offrira un sacrifice à l'Éternel (Lévitique, I, 2); » de nous prosterner devant lui et de lui apporter de l'encens. Il nous défend de rendre ces honneurs à tout autre : « Quiconque sacrifie à des dieux autres que l'Éternel sera puni de mort (Exode, XXII, 19); ». « Vous ne vous prosternerez point devant un autre dieu (ibid., XXXIV, 14); » il choisit aussi des prêtres pour le service du sanctuaire, ainsi qu'il est dit : « Ils me serviront (ibid., XXVIII, 41); » et il leur assigna des dons et des revenus pour l'entretien de leur vie, parce qu'ils durent se consacrer au service du temple et des sacrifices.

« Par ce moyen Dieu atteignit son but de faire disparaître, au milieu de notre nation, le souvenir de l'idolâtrie,

et de consolider le grand et sublime principe fondamental :
la foi de l'existence et de l'unité de Dieu ; et tout cela sans
effrayer les âmes par une abolition subite d'anciennes coutumes religieuses et l'introduction de nouveaux usages.
Cependant je suis convaincu que, dans le premier moment,
vous trouverez cette opinion fort étrange et que vous la re-
pousserez en disant : Comment des lois et des actes prescrits avec tant de précision de temps et de lieu, et entourés de tant d'importance, peuvent-ils n'avoir aucun but direct, n'exister que pour autre chose, et n'être qu'un expé-
dient inventé par Dieu pour réaliser une pensée supérieure ? Qui l'aurait empêché de nous communiquer de suite
cette pensée supérieure, en même temps que la faculté de
la recevoir, de manière qu'il n'aurait pas eu besoin de recourir à ce que vous considérez comme un moyen pour arriver à son but ? »

 Après avoir réfuté cette objection par l'exemple de faits
analogues racontés par l'Écriture, Maïmonide continue :

« Comme cette espèce de culte, celui des sacrifices, n'a
qu'un but secondaire, tandis que la prière et d'autres usages religieux approchent davantage du but principal et sont
indispensables pour l'atteindre, Dieu fit une différence no-
table entre les deux espèces de culte. Le culte par les sacrifices, bien que consacré à son nom saint, ne peut pas
être célébré comme cela eut lieu primitivement ; il ne nous
est pas permis de sacrifier en tout lieu et en tout temps, ni
de construire le temple comme bon nous semble, ni de laisser
sacrifier quiconque veut se charger du service divin. Tout
cela nous est défendu. Un seul temple fut désigné, ainsi qu'il
est dit : « Au lieu que l'Éternel a choisi » (Deut., XII, 26),
en dehors duquel il n'était pas permis de sacrifier (*Ibid.*,
verset 13) ; et une seule famille fut appelée au sacerdoce.
Toutes ces dispositions avaient pour but de borner cette
espèce de culte, dont il ne devait rester que ce que la
sagesse divine trouvait bon de ne point supprimer. Mais la
prière et l'oraison sont permises à tout homme et en tout

lieu ; de même *zizith, mesousa, tephillin* et autres usages
religieux analogues. »

L'immortel docteur développe son opinion et trouve pour
elle un appui puissant dans les exhortations énergiques des
prophètes contre les sacrifices qui seraient considérés
comme le but principal, l'accomplissement des lois divines
et humaines, ce vrai culte de Dieu. Cette manière d'expliquer les sacrifices est partagée par beaucoup de théologiens,
entre autres par R. Levi (*Vayikra rabba*, ch. **22**), qui
dit : « Les israélites s'étant adonnés, en Égypte, à l'idolâtrie et ayant offert des sacrifices aux démons, ainsi qu'il
est dit : — Afin qu'ils ne sacrifient plus aux démons —
ולא יזבחו עוד לשעירים ; ayant enfin fait leurs sacrifices dans le
péché qui leur attirait le châtiment, le Très-Haut a dit : —
Désormais ils m'offriront leurs sacrifices dans le sanctuaire,
ils seront ainsi éloignés de l'idolâtrie et seront sauvés. »
, Cependant Maïmonide a eu des contradicteurs nombreux
et éminents, notamment Nachmanide, qui oppose les sacrifices de Noé et d'Abel offerts à Dieu à une époque où il n'y
avait pas encore d'idolâtrie ; et la mention d'animaux purs
recueillis dans l'arche de Noé semblerait indiquer que le
Très-Haut voulait être honoré par des sacrifices [1]. Il est
en effet difficile d'admettre que la religion révélée sur le
Sinaï, qui prononçait avec tant d'éclat la condamnation de
toute idolâtrie, de toute superstition ; la religion qui re-
poussait sans retour le vieux monde des ténèbres pour faire
luire sur la terre la vérité et son flambeau immortel, ait
laissé subsister, dans le sein de son peuple-pontife, un
usage idolâtre qui, dirigé aujourd'hui vers le bien, pourrait
si facilement retourner demain vers le mal et à l'abîme. La

---

[1] « Je pose comme une chose certaine que les premiers hommes sacri-
fièrent, parce que Dieu le leur commanda, soit qu'il leur en ait donné le
commandement par une voix intelligible, soit qu'il l'ait inspiré à Adam par
l'esprit dont on ne peut pas douter qu'il n'ait été illuminé. » JURIEU, *Histoire des cultes et des dogmes.*

religion d'Israël ne compose pas avec l'erreur : elle est un progrès, non une réaction ; elle ne se glisse pas dans le paganisme en se faisant païenne elle-même.

Le sacrifice, pour être inscrit dans le Code divin, doit avoir une importance et une idée plus profondes qu'un simple accommodement avec l'erreur et le préjugé ; il doit être une de ces grandes pensées de Dieu que les hommes doivent accueillir avec amour et adoration. Nos pères, qui étaient plus près du foyer de lumière, et dont la nature était plus spirituelle, plus clairvoyante que la nôtre, avaient l'instinct du sacrifice ; ils en sentaient la nécessité indispensable, absolue, et en éprouvaient les bienfaits. Ils avaient faim dans le désert, souffraient de toutes les privations, se révoltaient à chaque instant pour n'avoir pas un morceau de viande à manger, tombaient avec frénésie sur les cailles que le vent apportait ; ont-ils murmuré contre le sanctuaire qui leur réclamait tous les jours des animaux pour l'autel ? Le sacrifice était tellement gravé dans la conscience et l'âme de nos pères, qu'Abraham n'éprouva aucune surprise lorsque Dieu lui dit de lui sacrifier son fils.

Il est des hommes qui trouvent le culte des sacrifices inhumain, barbare, parce qu'on y répand le sang d'un être vivant, tandis qu'eux-mêmes immolent tous les jours des animaux sans nombre pour le luxe de leur table et la satisfaction sensuelle de leur appétit [1]. Ils ne veulent rendre au Très-Haut que des hommages dits spirituels, un culte invisible et idéal, tandis qu'eux réclament de lui les bonheurs les plus matériels, les jouissances les plus grossières, et dédaignent les félicités pures de l'âme et du cœur ! Le sacrifice israélite fut une grande et éblouissante confession

---

[1] Une civilisation raffinée est parvenue à employer, à perdre pour des choses inutiles de luxe, une quantité innombrable d'objets alimentaires avec lesquels on pourrait nourrir tous les jours des milliers de pauvres. Voilà des sacrifices offerts au démon qui ne soulèvent aucune protestation, qu'on décore même du nom de progrès.

du Dieu—Un à qui appartiennent notre vie et nos biens, un approchement (*korban*) du sanctuaire terrestre et du temple céleste, et les pensées et la foi qui l'inspirèrent étaient « une odeur agréable au Seigneur ». Puissions-nous le revoir bientôt à Sion et à Jérusalem ! והשב את העבודה לדביר ביתך ואשי ישראל ותפלתם באהבה תקבל ברצון.

Si nous étudions les termes mêmes du commandement divin sur les sacrifices, nous y trouvons de hauts et précieux enseignements.

Le sacrifice doit être *parfait, sans défaut*. Tout ce que nous offrons à l'Éternel doit être digne, pur, précieux ; ce que nous possédons de plus beau et de plus accompli doit encore nous paraître au-dessous du culte que nous devons rendre à notre Dieu. Notre sacrifice, nos actes religieux et charitables, nos prières et nos pensées, doivent être sans défaut, sans tache, inspirés par l'amour de Dieu et de sa sainte loi. « Vous aimerez l'Éternel de tout votre cœur, de toute votre âme, de tous vos moyens. » Il faut poser la main sur la tête de l'holocauste ; il faut pouvoir avouer le sacrifice devant les hommes pour espérer le faire agréer par le Seigneur. ונרצה לו לכפר עליו.

Il faut confesser son péché devant Dieu, והתודה אשר חטא עליו, le regretter et le pleurer, pour que le sang de la victime l'efface du livre du jugement ; autrement le sacrifice est un acte inutile, répréhensible, un vrai mensonge placé devant l'arche du Très-Haut, et un être vivant aura péri pour une comédie.

Si quelqu'un était pauvre et ne pouvait déposer sur l'autel qu'un pigeon, son sacrifice était aussi agréable au Seigneur que la plus riche offrande (verset 17). « Que l'on apporte beaucoup ou peu, dit le Talmud, pourvu qu'une

sainte pensée y préside. » ‫אד חמרכה ותר חמטים וכלם טיככין‬
‫לכם לטטו‬ (*Menachoth*, 110 *a*).

Comme tous les hommes sont égaux par leur nature et
leurs faiblesses, et que nul mortel n'est infaillible, l'Écriture établit les règles à suivre pour le cas où un simple
individu, un prince ou même le souverain pontife —
‫הכהן המשיח‬ — commet un péché et doit apporter un sacrifice. La faute de ce dernier est bien plus grave que celle
de tout autre homme, puisqu'elle peut devenir un exemple
public dangereux et conduire le peuple au mal — ‫לאשמת העם‬.
« La lèvre du pontife, dit le prophète, doit garder la loi,
et sa bouche doit propager l'enseignement, car il est un
envoyé de l'Éternel Zébaoth; mais vous, vous vous êtes
détournés de la bonne voie, vous avez égaré la multitude
dans la doctrine, vous avez violé l'alliance de Lévi! »
(Malachie, II, 7, 8).

Et comme dans le royaume d'Israël tout tort fait à un
homme est un péché contre Dieu, quiconque a commis un
acte coupable envers son prochain, après avoir réparé le
mal, doit offrir un sacrifice expiatoire au Seigneur. « Si
quelqu'un pèche, *commet une infidélité envers l'Éternel* —
‫ומעלה מעל ב׳ה‬, en niant un dépôt, un prêt, en gardant un
objet volé ou trouvé, en retenant ce qui appartient à son
prochain, en prêtant un faux serment, etc. » Tous ces
crimes contre les hommes sont, d'après notre sainte religion, des crimes contre Dieu.

Depuis la destruction du temple de Jérusalem les sacrifices ont cessé ; ils sont remplacés par la prière — ‫תפלה‬
‫במקום קרבן‬. Mais, de même que, dès le jour de l'inauguration du sanctuaire dans le désert, il était défendu de sacrifier ailleurs, de même nous devons faire nos prières dans
la maison du Seigneur, au milieu de sa communauté. Nous

ne devons pas dire : « Puisque Dieu est partout, il importe
peu de savoir en quel lieu on l'invoque, et nous pouvons
nous livrer à notre dévotion aussi bien dans notre demeure que dans la synagogue. » Le Très-Haut lui-même
nous a ordonné de lui élever un sanctuaire pour lui adresser nos hommages, et non de nous enfermer dans notre
chambre pour accomplir ce grand et saint devoir; puis, la
réunion de la communauté dans un lieu public sacré, n'est-
ce pas la seule glorification du Dieu d'Israël dans notre
dispersion, dans notre pauvreté, qui nous empêche de lui
élever des temples splendides et pompeux comme font les
autres peuples en l'honneur de leurs divinités? Notre culte
doit être un אשה ריח ניחוח לה' « un feu qui monte vers l'Éternel, » une clarté qui se répand partout, illumine notre
âme, réchauffe notre cœur, projette ses rayons autour de
nous comme une auréole divine, et non la lampe fumeuse
du malfaiteur qu'il souffle au moindre bruit venant du
dehors, ou la pâle lumière d'une étoile nocturne qui disparaît à l'approche du jour, à l'approche du soleil. « Je
me suis créé ce peuple, dit la voix d'en haut, pour qu'il
proclame ma gloire » עם זו יצרתי לי תהלתי יספרו , mais non
pour qu'il s'enferme dans le secret de sa maison et m'y
adresse des hommages qu'il aurait honte ou crainte de
m'offrir devant le monde.

Le culte israélite est toujours un sacrifice, non une vaine
représentation, un spectacle frivole donné aux sens et à
l'imagination. Peuple de pontifes, chacun de nous doit
venir devant l'autel du Seigneur offrir le sacrifice de son
amour, de son dévouement sans bornes, sa vie même pour
l'honneur de notre Dieu et de notre foi. Nous ne pouvons
plaire au Très-Haut et remplir nos devoirs en prodiguant
seulement l'or et les magnificences dans les temples, mais
en y versant des larmes, en y épanchant nos cœurs, en
venant sacrifier nous-mêmes devant l'arche de l'alliance.
Par ce culte réel de notre âme et de notre adoration, il arrivera, selon la parole du prophète, dans la Haphtara de ce

sabbath, « que nous tous serons heureux de proclamer hautement notre titre d'israélite et de le mériter; que l'un dira : J'appartiens à l'Éternel, que l'autre se désignera d'après le nom de Jacob; que celui-ci donnera sa signature à Dieu — זה יכתוב ידו לה׳ — et que celui-là sera fier de porter le nom d'Israël... Car souvenez-vous, Jacob, rappelez-vous, Israël, que vous êtes mes serviteurs, le peuple que j'ai créé pour mon culte; vous ne sauriez donc m'oublier! Je fais disparaître vos péchés comme un nuage, je disperse vos fautes comme une vapeur : revenez à moi, je vous ai sauvés!... Éclatez en allégresse, cieux! l'Éternel l'a accompli. Chantez, profondeurs de la terre; faites retentir votre joie, montagnes et forêts, car l'Éternel a délivré Jacob, et il est glorifié par Israël! » כי גאל ה׳ יעקב ובישראל יתפאר (Isaïe, XLIII et XLIV).

VINGT-CINQUIÈME SIDRA

פ' צַו

(Lévitique, VI à VIII)

שמעו בקולי והייתי לכם לאלהים
ואתם תהיו לי לעם:

Prescriptions détaillées pour les prêtres relatives aux diverses espèces de sacrifices. — **Installation solennelle d'Aaron et de ses fils** dans leurs fonctions sacerdotales.

Parmi toutes les lois religieuses, morales et sociales du judaïsme, il n'en est pas une qui soit l'objet d'une si immense quantité d'instructions précises et de détails minutieux comme le commandement des sacrifices. L'accomplissement même de presque toutes les autres lois ne peut se faire sans sacrifice. Ce fait remarquable ne démontre-t-il pas qu'il y a là une pensée plus profonde, un but plus élevé, une nécessité plus grande qu'une simple concession du législateur à d'anciennes coutumes, à de vieilles superstitions ?

Moïse a brisé pour toujours avec toutes les habitudes idolâtres ; les animaux destinés par lui aux sacrifices étaient des dieux chez les Égyptiens. « Ne marchez pas dans leur voie », dit-il aux Hébreux. Ne doit-on pas alors rejeter toute idée d'une composition avec les mœurs et les croyan-

ces des faux cultes ? La Synagogue en est si bien convain-
cue, qu'elle a conservé, même au milieu des peuples anciens et modernes où les sacrifices sont absents, la récitation des chapitres de l'Écriture parlant des sacrifices —
récitation qui doit les remplacer depuis la destruction du
temple — et a ordonné des prières pour la restauration et
le rétablissement de l'ancien culte de Jérusalem. C'est par
le sacrifice que l'âme s'épure, se sanctifie, s'élève à Dieu.

On a opposé de nombreux passages où les prophètes
semblent blâmer le culte des sacrifices [1] ; on a surtout
cité ces paroles de notre Haphtara : « Je n'ai pas parlé à
vos ancêtres et ne leur ai rien ordonné, le jour où je les
fis sortir d'Égypte. au sujet d'holocaustes et de victimes »
(Jérémie, VII, 22). Mais il est évident que les paroles de
blâme des prophètes s'adressent, non aux sacrifices, mais
à leur abus, à la fausse croyance qu'on pourrait transgresser toutes les lois divines et humaines, se livrer à une vie
immorale et scandaleuse, et réparer tout mal par l'immolation d'un animal sur l'autel du Seigneur. Jérémie n'a
pu avoir voulu dire autre chose, puisque, contrairement à
la lettre de son exhortation, Dieu avait bien ordonné à
nos pères le sacrifice de l'agneau pascal à leur sortie de
l'Égypte. Isaïe parle bien aussi contre le sabbath et les
fêtes (I, 13-14), et contre le jeûne (LVIII, 3-4) ; voulait-il
donc prêcher l'abolition du sabbath, des fêtes et du Kippour ? Assurément non ; mais il s'élève contre les actes ex-
térieurs qui ne sont pas accompagnés d'une sanctification
intérieure du cœur et de l'âme. La voix divine dit également par la bouche de ce sublime voyant :

« Les cieux sont mon trône et la terre est mon marche-
pied ; quelle maison voudriez-vous me bâtir, quel lieu
assigner à mon repos ? » (LXVI, 1). Cependant Dieu nous
a dit positivement : « Faites-moi un sanctuaire pour que
je demeure au milieu de vous. » Il ne peut donc être ques-

[1] I Samuel, XV, 22; Psaumes, L, 8 10; LI, 18 et 19; Isaïe, I, 11.

tion, dans toutes les prédications prophétiques contre les sacrifices, comme contre d'autres commandements et actes religieux, que des œuvres et des cérémonies dépourvues de pensées saintes et de foi réelle, c'est-à-dire de sincérité et de vérité; l'ostentation, le mensonge, l'hypocrisie, la parodie de la chose sacrée, sont une profanation du sanctuaire et un crime de lèse-Divinité. Le prophète dit bien : « Il sacrifie un bœuf et frappe un homme ! » שׁוֹחֵט הַשּׁוֹר מַכֵּה אִישׁ (*Ibid.*, verset 3). Voilà le mal, voilà le péché, voilà le sacrilége, quand on veut se servir du céleste manteau de la religion pour couvrir toutes les impuretés et toutes les abominations. Mais la religion elle-même, et ses commandements, et ses symboles, ne perdent rien par là de leur divinité, de leur haute importance, de leur éternelle inviolabilité, de leur auguste grandeur, de leur influence infaillible et nécessaire sur le bonheur et le salut de l'homme.

Il y avait quatre espèces de sacrifices principaux : l'holocauste, les sacrifices expiatoires pour le péché, les sacrifices pour le délit, les sacrifices pacifiques.

L'holocauste — *Olah* — occupe le premier rang : c'était le plus solennel des sacrifices; il s'adressait à la majesté divine, le feu dévorait la victime tout entière. L'homme n'y avait aucune part; c'était un pur hommage rendu à l'Éternel tous les jours de l'année, le matin et le soir. Aussi les étrangers, que le judaïsme ne repousse pas de son sanctuaire, pouvaient-ils offrir un holocauste sur l'autel israélite; car ils sont les enfants du même Dieu et du même Créateur (Nombres, XV, 14). L'holocauste consumé tout entier par le feu nous apprend que, dans notre culte au Seigneur, toute pensée personnelle et tout intérêt matériel en doivent être rigoureusement éloignés, pour ne laisser dans notre âme que l'amour de Dieu, à qui nous devons sacrifier tout ce que nous sommes et tout ce que

nous possédons, nos biens et notre vie. Holocauste vivant,
l'israélite ne doit jamais laisser éteindre le feu sacré dans
son cœur, אש תמיד תוקד על המזבח לא תכבה.

Le sacrifice pour le péché — *Hattath* — était offert en
expiation des fautes involontaires, commises par ignorance, par négligence, par omission. « On ne comprend
point d'abord le motif d'une telle expiation. Mais, si l'on
se rappelle que le premier devoir des enfants d'Israël était
d'étudier la loi, de la méditer, de l'avoir toujours présente à l'esprit ; que, d'un autre côté, les lévites en faisaient l'objet d'un enseignement public obligatoire, on
comprendra que l'ignorance de la loi était une première
faute, qui ne pouvait point excuser celles qui étaient commises en conséquence de cette première. Dans cette société
donc tout le monde connaissait la loi ou devait la connaître, et, par conséquent, toute faute par ignorance obli-
geait à une réparation. Mais ici la sagesse du législateur
éclate par la douceur du châtiment, car la peine se réduit
au sacrifice d'expiation, pour obtenir du Seigneur, par
l'entremise du sacerdoce, la remise du péché. Nous admettons l'autorité de cette fiction, que tout le monde est
censé connaître la loi ; mais chez les Hébreux cette fiction
était une réalité, à de rares exceptions près. Le sacrifice
d'expiation était ouvert aux cœurs élevés et purs, qui tenaient à la fidèle exécution de la loi. » [1]

Le sacrifice pour le délit — *Ascham* — implique une
violation plus directe et plus volontaire de la loi. Les formalités étaient les mêmes pour les deux sacrifices ; on en
brûlait une partie, et le reste appartenait aux prêtres. Il
s'agit ici de l'homme, de ses faiblesses, de ses défauts, de
ses passions et de ses défaillances. C'est pourquoi la loi divine, qui en tient compte et en fait une juste part, a attribué
à l'homme une partie du sacrifice, qui n'était pas accompa-

[1] C. TRIPARD, *Moïse ou les lois fondamentales des sociétés, l'histoire,
les sciences et la philosophie, d'après le Pentateuque,* tome II, p. 442.

gné d'offrande et de libations en l'honneur de l'Éternel.
Seulement lorsque le grand prêtre ou toute la communauté
commet un péché, c'est-à-dire alors que le péché prend
un caractère de haute gravité et porte une atteinte plus directe et plus éclatante à la loi de Dieu et à sa majesté;
alors le sacrifice pour le péché est brûlé entièrement, une
partie sur l'autel, une partie hors du camp (Lévitique, IV,
12, 21); car alors la circonstance atténuante de la faiblesse
humaine, accordée à un individu, ne saurait excuser le
pontife ou la généralité de la communauté. Il en est de
même du sacrifice expiatoire communal du Kippour (*Ibid.*,
XVI, 27).

Le sacrifice pacifique — *Zébach schelamim* — était offert pour remercier Dieu d'un bienfait reçu, pour un vœu
ou une dévotion volontaire. Ce mot *sacrifice pacifique* répond admirablement bien à la pensée de l'institution : il
ne s'agit pas ici d'un péché, d'une faute, d'une *discorde*
avec Dieu et sa loi; mais de *paix*, d'union avec le ciel et
d'amour pour notre divin Bienfaiteur. Une grande partie de
ce sacrifice était employée à un repas de famille : l'hommage rendu au Seigneur dans le temple continuait au foyer
domestique. « Les sacrifices pacifiques ne sont que des
repas solennels comme nous en trouvons chez les autres
peuples de l'antiquité. Dans les poésies d'Homère il est
souvent question de ces repas sacrés où l'on donnait sa
part à la Divinité » [1]. Ah! puissent tous nos repas, tous
nos festins, toutes nos fêtes de famille être des sacrifices
pacifiques, des manifestations de paix et d'union avec
Dieu, d'amour et de charité pour les hommes! Appelons-y
notre prochain, celui qui a faim et celui qui souffre; car
il est défendu de conserver quelque chose du sacrifice pacifique jusqu'au troisième jour, d'être égoïste, d'accumu-

---

[1] MUNK, *la Palestine*, p. 161.

ler, de retenir les biens qui pourraient assurer à notre
frère le bonheur et la vie.

———

Notre Sidra donne le compte-rendu de l'inauguration
solennelle du sanctuaire et de l'installation des prêtres.
Nous trouvons ici, comme sur toutes les pages du livre
divin, de grandes et précieuses leçons.

Après que Moïse eut oint et sanctifié le Tabernacle, les
vases sacrés et les vêtements sacerdotaux, et offert les sacrifices de consécration, il prit de leur sang et le mit sur
l'oreille droite, la main droite et le pied droit d'Aaron et
de ses fils.

Désormais, dit un rabbin [1], l'oreille, la main et le pied
devront être consacrés au service du Très-Haut.

I

L'oreille, avant tout, doit être sanctifiée pour n'entendre
que les paroles de la vérité, pour n'écouter que les enseignements de la sagesse, pour ne s'ouvrir qu'aux leçons de
la vérité et de la crainte de Dieu. L'oreille est la porte du
cœur, l'entrée de l'âme —. כי אזן מלין תבחן וחך יטעם לאכל De
même que la bouche fait descendre les aliments dans l'es-
tomac, où ils se transforment en suc et en sang, de même
l'oreille porte les paroles dans l'âme, où elles s'imprègnent
et se gravent en souvenir durable.

Puissions-nous donc veiller à ce que notre oreille ne
transmette à notre âme que des paroles nobles, pieuses et
saintes !

[1] Dr A. SCHMIEDEL, *Sansinnim*, p. 115.

Jadis, lorsqu'un fils d'Israël s'était vendu comme esclave jusqu'à l'année du jubilé, l'oreille lui était percée avec un poinçon. Un docteur dit à ce sujet : « L'oreille de celui qui avait entendu au Sinaï les paroles : *Les enfants d'Israël me serviront*, et qui pourtant s'est vendu pour servir un homme, mérite bien de recevoir un stigmate. »

Il y a trois portes, disent nos anciens, qui conduisent à l'enfer. Ces trois portes, chaque homme les a en lui-même. La première, c'est la bouche qui désire ; la deuxième, c'est l'œil qui s'ouvre aux séductions du péché ; la troisième, c'est l'oreille qui se livre aux sons séducteurs du vice. C'est devant cette porte que le péché est à l'affût — לפתח חטאת רובץ, — et attend un moment non gardé pour se glisser dans l'âme.

Si Dieu a fait garder soigneusement les portes du paradis en y postant les chérubins avec leurs glaives flamboyants, combien devons-nous faire attention et veiller aux portes qui conduisent à l'enfer !

C'est pourquoi Moïse a sanctifié l'oreille des prêtres.

II

Ensuite la main, pour qu'elle ne fasse que ce qui est bien et accomplisse les œuvres de justice et d'amour du prochain. Ce qui repose dans le cœur comme pieux sentiment, dans l'esprit comme sainte pensée, la main doit lui donner une expression vivante. Que sont le cœur et l'esprit sans la main ? Que sont les sentiments et les pensées sans l'action ? והכל לפי רוב המעשה. Que servent les intentions les plus pieuses, les inspirations les plus nobles, si elles ne se transforment pas en faits ? והיה מעשה הצדקה שלום.

Les anges qu'Ézéchiel aperçut dans sa vision prophétique avaient des mains sous leurs ailes [1]. Si l'homme veut

---

(1) Ézéchiel, I, 8 : וידי אדם מתחת כנפיהם.

s'élever à la hauteur d'ange, il ne suffit pas qu'il ait des ailes produites par l'enthousiasme de la foi et avec lesquelles il s'élève *au-dessus de la terre ;* mais il lui faut aussi *des mains*, les mains charitables et humaines avec lesquelles il agit bien et noblement *sur la terre*. חדי ידי אמונה, « La foi est dans les mains. »

C'est pourquoi Moïse a sanctifié la main droite des prêtres.

III

Et enfin le pied, afin qu'il marche énergiquement, et ne chancelle pas, et ne se tourne pas tantôt d'un côté, tantôt de l'autre ; afin qu'il avance d'un pas décidé et ferme dans le chemin de la justice et de la vérité ; afin que rien ne puisse le faire reculer, abandonner sa route, le pousser à droite ou à gauche, mais qu'il reste toujours dans la bonne voie du milieu ; afin qu'il ne prenne aucun chemin détourné, aucun sentier tortueux, mais marche à tout jamais sur la grande route droite et loyale.

Ézéchiel dit également des anges qu'il a vus : ורגליהם רגל ישרה « leur pied marcha droit. » Cela s'applique aux hommes aussi bien qu'aux êtres célestes.

C'est pourquoi Moïse a sanctifié le pied droit des prêtres.

Et cette sanctification de l'oreille, de la main et du pied d'Aaron et de ses fils est nécessaire à tout homme en Israël qui veut consacrer sa vie, les forces de son corps et l'ardeur de son âme, au service de ce qui est bien et sacré.

———————

Notre Sidra termine par ces paroles adressées à Aaron et à ses fils : « Vous demeurerez pendant sept jours et sept

nuits à l'entrée de la tente d'assignation, et vous observerez tout ce que l'Éternel a ordonné. »

Il ne suffit pas de fréquenter assidûment le temple et d'y
demeurer de longues heures, des jours et des nuits, mais
« il faut observer tout ce que l'Éternel a ordonné », remplir
toutes les lois divines et humaines, se préparer dignement,
dans la maison et dans le monde, à se présenter devant le
Seigneur dans son sanctuaire. Ni le titre de pontife, ni aucune condition élevée, ni aucune qualité spirituelle ou
sociale, n'affranchissent l'homme des grands et saints devoirs de la religion. « Car voici ce que le Très-Haut dit :
— Que le sage ne se glorifie pas de sa sagesse, ni le héros
de sa force, ni le riche de ses richesses ; mais qu'il se
glorifie celui qui a appris à me connaître, moi, l'Éternel, comment j'exerce la grâce, la justice et la bienveillance
sur la terre ; car ce sont ces choses-là qui me sont agréables, dit l'Éternel. » (Jérémie, IX, 22, 23).

VINGT-SIXIÈME SIDRA

פ' שְׁמִינִי

(Lévitique, IX à XII).

וַיַּקְרִיבוּ לִפְנֵי ה' אֵשׁ זָרָה
אֲשֶׁר לֹא צִוָּה אֹתָם:

Les premiers sacrifices d'Aaron. — Le feu céleste consume les victimes. — Mort de deux fils d'Aaron. — Sa pieuse résignation. — Instruction aux prêtres. — Lois sur les animaux purs et impurs.

L'huile sainte était répandue sur Aaron et ses fils, le sang du sacrifice les avait touchés, ils avaient fait dans l'enceinte du sanctuaire un stage de sept jours pour se préparer à leur grande mission, « consacrer leurs mains » au service du Très-Haut, à la prière et à la bénédiction. Le huitième jour, qui était, selon la tradition, le premier Nisan, Moïse les appela, en présence des anciens d'Israël, et les invita à prendre possession de leurs fonctions et à procéder aux cérémonies augustes du sacerdoce, « car, dit-il, c'est aujourd'hui que l'Éternel vous apparaîtra. »

Voilà dans quelle pensée doivent se faire l'inauguration de nos temples et l'installation de nos pontifes. Les splendeurs de cès solennités ne doivent pas avoir en vue le monde, les grands personnages, les représentants de l'autorité, les organes des cultes étrangers qui doivent y assister, les éloges et les compliments de l'opinion publique,

les applaudissements et l'admiration de la foule ; mais elles
doivent être animées de cette seule et grande pensée :
Aujourd'hui l'Éternel nous apparaîtra כי היום ח' נראה אליכם.
Nous devons, dans notre amour et notre adoration, offrir
un sacrifice au Seigneur, non un spectacle au monde. Nous
ne devons pas, dans ces circonstances, proclamer et chanter les louanges des hommes qui ont pu contribuer à l'œuvre sacrée, mais nous humilier devant le Très-Haut pour
qu'il soit indulgent aux grands et aux petits d'entre nous,
accueille notre culte, agrée nos offrandes, et « pardonne à
Aaron et au peuple. » וכפר בעדך ובעד העם. La cérémonie d'i-
nauguration doit consister en un sacrifice de péché et un
holocauste en l'honneur de Dieu, un sacrifice *pacifique* et
un don de *farine* déposés sur l'autel de l'humanité et de la
charité israélite.

Après les sacrifices, Moïse et Aaron bénirent le peuple ;
ces hommes de Dieu ne se croyaient pas dignes d'être les
organes d'Israël, de lever les mains vers le ciel et d'appeler les bénédictions divines sur leurs frères, avant d'être
eux-mêmes réconciliés avec le Seigneur, avant de s'être
sanctifiés eux-mêmes par le sacrifice et l'offrande faits au
Très-Haut de leur cœur, de leur sang, de leur vie.... Et
alors la Majesté de Dieu apparut à tout le peuple.... Un feu
sortit de devant l'Éternel et consuma l'holocauste sur l'autel. Le peuple, frappé de ce prodige, de cette manifestation
visible de l'amour du Seigneur, jeta des cris de joie, et
tous tombèrent sur le visage. Nos pieux ancêtres voyaient
la bonté et la grâce divines dans le feu qui dévorait leur sacrifice, c'est-à-dire autant dans ce que le ciel acceptait
d'eux que dans ce qu'il leur donnait. Pauvres et affamés,
ils ont souvent murmuré, se sont plus d'une fois révoltés
pour manque de nourriture ; mais, dans leur plus grande
détresse, ils n'ont jamais réclamé contre les sacrifices exi-
gés par le temple ; ils ont poussé des cris de joie en voyant

le feu céleste consumer les animaux dont ils auraient eu
tant besoin pour vivre ! Comment pouvons-nous alors, nous,
les descendants de ces héros de sainteté, d'abnégation et
de force morale, nous plaindre des quelques sacrifices que
notre religion nous demande , des quelques abstinences de
travail, de nourriture, de jouissances matérielles , qui
n'ont absolument rien de difficile ni de pénible dans notre
abondance et notre prospérité actuelles ? Hélas ! nous aimons souvent mieux que le feu de toutes les passions dévore
notre patrimoine , que si la divine flamme du judaïsme qui
nous éclaire nous demande un sabbath ou une privation
quelconque.

L'allégresse de nos pères fut troublée par un événement
douloureux. Nadab et Abihu, fils d'Aaron, prirent chacun
un encensoir, y mirent du feu et de l'encens, et ils offrirent à l'Éternel du feu étranger : ce qu'il ne leur avait pas
ordonné. Alors un feu sortit de devant l'Éternel et les dévora, et ils moururent devant le Seigneur.

Quelle était la faute des fils d'Aaron? Ont-ils péché pour
avoir cherché du feu hors du sanctuaire, au lieu d'en prendre sur l'autel; ou pour avoir montré une ardeur blâmable
en accomplissant une cérémonie sans demander les instructions nécessaires à Moïse ; ou pour s'être livrés à un acte
sacerdotal en ce jour où le grand prêtre seul devait officier;
ou pour avoir pénétré dans le lieu saint, qui ne devait s'ouvrir qu'au souverain pontife le jour de Kippour (1) ? Les opinions des commentateurs ne sont pas d'accord à cet égard,
et le texte sacré nous laisse dans le doute. Mais ce qui
résulte clairement de ce fait affligeant, c'est que dans le
temple du Très-Haut tout est d'une extrême gravité, et
qu'il n'est pas permis de changer arbitrairement les formes,

---

(1) Les deux premiers versets du chapitre XVI donnent beaucoup de
vraisemblance à cette dernière supposition.

les formules, les cérémonies, dans la fausse croyance que
ce sont des choses extérieures, des accessoires, que l'on
peut modifier selon les temps et les lieux. C'est à l'inauguration de la Synagogue, au début de notre culte, que la
mort des deux fils d'Aaron est une grande et terrible leçon
pour tous ceux qui renversent sans scrupule les prescriptions et les usages traditionnels touchant le service divin,
la manifestation publique de nos sentiments envers Dieu.
On oublie trop souvent que le temple est un lieu sacré qu'il
n'est pas permis de toucher avec une main profane. On peut
pécher contre la Divinité même en prenant, comme Nadab
et Abihu, des encensoirs pour célébrer un culte qui ne serait pas conforme aux traditions et aux commandements
israélites.

Et, avec les formes étrangères, loin de nous *le feu
étranger!*

Que, dans notre sanctuaire, les âmes ne soient touchées,
conduites au Seigneur, que par le feu sacré, par les chants
d'Israël, les cantiques de nos prophètes, les psaumes de
notre roi—poëte, les accents purs et mélodieux de la divine
langue du Sinaï, et par les paroles de la vérité israélite
sortant de la bouche d'un digne et fidèle ministre du Très-
Haut.

Que, dans notre foyer domestique, il n'y ait point de feu
étranger, des plaisirs, des jouissances, des bonheurs devant lesquels la religion doit s'enfuir et la vertu se voiler la
face.... Ne soyons pas même poussés au bien, à la charité,
à la piété, par le feu étranger, par l'orgueil, la vanité, le
désir de plaire aux hommes, d'attirer leurs regards, de
conquérir leurs éloges.

Que, sur l'autel de notre cœur, il ne brûle que le feu
sacré de l'enthousiasme, de l'amour pour Dieu, la religion
et l'humanité. Gardons—nous de donner notre respect, notre admiration, notre enthousiasme, à tout ce qui n'est pas
un bien réel et durable, une jouissance de l'âme et son
élévation, à tout ce qui n'est pas grand avec sainteté, ni

richesse avec vertu, ni génie avec foi en Dieu, ni puissance avec charité et amour de l'homme... Gardons-nous que la flamme impure des passions, l'ardeur commune du mal, n'envahissent le sanctuaire de notre âme et ne nous dévorent !...

Que partout, dans le monde et au milieu des peuples, chacun de nous, par son amour du prochain, son dévouement envers tous les hommes et sa tolérance envers tous les cultes, montre que le feu sacré du judaïsme est une chaleur douce et bienfaisante, un rayon d'amour et de bénédiction, une clarté qui répand sur la terre le bonheur et la vie, non une flamme qui dévore tout ce qui l'entoure et l'approche, non une torche qui allume d'homicides bûchers, non un incendie qui promène ses ravages sur la société et laisse partout des ruines et du sang, le deuil et la mort....

———

Qui pourrait dépeindre le désespoir d'Aaron ! Au milieu de son couronnement pontifical et de sa gloire, au milieu du ravissement et des cris de joie du peuple, il est précipité dans un abîme de douleur. Le ciel qui a agréé ses sacrifices prend maintenant aussi pour holocaustes ses deux fils !... Mais Moïse, par un seul mot, arrête les larmes de son frère, en lui disant : « Voici ce que l'Éternel a dit : — Je veux être sanctifié par ceux qui m'approchent, et je veux être glorifié devant tout le peuple. » *Et Aaron se tut*, ajoute l'Écriture.

Dieu veut être glorifié par ceux qui l'approchent; il leur demande plus de vertus et leur impose plus de devoirs qu'aux autres hommes. Leurs fautes sont plus grandes, parce que leur dignité, leur noblesse est plus élevée. Dès le jour où Israël a accepté le titre de peuple de pontifes et de nation sainte, il a assumé une responsabilité immense et

a contracté des engagements sacrés dont les autres races
sont affranchies. De là les châtiments terribles, l'exil, la
persécution, les souffrances de vingt siècles dont Israël a
été frappé pour s'être rendu coupable de fautes, communes
sans doute à tous les hommes, ou qu'on trouve même ailleurs dans une proportion bien plus considérable, mais
qui ne devaient pas souiller le divin drapeau de Juda. Dieu
est jaloux de son peuple de prédilection qu'il a porté sur
des ailes d'aigle vers la lumière, et qu'il ne veut pas pour
cela laisser tomber dans la fange ou ramper dans les ténèbres... Aaron a compris la gloire renfermée dans la mort
même de ses fils, que Dieu a appelés *mes proches* — קְרֹבָי.
C'est pourquoi il a étouffé ses sanglots et donné au monde
un exemple immortel de grande et surhumaine résignation.
Nadab et Abihu, enveloppés dans leurs robes sacerdotales, comme un général frappé sur le champ de bataille,
furent portés hors du sanctuaire, et toute la maison d'Israël
pleura leur mort. Mais Aaron et ses deux autres fils, Elasar
et Ithamar, oints de l'huile sainte, durent continuer l'exercice de leur ministère sacré et ne point se livrer à des manifestations de deuil. Le pontife israélite doit, pour le salut
de ses frères et la gloire de son Dieu, faire le sacrifice de
son cœur, de ses joies et de ses douleurs.

Dieu veut et doit être glorifié par ses proches : soyons
sûrs que l'israélite qui aime sincèrement sa religion et en
remplit fidèlement les prescriptions est aussi l'homme le
plus vertueux, le citoyen le plus estimable, le membre de
la société le plus utile et le plus bienfaisant; car il sait que
ses vertus et ses bonnes qualités sont l'honneur et la gloire
de sa foi religieuse qui les a inspirées, et la pensée de
קדוש שם, *la sanctification de son Dieu*, l'empêchera à tout
jamais de s'égarer et de tomber dans le mal.

L'Éternel dit ensuite à Aaron : « Vous ne boirez pas de
vin ou d'autre boisson enivrante, vous et vos fils, lorsque

vous entrerez dans la tente d'assignation, afin que vous ne
périssiez pas. C'est une loi éternelle pour vos *générations
futures*; afin que vous sachiez distinguer le sacré du profane, le pur de l'impur, et que vous puissiez enseigner aux
enfants d'Israël toutes les lois que Dieu leur a fait connaître
par l'organe de Moïse. »

Nous devons nous préparer dignement pour nous présenter devant le Maître de l'univers, laisser à la porte de
son sanctuaire tout ce qu'il y a d'impur sur nous et en nous;
nous devons surtout nous garder de l'*ivresse*. Que le pontife, le pasteur ne s'enivre pas de son talent, de son savoir, de son éloquence; mais qu'il s'applique « à enseigner
aux enfants d'Israël les lois que Dieu leur a données, » non
les principes, les idées, les doctrines dont il s'est inspiré
lui-même, et que dans l'orgueil de son autorité il voudrait
leur apprendre et leur imposer. Que le lévite, le ministre
officiant ne s'enivre pas de son chant, de ses compositions,
mais « qu'il sache distinguer entre le sacré et le profane, »
ולהבדיל בין הקדש ובין החל, entre les saintes et antiques mélodies du temple d'Israël et les chants des cultes étrangers
ou les airs vulgaires dont retentissent les maisons de plaisir et de perdition. Que le chef de tribu, l'administrateur
de la communauté, ne s'enivre pas de son pouvoir, n'abuse
pas de son autorité; mais qu'il se rappelle que s'il occupe
la première place dans la Synagogue, c'est pour être le
premier dans l'accomplissement de toutes les grandes et
divines obligations du judaïsme. Que le riche ne s'enivre
pas en entrant dans la maison du Seigneur, qu'il ne s'enor-
gueillisse pas des honneurs qu'on rend plus souvent à son
or et à sa puissance qu'à ses vertus et à ses mérites; qu'il
ne regarde pas avec dédain les pauvres et les malheureux
placés loin de lui; qu'il n'oublie pas que, devant le Très-
Haut, tous les hommes sont égaux, tous également pauvres, également faibles, également misérables et faillibles,
ayant besoin de secours, d'appui, de miséricorde et de
clémence, et qu'il n'y a d'autres distinctions, ici-bas,

que « la pureté de l'impureté » בין הטמא ובין הטהור , entre
l'homme qui par sa conduite et ses vertus s'élève au
ciel, et celui qui par ses vices et ses égarements se plonge
dans la poussière...

––––––––

Après les prescriptions sur le temple, les sacrifices et
les prêtres, l'Écriture expose les lois religieuses sur la vie
domestique, la nourriture, sur les animaux purs et impurs
dont les signes sont indiqués ici avec une précision que
nul naturaliste humain n'aurait su découvrir. Le législateur divin, en plaçant ces lois immédiatement après celles
relatives au temple, aux sacrifices, au culte, montre une
fois de plus qu'il y attache autant d'importance qu'à l'éclat
de son sanctuaire et à la présence des fidèles au pied de
son autel. Une cérémonie dans la synagogue n'est pas plus
sacrée qu'une prescription religieuse alimentaire dans la
maison. Y a-t-il là, comme on l'a souvent prétendu, de simples prescriptions hygiéniques? Oh! non, car la même voix
divine qui a prononcé les dix commandements, la loi fondamentale et éternelle de l'univers, dit ici à nos pères : « Ne
souillez pas *votre âme* de tous ces animaux, ne vous rendez
pas impurs par eux, vous pourriez devenir vous-mêmes par
eux des êtres impurs; car moi, l'Éternel, je suis votre Dieu :
sanctifiez-vous et soyez saints, car je suis saint; ne vous
rendez pas impurs par ces animaux, car je suis l'Éternel
qui vous ai fait sortir d'Égypte pour être votre Dieu : soyez
donc saints, parce que moi je suis le Très-Saint. »

Qui pourrait se méprendre sur la haute et auguste signification de ces paroles? Qui pourrait ne voir qu'une vulgaire recommandation sanitaire dans une loi à laquelle
Dieu attache notre salut, la sanctification de notre âme,
et dans laquelle il rappelle sa propre sainteté? Sans doute
les prescriptions israélites sur l'alimentation sont, comme

tous nos commandements religieux, éminemment salutaires à notre santé corporelle [1] ; mais elles sont encore plus
utiles et plus nécessaires à la santé de notre âme et de notre
cœur ; elles ont des causes plus profondes et plus élevées
que celles entrevues par notre faible raison. Les Hébreux
ont reçu des lois nombreuses applicables seulement au pays
de Canaan et au temple de Jérusalem ; si les lois sur la
nourriture devaient également n'être obligatoires ou recom-
mandables que dans ce pays ou dans un climat analogue,
pourquoi Moïse ne le disait-il pas ? Il leur a répété la loi sur
la circoncision (Lévitique, XII, 3), au milieu du désert, où
cependant ce commandement ne fut pas pratiqué (Josué,
V, 5-7) ; il a fait cela parce que la circoncision est une
loi éternelle dont l'observation ne dépend d'aucune condition climatérique ou géographique. Il en est de même des
prescriptions sur les animaux purs et impurs ; la plupart
de ces animaux manquaient totalement aux israélites dans
le désert ; mais la loi leur a été donnée pour l'avenir,
pour l'éternité. Dieu leur a dit : « Je suis l'Éternel qui
vous ai fait *monter* de Mizraïm » המעלה אתכם, qui vous ai
élevés sur la hauteur du Sinaï. Ne vous abaissez donc pas
par une nourriture impure qui profanerait votre cœur et
dégraderait votre esprit. Votre vie morale exige ces abstinences bien plus impérieusement que votre vie matérielle.
Peuple de pontifes, ce titre vous impose des devoirs et
des sacrifices, une force de domination de soi-même,
inutiles pour les autres hommes. Soyez saints, car vous
êtes ma communauté, mon sanctuaire, et je suis le Très-
Saint ! « Sanctifiez-vous sur la terre, et je vous sanctifierai
dans le ciel et dans l'éternité. » והקדשתם, קדשו עצמכם למטה,
חייתם קדושים, לפי שאני אקדיש אתכם למעלה ובעולם הבא (Raschi).
Par les commandements sur la nourriture, chacune de nos

---

[1] « L'homme jouit de leurs intérêts en cette vie, tandis que le capital
est réservé pour le monde à venir. » שאדם אוכל פרותיהם בעולם הזה והקרן
קים מת לעולם הבא.

maisons est un autel et un temple, et chaque israélite devient un ministre du Très-Haut! « L'arche du Seigneur repose sous les plus pauvres tentes » ואדון אלהים יושב בתוך היריעה, et à travers notre long exil et dans notre longue dispersion, depuis Mizraïm jusqu'à ce jour, grâce à nos sanctuaires domestiques, Dieu a toujours demeuré dans les chaumières comme dans les palais d'Israël. למיום העלותי את בני ישראל ממצרים ועד היום הזה ואהיה מתהלך באהל ובמשכן (II Samuel, VII, 6).

VINGT-SEPTIÈME SIDRA

פ׳ תַזְרִיעַ

(Lévitique, XII à XIII).

———

הֵן מַה יָדַעְתִּי כִּי אֵין אֱלֹהִים
בְּכָל הָאָרֶץ כִּי אִם בְּיִשְׂרָאֵל:

Lois concernant la purification. — De la lèpre du corps et des vêtements.

Le Code divin a interrompu ses lois sur le sanctuaire
pour donner une suite de prescriptions touchant la vie domestique de l'homme, sa nourriture, sa pureté, son existence privée. N'est-ce pas pour nous enseigner qu'il ne suffit pas de fréquenter le temple, de déposer sur l'autel des
sacrifices et des offrandes, de prendre part de temps en
temps au culte public; mais qu'il faut, pour être israélite,
observer aussi tous les autres commandements de notre
religion, dans l'intérieur de notre maison, à notre table,
dans nos vêtements, quand nous nous levons et quand
nous nous couchons, dans nos joies et dans nos douleurs,
dans toutes les occupations et toutes les circonstances de
la vie ?

Le voisinage des lois sur la pureté de celles sur le sanctuaire indique aussi que la plupart de ces premières lois
se rattachent à l'existence même du sanctuaire, c'est-à-dire
à la réunion des israélites en peuple saint sur le sol sacré

de la Palestine. Avec la destruction du temple de Jérusalem, ce foyer de sainteté et de pureté, nous avons perdu ce haut degré de finesse et de délicatesse morale et spirituelle où la moindre tache était visible et rendait profane et impur. Nous avons cessé d'être impurs parce que nous avons perdu la céleste nature de notre pureté primitive. En Canaan, là où Dieu se manifestait dans son sanctuaire, où sa majesté trônait au milieu d'un peuple marchant dans la lumière et vivant dans l'innocence des mœurs et la sainteté des lois, nos pères possédèrent une perception divine, un sixième sens qui était blessé par des choses que nous ne voyons plus. Aujourd'hui, nous ne sentons plus l'imperfection, parce que la perfection nous manque; nous n'apercevons plus la laideur, parce que la vraie beauté nous échappe.

« Impureté et sainteté, dit Jehuda ha-Levi [1], sont deux idées corrélatives dont l'une est indispensable à l'autre ; où il n'y a pas de sainteté, il n'y a pas d'impureté. Car si l'essence de l'impureté consiste à ne point toucher un objet saint, consacré à Dieu, comme les prêtres, leur nourriture, leurs vêtements, les oblations, les sacrifices, le temple, etc. ; l'essence de la sainteté, à son tour, consiste à ne point toucher beaucoup de choses bien connues. La plupart de ces lois se rattachent à la présence de la Divinité (*Schechina*) dont nous sommes privés aujourd'hui. Certaines abstinences qui sont encore obligatoires pour nous ne reposent pas sur l'idée d'impureté, mais sur une loi divine spéciale. Les lois sur l'impureté ont cessé pour nous, parce que nous ne sommes plus en Palestine, et surtout parce que nous n'évitons plus de nous trouver en contact avec des tombeaux, des insectes, des lépreux, des cadavres, etc. »

Les lois sur l'impureté, dit Maïmonide [2], ont eu surtout pour but d'empêcher les hommes d'entrer légèrement, ir-

---

[1] *Kusari*, III, 49.
[2] *Guide des égarés*, III, 47.

respectueusement dans le temple ; d'exciter au contraire en eux un degré supérieur de vénération et de timidité lorsqu'ils s'approchent de la maison du Seigneur. Il est dit : « Respectez mon sanctuaire » (Lévitique, XIX, 30) ; mais ce respect que nous devons à l'objet le plus élevé diminue nécessairement si nous l'avons constamment sous les yeux. Déjà nos sages ont fait cette recommandation : « Il n'est pas bon d'entrer à toute heure au sanctuaire » (Chaguiga, 7a), se rappelant ce verset de l'Écriture : « Sois rare dans la maison de ton ami » (Proverbes, XXV, 17). C'est pourquoi la loi indique des cas nombreux d'impureté et des moyens compliqués de purification. Par ces actes on conserve le respect de la chose sainte et on arrive à cette disposition d'âme qui fait naître le sentiment de l'humilité.

On a cherché à rattacher les lois mosaïques sur l'impureté à des causes hygiéniques ; un écrivain rationaliste dit [1] :

« Les lois de pureté prescrites par Moïse peuvent être considérées, jusqu'à un certain point, comme des règlements de police médicale, émanés de certaines idées de pureté et d'hygiène communes à tous les peuples de l'Orient, et qui ont partout un caractère religieux. En comparant, sous ce rapport, les lois des Hébreux avec celles des Indous et des Égyptiens, on trouvera que Moïse a beaucoup simplifié les pratiques de pureté, en abolissant tout ce qui n'était fondé que sur des superstitions, et en ne laissant subsister que ce qui pouvait être utile à l'hygiène publique et aux mœurs. Mais la pureté corporelle avait encore un autre but plus élevé : elle était le symbole de la pureté intérieure, et elle est mise par le législateur dans un intime rapport avec le culte de Jéhova et avec la sainteté qu'exigeait ce culte. »

Mais, en ne considérant les choses les plus élevées dont

[1] Munk, *la Palestine*, 161.

la hauteur nous échappe qu'au point de vue étroit de la vie matérielle, combien devons-nous encore chérir et aimer notre sainte religion, qui, comme la plus tendre des mères, s'est occupée de tous nos besoins et est descendue, elle, la fille du ciel, dans tous les intimes détails de notre existence et nos faiblesses terrestres ! Elle choisit pour nous, dans le grand festin de la nature, les mets les plus sains, les plus purs, les plus propres à fortifier notre santé, à éloigner de nous la souffrance et la maladie ; elle examine les plaies de notre corps et nous indique lès maux qui peuvent se propager et causer des ravages autour de nous ; elle visite nos vêtements, nos habitations, pour s'assurer que la lèpre, cette horrible maladie de l'Orient, n'y a pas fait invasion. Elle nous enseigne ce qui est pur et impur, ce qui peut faire une tache à notre corps et à notre âme, compromettre notre santé et troubler la sérénité de notre esprit. Elle éloigne de notre chemin toute pierre, de notre table tout poison, de notre vie entière tout danger. Quel peuple peut se vanter de posséder une pareille religion, une telle gardienne, une telle providence sur la terre, une telle lumière sur la route de la perfection et du salut éternel ?

Il est des religions qui montrent le plus grand dédain pour la vie humaine, qui lui refusent toute attention et tout secours, qui la foulent aux pieds comme une chose méprisable, indigne, dangereuse, qui voudraient la raccourcir autant que possible, la rendre hideuse et insupportable, pour qu'on éprouve le plus vif besoin de la quitter. La religion israélite est une religion de vie et non de mort. Aussi ne nous dit-elle pas : Mangez tout ce que vous voulez, peu importe ; tout ce qui entre dans votre corps ne saurait vous souiller, puisque ce corps est lui-même un vase d'impureté, un cadavre, un tombeau de l'âme ; vivez comme vous voulez, puisque toute la terre n'est qu'un lieu de perdition, de malheur, de malédiction. Mais la religion d'Israël s'occupe tendrement de notre existence ici-bas, à laquelle sont attachés tant de grandeurs, tant d'espérances, tant de su-

blimes intérêts ; elle fait de notre maison un sanctuaire,
de notre table un autel, de notre corps une arche sacrée, de
notre vie entière le vestibule nécessaire du ciel et de l'immortalité !

———————

Notre Sidra commence par exposer les devoirs religieux
que la femme israélite doit remplir à l'occasion de la naissance d'un enfant. Parmi ces'devoirs se trouve celui de se
rendre au temple pour offrir au Seigneur un sacrifice expiatoire. La première sortie de l'accouchée doit être pour
le sanctuaire, afin de remercier Dieu de l'avoir protégée à
l'heure du danger, et déposer sur l'autel le sacrifice de son
cœur reconnaissant, le vœu d'élever pieusement son enfant
dans le respect et l'amour de notre divine religion. Et de
même que le sacrifice était obligatoire à la naissance d'un
garçon comme à celle d'une fille, de même il n'est aucune
différence, dans le judaïsme, entre les droits moraux et
spirituels de la femme et de l'homme, qui sont égaux devant le Très-Haut et devant la communauté. Seulement,
comme la femme d'Israël remplit dans la maison des fonctions sacerdotales, en allumant la lampe du sabbath, en
bénissant le pain, et en nourrissant les enfants de son sang
et de son âme, elle est, à l'arrivée d'un nouveau-né, appelée
dans le temple du Seigneur, devant lequel elle représente la
famille, dont elle est la colonne, la lumière, l'ange gardien.
Circoncision de l'enfant, sacrifice de la mère , voilà comment est inaugurée la vie de l'israélite : il est désormais
consacré à Dieu par le signe de l'alliance, à la vertu par
le signe de sainteté, à l'humanité par le sacrifice et par le
sang.

L'Écriture contient ensuite des prescriptions sur les maladies extérieures et indique les symptômes par lesquels on

reconnaît la lèpre. Le législateur, dit l'écrivain déjà cité [1], donne des prescriptions très minutieuses pour empêcher la propagation de cette maladie si terrible en Orient, et il recommande aux prêtres de l'observer avec beaucoup de soin dans toutes les phases de son développement. Quand le prêtre avait positivement reconnu la lèpre, le malade était déclaré impur et tout commerce avec les personnes saines lui était interdit. Exclu de la société, il demeurait hors du camp ou de la ville. Il lui était permis de sortir ; mais, pour éloigner de lui les passants, il devait se faire connaître par son costume de deuil : les vêtements qu'il portait étaient déchirés, ses cheveux en désordre, et, enveloppé jusqu'au menton, il criait sans cesse : *impur! impur!* Toutes ces précautions prouvent que les Hébreux redoutaient beaucoup cette terrible maladie, indigène en Égypte, où ils avaient séjourné pendant plusieurs siècles. Elle était considérée par les peuples de l'Orient comme une suite de graves péchés, notamment d'atteinte portée aux personnes et aux choses sacrées [2].

Nous ajouterons que ces visites obligatoires du prêtre, cette exclusion de la société, ce bannissement de la famille, ces longues et difficiles formalités de la purification, ont dû singulièrement contribuer à la moralisation du peuple, et éloigner les hommes soit de mœurs, soit de péchés qui pouvaient produire ces maladies et les exposer à tant de souffrances et d'humiliations publiques. Ne devait-on pas reculer devant des actes répréhensibles au point de vue religieux ou moral, qui pouvaient être révélés par un mal hideux et rendre leur auteur un objet de répulsion et d'é-

---

[1] Munk, *la Palestine*, 165.

[2] Ainsi Myriam est frappée de la lèpre pour avoir médit de Moïse (Nombres, XII, 10); le roi Ouzia, pour s'être arrogé des fonctions sacerdotales (I Chron., XXVI, 19). Les Perses croyaient que la lèpre dérivait de péchés commis envers le soleil. Selon la croyance des Indous, l'éléphantiasis est le châtiment des plus grands péchés, et ils l'appellent *paparoga* (maladie du péché).

pouvante générale? Et chacun ne devait-il pas s'efforcer
de suivre cette recommandation de nos sages : « La pureté
conduit à la sobriété et à l'abstinence, l'abstinence fait naître une pureté supérieure, celle-ci conduit à la sainteté, la
sainteté à la crainte du péché, celle-ci à la douce modestie,
la modestie engendre la vraie piété, qui conduit à la conquête de l'esprit saint, et l'esprit saint à la résurrection des
morts. » זהירות מביא לידי קדושה, קדושה מביאה לידי יראת חטא,
יראת חטא מביאה לידי ענוה, ענוה מביאה לידי חסידות, חסידות מביאה
לידי רוח הקודש, רוח הקודש מביאה לידי תחיית המתים (*Aboda Sara*,
20, *b*). Ah! qu'elle était belle et sainte cette société israélite, au milieu de laquelle le mal et le péché étaient flétris
comme un crime, redoutés comme un malheur, repoussés
comme une épidémie mortelle, au lieu d'être ailleurs honorés, flattés, souvent récompensés, pourvu que l'or les
couvre ou que la puissance marche devant eux et crie aux
passants : Prosternez-vous !

Les lois si sévères contenues dans l'Écriture sainte sur
la lèpre inspirent à un célèbre historien israélite ces justes
observations [1] :

« Ce qui fait voir combien est ridicule la fable inventée
par ceux qui disent que Moïse avait fui d'Égypte parce
qu'il avait la lèpre, et que tous les Hébreux en étant frappés comme lui, il les avait menés par cette raison en Canaan [2]. Si cela était vrai, aurait-il voulu pour sa propre

---

[1] JOSÈPHE, *Antiquités*, livre III, chap. X.

[2] Cette *fable* a été reproduite de longs siècles après Josèphe par Schil-
ler, dans sa *Mission de Moïse*. Cependant les paroles de l'Écriture : « Toutes
les maladies dont j'ai frappé les Égyptiens ne vous atteindront pas »
(Exode, XV, 26), indiquent clairement que les Hébreux n'étaient pas affligés de la lèpre, ce mal indigène de l'Égypte ; et quand ils célébrèrent la
Pâque dans le désert, il n'y avait que quelques hommes, impurs pour avoir
touché à un cadavre, qui ne pussent prendre part à la fête (Nombres, IX, 6).
Il n'y avait point de lépreux. Le cas de lèpre n'est pas même indiqué dans
les prescriptions sur l'agneau pascal (Exode, XII, 43 à 49), rendues en
Égypte même.

hónte établir une telle loi, et, au contraire, ne s'y serait-il pas opposé si un autre l'avait proposée, d'autant plus qu'il y a plusieurs nations parmi lesquelles non-seulement les lépreux ne sont pas méprisés et séparés d'avec les autres hommes, mais sont élevés aux honneurs, aux emplois de la guerre, aux charges de la république, et admis même dans les temples? Si donc Moïse eût été infecté de cette maladie, qui l'aurait empéché de donner au peuple des lois qui lui auraient plutôt été avantageuses que préjudiciables? Et ainsi ne paraît-il pas clairement que c'est une chose inventée par une pure malice contre notre nation? Mais ce qui est vrai, c'est que, comme Moïse étant exempt de cette maladie et vivant avec un peuple qui l'était également, il voulut établir cette loi pour la gloire de Dieu à l'égard de ceux qui en étaient affligés. »

Notre Sidra contient aussi des prescriptions sur *la lèpre des vêtements* — והבגד כי יהיה בו נגע צרעת. Cette lèpre, hélas! existe encore aujourd'hui et fait d'horribles ravages. Le luxe des vêtements, cette affreuse maladie qui s'étend sur toute la société et n'épargne pas même les classes les plus pauvres, בבגד צמר או בבגר פשתים, compromet et empoisonne le bonheur des familles, ruine leur prospérité, détruit souvent l'honneur des hommes et la vertu des femmes, qui, comme Ève, voient un objet « agréable aux yeux » תאוה הוא לעינים — et tombent dans le péché.... La lèpre des vêtements enlève au cœur sa candeur et sa pureté, à l'esprit sa lumière et son élévation, à la vie entière sa dignité et sa noblesse, et met à la place de nos plus vrais et plus grands intérêts, de nos félicités les plus pures et les plus saintes, les misérables et ruineuses préoccupations d'une nouvelle étoffe ou d'une nouvelle forme d'habit! On oublie

les rayons du ciel et les splendeurs de l'infini, pour n'attacher
les yeux que sur la mode, sur la lèpre des vêtements, sur
la coupe, la couleur, pour voir si elle est « verte ou rouge! »
והיה הנגע ירקרק או אדמם. Ah! c'est une maladie bien terrible — צרעת ממארת היא — que le feu sacré de la religion
seul peut guérir et faire disparaître du milieu de nous
— באש תשרף. Le pontife, le ministre de Dieu, le médecin
des âmes, doit diriger toute son attention sur cette lèpre,
visiter souvent les malades, prodiguer ses conseils et ses
exhortations, faire tous ses efforts pour combattre le mal,
employer toute son éloquence, toute son autorité, toute sa
sollicitude pastorale à extirper ce fléau de la communauté
du Seigneur, « et alors on reconnaîtra qu'il y a encore
des prophètes en Israël. » וידע כי יש נביא בישראל. (II Rois,
V. 8.)

VINGT-HUITIÈME SIDRA

פ׳ מְצֹרָע

(Lévitique, XIV à XV).

———

וְהִזַּרְתֶּם אֶת בְּנֵי יִשְׂרָאֵל מִטֻּמְאָתָם וְלֹא
יָמֻתוּ בְּטֻמְאָתָם בְּטַמְּאָם אֶת מִשְׁכָּנִי:

**Purification des lépreux. — De la lèpre des maisons. — Prescriptions
sur d'autres impuretés corporelles et leur cessation.**

· La lèpre était considérée par nos pères comme punition
de la calomnie; celui qui par des propos calomnieux avait
porté la division dans la famille, entre mari et femme, et
dans la société, entre l'homme et son prochain, méritait
d'être exclu de la société et de la famille. Aussi, pour sacrifice de purification, devait-il apporter deux oiseaux vivants, symboles, disent les anciens, du bavardage et de la
loquacité, qui sont souvent l'occasion de la médisance. La
lèpre passait aussi pour châtiment de l'orgueil; c'est pourquoi il entrait dans le sacrifice, du bois de cèdre, emblème
de la fierté et de la hauteur. Pour mériter sa guérison et
effacer ce défaut, il devait ajouter un peu de laine teinte
en cramoisi, produit d'un ver, et un peu d'hysope: deux
objets modestes, obscurs, foulés aux pieds. Voilà l'expiation de l'orgueil et son remède.

On égorgeait l'un des oiseaux, et son sang était reçu

dans un vase de terre où il y avait de l'eau fraîche. Ensuite le prêtre trempait dans le vase l'oiseau vivant et les autres objets, et, après en avoir aspergé le malade guéri, il laissait s'envoler l'oiseau vivant, qui emportait, d'une manière symbolique, le péché dont le lépreux venait de se purifier. Cet oiseau vivant, trempé dans le sang de l'oiseau mort, rappelle aussi la parole de nos sages, que la calomnie tue plusieurs personnes, celle qui l'écoute comme celle qui la produit, et celle qui en est l'objet. L'oiseau vivant s'envole dans le monde, comme la parole calomniatrice, qui, une fois lâchée, ne peut plus être retenue, pas plus que la flèche homicide tirée sur le cœur d'un homme. Et ce sang de la victime jeté sur le lépreux y laisse une tache, un souvenir pénible, un remords accablant, comme tous les péchés, toutes les fautes, même après le repentir, même après la réparation. Le mal laisse des traces, même dans la vie la plus saintement réhabilitée, comme le sang du sacrifice répandu dans l'eau vive; souvent il laisse surtout des effets déplorables qu'il n'est plus en notre pouvoir, ni dans celui d'aucune puissance de la terre, de réparer ou de faire disparaître. Évitons donc le mal, puisqu'il peut avoir de si funestes conséquences !

L'homme qui se purifiait lavait ses vêtements, coupait ses cheveux et se baignait; c'est ainsi que se terminait le premier acte de sa lustration. Devenu pur, il pouvait rentrer dans le camp ou dans la ville; mais il devait encore se soumettre à une espèce de quarantaine de sept jours hors de sa maison. Le septième jour il se rasait de nouveau la tête, la barbe et jusqu'aux sourcils; il lavait encore ses vêtements et se baignait; dès lors il était définitivement purifié. Le huitième jour était employé à un sacrifice expiatoire, composé d'un agneau *pour délit*, d'un second agneau *holocauste*, et d'une brebis *sacrifice de péché;* le pauvre pouvait remplacer les deux dernières pièces par deux tourterelles ou deux jeunes pigeons. Le tout était accompagné d'une offrande de fleur de farine pétrie d'une mesure *(log)* d'huile. Le prêtre officiant procédait dans cette circonstance à des cérémonies nombreuses et extraordinaires ; il mettait du sang du sacrifice de délit et de l'huile du *log* sur l'oreille droite, la main droite et le pied droit de l'homme purifié ; il faisait aussi sept aspersions, vers le lieu tout saint, de cette même huile, dont il répandait le reste sur la tête du convalescent. C'était une véritable consécration ; car, pour rentrer dans la communauté de ses frères, l'israélite devait d'abord être réhabilité dans son titre de pontife qu'il avait perdu par le péché dont la lèpre était le témoignage et le châtiment. Combien nos pères devaient–ils se garder de toute infraction à la loi divine qui leur imposait une réparation publique si difficile et des épreuves si pénibles! Heureuse la société où la moindre faute devient une souillure, où la moindre tache doit être effacée, où tout doit être pur et parfait, où le mal se montre dans toute sa laideur, où chaque homme, pour mériter le titre de citoyen et de vivre au milieu de ses semblables, doit être digne d'être un pontife du Seigneur, de recevoir dans son temple l'onction et la sanctification sacerdotale!

Notre Sidra parle ensuite de *la lèpre des maisons*. On a prétendu qu'il s'agissait ici de la carie des murailles, produite par une éruption de salpêtre, qui peut corrompre l'air et nuire à la santé des habitants, ou miner la maison et la faire écrouler avec le temps [1]. Pour soutenir cette opinion, il faudrait d'abord prouver que les maisons en Palestine, et surtout les habitations israélites, produisaient du salpêtre, qui est presque toujours le résultat d'une certaine malpropreté, d'une certaine corruption de l'air, et de

[1] Voy. Munk, *l. c.*, p. 213; Michaëlis, *Droit mosaïque*, t. IV, § 211.

la présence d'animaux morts et tombés en putréfaction, circonstances incompatibles avec les habitudes et les lois de pureté du judaïsme [1]. Ensuite les couleurs, les signes indiqués par Moïse comme étant ceux de la lèpre et devant motiver la démolition de la maison, sont-ils ceux du salpêtre? On a droit d'en douter.

La loi est seulement applicable à la Palestine, aux possessions en Canaan, mais non aux maisons habitées par les israélites en pays étrangers, ni même aux immeubles occupés en Palestine par des Hébreux seulement à titre de location et non de propriété. (Voy. Wessely, commentaire au Lévitique). S'il s'agissait ici d'une mesure de police, d'une mesure hygiénique, pourquoi ne serait-elle pas obligatoire partout où nous demeurons, dans toutes les maisons endommagées par des éruptions de salpêtre, c'est-à-dire exposant à des dangers sérieux notre santé et notre vie? Les lois israélites touchant la conservation de la vie de l'homme sont-elles donc moins obligatoires pour nous dans les autres pays qu'en Palestine? Personne n'oserait le soutenir.

Dieu a dit : « Lorsque vous viendrez dans le pays de Canaan que je vous donne en propriété, et que je produirai la lèpre dans une maison de votre possession » ; *que je produirai* — נתתי נגע צרעת, — donc il s'agit ici d'un fait surnaturel, d'un châtiment divin. Nos docteurs enseignent que le mal se montre d'abord sur la maison du pécheur; s'il fait pénitence, le but est atteint; mais s'il persévère dans sa conduite répréhensible, le mal se répand sur ses meubles et ustensiles de ménage; si alors encore il ne se convertit pas au bien, le mal attaque ses vêtements et puis son corps. Ce miracle est une tradition israélite, une manifestation de la vérité de notre religion. (*Moreh Nebouchim*, III, 47).

---

[1] Dans tous les pays civilisés, où les habitudes de propreté se propagent de plus en plus, comme chez nos pères, on trouve peu de salpêtre dans les maisons, et on doit le fabriquer par des moyens artificiels.

Le sacrifice de purification était à peu près le même pour la lèpre des maisons que pour celle du corps humain. N'est-ce pas là une preuve éclatante de plus qu'il y a un rapport direct, intime, entre le péché de l'homme et le signe, l'avertissement, le châtiment, qui se montrent sur les murs de son habitation ?

Le *Kusari* demanda au *maître* des éclaircissements sur la lèpre des maisons et des vêtements ; celui-ci répondit [1] :

« Je t'ai déjà dit que la *schechina* (la présence de Dieu) se trouve dans un rapport analogue à Israël que l'esprit au corps humain. Cette présence de Dieu, cette vie divine, donne à Israël la splendeur et le charme dans son corps, ses mœurs, ses demeures ; mais aussitôt qu'elle s'éloigne, notre intelligence s'obscurcit — מסתכלת עצום, notre corps devient laid, et notre beauté disparaît. Si la présence de Dieu (*schechina*) s'éloigne d'un individu, il se montre sur sa propriété un signe de ce départ de la lumière divine, de même que l'absence soudaine de l'esprit se révèle par la terreur, l'effroi, une altération visible du corps. »

L'Écriture donne ensuite des prescriptions sur quelques autres impuretés corporelles moins graves, et elle dit à la fin : « Apprenez aux enfants d'Israël à se garder de toute impureté, afin qu'ils ne meurent point par la souillure en profanant mon sanctuaire que j'ai établi au milieu d'eux. »

La pureté matérielle n'est point chez nous une simple affaire hygiénique, ni la sainteté des mœurs une question de morale sociale, mais des conditions vitales attachées à l'existence d'un peuple-pontife, qui, chargé de la garde de l'arche de vérité et de salut, est toujours en présence du Très-Haut. La pureté, la sainteté, sont en Israël des lois inviolables, parce qu'elles sont nécessaires à l'accomplissement de sa

[1] *Kusari*, II, 62.

mission sur la terre, parce qu'elles sont sa dignité, le signe
de son caractère sacré devant les hommes, ses vêtements
sacerdotaux et les insignes d'honneur et de gloire portés
dans son service devant l'Éternel. Le Seigneur demeure
au milieu de nous; c'est pourquoi « nos habits doivent toujours être purs et l'huile sainte ne doit jamais manquer à
notre front. » בכל עת יהיו בגדיך לבנים ושמן על ראשך אל יחסר
(Ecclésiaste, IX, 8).

La Haphtara du sabbath précédent reproduit une page
remarquable et touchante de notre merveilleuse histoire.
(II Rois, V).

Naaman, général de l'armée du roi d'Aram, jouissait
d'une grande considération auprès de son maître, car c'est
par lui que Dieu avait donné la victoire à Aram. Or, ce
grand héros était atteint de la lèpre.

Il arriva que des soldats aramites, dans une de leurs
courses, enlevèrent du pays d'Israël une petite fille qui fut
attachée au service de la femme de Naaman.

Elle dit à sa maîtresse : « Ah! que mon seigneur s'a-
dresse seulement au prophète à Schomron, qui le guérira
certainement. »

Naaman se rendit auprès du roi et lui rapporta les paroles de la jeune fille du pays d'Israël.

Le roi d'Aram lui dit : « Pars donc! je te donnerai une
lettre pour le roi d'Israël. »

Il partit et emporta dix *kikar* d'argent, six mille pièces
d'or et dix paires de vêtements.

Naaman remit au roi d'Israël la lettre de son souverain,
qui était conçue en ces termes : « Avec cette lettre je t'envoie Naaman, mon serviteur; guéris-le de sa lèpre. »

Le roi, après avoir lu cette missive, déchire ses vêtements et s'écrie : « Suis-je donc un dieu qui puisse tuer et ressusciter, pour que celui-là m'envoie un lépreux pour le guérir? En vérité, vous verrez qu'il me cherche querelle ! »

Lorsque Élischa, l'homme divin, apprit que le roi d'Israël avait déchiré ses habits, il envoya chez lui et lui fit dire : « Pourquoi te livres-tu au désespoir? Qu'il vienne seulement me trouver, et il verra qu'Israël possède des prophètes ! »

Naaman arriva donc avec ses chevaux et ses chariots devant la maison d'Élischa. Celui-çi lui fit dire : « Va, baigne-toi sept fois dans le Jourdain, et tu redeviendras pur comme auparavant. »

Mais Naaman s'irrita et dit en s'en allant : « J'avais cru qu'il sortirait auprès de moi, qu'il invoquerait le nom de son Dieu, poserait les mains sur les endroits malades et guérirait ainsi la lèpre. Les fleuves Amanah et Parpar, les ruisseaux de Damesek ne sont-ils pas meilleurs que toutes les eaux d'Israël? Ne puis-je pas m'y baigner pour devenir pur? » Et il s'en alla en colère.

Ses serviteurs s'approchèrent de lui et lui dirent : « O seigneur! si le prophète t'avait recommandé quelque chose de difficile, tu le ferais certainement; pourquoi refuses-tu lorsqu'il dit seulement : Baigne-toi, et tu seras guéri ? »

Il descendit dans le Jourdain et s'y plongea sept fois, ainsi que l'avait ordonné l'homme divin, et son corps redevint pur comme celui d'un jeune enfant.

Alors il retourna auprès de l'homme divin, lui et toute sa suite, se plaça devant lui et dit : « Maintenant je reconnais qu'il n'est point de Dieu sur toute la terre qu'en Israël! Accepte donc ce présent de ton serviteur ! »

Mais le prophète répondit : « Par la vie de l'Éternel que je sers, je n'accepterai rien ! » Naaman insista, mais sans succès, et il dit : « Ton serviteur ne pourra-t-il pas au moins obtenir ici un peu de terrain, la charge d'une paire de mulets ? Car désormais ton serviteur ne sacrifiera plus à d'autre dieu qu'à l'Éternel. Que l'Éternel pardonne seulement à ton serviteur lorsque mon maître, dans le temple de Rimmon, où il se prosterne pour prier, s'appuie sur moi, de sorte que je dois me prosterner moi-même dans la maison de Rimmon. Que l'Éternel me pardonne ceci ! »

Élischa répondit : « Va en paix ! »

———————

Que de belles et précieuses leçons se trouvent renfermées dans cette page !

Cette petite fille israélite qui, au sein du plus puissant paganisme, ose prôner la science sacrée du prophète d'Israël, c'est-à-dire glorifier notre religion, ne mérite-t-elle pas toute notre admiration ? Pour faire faire à un farouche guerrier un voyage dont l'insuccès l'aurait peut-être porté à une terrible vengeance contre la petite conseillère, quelle a dû être la conviction religieuse, la foi ardente de la jeune israélite ! Que sa mémoire soit bénie !

Ce général d'Aram qui s'écrie : « Les fleuves de Damesek ne valent-ils pas mieux que toutes les eaux d'Israël ? » et qui s'irrite contre la simplicité du procédé d'Élischa, ne ressemble-t-il pas à tous ceux qui, en dehors et au sein du judaïsme, méprisent nos modestes et divins sanctuaires, en présence du luxe et des splendeurs d'autres temples, regardent avec dédain nos simples cérémonies en comparaison de l'éblouissante mise en scène et des spectacles pompeux d'autres cultes, repoussent les eaux vives et vivifiantes de la Synagogue, pour se jeter sur les liqueurs enivrantes versées ailleurs dans des vases d'or... Mais la raison et la vérité ne disent-elles pas aussi, comme les serviteurs de Naaman : Vous tous qui trouvez le culte israélite au-dessous et en arrière de l'esprit et des progrès du temps, ses cérémonies et ses prescriptions trop lourdes,

trop en opposition avec la liberté et la raison de l'homme ;
allez donc ailleurs, et voyez si les choses ne sont pas mille
fois plus difficiles à faire et à croire, plus humiliantes pour
la dignité de l'homme et son intelligence, souvent plus en
contradiction avec vos meilleurs sentiments, votre vertu et
votre honneur !... Vous vous courbez ailleurs sous le joug
de choses difficiles, incompréhensibles, ténébreuses; vous
pliez le genou devant des actes de prestidigitation et d'es-
camotage indignes de votre esprit, et vous ne voulez pas
écouter la parole du prophète et de la religion d'Israël qui
vous dit simplement : Baignez-vous dans le Jourdain de la
vérité, dans l'air du Sinaï, et vous serez purs !

Et cette épouvante du roi d'Israël lorsqu'il croit voir
dans la demande du souverain d'Aram un prétexte à querelle, combien de milliers de fois n'a-t-elle pas été justifiée
dans notre histoire? Combien de milliers de fois nos princes, nos pontifes, nos chefs de tribu, nos frères qui possédaient un peu d'or, n'ont-ils pas été, pour les causes les
plus frivoles, pour des exigences injustes, incroyables,
torturés, exilés, mis à mort, rien que pour confisquer leurs
biens et se livrer contre eux à une œuvre abominable de
spoliation et de pillage !

Et que dire de ce magnanime désintéressement du prophète d'Israël, qui refuse d'accepter la moindre récompense pour l'immense service rendu au général païen ?
Naaman était venu chargé de richesses considérables, car
il connaissait les habitudes des prêtres de Baal, dans les
temples desquels tout est marchandise, commerce, trafic,
simonie. Aussi cette conduite du prophète israélite a-t-elle
peut-être produit sur lui une impression aussi puissante
que sa guérison miraculeuse, et lui a t-elle fait pousser ce
cri de son âme : « Maintenant je reconnais qu'il n'y a de
dieu nulle part qu'en Israël ! »

Mais ce qui est surtout admirable dans la conduite d'É-
lischa, c'est sa tolérance. Fidèle aux principes de notre
divine religion, il dissipe les scrupules de Naaman, con-

19

verti à notre foi, et qui, connaissant le fanatisme des croyances païennes, craignait de commettre un péché en rendant ses devoirs au roi dans un temple étranger. Mais les israélites sont les meilleurs et les plus dévoués serviteurs du prince et de l'État ; Israël respecte tous les cultes, a des prières et des bénédictions pour tous les hommes, promet la félicité éternelle à tous les mortels vertueux, et dit à l'humanité entière ces paroles d'Élischa : « Va en paix ! »

VINGT-NEUVIÈME SIDRA

פ' אַחֲרֵי מוֹת

(Lévitique, XVI à XVIII).

כי ביום חזה יכפר עליכם
לטהר אתכם מכל חטאתיכם:

Le jour d'Expiation et ses cérémonies. — Prescription touchant le lieu du sacrifice. — Prohibition du sang et d'autres objets alimentaires. — Lois sur les mariages prohibés et exhortations contre la corruption des mœurs.

Le Très-Haut, béni soit-il! après avoir donné à Israël les commandements sur les sacrifices et la pureté personnelle, c'est-à-dire les moyens de notre réhabilitation de nos fautes, de notre sanctification au milieu des souillures de la terre, a mis le comble à ses grâces en nous accordant le jour sacré du Kippour, qui, célébré selon les prescriptions et dans l'esprit de son institution, efface nos péchés, nous rend une vie nouvelle, et opère notre régénération morale et spirituelle. Et ce bienfait adorable du Seigneur a survécu aux sacrifices, au temple, à Jérusalem, pour nous suivre dans l'exil, pour nous visiter dans toutes les contrées et tous les siècles, et nous apporter tous les ans le pardon, la miséricorde et l'amour de notre Dieu! « Ceci est pour vous une loi éternelle, à savoir qu'il sera pardonné tous les péchés aux enfants d'Israël, une fois l'année. » וזאת זאת לכם לחקת עולם לכפר על בני ישראל מכל חטאתם אחת בשנה.

Notre Sidra commence par rappeler la mort des deux fils d'Aaron, pour avertir le grand prêtre lui-même de ne pas entrer en tout temps dans la partie du sanctuaire qui est le Saint des Saints, mais d'y pénétrer seulement le jour d'Expiation, le dix Tischri, après avoir offert au Seigneur un sacrifice de péché et un holocauste.

Ce jour auguste et solennel est nommé par l'Écriture *sabbath par excellence* — שבת שבתון ; il se distingue des autres fêtes par son caractère austère et purement religieux. Les autres jours de repos sont consacrés en partie à la joie ; celui-ci, au jeûne absolu et à la contrition. Le rite expiatoire prescrit pour ce jour était pour tout le peuple en commun ce que certains sacrifices étaient pour les individus en particulier. Par ce rite symbolique, par le jeûne général qui l'accompagnait, et surtout par les sentiments de repentir et de contrition qu'il devait faire naître, le peuple se lavait de ses péchés et se réconciliait avec son Dieu, dont il avait pu se rendre indigne. Le grand prêtre fonctionnait seul en ce jour et était chargé des cérémonies particulières, comme aussi du service ordinaire du temple. Il était revêtu de son costume simple de lin blanc ; nous devons tous en ce jour éloigner les pensées frivoles, le luxe, qui, comme les habits dorés du grand prêtre, rappellent le veau d'or, l'idolâtrie de la richesse matérielle ; apparaissons devant l'Éternel avec modestie et humilité, et lavons-nous, non-seulement extérieurement, mais notre cœur et notre âme, pour que nous soyons réellement purs devant le Seigneur et que nous méritions de nous approcher de son autel. רחצו הזכו הסירו רוע מעלליכם מנגד עיני חדלו הרע « Lavez-vous, purifiez-vous, éloignez vos mauvaises actions de devant mes yeux, cessez de faire le mal. » (Isaïe, I, 16.)

Parmi les cérémonies sacerdotales de ce jour, il s'en

trouvait une d'un grand intérêt. Deux boucs, fournis par la communauté, furent amenés devant le grand prêtre; il les tira au sort, qui désigna l'un à être sacrifié à l'Éternel, l'autre à être envoyé à *Azazel* chargé des iniquités d'Israël.

Que la destinée de ces deux victimes, dit un rabbin [1], était différente et offrait un frappant contraste !

Le bouc dédié à l'Éternel fut immolé; son sang, devenant un instrument d'expiation, fut reçu dans un vase sacré, porté dans le Saint des Saints, y fut consacré par son aspersion sur la sainte arche, le rideau et l'autel, et atteignit son but suprême au fond de l'autel des sacrifices.

Le bouc voué à *Azazel* n'est pas sacrifié; il reste debout, vivant, intact — יעמד חי, — tandis que son compagnon subit la mort et passe à travers toutes les transformations de l'œuvre expiatoire. Mais déjà l'homme de sa destinée — איש עתי — est prêt. C'est à lui qu'il est remis dans la plénitude de sa vie; il l'emmène dehors, bien loin, dans les champs, le fait monter des montagnes, sur le sommet d'un rocher. La voilà, la victime, loin du couteau sacrificateur qui menaçait ses jours; la voilà vivante, libre, élevée, regardant hardiment le monde et ses joies,... lorsque soudain l'homme la précipite dans l'abîme qu'elle n'a pas aperçu derrière elle, et la voilà couchée dans le gouffre, déchirée, brisée par les pointes du rocher !

Ne voilà-t-il pas les deux routes qui s'ouvrent devant chacun de nous? N'y a-t-il pas là la manifestation la plus éclatante, la plus solennelle, la plus énergique, du grand principe, base de notre divine loi et condition de notre sanctification, de la liberté humaine qui remet entre les mains de chacun de nous son propre avenir, la liberté d'être à l'Éternel ou à *Azazel?*

Et s'il en est ainsi, que de grandes vérités nous est-il enseigné par chaque détail de cet acte et chaque pensée de son but !

[1] *Jeschurun*, numéro d'octobre 1858, p. 5.

Deux routes s'ouvrent devant nous : l'une s'appelle *à l'Éternel*, l'autre, *à Azazel*.

La route à l'Éternel commence par le sacrifice de soi-même, le renoncement à l'indépendance absolue, l'abdication de l'existence volontaire et égoïste, l'abandon spontané de chaque goutte de sang, de chaque battement de cœur, à Dieu et au sanctuaire de sa loi. Cela ressemble à la mort, et c'est l'entrée de la vie éternelle ; cela ressemble à une destruction, et c'est le commencement d'une vie plus élevée, plus pure, plus vraie ; cela ressemble à une perte, et c'est l'acquisition des biens les plus suprêmes ; cela ressemble à un asservissement, et c'est la conquête de la véritable liberté. La vie animale et bornée meurt, mais c'est pour son admission dans le temple de la loi divine, où elle apprend à devenir le messager, le gardien et l'exécuteur de la volonté de Dieu sur la terre, à se fondre dans la divine perfection, à devenir « un sacrifice agréable au Seigneur ».

La route d'*Azazel* commence par la conservation de l'indépendance, du maintien de l'existence animale, par le refus opiniâtre de tout sacrifice et de toute résignation, par l'éloignement anxieux de tout ce qui peut produire un dommage, une perte, par la négation obstinée de tous les droits de ce qui est supérieur et sacré, par la raillerie moqueuse contre tous ceux qui se refusent ce qu'ils pourraient gagner et ce dont ils pourraient jouir, qui sont prêts à donner leurs biens et leurs forces, leur or et leur sang, pour des œuvres sans intérêts matériels, qui marchent dans la voie de la privation, du renoncement, de la lutte et du sacrifice. La conduite contraire ressemble à de la sagesse, et c'est démence ; au chemin conduisant à la vie, et c'est celui d'une mort déplorable ; à la route de la liberté, de la joie, du bonheur social et de la jouissance de la vie, et c'est la route allant du sanctuaire au désert, de l'autel du Seigneur à la chute, à l'abîme, à la destruction. Plus on s'éloigne du divin sanctuaire, et plus libre et plus élevé paraît devenir le chemin de l'existence. Il est debout, triomphant, sur la hauteur vertigineuse, celui qui s'est échappé du temple des sacrifices : il regarde avec un sourire victorieux le lieu où saignent ses « aveugles compagnons », et il n'aperçoit pas le gouffre qui s'ouvre soudain derrière lui et où, dans un instant, il va être précipité sans secours possible.

Voilà les chemins entre lesquels nous tous avons à choisir. L'urne est placée devant chacun, et chacun a la liberté de prendre pour soi l'un ou l'autre lot. Le choix est entre nos mains ; chacun peut se décider pour la route *à l'Éternel* ou pour celle *à Azazel.* Que personne, en choisissant cette dernière voie, n'accuse sa position, sa fortune, sa place dans la société, son temps ; car nulle circonstance extérieure n'a le pouvoir de contraindre la volonté humaine pour se diriger à droite ou à gauche. Chacun de nous, doué de force ou de faiblesse, de puissance ou d'impuissance, sous n'importe quelle constellation du ciel et de la terre, est placé à l'entrée du sanctuaire, le regard tourné vers l'arche sacrée, et les deux lots sont mis dans la main de chacun. Mais voyez les deux hommes : l'un est allé *à l'Éternel*, et l'autre *à Azazel !* Cependant tous les deux étaient parfaitement égaux — בבראה ובקומה ובדמים ובלקיחתן כאחד ; tous les deux se trouvaient également placés devant le Seigneur ; le sort était au fond de l'urne où tous les deux pouvaient choisir, et pourtant les voilà arrivés à un but si opposé l'un à l'autre !

Les divins trésors de rédemption et de renaissance descendus du ciel avec le jour du Kippour, et qui étaient si visibles, si éclatants, pendant l'existence du sanctuaire de Jérusalem, ne dépendent pas cependant des sacrifices indiqués dans notre Sidra. Ces sacrifices avaient pour objet

principal l'expiation des péchés commis contre la sainteté
du temple, et la purification de l'édifice sacré, profané,
pendant l'année, par oubli ou violation des prescriptions.
« Il purifiera le sanctuaire de toutes les souillures des enfants d'Israël, de leurs fautes et leurs transgressions ; il en
fera de même à l'égard de la tente d'assignation, établie au
milieu même de leurs impuretés. » (XVI, 16.)

Mais l'expiation des autres péchés est indépendante des
sacrifices, et s'opère, dans tous les temps et dans tous les
lieux, quand nous célébrons religieusement le jour auguste,
avec un sincère repentir du passé, avec de bonnes et inébranlables résolutions pour l'avenir [1]. « Ceci sera pour
vous une loi perpétuelle : le dixième jour du septième mois
vous jeûnerez et vous ne ferez aucun ouvrage ; car en ce
jour il vous sera pardonné pour vous purifier ; vous de-
viendrez purs de tous vos péchés devant l'Éternel. »

Et ce bienfait céleste de la réhabilitation par le pardon
divin, cette certitude d'être sauvé par le repentir et les
larmes, que le Seigneur accueille comme un sacrifice expiatoire et un engagement d'avenir inviolable, quelle puissante
et salutaire influence ont-ils exercée sur l'esprit et la vie
d'Israël ! Ils nous ont protégés contre la superstition, le
désespoir, le crime des sacrifices humains, le suicide de
l'âme et du corps, et contre toutes les doctrines et croyances funestes qui, contestant au Très-Haut sa toute–puissance et sa liberté, au Roi des rois son pouvoir de faire
grâce, prononcent contre le pécheur la damnation éternelle !

Aussi la conviction de ce bienfait adorable du Kippour,
où, selon la parole d'un philosophe israélite, l'homme

---

[1] Les fautes commises envers les hommes, les torts faits à notre prochain,
doivent être réparés, autrement le Kippour ne les efface point. עבירות שבין אדם
לחבירו אין יום הכפורים מכפר עד שירצה את חברו (Mischna, *Ioma*, VIII, 9).

s'élève à la nature des anges, est-elle profondément gravée dans le cœur de nos frères. En ce jour auguste et sacré, tous (y a-t-il de tristes exceptions ?) laissent le monde,
ses affaires et ses agitations, pour s'enfermer dans la maison du Seigneur, envoyer loin d'eux, à Azazel, toute pensée mauvaise, toute passion et tout péché, et rejeter dans
l'abîme, comme une chose horrible, tout vice et toute iniquité, regretter et pleurer leurs fautes, et recevoir l'abso-
lution divine qui efface le mal, leur permet de rentrer dans
le sanctuaire comme le grand prêtre, et leur communique
une vie nouvelle. Mais notre sacrifice, notre repentir,
notre jeûne et nos larmes doivent être vrais, sincères :
« Purifiez-vous *devant l'Éternel* » לפני ח' תטהרו, qui pénètre
vos pensées les plus secrètes ; il ne suffit pas de paraître
pur devant le monde. Le Kippour est non-seulement une
loi perpétuelle, mais il est surtout une promesse d'avenir,
une garantie d'immortalité, חֻקַּת עוֹלָם.

A la suite de l'institution du jour d'Expiation, l'Écriture
contient les lois sur les mariages prohibés. Ce rapprochement est naturel et nécessaire. En effet, le Kippour accorde
seulement son bienfait expiatoire aux hommes qui se repentent de leurs fautes, déplorent leurs péchés, rompent
avec les habitudes contraires à la loi de Dieu. Et cela,
pour être difficile, est cependant possible, car le malade
moral, contrairement à tout autre malade, est guéri *dès
qu'il le veut*; mais quiconque veut continuer ou recommencer le lendemain ce qu'il confesse comme un mal aujourd'hui, n'a aucune part aux bénéfices du Kippour.
אחטא ויום הכפורים מכפר אין יום הכפורים מכפר (Mischna *Ioma*,
VIII, 8). Or, celui qui est engagé dans des liens condamnés par la religion ou la morale se trouve justement dans

ce cas. Il est facile à l'homme de briser avec tous les autres péchés, de s'affranchir de toutes les autres chaînes,
mais non de celles d'une alliance condamnable, qui l'attend, au sortir du temple, à la porte de sa demeure.....
לפתח חטאת רובץ. Quelle action le jour saint peut-il alors
exercer sur lui, qui ne peut se purifier devant Dieu, qui
ne peut faire sur l'autel du sanctuaire, comme un holocauste véritable, le sacrifice de sa conduite répréhensible ? (1)

Dieu fait dire à nos ancêtres :

« Je suis l'Éternel votre Dieu.

« N'agissez point suivant les pratiques du pays d'Égypte,
où vous avez séjourné, ni selon les mœurs du pays de Canaan, où je vous conduirai, et ne suivez pas leur loi.

« Vous exécuterez mes décrets, vous observerez mes
lois, vous y conformerez votre conduite, car je suis l'Éternel votre Dieu.

« Observez mes lois et mes décrets, par lesquels l'homme
acquiert la vie (2) ; je suis l'Éternel. »

Voilà assurément une remarquable exhortation contre
l'imitation et l'épidémie des mauvaises mœurs. Dieu ne
dit pas : « Ne vous faites pas de lois (*mischpatim*) comme
celles du peuple d'Égypte et de Canaan », car Israël possédait déjà le Code sacré, le Décalogue, la législation parfaite qu'aucune nation de la terre n'a pu surpasser; et
pourquoi échangerait-il une loi de liberté, de justice, de
raison et de lumière, contre une loi de despotisme, de tyrannie, de force brutale et de ténèbres ? Puis, dans toutes

---

(1) Cela nous expliquerait pourquoi on lit dans la synagogue, à l'office de
Mincha du Kippour, le chapitre des mariages prohibés, lecture qui a tant
exercé la sagacité des savants et donné lieu à des suppositions théologiques
nombreuses.

(2) Onkélos traduit : « La vie éternelle » ויחי בהון בחיי עלמא, de même
Mendelssohn.

les contrées de la terre où la législation israélite n'existait
point et où nos pères étaient amenés dans la suite des
temps, ils étaient les sujets les plus fidèles, les plus con-
sciencieux, les plus empressés à observer les lois du pays
en tout ce qui n'était pas contraire au commandement
divin. Enfin, il est des peuples nombreux qui ont des
lois excellentes et des mœurs détestables. C'est donc contre les mauvaises mœurs, contre les coutumes et pratiques
immorales, contre les œuvres et les habitudes de Mizraïm
et de Canaan — מעשה ארץ מצרים וכמעשה ארץ כנען — que sont
dirigées ici les exhortations divines. A cet égard, nous ne
devons avoir d'autre règle ni d'autre guide que les saintes
prescriptions du judaïsme, en tête desquelles se trouvent
la pensée de Dieu et son image rayonnante. Il nous dit :
Ne croyez pas que les mœurs des peuples autour de vous
soient nécessaires à votre bonheur, à votre vie sociale,
à votre existence parmi les hommes ; non, mes lois seules
sont votre vie — וחי בהם, — votre prospérité, votre avenir ; dans votre conduite ici-bas, pensez moins au monde
et à ses exigences qu'à moi, l'Éternel votre Dieu ! Mes lois
vous feront vivre, prospérer, respecter, au milieu des nations, mieux que tous les progrès de la civilisation, mieux
que votre initiation et votre admission à des mœurs re-
poussées par mon sanctuaire, condamnées par ma loi,
indignes de mon peuple-pontife. Observez mes lois saintes sur le mariage, car par elles Israël restera à tout jamais
une race noble et pure, et l'enfant encore dans les entrailles de sa mère sera déjà digne de mon sanctuaire. Nul
d'entre vous, en venant au monde, n'apportera sur son
existence la flétrissure de la bâtardise, de la honte, de la
malédiction, le péché originel de l'immoralité.... « Gardez
mes commandements, et n'agissez pas selon les pratiques
abominables qui ont été consommées devant vous ; ne vous
en rendez pas impurs ! La terre souillée par des abominations est frappée de malédiction et rejette ses habitants »
ותקא הארץ את יושביה.

Lorsque Israël, purifié dans le creuset du malheur, sera
de nouveau devenu le sanctuaire du Seigneur et l'arche de
sa vérité, le flambeau sacré de la terre, alors s'accompli-
ront ces promesses prophétiques :

« En ce jour je relèverai la tente de David de sa chute,
je réparerai ses ruines et la réédifierai comme au temps
passé.

« Je ramènerai les captifs de mon peuple d'Israël ; ils
reconstruiront les villes désertes et les peupleront ; ils
planteront des vignes et en boiront le vin, des jardins et
en mangeront les fruits.

« Je les planterai eux-mêmes si bien dans leur terre,
qu'ils n'en seront plus arrachés : ainsi a parlé l'Éternel
votre Dieu. » (Amos, IX, 11-15.)

TRENTIÈME SIDRA

פ׳ קְדֹשִׁים

(Lévitique, XIX à XX)

ואתן לחם את חקותי ואת משפטי הודעתי
אותם אשר יעשה אותם האדם וחי בהם:

Lois ordonnant la sanctification de la vie, par la justice, la charité, la
morale, l'amour du prochain. — Nouvelles exhortations contre l'idolâtrie et la corruption des mœurs.

C'est à genoux que nous devrions lire la Sidra de ce
sabbath. Il y a là des trésors éblouissants de justice, de
grâces et d'amour divin, une page merveilleuse qui fait
battre saintement toutes les nobles fibres de notre cœur,
des lois sublimes qui seules suffiraient pour placer notre
religion infiniment au-dessus de toutes les autres croyances et législations de la terre.

Sans doute, il est d'autres religions qui exhibent des
maximes peut-être encore plus étonnantes, une morale
encore plus austère, des lois qui commandent des vertus
idéales, surhumaines. Mais par cela même ces lois, impra-
ticables, impossibles au milieu des hommes les plus parfaits, prouvent qu'elles ne sont pas la vérité, qu'elles n'é-

manent pas de Dieu, qui connaît la nature humaine et ce
dont elle est capable. Avec la doctrine de ne point résister
au mal et à l'injustice, de tendre la joue gauche à quiconque nous frappe sur la joue droite, d'abandonner notre
manteau à quiconque nous dispute notre robe, de faire
deux mille pas avec quiconque veut nous contraindre d'en
faire mille, etc., avec une doctrine pareille on fait une société composée de bourreaux et de victimes, d'oppresseurs
et d'opprimés, de malfaiteurs et de malheureux, une société sans droit, sans justice, sans charité même, puisque
le misérable peut prendre et n'a pas besoin de demander.
Une pareille société ne saurait exister un jour, et n'a jamais
existé. Les lois qui devaient la régir sont des chimères,
des exagérations, que la justice de Dieu et le salut de
l'humanité condamnent et repoussent.

La loi israélite recommande les vertus les plus admirables, les plus magnanimes, les plus touchantes, mais des
vertus possibles. Nous sentons en nous-mêmes qu'elles
ne sont pas au-dessus de nos forces, que nous pouvons y
atteindre avec quelques efforts et quelques sacrifices. Elles
nous attirent et nous enflamment, parce qu'elles répondent à nos meilleurs et nos plus nobles sentiments, parce
qu'elles sont gravées dans notre cœur. Dieu, qui est l'auteur de la loi israélite, nous a fait avancer, dans la route
du bien, jusqu'à la dernière limite du possible ; mais cette
limite, que lui seul connaît, il ne l'a pas franchie ; il ne
nous a pas imposé des commandements en opposition avec
notre nature et avec le sentiment de justice qu'il a déposé
dans notre conscience. Les lois que le Seigneur a données
à Israël sont des lois divines, mais elles sont naturelles,
possibles, faciles à l'humanité ; וחי בהם, on vit en elles et
par elles. Aussi ont-elles été, pendant de longs siècles,
pratiquées par un peuple heureux, libre et illustre, et elles
le sont encore par tout vrai et digne israélite. C'est pourquoi elles ont été annoncées « à toute l'assemblée des enfants d'Israël » אל כל עדת בני ישראל, et non à une caste par-

ticulière, privilégiée, qui prétendrait à un plus haut degré de sainteté et de perfection que les autres hommes.

« Soyez saints, parce que je suis saint, moi, l'Éternel votre Dieu. »

Voilà la source de nos devoirs, de notre élévation, de notre grandeur. Par notre corps nous ressemblons à tous les êtres créés, mais nous possédons une ressemblance divine par notre âme, qui nous rend libres, indépendants, rois de la terre, et surtout maîtres de notre corps et de notre nature animale. La partie animale de l'homme doit être dominée par sa partie spirituelle : car ne serait-il pas absurde que l'aveugle conduisît le voyant, et que le raisonnable écoutât celui qui n'a pas de raison? Cette subordination est d'autant plus juste, que la partie corporelle ne court aucun danger par la souveraineté de l'esprit, et n'a à craindre de lui aucun préjudice dans ses exigences légitimes, puisque l'esprit sait trop bien ce qui est nécessaire au bien-être de l'homme entier, pour refuser à la partie animale ce que la nature a fait pour condition de sa conservation. L'animal, au contraire, ne sait rien des besoins supérieurs de l'esprit ; il ne se demande jamais si ses efforts constants et inquiets pour satisfaire tous ses désirs ne troublent pas l'esprit dans ses occupations plus nobles et ses plaisirs plus purs, et n'est jamais disposé à accepter une mesure et une limite pour ses exigences égoïstes. C'est pourquoi maintenons toujours la domination de l'esprit sur le corps, la supériorité de l'homme sur l'animal, la souveraineté de ce qui est en nous lumière et vie éternelle sur ce qui est ténèbre et poussière. Soyons saints parce que Dieu est saint et que notre esprit est son reflet et sa ressemblance ; ne soyons pas l'esclave de l'animal et son image.

Mais, pour réaliser de plus en plus en nous cette ressemblance divine, il ne suffit pas de se livrer à une vie contemplative, méditative, loin du monde et de ses mouvements ; il faut s'exercer dans la vertu, dans la sanctification, par l'accomplissement de tous les devoirs sociaux et religieux, exercice qui est au salut et à l'élévation de notre âme ce que la circulation du sang est à la santé de notre corps. Or, en tête de ces devoirs sont ceux-ci :

« *Que chacun vénère sa mère et son père et observe mes sabbaths.* »

Le respect filial, c'est-à-dire la famille, voilà la base de l'ordre social sur laquelle sont fondées toutes nos obligations envers nos semblables, nos supérieurs, nos inférieurs, nos enfants et nous-mêmes. La sanctification des sabbaths et des autres jours du Seigneur, voilà la religion, son culte, sa manifestation, le premier de tous nos devoirs envers Dieu, sa confession publique et sa glorification devant les hommes, la condition absolue de notre naturalisation dans la communauté d'Israël. La maison et la synagogue, voilà les deux sanctuaires de notre existence morale et religieuse. La violation du sabbath est un outrage envers nos parents, puisqu'elle blesse notre Père au ciel ; et l'oubli du respect filial est une humiliation pour le Très-Haut, dont la sainte autorité est représentée ici-bas par celle de nos pères et mères. « Je suis l'Éternel votre Dieu », vous devez donc me rendre hommage dans le temple, où est ma parole, et dans la maison, où sont mes représentants. C'est pourquoi

« *Ne vous tournez point vers les idoles, ne vous faites point de dieux de fonte.* »

Pour aimer sincèrement vos pères et mères, pour animer votre cœur de ce saint amour filial qui est la source de toutes les vertus, qui rend le plus faible des hommes capable de toutes les grandes et sublimes actions, « ne vous tournez pas vers les idoles », vers les choses futiles, vaines, immorales et dangereuses; ne profanez, ne souillez pas votre âme par un amour impur, par des attachements honteux qui ne laisseraient plus en vous aucun noble sentiment, aucun rayon divin, aucune force de marcher dans la lumière, et qui enlèveraient à votre vie toute pure et véritable félicité. Pour aimer vos parents, gardez sans tache le sanctuaire de votre cœur. Le souvenir vénéré de votre père, l'image sacrée de votre mère, ne doivent pas se trouver à côté d'une idole abjecte.

Pour que vous ayez la force d'observer le sabbath et les fêtes, de faire au Seigneur le sacrifice d'un peu de temps, de quelques plaisirs ou de quelques affaires, « ne vous faites pas d'idoles de métal »; ne voyez pas dans la possession de l'or le but de votre existence et son suprême bonheur. « Je suis l'Éternel votre Dieu », donc vous me devez tout ce que vous avez, votre bien et votre vie; ne songez pas à la perte que pourrait vous causer l'observation du sabbath ou de n'importe quel autre devoir religieux; mais pensez à mon pouvoir de vous récompenser pour votre obéissance, de vous bénir pour votre amour, de vous rendre le centuple des sacrifices que vous aurez déposés sur mon autel. « Je suis l'Éternel votre Dieu », ayez donc confiance en moi !

———

Le respect filial, l'observation du sabbath, la défense de l'idolâtrie, voilà les premiers commandements du Décalogue; nous arrivons maintenant à un magnifique développement, à un grand et divin commentaire des autres commandements.

« Quand vous ferez la moisson, ne coupez pas entièrement jusqu'à l'extrémité de votre champ; ne ramassez pas

les épis tombés ; ne faites pas l'arrière-récolte de votre
vigne, et ne cueillez pas les grappes isolées : abandonnez-
les au pauvre et à l'étranger : je suis l'Éternel votre
Dieu. »

Admirons ici la noble et magnanime charité de notre
loi et pénétrons-nous-en. Elle repousse, elle condamne
l'aumône que l'ostentation jette au pauvre et qui l'humilie,
l'abaisse et le dégrade devant le monde ; mais elle commande une bienfaisance délicate, en quelque sorte ignorée,
qui permet au pauvre d'entrer de droit dans notre champ
pour prendre ce qu'il nous est ordonné d'oublier. Nous ne
le voyons pas, il n'a pas à nous remercier, à rougir, à
trembler devant nous. Notre bien lui appartient en partie !
« Je suis l'Éternel votre Dieu » ; le pauvre et l'étranger
nécessiteux sont les enfants du Seigneur aussi bien que les
hommes les plus fortunés, les princes et les rois de la
terre.

Voilà comment Dieu nous ordonne d'abandonner au
pauvre les extrémités de notre champ, une partie de la
récolte de nos affaires, de notre industrie, de nos entreprises heureuses. La bénédiction divine ne reposera jamais sur un champ, sur une affaire dont le pauvre est
exclu.

« Ne gardez pas jusqu'au matin le salaire de votre mercenaire. »

Quelle touchante sollicitude dans ce commandement !
Eu effet, combien de fois ne voyons-nous pas des gens riches faire attendre à de pauvres ouvriers le modique salaire qu'ils ont gagné à la sueur de leur front et dont ils
ont besoin pour vivre ; de malheureuses ouvrières, des
mères de famille, passer des nuits, dans le froid et dans la
misère, pour terminer un ouvrage qui doit procurer un
morceau de pain à leurs enfants ; et quand elles arrivent,
exténuées et tremblantes, dans le palais du riche, dans la

demeure somptueuse de la grande dame, comme au terme de leurs souffrances, on les renvoie sous le plus futile prétexte pour les faire revenir un autre jour ! Quelle barbarie et quel crime ! Divine loi d'Israël, tu n'as pas permis une telle cruauté au milieu de nous !

Mais cette charité, cette justice, cette humanité, ordonnées envers le pauvre, nous devons aussi les exercer envers tous nos semblables qui souffrent. « N'injuriez pas le sourd et ne mettez pas d'obstacle dans le chemin de l'aveugle : craignez votre Dieu, je suis l'Éternel. »

C'est une odieuse lâcheté d'adresser à un sourd des paroles de raillerie qu'il n'entend pas, pour faire rire à ses dépens les personnes qui l'entourent ; ou de faire tomber un aveugle devant un obstacle qu'une indigne plaisanterie place devant ses pas. Cette lâcheté est encore plus horrible quand on dit du mal d'une autre espèce de sourds, d'une personne absente et qui ne peut se défendre, ou quand la haine, la méchanceté, la fausse amitié, la trahison, dressent un piége pour y faire tomber celui qui est assez aveugle pour ne point apercevoir le gouffre, pour ne point voir le poignard et le poison dans la main qui le caresse. Maudits sont les hommes qui, par des provocations calculées, amènent leur prochain à des actes funestes pour son bien-être et son honneur, ou qui, par des conseils et des insinuations perfides, assurent sa ruine et son malheur. On a beau cacher une pareille conduite, entourer de ténèbres le mal qu'on fait à autrui : « Craignez Dieu », il connaît nos œuvres, leur pensée et leur but. Les torts qu'on peut avoir à reprocher à quelqu'un ne sauraient justifier la vengeance, car le Très-Haut dit :

« Ne haïssez pas votre frère dans votre cœur ; vous pouvez reprendre votre prochain, mais ne lui portez pas rancune. Ne vous vengez pas, ne gardez pas de ressentiment envers les enfants de votre peuple. »

Si nous croyons avoir à nous plaindre de quelqu'un, expliquons-nous franchement avec lui, demandons-lui loyalement compte de sa conduite à notre égard, exigeons même la réparation légitime du tort qu'il nous a fait éprouver ; mais ne nous vengeons pas ouvertement ou secrètement, ne dressons pas des embûches à notre adversaire, ne propageons pas contre lui des paroles outrageantes et des calomnies qui peuvent le perdre ; « ne soyez pas un délateur parmi votre peuple, et ne vous acharnez pas contre le sang de votre prochain » לא תעמד על דם רעך [1]. La calomnie, c'est le plus lâche des assassinats.

Nous devons aussi reprendre notre coreligionnaire quand nous le voyons transgresser une loi divine, l'exhorter doucement, avec bonté et amour, à revenir au bien et à la religion, « afin de ne pas laisser sur lui le poids du péché » ולא תשא עליו חטא. Ce devoir est d'autant plus impérieux que notre solidarité religieuse fait de tout Israël une seule famille, un seul corps, qui souffre dans son ensemble si un seul de ses membres est malade. C'est aussi une noble et divine charité que de sauver notre frère de la misère morale et lui donner le pain de la vie ! Toujours et partout, son bien-être et son salut doivent nous être chers et sacrés, car le Seigneur nous a dit :

TU AIMERAS TON PROCHAIN COMME TOI-MÊME.

Voilà le grand principe du judaïsme — כלל גדול שבתורה, — la loi par excellence qui brille d'un éclat immortel au frontispice de notre sanctuaire. Ces trois mots de la révélation sinaïque — ואהבת לרעך כמוך — suffisent en vérité pour mériter au judaïsme le culte et l'amour de l'humanité et assurer aux hommes le bonheur dans ce monde et le salut dans l'éternité. Voilà la suprême expression de cette

---

[1] Nous croyons que c'est là le véritable sens du verset 16 ; autrement la fin de ce verset n'aurait aucun rapport avec le commencement. Il est des commentateurs qui voient ici la délation politique, l'espionnage, comme Ézéchiel, XXII, 9.

fraternité humaine qu'aucune législation, qu'aucune doctrine sociale n'a pu réaliser, ni trouver pour elle ce symbole étincelant qui rayonne comme une étoile lumineuse, comme une auréole de vie et de félicité au milieu de toutes les ténèbres et de toutes les ruines. *Aime ton prochain comme toi-même*, voilà la réponse de la foi d'Israël à toutes les erreurs, à toutes les haines, à toutes les persécutions; voilà la devise du drapeau de Juda!

Mais, disent le préjugé et l'intolérance, ce magnifique commandement s'applique seulement à vos coreligionnaires, le mot *prochain* veut seulement dire israélite? La voix divine répond à cette fausse interprétation :

« Quand un étranger séjournera dans votre pays, vous ne le molesterez pas; mais vous le traiterez comme un habitant, *vous l'aimerez comme vous-mêmes*, car vous aussi avez été étrangers en Égypte » (XIX, 33, 34) [1]. Donc en arrière les lois impies et fratricides forgées par l'intolérance contre certaines classes de la société! En arrière l'oppression religieuse, ce crime de la force brutale, cette honte de tout peuple, cette tache et cette malédiction de toute couronne! Repoussez toute distinction entre vous et les hommes d'autres races et d'autres cultes, car ils sont tous les enfants du même Père, les êtres bien-aimés du même Créateur, vos frères en Dieu, vos frères dans l'humanité!

A côté des prescriptions incomparables sur la charité et l'amour du prochain, notre Sidra renferme diverses lois

------

[1] Voyez, dans *la Foi d'Israël*, le chapitre de l'amour du prochain, page 339.

sur la justice. La dissimulation et la déloyauté dans le commerce des hommes sont mises sur le même rang que le vol ; le faux serment est flétri comme une profanation du nom de l'Éternel ; il faut se servir de balances justes, de poids et de mesures justes ; et, bien qu'il soit de notre devoir de faire tout le bien possible aux pauvres, il ne faut pas cependant leur accorder des faveurs dans le temple de la justice, avoir égard à leur pauvreté pas plus qu'à l'or et à la considération d'un plaideur riche. Puis viennent divers commandements relatifs à l'agriculture dans la terre sainte, des prescriptions contre les superstitions, la nécromancie, la divination, l'idolâtrie, le culte de Moloch, etc. Il y a ensuite des lois morales dont deux méritent une mention particulière :

« *Levez-vous devant la vieillesse, honorez la personne du vieillard.* »

Par le respect de l'âge avancé, les bonnes mœurs, les saintes et religieuses traditions se perpétuent dans la société, et la salutaire autorité des parents et des guides spirituels — אין זקן אלא שקנה חכמה — n'est pas en danger d'être foulée aux pieds par une jeunesse égarée et ignorante. « Craignez votre Dieu », ajoute l'Écriture, ce Dieu qui a institué sur la terre l'autorité des parents, des vieillards et des chefs religieux. Comme malédiction d'une société en décadence le prophète dit : « Des jeunes garçons seront leurs princes et des enfants régneront sur eux ; le jeune homme se soulèvera contre le vieillard et l'homme méprisé contre l'homme honoré. » (Isaïe, III, 4, 5.) La jeunesse ne doit pas oublier que si elle peut et doit être le bâton de la vieillesse, celle-ci est sa lumière et sa bénédiction. Les magistrats d'Israël se sont toujours glorifiés du titre d'*ancien*. Une autre loi morale dit :

« *Ne profanez pas votre fille pour la conduire à l'impureté.* »

Donner à une jeune fille le goût du luxe et de la coquetterie, la conduire dans des réunions où la voix du tentateur pénètre dans son âme par les yeux et par les oreilles,
lui inspirer le désir de briller et de plaire, au lieu de
l'élever dans des habitudes simples et modestes, c'est
la conduire à l'inconduite et à la perdition. Sa fortune actuelle peut un jour lui faire défaut, et alors, pour satisfaire
le besoin de briller, auquel on l'a habituée dès son enfance,
elle tombera dans l'abîme. Ne pas donner à une jeune fille
pauvre un état qui puisse lui assurer un morceau de pain
sûr et honnête, c'est la précipiter à sa perte. Ne pas donner aux riches comme aux pauvres une instruction religieuse suffisante, des principes solides de morale et de
vertu, l'exemple de l'ordre, de la règle, de l'économie,
c'est les livrer au mal, c'est les prostituer, c'est tuer en
elles leur cœur et leur âme, c'est « remplir la terre de
corruption. » ומלאה הארץ זמה.

« Observez mes sabbaths et vénérez mes sanctuaires »,
ajoute l'Écriture, voilà un excellent et infaillible moyen
de bonne éducation : les saintes joies du culte domestique
et les félicités offertes au jeune âge dans le temple du Seigneur. Le bonheur ineffable dont le cœur d'un enfant jouira
dans les pratiques vivifiantes de la religion et dans son
angélique élévation vers le ciel, lui rendra froides et inutiles toutes les jouissances du monde, tous les plaisirs du
Moloch.

Pour qu'Israël fût capable de recevoir une loi aussi
magnanime, aussi au-dessus de la nature ordinaire des
hommes, Dieu le constitua, au pied du Sinaï, en *nation
sainte*. Car, quel peuple de l'antiquité, même quel peuple
des temps modernes fut assez avancé, eut l'esprit assez
élevé, les mœurs assez pures, le sentiment assez désinté-

ressé, pour accepter cette sévère législation, qui impose
tant de vertus et de devoirs, ce commandement d'indicible
dévouement : « Aime ton prochain comme toi-même ? »
Aussi notre Sidra, qui renferme en substance tout le Code
sacré, commence-t-elle, comme la révélation sinaïque, par
« Soyez saints », et elle finit de même en disant : « Soyez
saints à moi, car je suis saint, moi l'Éternel, et je vous ai
séparés des peuples pour être à moi. » Voilà la noblesse
d'Israël, la source de ses devoirs, le secret de sa force, la
garantie de son immortalité, la cause de sa gloire, la raison de sa bénédiction pour les nations au milieu desquelles
il peut mettre librement en pratique cette loi qui lui dit :
Soyez saints !

TRENTE-UNIÈME SIDRA

פ' אֱמוֹר

(Lévitique, XXI à XXIV).

•

———

וְאֶת וְעַמִי יוֹרֻי בֵּין קוֹדֶש לְחוֹל
וּבֵין טָמֵא לְטָהוֹר יוֹדִיעֵם:

Règlements pour les prêtres. — Qualité des animaux destinés aux sacrifices. — Du sabbath et des fêtes. — Du grand chandelier et des pains
de proposition. — Un blasphémateur.

La sainte Écriture, après avoir publié les prescriptions
que les prêtres doivent observer dans l'exercice de leurs
fonctions publiques, au temple, expose ici les devoirs
qu'ils ont à remplir dans leur vie privée ; car, soldats du
Seigneur, représentants et oracles du sanctuaire, ils doivent être pour le peuple un modèle de dignité, de vertu
et de sainteté.

Parmi ces devoirs se trouve surtout celui de porter la
plus grande attention dans le choix d'une épouse. Les pontifes d'Israël doivent se marier ; le mariage est une loi
divine à laquelle on ne saurait se soustraire sans compromettre gravement la pureté de toute sa vie. Celui qui doit
donner au peuple l'exemple de toutes les vertus ne doit-il
pas, en s'abstenant d'obéir devant le monde à cette loi
impérieuse de la nature, faire suspecter l'honnêteté de ses
mœurs et exciter des soupçons fâcheux ? Guide spirituel

des âmes, la conscience du dernier d'entre son troupeau ne doit-elle pas douter de la moralité du pasteur vivant en dehors de la loi générale? Celui qui veut apprendre aux autres Dieu et ses commandements, doit au moins accomplir lui-même un des plus sérieux devoirs de ces commandements, celui de la famille.

Mais si le mariage est une obligation sacrée pour le pontife israélite, celui-ci doit choisir une femme digne d'être associée à sa sainte existence. S'il cherche une grande dot, comment peut-il prêcher à sa communauté le désintéressement, l'abnégation, l'éloignement du culte du veau d'or? S'il cherche une alliance puissante, comment peut-il enseigner l'égalité des hommes devant Dieu, la confiance qu'il faut avoir dans le Seigneur, et non dans les positions sociales, les noms, les titres? S'il cherche la beauté physique, comment peut-il glorifier dans ses discours la beauté morale, les charmes du cœur, les attraits de l'âme, répéter avec Salomon : « Les grâces et la beauté sont vaines; une femme craignant Dieu mérite seule des louanges ? »

Le mariage du pontife doit être la plus parfaite expression d'une sainte et noble union; l'amour de ses frères doit y avoir autant de part que sa propre inclination. Sa maison doit être un modèle de paix et de vertu, un exemple, un enseignement, un miroir rayonnant; et, semblable à la tente de Moïse, sur laquelle étaient dirigés tous les regards d'Israël, la maison du pontife doit être pour la communauté un second sanctuaire dont la vénération est dans toutes les bouches et l'amour dans tous les cœurs.

Le prêtre jadis ne devait avoir aucun défaut corporel : le défaut moral doit également, et à tout jamais, fermer l'entrée de la carrière sacerdotale. Certes, le judaïsme ne reconnaît à nul mortel l'infaillibilité, pas plus à Moïse qu'à Aaron et à David. Le pontife peut faillir comme le dernier de la communauté; un sacrifice spécial a été institué pour ses péchés. Mais il ne doit pas avoir un de ces défauts visibles, graves, scandaleux, qui soulèvent l'indignation publique. Si sa fille se conduit mal, elle est punie de mort (verset 9) ; combien doit-il lui-même veiller à sa conduite et à ses actes ! « Il est consacré à l'Éternel, il distribue le pain de son Dieu » — כי את לחם אלהיך הוא מקריב — la manne céleste, la nourriture de l'âme et de la vie éternelle; il porte à son front le bandeau sacré, la couronne de la Thorâ — כי נזר שמן משחת אלהיו עליו. Comment pourrait-il, par des vices ou des passions, profaner son grand et divin sacerdoce ?

Il ne doit pas être *aveugle*, fermer les yeux aux défauts, aux besoins moraux et spirituels de ses frères ; il ne doit pas être *boiteux*, rester inactif, indolent, quand il s'agit de marcher, de travailler, de combattre ; il ne doit pas être *bossu*, se courber, se prosterner devant l'or et la puissance ; il ne doit pas non plus être *nain*, se faire petit, humble devant le pouvoir et son orgueil, s'amoindrir, s'effacer devant l'impiété armée d'influence ou de force brutale. S'il a le malheur d'avoir un de ces défauts, une de ces taches, qu'il jouisse de sa position, qu'il profite des revenus et des bénéfices de son emploi, mais qu'il ne s'approche pas de l'autel de son Dieu ! לחם אלהיו מקדשי הקדשים ומן הקדשים יאכל, אך אל הפרכת לא יבא ואל המזבח לא יגש כי מום בו ולא יחלל את מקדשי.

Le pontife d'Israël ne doit point *sortir du sanctuaire* — ומן המקדש לא יצא, — se mêler aux agitations et aux luttes du monde, se faire chef de parti, protéger les uns, repousser les autres, prendre part aux discussions matérielles de la communauté ; mais il doit être pour tous un flambeau sacré, une sainte arche, un guide paternel, une consolation, une force et une espérance !

———

Notre Sidra donne ensuite d'autres instructions aux prêtres et indique les défauts qui rendent les animaux im-

propres au sacrifice ; elle interdit de prendre de l'étranger
un sacrifice ayant un de ces défauts (verset 25) : n'est-ce
pas nous dire qu'il faut repousser de notre temple *tout*
usage étranger contraire aux prescriptions et aux traditions israélites ? Elle donne aussi une touchante loi d'humanité en défendant de mettre à mort le même jour, même
pour les besoins de l'autel, un animal et son petit ; elle
répète ensuite les prescriptions sur le sabbath et les fêtes,
les periodes de l'Éternel — ה' מועדי, *les saintes convocations*
— מקראי קדש.

C'est la troisième fois que le Pentateuque promulgue
le commandement sur les fêtes (Exode, XXIII et XXXIV);
il le fera encore une fois (Nombres, XXVIII), sans en
compter la répétition dans le Deutéronome (XVI). Le divin
législateur ne montre-t-il pas ainsi quelle haute importance il attache à l'observation de ces jours sacrés, et combien elle est nécessaire à notre perfection, à notre progrès
moral et spirituel, à notre salut !

A l'occasion de la fête des *Semaines,* l'Écriture répète
ici la loi (Lévitique, XIX, 9 et 10) qui nous ordonne d'a-
bandonner aux pauvres une partie de notre récolte (verset 22); car, pendant nos fêtes surtout, il ne faut pas
laisser souffrir notre frère et transformer pour lui nos
jours de joie et d'abondance en jours de misère et de deuil.
Nous trouvons ici, pour la première fois, le commandement
de la solennité du premier jour du septième mois, de Rosch
Haschanâ ; le Kippour, le jour d'Expiation est déjà promulgué, plus haut, au chapitre XVI. Quelle est cette fête
du *souvenir de la trompette —* זכרון תרועה ? On a prétendu
que le septième mois de l'année devait être solennisé
comme le septième jour de la semaine, la septième semaine
après Pâques (*Schabouoth*), la septième année (*Schemita*), etc., c'est-à-dire qu'il n'y aurait là qu'une simple
analogie de chiffre, une signification mystérieuse de nombres. Mais le Sabbath a sa raison : le repos de l'homme,
comme la Schemita : le repos de la terre ; la fête des Se-

maines a également son motif spécial : l'offrande au Seigneur des premiers fruits de nos champs. Mais quelle pensée, quel but se trouve-t-il dans la célébration du premier jour du septième mois ?

On sait que toutes nos fêtes ont une double cause, une double signification, naturelle et historique. La fête de Nisan, c'est 1° la fête du Printemps — חג האביב (1), 2° la fête de notre affranchissement de l'esclavage égyptien : la fête de Siwan, c'est 1° la fête de la moisson — חג הקציר, 2° la fête de la révélation sinaïque — זמן מ"ת ; la fête de Soukoth, c'est 1° la fête de la rentrée des biens de la terre — חג האסיף, 2° la fête historique des tentes. Ces trois fêtes sont célébrées en l'honneur de l'Éternel et lui appartiennent ; « vous me célébrerez trois fêtes dans l'année » שלש רגלים תחג לי בשנה (Exode, XXIII, 14). Les fêtes du Kippour et des Trompettes appartiennent à l'homme et sont instituées pour son salut. Le jour du premier Tischri est la préparation, par le repentir et la pénitence, au jour de pardon et de réhabilitation, au dix Tischri. Il a aussi son double souvenir : la création du monde et le sacrifice d'Isaac sur le Moria. Le retard que le législateur divin a mis à promulguer cette fête paraît bien indiquer qu'il a voulu créer par elle un instrument de plus de réhabilitation, après que le mal avait déjà fait des progrès et qu'il semblait en devoir faire encore. Par la présence du péché, Dieu a reconnu la nécessité du jugement et celle d'augmenter pour les hommes les moyens de salut. La maladie a provoqué le remède. Telle est la pensée du Rosch Haschanâ.

La fête de Pesach et du Printemps a son symbole dans le pain sans levain ; celle de la Moisson et de la révélation sinaïque, dans deux gâteaux — לחם חמצה שתים — représentant la nourriture matérielle et la nourriture spirituelle ; celle de la rentrée des biens de la terre et des Tentes, dans

---

(1) Célébrée déjà, d'après la tradition, par Abraham et Loth.

le bouquet du *loulab* et le séjour sous la verte cabane. Le symbole du premier Tischri, c'est *la trompette*, la voix qui nous réveille de notre léthargie et nous appelle au jugement devant le tribunal suprême. A toutes les fêtes et Néoménies, fait remarquer le commentateur Wessely, on a bien sonné de la trompette comme accompagnement des sacrifices (Nombres, X, 10), mais ici c'est une sonnerie à part, isolée, sans sacrifice, une *terouah*, qui se fait entendre aux jours de tristesse et de danger, ainsi qu'il est dit : « Lorsque la guerre éclatera et que l'ennemi vous pressera, vous sonnerez de la trompette — הרעתם בחצצרות, — et le Seigneur se souviendra de vous et vous sauvera de vos ennemis » (*ibid.*, verset 9). Écho du Sinaï, voix du Messie, souvenir de la corne du bélier de Moria, le Schofar, au jour sacré du premier Tischri, retentit dans nos temples et dans nos cœurs pour nous rappeler nos fautes, nous dire nos devoirs, nous ramener à notre Dieu clément et miséricordieux, qui ne veut pas la mort du pécheur, mais son repentir, son retour, sa conversion.

Le sabbath et toutes nos fêtes sont un souvenir de l'affranchissement de la servitude égyptienne — זכר ליציאת מצרים ; mais la solennité du quinze Tischri nous rappelle en outre « que c'est sous des tentes que demeurèrent les enfants d'Israël après leur sortie de Mizraïm. » Quelle confiance sans bornes en Dieu, quelle gratitude pour le passé, quelles espérances pour l'avenir ce souvenir de la protection divine ne doit-il pas faire naître en nous, et nous sauver de tout découragement, de tout désespoir, de toute mauvaise pensée et de toute action coupable !

Les fêtes d'Israël sont l'ennoblissement, le charme et la transfiguration de toute notre existence. Ce sont, comme dit la parole sacrée, des convocations saintes que Dieu daigne faire à son peuple, des occasions heureuses pour raffermir le lien d'amour et de fraternité de la famille israélite. Mais nous ne devons pas oublier d'allumer la lampe du pauvre et d'entretenir sur sa table le pain de proposition de la charité. « Que chaque sabbath ce pain soit placé devant l'Éternel! » ביום השבת ביום השבת יערכנו לפני ח' תמיד.

Un homme, fils d'une israélite et d'un Égyptien, blasphéma Dieu et subit pour ce crime une terrible punition. Mais en même temps que le Seigneur fit connaître la satisfaction due à son nom profané par une bouche impie, il répéta aussi les châtiments dont doit être frappé celui qui fait une blessure ou cause un tort à son prochain. En rendant justice à lui-même, Dieu n'oublie pas les hommes. *« Vous aurez le même droit pour l'étranger, comme pour l'indigène. »* Voilà la loi du judaïsme : égalité de justice entre tous les hommes, tolérance et amour pour tous nos semblables. *« Je suis l'Éternel votre Dieu »*, donc tous les hommes sont mes enfants et tout mal que vous faites à l'un d'eux est une douleur pour mon cœur!... Pontifes du Très-Haut, les fils d'Abraham doivent pratiquer et propager ces principes dans le monde, condamner tout ce qui est intolérance, exclusion, injustice; « car ils sont tous consacrés au Seigneur, et ils ne doivent pas profaner le nom de leur Dieu. » קדושים יהיו לאלהידם ולא יחללו שם אלהידם. Tout acte de haine et d'intolérance est un crime contre le judaïsme, un blasphème contre le Dieu d'Israël.

TRENTE-DEUXIÈME SIDRA

פ' בְּהַר

(Lévitique, XXV à XXVI, 2).

עד יקטו בתים ושדות
וכרמים בארץ הזאת:

Repos de la septième année. — Jubilé de la cinquantième. — Prescriptions en faveur des pauvres, des serviteurs et des esclaves. — Exhortations contre l'idolâtrie.

Après la promulgation du sabbath, des fêtes, du repos de l'homme, vient ici le sabbath, la fête, le repos des champs ; après la sanctification des hommes, voici la sanctification de la terre :

« Quand vous serez entrés dans le pays que je vous donnerai, la terre aura un repos en l'honneur de l'Éternel.

« Six ans vous ensemencerez votre champ, six ans vous taillerez votre vigne et en recueillerez les fruits ;

« Mais la septième année sera un repos parfait pour la terre, un sabbath à l'Éternel ; alors vous n'ensemencerez pas votre champ, et vous ne taillerez pas votre vigne.

« Ce que la terre produira en cette année de repos servira de nourriture à vous, à votre serviteur, à votre servante, à votre mercenaire et à l'étranger habitant avec vous. »

Cette institution sabbathique du sol est marquée au coin de la sagesse divine. Aussi l'importance que le législateur céleste y attache se montre d'abord par cette mention solennelle, que la loi a été communiquée à Moïse « sur la montagne de Sinaï » ; puis, ce repos de la terre est appelé « un sabbath à l'Éternel » שבת לח'. Ce n'est donc pas là une simple mesure agricole, mais une bénédiction pour l'humanité et une glorification du Seigneur, comme toutes les solennités religieuses.

Par le péché d'Adam, la terre fut frappée de malédiction, condamnée à produire des ronces et des épines (Genèse, III, 17, 18). Par la réhabilitation de l'homme au moyen de la loi sinaïque, des sacrifices, du Kippour, de l'observation des saints commandements israélites, la terre aussi devait avoir son pardon, sa grâce, sa fête : c'est le repos de la septième année. En cette année Adam lui-même ne travaille pas et est affranchi du châtiment qui l'avait condamné à manger son pain à la sueur de son front. Le Maître du monde proclame une amnistie universelle en faveur de la création tout entière.

Et quelle heureuse et puissante influence ce repos de la septième année a-t-il dû produire sur les sentiments pieux et l'éducation religieuse de nos pères ! « Vous direz peut-être : Que mangerons-nous la septième année, ne semant pas et ne récoltant pas ? Je vous donnerai ma bénédiction dans la sixième année, et elle produira des fruits pour trois ans. » Voilà la promesse positive et infaillible du Seigneur, de nous rendre le triple de ce que nous sacrifions à son commandement. C'est même plus qu'une promesse, c'est un fait accompli, c'est une récompense avant le sacrifice, puisqu'elle est donnée déjà dans la sixième année, comme nos ancêtres trouvèrent le sixième jour une double ration de manne pour leur nourriture du sabbath. Soyons sûrs qu'il en sera éternellement ainsi. Abraham, pour avoir été prêt à sacrifier au Très-Haut son fils unique et à mourir sans enfants, fut récompensé par une postérité

nombreuse comme les étoiles du firmament. Un grain de
véritable foi et d'amour que nous jetons dans le sol sacré
produit toujours une moisson merveilleuse de bénédictions et de grâces célestes.

Mais dans cette inaction d'une année entière, le peuple
ne devait-il pas se livrer à une paresse dangereuse, à la
dissipation, aux désordres de la débauche? Oh! non:
c'est un sabbath à l'Éternel, répète l'Écriture, un repos
matériel consacré, comme le septième jour de chaque semaine, à tous les nobles intérêts de l'âme et du cœur. Pendant la septième année, où les champs et leurs fruits appartenaient en quelque sorte à tous, où il n'y avait plus
aucune démarcation de position et de fortune, Israël réa-
lisait plus que jamais et présentait admirablement l'image
parfaite de la fraternité humaine, de la grande et sainte
famille, de la communauté de Dieu et sa divine harmonie [1].

Après ce repos d'une semaine d'années est institué un
grand sabbath dans l'année qui suit la révolution de sept
semaines d'années : le Jubilé.

[1] D'après le Deutéronome (XV, 2), à l'arrivée de la septième année du
repos, tout créancier est tenu de décharger son débiteur, « parce que c'est
l'année de la remise du Seigneur » כי קרא שמטה לה'. C'est la *prescription*
qu'on a nommée *la patronne du genre humain*. Elle seule, en effet, couvre
une foule de faits et met un terme à un grand nombre de difficultés qui,
sans cela, éterniseraient les sujets de controverse parmi les hommes. Il était
donc utile qu'on pût dire, après un certain temps : C'est prescrit, c'est fini.
(Voyez DUPIN, *Règles de droit et de morale tirées de l'Écriture sainte*,
page 173.)

Peut-être aussi la loi de *prescription* ou de *remise* du Deutéronome est-
elle applicable à toute créance de sept ans, que cette échéance coïncide
ou non avec l'année sabbathique dont parle notre Sidra, puisqu'il est dit
(Deutéronome, XV, 1): « A la fin de sept ans », et non de la sixième année. Il y aurait donc eu deux *schemita*, une agricole et une financière,
שמיטת כספים, opinion que les mots וזה דבר השמטה semblent justifier. Il
est vrai que Mendelssohn traduit מקץ שבע שנים par « tous les sept ans »,
et Aben Esra, par « au commencement » מתחלת השנה.

« Vous compterez sept semaines d'années, c'est-à-dire sept fois sept années qui font ensemble quarante-neuf ans ;

« Le dixième jour du septième mois, au jour d'Expiation, vous ferez retentir la trompette dans tout votre pays ;

« Vous sanctifierez la cinquantième année, et vous proclamerez la liberté dans le pays pour tous ses habitants. Cette année sera pour vous l'année du Jubilé ; chacun rentrera en ses anciennes possessions, et chacun retournera dans sa famille. »

La terre, dit un auteur déjà cité ([1]), est le reflet de l'homme. Là où la société est féodale ou barbare, la hiérarchie des pouvoirs établit la hiérarchie de la terre, et nous avons les terres suzeraines, vassales, allodiales et mainmortables ; les noms peuvent changer, mais le résultat est le même. Dans les sociétés où le roi est tout et l'homme rien, l'État ou le roi est propriétaire ; les castes sacerdotales et guerrières, sur lesquelles il s'appuie, ont les terres sacerdotales et guerrières. Le peuple est esclave, serf ou fermier, comme en Égypte, comme dans l'Inde. Dans les sociétés fondées sur l'égalité et la liberté, la terre porte l'empreinte de ces idées ; elle est libre, partagée, acquiescible pour tous ; l'idée de propriété lui donne une égale importance, et l'on voit la terre fleurir avec la liberté. Mais si cette société, fortement empreinte de l'idée de Dieu, de l'idée de fraternité, veut graver sur son sol le signe éternel de ces idées, elle fera de Dieu le propriétaire absolu du sol national, comme il l'est de toute la création ; le peuple n'aura qu'une possession transmissible à ses descendants, ou un droit de propriété subordonné, mais inaliénable, imprescriptible. Colon de l'Éternel, chaque période humaine le ramènera à sa terre, le reconstituera dans ses conditions primitives, sans que le temps puisse ébranler son droit. Ici on pourra dire : la terre relève de l'homme ; comme dans la société féodale on disait : l'homme relève de la terre.

C'est ici que Moïse va s'élever aux conceptions les plus hardies, qui, aujourd'hui encore, étonnent l'intelligence. Ecoutez cette parole de Jéhova aux Hébreux : «La terre est à moi, et vous, étrangers, vous êtes mes colons. » Voilà donc le grand propriétaire, Jéhova, qui appelle des étrangers, des colons, pour cultiver sa terre! Vous croyez qu'il en va conclure le servage, l'anéantissement de la personnalité humaine ? Il dit bien : « Vous ne pourrez la vendre pour toujours, » mais c'est pour constituer l'indépendance de l'homme, c'est pour garantir et consolider sa liberté. C'est pourquoi, au retour du Jubilé, tous les cinquante ans, chacun, malgré ses ventes, rentrera dans son héritage. Si la vente était perpétuelle, l'acquéreur doublerait son héritage, le vendeur perdrait le sien, l'inégalité

([1]) TRIPARD, *Moïse ou les lois fondamentales des sociétés*, tome II, page 354.

de la fortune engendrerait l'inégalité des conditions, le pauvre près du riche serait bientôt l'esclave sous un maître, le peuple sous une race patricienne, la liberté serait proscrite de la terre et l'égalité anéantie. Or, Dieu veut l'égalité, parce que, dit Moïse, tous les hommes sont faits à l'image de Dieu, parce que tous sont frères. Donc, la terre, qui communique la richesse et la puissance, devra être égalitaire comme l'homme. Le partage de la terre de Canaan, dans laquelle le peuple va pénétrer, s'opérera donc à parts égales entre tous.

Dieu dit que la terre lui appartient et que les hommes n'en sont que les possesseurs temporaires, donc nul mortel ne s'enorgueillira de sa richesse, du grand nombre de ses champs et de ses forêts ; car il se rappellera que tout cela n'est à lui que momentanément, qu'il n'est que simple locataire dans les domaines du Très-Haut, qu'un simple voyageur recevant l'hospitalité dans la maison du Maître de l'univers. Il sera modeste et humble, parce que l'objet principal de l'orgueil et de la vanité, la possession, lui échappe.

Dieu, en proclamant l'affranchissement des esclaves au Jubilé, dit aussi : « Car ce sont mes serviteurs que j'ai fait sortir du pays d'Égypte, et ils ne doivent pas être vendus comme esclaves ; » et puis encore (verset 55) : « Car les enfants d'Israël sont mes serviteurs à moi ; ce sont mes serviteurs que j'ai fait sortir d'Égypte. » Qui de nous osera alors humilier, maltraiter son frère sur lequel il exerce un pouvoir, une autorité, une domination quelconque, mais qui est son égal devant Dieu, comme lui un serviteur du Très-Haut, et non l'esclave d'un homme !

La faculté et les facilités du rachat d'une terre vendue par nécessité ont dû puissamment exciter le vendeur pauvre à faire tous ses efforts pour rentrer dans son bien, pour ne pas diminuer le patrimoine de sa famille, le pain de ses enfants. Le travail, l'économie, la sobriété, l'ordre et l'activité, que de saintes vertus ont dû naître sous l'empire d'une telle législation ! Qu'il était doux et glorieux pour les enfants de nos ancêtres de posséder à tout jamais la maison et le champ de leur père, sans lesquels l'homme n'a réellement pas de véritable patrie, et auxquels sont toujours attachés de tendres affections, de religieux souvenirs, des traditions d'honneur, le culte du devoir, le respect des hommes et l'amour de Dieu !

« Si votre frère, dit encore notre Sidra, s'appauvrit et que sa fortune baisse, soutenez-le ; étranger ou indigène, qu'il vive à côté de vous !

« Ne prenez de lui aucun intérêt, aucun surcroît de sa dette ; craignez Dieu, et que votre frère vive avec vous !

« Je suis l'Éternel votre Dieu qui vous a fait sortir du pays d'Égypte pour vous donner la terre de Canaan et pour être votre Dieu. »

Chaque maison israélite est un Canaan où Dieu veut régner avec sa douce loi, où nous devons faire tout le bien possible à notre frère, à notre prochain, à tous les hommes ; où doivent couler les fleuves de lait et de miel de la charité et de l'amour de l'humanité ; où nous ne devons nous prosterner devant aucune idole, devant aucun vice, devant aucun mal — לא תעשו לכם אלילים ופסל ; où tout doit rappeler la présence du Seigneur, sa pensée, sa loi, sa vérité ; où toutes les actions doivent être un bienfait pour les hommes, tous les travaux un honneur et une sanctification de notre vie, toutes les pensées un culte du Très-Haut.

Ici, à la fin de notre Sidra, se termine à peu près la législation divine israélite ; les commandements nouveaux contenus dans les deux autres livres du Pentateuque sont très peu nombreux. Or, quelles sont les dernières paroles de cette législation ? Les voici : « Vous observerez mes sabbaths et vous respecterez mes sanctuaires. » את שבתותי תשמרו ומקדשי תיראו.

Voilà un des fondements du judaïsme et une des conditions de son avenir.

La Haphtara de ce sabbath raconte un noble acte de patriotisme du prophète Jérémie.

Il était retenu prisonnier dans la maison du roi de Juda, parce qu'il avait prédit la chute de Jérusalem et du trône. Cependant la ville était assiégée par l'armée de Nabuchodonosor, et son malheur était proche et certain.

Dans cette terrible crise du pays, dans cette triste situation de Jérémie, il remplit, dans sa prison même, la loi mosaïque du rachat, en rachetant, moyennant une somme d'argent importante, un champ qui avait appartenu à son cousin, champ qui était déjà foulé par les soldats de Babylone !

Et, pour relever le courage du peuple et ranimer ses espérances en l'avenir, il donna à cet acte de rachat une grande solennité et prononça ces paroles de sainte foi : « Voici ce que dit l'Éternel, le Dieu d'Israël : On achètera encore des maisons, des champs et des vignes dans ce pays ! » (Jérémie, XXXII, 15.)

Quiconque s'est jamais trouvé dans une ville assiégée par l'ennemi, ou seulement au milieu d'une révolution politique ou d'une émeute, où soudain l'argent disparaît, où tous les biens immeubles perdent leur valeur, où tous ceux qui possèdent quelque chose se cachent ou fuient, où personne ne veut rien acheter, parce que toute garantie de possession et toute sécurité semblent absentes; quiconque a vu, dans le pays le plus civilisé, les maisons et les terres se vendre à vil prix, à cause de troubles momentanés ou de désordres passagers, combien doit-il admirer la conduite patriotique du prophète israélite, qui, prisonnier et convaincu de la perte prochaine de son pays, achète pourtant un champ dont il ne jouira jamais !

Mais il a, par cette conduite magnanime, sauvé le peuple du désespoir, de la terreur, peut-être de tous les crimes, et maintenu l'ordre public et la confiance en Dieu, lorsqu'on entendait déjà les clairons de Nabuchodonosor, et que l'on voyait la lueur sinistre de l'incendie s'approchant de plus en plus !

Et quand tout était perdu ; quand nos pères, chargés de chaînes, couverts de larmes et de deuil, étaient sur le chemin de l'exil, Jérémie leur dit encore : « Bâtissez des maisons, plantez des jardins, mariez-vous, ayez des enfants, multipliez-vous ; *et travaillez à la prospérité de la ville où je vous aurai exilés, et priez pour elle Dieu!* » (Jérémie, XXIX, 5-7.)

Le prophète israélite est le meilleur citoyen.

TRENTE-TROISIÈME SIDRA

פ׳ בְּחֻקֹּתַי

(Lévitique, XXVI, 3, à XXVII)

מקח ישראל ה׳ כל
עזביך יבושו :

Promesses de bénédictions pour l'obéissance à la loi. — Menaces de malheurs pour la transgression. — Prescriptions concernant les vœux et l'estimation des objets animés et inanimés.

La loi est donnée, Israël possède le plus grand des trésors, une puissance qui peut défier le monde, une force qui peut conquérir l'immortalité, une lumière qui peut pénétrer les secrets de l'avenir, fixer le ciel dans le cœur et dans l'esprit de l'homme. Mais cette loi peut-elle aussi bien fixer le bonheur matériel de la vie, elle qui demande tant de sacrifices apparents, tant d'austères vertus, tant d'abnégation et de renoncement ?

Le divin législateur, comme signature de son œuvre immortelle, comme couronnement de toutes les félicités et de toutes les gloires contenues dans son livre saint, annonce à Israël la splendide prospérité matérielle attachée à l'accomplissement fidèle de ses commandements. Il ne réduit pas ses enfants à des bonheurs purement spirituels, il ne les renvoie pas aux joies de l'autre monde, mais il leur promet de précieuses récompenses déjà ici-bas : la fécondité de la terre, l'abondance des fruits, l'accroissement de la famille, une paix inaltérable, une jouissance tranquille des produits du travail et de la possession héréditaire. Voilà un bonheur digne d'un peuple sage et vertueux, appelé à donner à l'humanité l'exemple de la sainteté des mœurs, d'une vie morale pure et élevée, ce véritable charme des sociétés, leur grandeur et leur ennoblissement.

Le Seigneur ajoute : « Je maintiendrai mon alliance avec vous, j'établirai ma demeure dans votre sein, je marcherai au milieu de vous, je serai votre Dieu et vous serez mon peuple. »

Israël, prospère, heureux, jouissant de toutes les bénédictions du ciel et de la terre, ne sera pas plongé dans un grossier et abrutissant matérialisme. Il connaîtra des richesses plus nobles, des jouissances plus pures, des biens plus durables. Dieu marchera au milieu de lui.

Le jour funeste où, par la violation des lois et de l'alliance divines, le Très-Haut cessera de demeurer dans son sein et de marcher au milieu de lui, ce jour sera le commencement de sa chute, de tous les malheurs effroyables annoncés ici avec une précision qui nous fait trembler. Et ces malheurs, sans être un fait extraordinaire, miraculeux, viendront d'eux-mêmes, naturellement, nécessairement; car la force d'Israël est sa loi et son Dieu : s'il viole cette loi et abandonne Dieu, il est abandonné lui-même, livré à outes les persécutions, à toutes les barbaries. L'histoire a écrit avec du sang la confirmation de ce fait. Nulle nation, nul ennemi n'osait attaquer Israël aussi longtemps qu'on le savait le peuple du Seigneur, le bataillon sacré du Dieu des armées. Il fut attaqué, combattu, renversé, à partir du jour néfaste où le bruit de sa conduite anti-israélite

annonça au monde qu'il avait cessé d'être le bien de prédilection du Très-Haut et son royaume de pontifes.

Mais toutes ces malédictions épouvantables dont l'oracle
divin menace Israël et qui se sont cruellement réalisées
dans l'histoire de nos pères, elles nous visitent encore aujourd'hui quand nous oublions la loi de notre Dieu.

Si, par exemple, nous méprisons et prenons en dégoût,
comme dit l'Écriture, les commandements israélites sur la
nourriture et les abstinences, qui exercent une si heureuse
influence même sur notre vie matérielle, nous sommes
accablés de maladies et d'infirmités. Dieu veut que nous
jouissions de la vie — וחי בהם ; mais, sans la sobriété commandée par notre sainte religion, les désirs les plus naturels deviennent une source de souffrances; par l'excès, le
plaisir le plus pur devient un poison qui rongera notre
existence tout entière. La sobriété et les privations re-
commandées par le judaïsme, voilà les remèdes les plus
sûrs et les plus efficaces contre les maux les plus affli-
geants. La maladie, une vie misérable, une mort prématurée, voilà la première malédiction de la transgression
du commandement. Le pécheur travaillera, fera tous ses
efforts pour ramasser une grande richesse, mais il n'en
jouira pas; « il sèmera et ne récoltera point. » וזרעתם לריק
זרעכם ואכלוהו איביכם.

L'oubli et la violation de la religion donnent aussi à
l'homme cette timidité devant le monde, cette faiblesse
morale, cette lâcheté, qu'on a si souvent reprochées à
beaucoup d'entre nous. « Vous fuirez, tandis que personne ne vous poursuivra » ונסתם ואין רדף. « Je remplirai
leur cœur d'épouvante dans les pays de leurs ennemis; le
bruit d'une feuille qui s'envole les fera trembler; ils fui-
ront comme on fuit le glaive; ils tomberont sans que personne les poursuive. »

On s'imagine être méprisé, repoussé de la société, quand
on remplit fidèlement les lois divines, quand on avoue
hautement sa foi et son origine, comme Jonas au milieu

des idolâtres, en face de la tempête et de la mort, tandis que cette confession seule est notre honneur, notre gloire, notre force devant tous les hommes et toutes les races. Combien est puissant, animé d'un noble et invincible courage, celui qui sent la vie immortelle de la croyance religieuse inonder tout son être, la lumière de la foi éclairer tous ses actes, le pur et généreux sang de nos ancêtres couler dans ses veines, celui qui se sent soutenu par l'alliance de son Dieu !

Cette confiance que, par la transgression de la religion, nous perdons en nous-mêmes, nous la perdons aussi en Dieu, et nous n'osons faire en son honneur aucun sacrifice, parce que nous doutons de son pouvoir ou de sa volonté de nous en récompenser. De là la violation du sabbath, des fêtes et de tous les commandements dont le respect nous fait craindre un préjudice quelconque. De là aussi cette triste prédiction : « Alors la terre célébrera ses sabbaths tout le temps qu'elle demeurera dévastée et que vous serez dans le pays de vos ennemis ; alors la terre reposera et observera mes sabbaths. » Combien ne voit-on pas d'hommes forcés par le malheur, les mauvaises affaires, les crises sociales, de se reposer dans la ruine, non-seulement le sabbath, mais des mois et des années, eux qui, dans la plus splendide prospérité, ne voulaient pas seulement sacrifier au commandement divin les quelques heures du septième jour, et rendre hommage à leur foi et à leur Dieu !

Elle est terrible cette menace, que la martyrologie d'Israël, hélas ! a vu se réaliser : « Vous mangerez la chair de vos fils et de vos filles ! »... Eh bien ! ceux d'entre nous qui n'élèvent pas leurs enfants dans la pratique religieuse, les habitudes vivifiantes de nos saintes traditions, ou qui les arrachent de bonne heure à l'école, au temple, à la vie pieuse et morale de la famille pour en faire des instruments de gain et de lucre, font-ils autre chose que « dévorer la chair de leurs fils et de leurs filles », sécher leur cœur, tuer leur âme, éteindre l'étincelle divine dans leur esprit! Et la voix sévère du Juge suprême qui a demandé : « Caïn, qu'as-tu fait de ton frère? » ne doit-elle pas dire aussi : Père dénaturé, qu'as-tu fait de ton fils?

Dieu prédit la dispersion d'Israël : « Alors l'un tombera sur l'autre comme si le glaive était derrière lui, sans que nul ne le poursuive, et vous ne pourrez pas vous maintenir devant vos ennemis. »

Cette malédiction épouvantable, ne la voyons-nous pas encore aujourd'hui s'accomplir, de notre propre volonté, partout où l'unité religieuse a cessé, où le lien spirituel israélite est rompu, où la discorde et les luttes ravagent les communautés? Israël n'est-il pas alors plus dispersé que jamais, la fraternité religieuse ne disparaît-elle pas de plus en plus, *l'un ne tombe-t-il pas sur l'autre,* par convoitise, par jalousie, pour l'arrêter dans sa marche, dans sa prospérité, comme si l'ennemi était derrière nous, comme si nous tous n'avions pas assez de liberté et d'espace, assez d'air et de soleil pour marcher en avant, pour progresser, pour nous élever, sans heurter notre frère, sans lui disputer sa place, sans lui causer un dommage? Et pouvons-nous alors nous maintenir devant nos ennemis, spectateurs de nos tristes divisions, de notre affaiblissement croissant et de notre dissolution? Et ne sommes-nous pas forcés alors de servir les peuples — ואבדתם בגוים, de nous soumettre dans le monde à toutes les pénibles humiliations, parce que nous n'avons plus rien de grand et d'imposant, parce que nous n'avons pas voulu, dans le sanctuaire de notre Dieu, nous soumettre à aucune règle, à aucun devoir, rester fidèlement attachés à ce glorieux drapeau de Juda, qui, lui aussi, partout où il se montre, est précédé d'une grande cause et suivi d'une noble race et de l'avenir de l'humanité entière!...

Après tous les indicibles malheurs annoncés à Israël comme punitions de ses fautes futures, le Très-Haut dit :

« Alors même qu'ils seront dans le pays de leurs ennemis, je ne les détesterai et ne les rejetterai pas, au point de les anéantir et de rompre mon alliance avec eux, car je suis l'Éternel leur Dieu.

« Je me souviendrai toujours en leur faveur de mon alliance avec leurs ancêtres, quand je les fis sortir du pays d'Égypte, à la face des nations, pour être leur Dieu, moi l'Éternel. »

Sachez-le donc, ô rois et nations de la terre, Israël n'est pas et ne sera jamais abandonné du Seigneur, dont l'alliance, qui existe éternellement, est une force contre laquelle se sont brisées toutes les haines, toutes les fureurs, toutes les persécutions.

Israël, par ses transgressions de sa loi, a subi des châtiments cruels ; mais il a pu les supporter, il a pu passer à travers toutes les terribles épreuves, à travers le fer et le feu, le sang et la mort, car son alliance avec Dieu le rend immortel.

Malheur aux peuples qui maltraitent et persécutent Israël, l'allié du Très-Haut !

Ils se croient les instruments de la justice divine, tandis qu'ils ne sont que le poignard de la barbarie, le fléau de l'humanité, l'obstacle et la honte de la civilisation.

Le Seigneur ne veut pas rejeter Israël, il veut rester son Dieu à tout jamais, à Jérusalem comme à Babylone, en Palestine comme dans l'exil. Quel pays de l'univers pourrait donc nous repousser et nous haïr, quel peuple pourrait donc n'être pas fier et heureux d'accueillir et d'aimer Israël comme une bénédiction d'en haut, comme le monument le plus sacré du passé, comme le fleuve sortant de l'Éden pour se répandre sur la terre entière et la vivifier, comme l'éclair et la voix descendant du Sinaï, comme la colonne de feu éclairant la route, comme le flambeau lumi-

neux promis au genre humain pour son avenir et son
salut !....

Mais nous aussi, israélites, n'oublions pas cette alliance
auguste que l'Éternel veut maintenir avec nous ; efforçons-
nous d'en remplir les conditions, d'en montrer les effets
dans nos œuvres, d'en propager les bienfaits autour de
nous, de nous en rendre dignes. Cette alliance de l'Éternel était notre protection et notre force au milieu de vingt
siècles de torture et de martyre; elle est encore aujour-
d'hui, sous un soleil plus clément, notre meilleure espérance, notre meilleur refuge, notre honneur et notre gloire;
c'est elle qui brise nos fers et nous fait marcher tête levée,
ואולך אתכם קוממיות. « Seigneur, vous êtes l'espoir d'Israël,
tous ceux qui vous abandonnent seront humiliés, מקוה ישראל
ה׳ כל עוזביך יבושו. Vous seul êtes notre louange et notre salut ! » כי תהלתי אתה.

LES NOMBRES

TRENTE-QUATRIÈME SIDRA

פ' בְּמִדְבַּר

(Nombres, I à IV, 20).

חזדח במקום אשר יאמר להם לא עמי
אתם יאמר להם בני אל חי :

Recensement. — Organisation du camp. — Dénombrement des lévites et des premiers-nés. — Remise du service sacré aux lévites. — Discipline.

Israël possède la loi, la science, la lumière; il a un temple, un culte auguste et majestueux, l'arche sacrée avec les tables du Sinaï, des pontifes, des lévites, un envoyé du ciel pour guide et pour roi; il est armé de toutes les forces, exercé dans toutes les vertus, éclairé par la raison, par la vérité, par la foi; il sent son cœur battre du courage que donne la liberté, sa poitrine se remplir du bonheur que donne l'espérance, son esprit s'élever sur des ailes d'aigle vers les hauteurs des divines régions. Le moment est donc venu pour lui de marcher en avant, de s'approcher de cette noble terre de Canaan illustrée par les patriarches, de ce sol fortuné où ils proclamèrent le Dieu de l'univers, et lui bâtirent des autels au milieu de l'idolâtrie; de ce Moria immortel où rayonnent à tout jamais le sacrifice d'Abraham et l'héroïsme de sa croyance; de cet endroit merveilleux où Jacob attira les anges célestes sur l'échelle mystérieuse de sa vision nocturne ; de ce champ sacré où reposent les cendres de nos pères et de nos mères ; de ce pays adorable où doit s'élever la cité du Seigneur, la Jérusalem du présent et de l'avenir, le sanctuaire d'Israël et de toute l'humanité... L'heure a sonné où le peuple élu doit marcher à la conquête de cette terre miraculeuse, dont le sort impénétrable est d'être toujours occupée par la barbarie quand elle ne l'est pas par Israël !...

Mais avant d'entrer en campagne, l'armée de l'Éternel Zebaoth dut être comptée, organisée, disciplinée. Le dénombrement précédent (Exode, XXX, 12) était celui de la communauté, comprenant tous ses membres âgés de vingt ans, peut-être même les lévites. Ici, c'est le recensement de l'armée comprenant tous les hommes valides capables de porter les armes, mais en comptant les lévites à part [1], chargés maintenant d'un service particulier. Cette opération a eu lieu le deuxième mois de la deuxième année de la sortie d'Égypte. Pourquoi, hélas ! un événement déplorable devait-il arrêter pendant trente-huit ans encore, dans les sables du désert, nos ancêtres prêts, dès à présent, à se porter en avant !

La tribu de Lévi, fournissant le bataillon sacré du temple, n'a dû compter que ses hommes âgés d'au moins trente ans ; cette condition de l'âge était une garantie de plus pour l'exercice d'une haute et grave fonction.

Toute l'armée du Seigneur dut camper autour du sanctuaire, chaque tribu ayant à sa tête son drapeau et ses signes de ralliement. A l'orient se trouva le camp de Juda, fort de soixante-quatorze mille six cents hommes, commandés par Nachschon, fils d'Amminadab. A côté flottait le drapeau d'Issachar, réunissant cinquante-quatre mille quatre cents hommes, conduits par Nethaneél, fils de Zuar ; et

---

[1] Ceci explique peut-être pourquoi le second recensement ne donnait pas un chiffre plus élevé que le premier, six cent trois mille cinq cent cinquante (Exode, XXXVIII, 26).

le drapeau de Sebulun, entouré de cinquante-sept mille quatre cents hommes, ayant à leur tête Eliab, fils de Helon. La légion de Juda, qui marcha la première, formait ainsi un effectif de cent quatre-vingt mille quatre cents combattants.

Au sud campa Reüben avec quarante-six mille cinq cents hommes, sous le commandement d'Elizur, fils de Schedeür. A côté se trouvaient la tribu de Siméon, forte de cinquante-neuf mille trois cents hommes, conduits par Schelumiel, fils de Zurischaddaï, et la tribu de Gad, forte de quarante-cinq mille six cent cinquante hommes, sous les ordres d'Eliasaph, fils de Réuél. La légion de Reüben s'élevait donc à cent cinquante et un mille quatre cent cinquante hommes.

Puis vint le sanctuaire, entouré du corps des lévites; à l'orient, Moïse, Aaron et les prêtres; au sud, les fils de Kehat (2,750); à l'occident, les fils de Gerson (2,630); au septentrion, les fils de Merari (3,200).

A l'occident flotta la bannière d'Ephraïm, réunissant quarante mille cinq cents hommes, sous le commandement de Elischama, fils d'Ammihud. A côté campaient la tribu de Menasché, forte de trente-deux mille deux cents hommes, ayant à leur tête Gamliel, fils de Pedazur, et la tribu de Benjamin, avec un effectif de trente-cinq mille quatre cents hommes, et Abidan, fils de Gideôni, pour chef. Le camp d'Ephraïm présentait en total un chiffre de cent huit mille cent combattants.

Au septentrion, se trouvaient la légion de Dan, conduite par Achiéser, fils d'Ammischaddaï, et forte de soixante-deux mille sept cents hommes. A côté campaient la tribu d'Ascher, comptant quarante et un mille cinq cents hommes, sous les ordres de Paguiel, fils d'Ochran, et la tribu de Naphtali, forte de cinquante-trois mille six cents hommes : ils fermèrent la marche de l'armée.

Il y avait là, selon la parole des docteurs, trois camps distincts : celui du sanctuaire — מחנה שכינה, celui des lévites — מחנה לויה, celui d'Israël — מחנה ישראל.

22

Cette armée si admirablement organisée conservait dans sa marche le même ordre, la même régularité que dans son repos : c'est le plus grand éloge que les hommes de guerre fassent des plus illustres armées des temps anciens et modernes ; c'est l'aspect de ce merveilleux camp d'Israël qui fit pousser un cri d'admiration au plus célèbre prophète du paganisme.

Voici la figure de ce carré invincible qui, au lieu de recéler dans son milieu des engins de destruction, des instruments de mort pour foudroyer tout ce qui l'approche, y conserve l'arche sacrée, la vie et le salut du monde, l'arbre aux fruits divins qui donne l'immortalité à tous ceux qui reposent dans son ombre — עץ חיים היא למחזיקים בה.

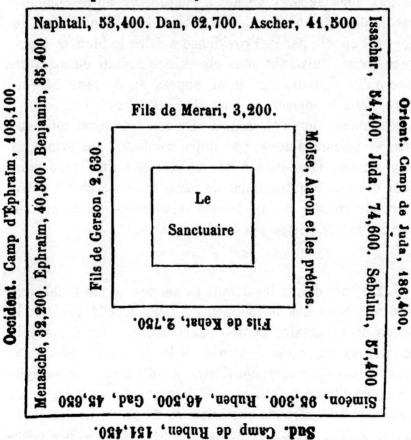

Septentrion. Camp de Dan, 157,600.

Naphtali, 53,400. Dan, 62,700. Ascher, 41,500

Issachar, 54,400. Juda, 74,600. Sebulun, 57,400

Orient. Camp de Juda, 186,400.

Fils de Merari, 3,200.

Moïse, Aaron et les prêtres.

Occident. Camp d'Éphraim, 108,100.

Menasché, 32,200. Éphraim, 40,500. Benjamin, 35,400.

Fils de Gerson, 2,630.

Le Sanctuaire

Fils de Kehat, 2,750.

Siméon, 59,300. Ruben, 46,500. Gad, 45,650

Sud. Camp de Ruben, 151,450.

« Les enfants d'Israël camperont, dit la voix divine, chacun dans son camp et auprès de son drapeau » איש על מחנהו ואיש על דגלו. C'est aussi nous dire que nous devons rester fidèlement attachés à notre famille, à notre foyer domestique, à notre patrie, et ne pas mépriser la place que le Seigneur nous a assignée, ou la tâche, modeste ou pénible, qu'il nous a imposée dans la vie; car partout, dans toutes les positions, nous pouvons être utiles, honorés, heureux, marcher la tête levée, porter un drapeau de vertus et d'honneur, et y inscrire un nom qui, nous assurant le respect de tous, sera une bénédiction et une gloire pour nos enfants. « Chacun marchait avec sa tribu et la maison de ses pères » וכן נסע איש למשפחתיו על בית אבתיו. Puissions-nous tous suivre cette sainte tradition de nos ancêtres, et ne pas nous séparer de notre famille, de notre communauté, de notre temple, de la sphère bénie où chacun de nous est appelé par la Providence à faire le bien et à gagner le ciel. Puissions-nous élever nos enfants de manière à ce qu'ils restent, eux aussi, auprès du drapeau héréditaire, dans la maison de leur père, attachés à ses vertus, à ses mœurs pures et saintes et à ses croyances religieuses; et puissions-nous, par notre conduite, nos principes et nos actes, permettre à nos enfants de porter avec bonheur et orgueil notre nom, de vénérer et de chérir notre souvenir comme la rayonnante bannière de Juda, comme l'arche sacrée portée par les fils d'Aaron !

L'Écriture donne les détails du service confié à chacune des trois branches de la tribu de Lévi. Les lévites ont la garde du sanctuaire et des vases sacrés ; ils doivent le monter au repos, le démonter et le porter en partie sur leurs épaules, en marche. Elasar, fils d'Aaron, a la surveillance de l'huile sainte pour le luminaire et l'onction, de l'encens, de l'offrande quotidienne, du sanctuaire entier et de ce qu'il contient. L'emballage des vases et des ornements sacrés est prescrit avec un soin minutieux, afin qu'aucune profanation n'ait lieu par une main impure. La moindre négligence pouvait attirer la mort. Tout ce qui est consacré à l'Éternel doit être pour nous un objet de sainte et inviolable vénération.

Ce que les lévites ont fait dans les solitudes d'Arabie, Israël entier l'a répété pendant de longs et douloureux siècles, en portant son sanctuaire à travers toutes les contrées de la terre, en le défendant contre les plus furieuses attaques, en le montant sur tous les points du globe, souvent sous le feu de l'ennemi et au prix de son sang, en l'emportant sur ses épaules et dans son cœur, après avoir abandonné sur le champ de bataille tous les autres biens de la vie, en plantant le drapeau de Juda au milieu de tous les déserts et toutes les barbaries !

Par ces longs et sanglants combats, la légion du Seigneur a vu réduire ses forces, diminuer son nombre, disperser ses combattants, déchirer son drapeau ; « mais un jour, dit la Haphtara de ce sabbath, les enfants d'Israël seront nombreux comme les grains de sable de l'Océan, qu'on ne peut ni mesurer ni compter, et après qu'on leur a dit : Vous n'êtes pas un peuple, on leur dira : Vous êtes les enfants du Dieu de la vie. » Et la voix du Très-Haut dit encore à la communauté israélite :

« Je t'épouserai pour l'éternité ; je t'unirai à moi par la justice et par la vertu, par la grâce et par la miséricorde ; je t'unirai à moi par la foi, et tu connaîtras l'Éternel ! » (Osée, II, 1, 21, 22.)

TRENTE-CINQUIÈME SIDRA

פ׳ נָשֹׂא

(Nombres, IV, 21, à VII).

לו חפץ ח' להמיחנו לא לקח
מידנו עלה ומנחה:

Suite de l'ordre du service et dénombrement des lévites. — Expulsion des personnes impures du camp. — Réparation d'un tort. — Loi sur la fidélité conjugale. — Prescription pour le Nasir. — Bénédiction sacerdotale. — Offrandes des princes des tribus.

Israël était devenu un peuple d'élite, son éducation morale et spirituelle, sa sanctification, avaient atteint un bien haut degré; il entourait de sa garde, de son courage, de son amour et de son adoration, le sanctuaire où rayonnaient la majesté de Dieu, sa loi et sa lumière. Aussi ce camp auguste et sacré ne devait-il avoir aucune tache, ne contenir aucune impureté; de là, la prescription d'en éloigner toutes les personnes impures, sans distinction de sexe, d'âge ou de condition, « pour que, dit la voix divine, elles ne souillent pas le camp où j'ai établi ma résidence. » Dans la communauté israélite, aucune tache ne peut s'effacer ou se couvrir par l'or, un grand nom ou une haute position sociale. L'adage כסף ממזר ממרים « l'argent anoblit les bâtards » peut bien être un principe dans une société qui a pour dieu le veau d'or, non dans le temple d'Israël.

Et qu'on ne s'imagine pas que cette sévère sanctification israélite consiste principalement dans l'observation des prescriptions religieuses, dans la pratique et les cérémonies du culte; non : cette sanctification israélite exige, avant tout, une stricte loyauté dans nos rapports avec notre prochain et dans la moralité de notre vie privée. C'est pourquoi notre Sidra, après avoir parlé de la sainteté du camp, indique la réparation qu'on doit quand on a commis un péché envers son prochain, ce qui est aussi un *crime contre l'Éternel* — 'ה ב למעל מעל : puis, l'Écriture contient sur la pureté de la vie domestique une page remarquable.

Si un mari se croit trompé, s'il est tourmenté par des soupçons sur la fidélité de sa femme, il la conduit au sanctuaire avec une offrande de farine d'orge ; le prêtre prend de l'eau sainte dans un vase de terre, et y mêle de la poussière du pavé du sanctuaire. La femme, la tête découverte, tient dans sa main l'offrande ; le prêtre, tenant la coupe que la femme devra vider, adjure celle-ci en lui disant : « Si tu es innocente, sois affranchie de la malédiction renfermée dans ces eaux amères ; mais si tu es coupable, que Dieu te fasse devenir un sujet d'imprécations au milieu de ton peuple ! » et la femme répond : *amen! amen!* [1] Ensuite le prêtre écrit la formule d'imprécation sur un parchemin, et l'efface dans l'eau fatale qu'il donne à boire à la femme. Si elle est innocente, cette eau ne lui cause aucun mal, au contraire, devient pour elle une bénédiction ; si elle est coupable, l'eau amère produit des effets terribles.

Qu'il y a de haute et divine sagesse dans cette épreuve de la fidélité conjugale, dans ce jugement de Dieu !

---

[1] Nous voyons ici une preuve de plus qu'en Israël le serment le plus solennel, le plus grave, est prêté par une simple affirmation ou négation.

Combien toute femme en Israël dut-elle veiller sur sa conduite, écarter de son chemin tout ce qui pouvait faire suspecter la pureté de ses mœurs, exciter les soupçons de son mari, détruire par la jalousie fondée ou non la paix et le bonheur de la maison, compromettre la prospérité et l'avenir des enfants, et l'exposer elle-même à cette humiliation publique et aux suites désastreuses des eaux amères!

Et combien le mari, de son côté, dut-il combattre dans son esprit le démon de la jalousie, en repousser les insinuations dangereuses, pour ne pas infliger à la compagne de sa vie, à la mère de ses enfants, un outrage si accablant en la traitant comme une criminelle devant le prêtre, en lui faisant subir une torture si cruelle!

« L'observation des autres lois saintes, dit un docteur célèbre (Ramban), n'est pas soumise à une telle épreuve; mais ici, le Seigneur a institué un prodige pour éloigner nos femmes du mal et affranchir de toute corruption la communauté d'Israël, au milieu de laquelle il daigne demeurer. Ce prodige a cessé le jour où le péché a envahi Israël.» משרבו הנאפים פסקו מי סוטה. Dans l'intérêt de la paix conjugale, Dieu permit que son nom sacré ineffable fût écrit et effacé dans la cérémonie des eaux amères! Ce sont des larmes amères, des regrets éternels, une source intarissable de poignantes douleurs produites par une faute qui compromet l'honneur et la sainteté du foyer domestique. La femme soupçonnée était placée par le prêtre *devant l'Éternel* — והעמיד את האשה לפני ח׳. Puisse-t-elle ne pas oublier qu'elle est toujours et partout en présence du Très-Haut, en présence du monde qui la regarde et la juge, en présence de l'avenir et du salut de sa famille!

————

Pour se fortifier contre la tentation et le mal, pour conserver à l'esprit sa domination sur le corps et ses penchants, il est bon que l'homme s'habitue parfois à se priver d'un plaisir licite, pour avoir aussi, dans un moment donné, la force de résister aux séductions d'une jouissance répréhensible. Telle a pu être, chez nos pères, la cause première du *naziréat* dont parle notre Sidra. Ils ont fait vœu de continence, durant l'observation de laquelle ils étaient considérés et devaient se conduire comme des pontifes de l'Éternel, portant à leur front le bandeau divin — כי נזר אלהיו על ראשו; ils étaient sacrés au Très-Haut — קדוש הוא לה'. Cette sainte coutume, ainsi que les prescriptions religieuses dont elle était entourée et suivie, existait pour les femmes comme pour les hommes (VI, 2). Nos pères et nos mères, loin d'épuiser le calice des jouissances matérielles, s'imposaient souvent des abstinences volontaires, des renoncements pénibles, pour s'exercer dans la lutte de la vie, apprendre à maîtriser les sens et les inclinations mauvaises, assurer à l'âme toute sa liberté dans son élan vers Dieu, et au cœur l'innocence et la pureté nécessaires pour en faire une arche divine de tous les saints et nobles sentiments. Dieu ne nous demande pas de nous priver de choses permises, de nous distinguer du monde par une conduite à part, mais les privations volontaires sont souvent un moyen efficace pour nous rendre plus facile l'accomplissement de toutes les lois religieuses et morales. Nos docteurs ont dit : נדרים סייג לפרישות « les vœux sont un rempart contre l'excès » (*Aboth*, III, 13). Les vraies et dignes jouissances de la vie, nos pères les ont trouvées dans cette bénédiction céleste que le Seigneur lui-même a mise dans la bouche de nos pontifes :

Que l'Éternel vous bénisse et vous garde ;

Que l'Éternel fasse rayonner sa face vers vous et vous soit miséricordieux ;

Que l'Éternel tourne sa face vers vous et qu'il vous donne la paix !

רָבָרֶךְ ד'י וְיִשְׁמְרֶךָ : יָאֵר ד'י פָּנָיו אֵלֶיךָ
וִיחֻנֶּךָ : יִשָּׂא ד'י פָּנָיו אֵלֶיךָ וְיָשֵׂם לְךָ שָׁלוֹם :

Voilà la précieuse et immortelle bénédiction descendue du ciel sur la communauté israélite, et qui fait tressaillir notre âme, et qui inonde notre cœur de toutes les rayonnantes espérances et de toutes les saintes joies. Voilà aussi les seules félicités dont l'acquisition doit être le but de tous nos efforts, de tous nos combats, de toute notre vie, l'objet de notre ambition et de notre gloire. Qu'elles doivent être nobles et élevées, ces bénédictions que Dieu lui-même a dictées!

« Que l'Éternel nous bénisse et nous guide! » Ne pensons pas que l'or et les honneurs, la position élevée, les fonctions éminentes, les hautes dignités, puissent nous donner une vraie force, une puissance réelle, nous permettent de jeter autour de nous et sur l'avenir un regard assuré, de défier les événements et le sort. Non, après les bénédictions du ciel, il nous faut sa garde et sa protection pour les conserver. Notre fortune la mieux assise, notre pouvoir que nous croyons enraciné comme un chêne séculaire, notre prospérité qui nous paraît reposer sur des fondements inébranlables, peuvent s'envoler comme une feuille agitée par le vent, si la garde et la protection du Seigneur leur font défaut, si cette fortune, ce pouvoir et cette prospérité, par le mauvais usage que nous en ferions, ne méritaient pas cette garde et cette protection.

« Que l'Éternel fasse rayonner sa face vers nous et nous soit miséricordieux! » Ce n'est pas la faveur des grands de la terre qui peut assurer notre bonheur, nous garantir des orages, de la ruine et de la chute. Ce n'est pas non plus la seule lumière de notre esprit, de nos études, de notre science, qui peut nous apprendre la vie, nous montrer le chemin de la vérité, nous élever à nos hautes et immortelles destinées. Non, c'est quand le Très-Haut daigne faire rayonner sa face vers nous: alors nous pouvons nous passer des faveurs chancelantes et capricieuses des hommes; alors nous avons un flambeau infaillible pour voir clair sur la route ici-bas, connaître nos droits et nos devoirs, appro-

cher de la science et des clartés divines, et nous élever vers
les régions du salut et de l'immortalité. Que l'Éternel nous
soit miséricordieux! voilà notre plus grand besoin, notre
force et notre félicité.

« Que l'Éternel tourne sa face vers nous et nous donne
la paix! » Si notre maison est un sanctuaire de la vertu et
du devoir accompli; si notre sanctuaire est une digne maison du Seigneur; si notre communauté est un modèle de
piété, de concorde, de fraternité religieuse, d'amour et de
charité, alors l'Éternel tournera sa face vers notre maison,
notre sanctuaire, notre communauté, et dira de nouveau :
Je veux demeurer au milieu de vous! Pour solliciter et obtenir le regard du Très-Haut, efforçons-nous de nous en
rendre dignes. Il nous donnera la paix, si nous-mêmes repoussons la guerre du milieu de nous, la division entre
frère et frère, la lutte contre le devoir et le sacrifice; si
nous-mêmes accordons la paix à notre conscience, à nos
bons sentiments religieux et moraux, à nos nobles et saintes
inspirations, à la religion, enfin, par notre soumission
filiale à ses lois; si nous donnons la paix aux mânes de nos
pères et mères en suivant fidèlement leurs saintes recommandations, leurs pieuses traditions, en marchant dans la
voie qu'ils ont glorieusement tracée avec leur sang, leur
héroïsme et leur martyre !

Voilà les bénédictions incomparables que le Seigneur
promet à Israël, et qui retentissent dans nos temples comme
un chant des Séraphins, et qui pénètrent dans nos cœurs
comme les accords enchanteurs de la divine clémence, et
qui traversent la Synagogue comme un éclair lumineux, et
laissent voir à notre regard ébloui un rayon de l'amour de
Dieu..., bénédictions que nous sollicitons, non-seulement
pour nous, mais pour toute l'humanité. כה תברכו את בני ישראל
אין לי אלא בני ישראל גרים נשים ועבדים משוחררים מנין ת"ל אמר להם
לכלם (Sota, 38 a).

Notre Sidra termine en donnant le détail des sacrifices et
des dons d'une valeur considérable offerts par les princes
d'Israël, les chefs de tribus, le jour de l'inauguration du
Tabernacle. La tradition voit dans ces dons, des emblèmes
gracieux, des souvenirs des patriarches, etc. Nous y voyons
un grand et éclatant exemple donné aux chefs et administrateurs de toutes les communautés, aux princes d'Israël
de tous les temps, aux hommes riches et éminents de toute
la famille israélite, exemple qui leur enseigne le devoir
d'être les premiers à manifester leur vénération et leur
amour au Seigneur et à son sanctuaire, par le sacrifice de
leurs biens et au besoin de leurs personnes, de rendre hommage public à la religion en mettant à son service leur or,
leur influence, leur pouvoir. Pour mériter d'être chef et
prince en Israël, il faut marcher à la tête de la communauté, porter avec bonheur et orgueil le drapeau de Juda,
sans le cacher derrière les murs d'un palais, ou suivre dans
une voiture fermée l'arche du Très-Haut, comme on suit un
convoi funèbre... Quand Moïse entra dans la tente d'assignation, il entendit la voix divine retentir avec éclat et lui
parler du haut de l'arche d'alliance : les guides et chefs
d'Israël ne doivent donc pas, à leur tour, étouffer leur voix
pour confesser leur Dieu et rendre hommage à notre religion.

TRENTE-SIXIÈME SIDRA

פ׳ בְּהַעֲלֹתְךָ

(Nombres, VIII à XII).

———

וז״ל ח׳ את יהודה חלקו
על אדמת הקודש:

Entretien du luminaire. — Installation des lévites. — L'agneau pascal au
deuxième mois. — Marche et repos de l'armée. — Les deux trompettes
d'argent. — Incendie, désirs et murmures. — Les 70 anciens. — Calomnie et châtiment.

« Dites à Aaron : Lorsque vous allumerez les lumières,
qu'elles soient tournées vers le devant du chandelier.

« Voici comment était fait ce chandelier : Il était tout
d'or battu et ciselé, depuis son pied jusqu'à ses fleurs; il
avait été exécuté d'après le modèle que l'Éternel avait montré à Moïse. »

On pourrait s'étonner de trouver ici, incidemment, une
description nouvelle du chandelier du sanctuaire, après
que l'Écriture en a décrit, dans l'Exode, tous les détails
avec une précision parfaite. Mais nous voyons ici, à côté
du sens littéral, une pensée profonde et une grande vérité :
le grand chandelier du temple, c'est la lumineuse Foi d'Is-

raël, la *menorah* de l'humanité ; or, il ne suffit pas d'alimenter la lumière de la religion, d'entretenir sa flamme dans notre cœur ou dans l'intérieur de notre maison, mais il faut que nous tournions cette lumière et cette flamme sacrée *vers le devant,* que nous les fassions briller au dehors, que nous fassions éclater devant le monde notre loi et ses célestes rayonnements ;

Car ce flambeau sinaïque *est tout d'or,* « depuis sa base jusqu'à ses ornements ; » tout en est pur, précieux, vérité et salut ; les dogmes, les cérémonies, les pratiques du judaïsme, tout en est admirable, frappé au coin de la grâce et de la perfection divines. Ce flambeau de la croyance d'Israël n'est pas une production humaine, mais une œuvre « que l'Éternel a montrée à Moïse. » Nous n'avons donc pas besoin de cacher cette lumière, qui est descendue du ciel pour illuminer notre âme d'une clarté et d'une vie immortelles ; mais répandons-la autour de nous, élevons-la aussi haut que possible, entretenons sa flamme jour et nuit, accomplissons partout où nous nous trouvons l'office pontifical d'Aaron, et dispersons les ténèbres !

Cependant il faut que nous nous rendions de plus en plus dignes de cette haute mission sacerdotale ; il faut que les lévites du temple se préparent et se sanctifient, car « ils sont donnés à moi » כי נתונים נתונים המה לי, dit Dieu et l'éternelle vérité ; « ils doivent faire le service d'Israël dans le sanctuaire » לעבוד את עבודת בני ישראל באהל מועד ; ils doivent servir leurs frères dans l'humanité par l'amour et le dévouement, par les bénédictions et le salut qu'ils leur apportent partout où ils élèvent un Tabernacle, proclament et pratiquent leur foi — ושרת את אחיו באהל מועד לשמר משמרת. Même dans le désert, sur la terre désolée et barbare, ils doivent célébrer la Pâque — ככל חקותיו וככל משפטיו תעשו אותו, — observer la loi divine, remplir les devoirs sacrés du judaïsme au milieu de tous les dangers et au prix de tous

les sacrifices. Même aux temps malheureux, quand, à
cause de notre religion, nous sommes repoussés, maltraités
par la société comme impurs, — que nous nous trouvons
éloignés de notre patrie, de notre temple, dispersés et er-
rants dans le monde — טמא למת או בדרך רחוקה, nous devons
encore nous rappeler les commandements du Seigneur,
nous unir par la pensée et par l'acte à nos frères, à la communauté d'Israël, à notre passé, à nos grandes et saintes
traditions. Mais malheur à nous, si, libres et heureux, res-
pectés par les peuples et protégés dans l'exercice de notre
culte divin — והאיש אשר הוא טהור ובדרך לא היה ; — si, dans
un temps de progrès et de civilisation où il n'y a plus de
distance parmi les hommes ni de contrainte sur le domaine de la conscience, nous négligeons et violons la loi
de notre Dieu, et nous éloignons de son autel ! Alors notre
âme sera retranchée de la communauté du Très-Haut, de
ses bénédictions et de son avenir, et portera le poids et la
honte d'un grand et triste péché — ונכרתה הנפש ההיא מעמיה
כי קרבן ח' לא הקריב במועדו חטאו ישא האיש ההוא.

« Dans ce chapitre, dit un commentateur, il y a des dispositions précises sur l'époque à laquelle les lévites doivent commencer et quitter leurs
fonctions. C'est ainsi que nous aussi nous ne devrions jamais entrer dans
une sphère d'action avant de posséder la maturité et les capacités nécessaires, ni la quitter sans incapacité réelle. Quiconque débute trop tôt
dans un emploi, sans avoir la raison, l'expérience, les connaissances et
les préparations désirables, cause des dommages nombreux autour de
lui ; et quiconque, par le seul amour du repos, par une contrariété passa-
gère, par mécontentement de projets manqués, etc., se retire d'une fonction où il peut être utile, est responsable du bien qu'il aurait encore pu
faire à la société. Mais si vous avez déposé le bâton parce que la faiblesse
de votre âge ou d'autres causes ne vous permettent plus d'agir utilement
dans votre carrière, « servez vos frères » — ושרת את אחיו — alors encore
par votre expérience, vos conseils, votre bon exemple. »

————————

« Le jour où le sanctuaire fut élevé, la nuée le couvrit
au-dessus de la tente du Témoignage, et c'était constam-

ment ainsi : la nuée le couvrit le jour, et la nuit il y avait comme une clarté de feu.

« Lorsque la nuée qui planait sur la tente s'élevait, les enfants d'Israël se mettaient en marche, et là où elle s'arrêtait, ils campaient.

« Selon le commandement de Dieu, les enfants d'Israël partaient, et selon le commandement de Dieu, ils s'arrêtaient. Et lorsque la nuée s'arrêtait longtemps sur le sanctuaire, les enfants d'Israël observaient le signe de l'Éternel et ne partaient pas. »

Dans tous les actes de notre vie, dans toutes nos entreprises, nous devons tourner le regard vers le sanctuaire, nous assurer que nous agissons selon la volonté et la loi du Seigneur. Mais, non-seulement pour agir, pour travailler, pour nous mettre en route, mais aussi pour nous arrêter, nous devons consulter Dieu et nous conformer à son inspiration ; nous devons nous demander si nous avons le droit de nous reposer, si l'heure du repos a sonné pour nous. N'oublions pas surtout que cette nuée, cette lumière divine qui est en nous, et nous anime, et nous permet de travailler et de vivre, peut tout à coup nous quitter..., et alors nous devons partir, nous mettre en route pour l'éternité, abandonner tout sur la terre, et laisser ici-bas les vanités de la vie ou le souvenir et les bénédictions de notre passage.

Hélas ! depuis le jour de son édification, le sanctuaire d'Israël est couvert d'un nuage, toujours attaqué par la haine et la persécution, souvent plongé dans les larmes et le deuil... Quand ce nuage s'arrêtait longtemps sur notre tête et notre foi — ובהאריך הענן על המשכן ימים רבים —, alors nous nous attachions avec plus de force et d'amour à la croyance de nos pères, « Israël observa les commandements de l'Éternel et ne s'en sépara point » ושמרו בני ישראל את משמרת ה' ולא יסע, et notre temple resplendissait d'un éclat merveilleux — ומראה אש לילה. Pourquoi n'agissons-nous pas de même quand le nuage a disparu, quand le so-

leil brille, quand la bannière de Juda peut flotter librement
et glorieusement sur le sanctuaire du Dieu d'Israël!....
Certes, en agissant ainsi, en faisant entendre partout, fidèlement et courageusement, la voix de Jacob, la trompette
sacrée de notre culte, le Très-Haut nous protégera contre
nos ennemis, si les malheurs des temps et les égarements
de la société en produisent encore — חרעותם בהצוצרות ומכריתם
לפני ה' אלחיכם ונשעתם מאויביכם. Si notre arche sacrée est per-
sécutée — ויחי בנסע הארון, — si elle est sans repos et sans
sécurité, alors, forts de notre conscience, de notre droit à
la protection divine et à la justice humaine, nous pouvons
dire hautement : « Levez-vous, Seigneur, dispersez vos
ennemis, mettez en fuite ceux qui vous haïssent! » קומה ה'
ויפצו אויביך וינסו משנאיך מפניך. Mais si l'arche sacrée se repose, adorée par Israël, honorée par tous les hommes —
ובנחה, — alors Moïse dit : « Demeurez maintenant, ô Éternel, parmi les myriades d'Israël, au sein de l'humanité tout
entière ! » שובה ה' רבבות אלפי ישראל. Le repos, la paix, la
liberté des israélites et de leur sanctuaire, seront à tout
jamais le repos, la paix et la liberté du monde !

Nous sommes attendris, éblouis du merveilleux spectacle
de nos pères, qui, au milieu de la désolation et des souffrances du désert, marchent en colonnes serrées en avant,
ayant à leur tête les chefs et les bannières de leurs tribus,
et portant sur leurs épaules, au centre de leurs bataillons
sacrés, le sanctuaire, l'avenir de l'humanité ! Ils ont soif
et ils ont faim, ils sont entourés d'ennemis et de bêtes
féroces, et ils marchent en avant en chantant les cantiques
du Seigneur et en s'arrêtant de temps en temps, non pour
se reposer, mais pour déployer la tente du Tabernacle et
offrir des sacrifices au Très-Haut !...

Et cette marche héroïque et immortelle à travers le désert, combien de fois Israël n'a-t-il pas dû la recommencer dans toutes les contrées de la terre, entouré d'ennemis plus cruels et plus sanguinaires que les serpents et les hyènes de l'Arabie, portant sur ses épaules le rouleau sacré, son seul bien et son seul trésor, élevant des sanctuaires dans les Ghetti, dans les souterrains, dans les prisons, au pied des bûchers, mais aimant partout les peuples qui lui accordaient un peu d'air et de soleil, travaillant et priant pour leur prospérité, et leur tendant la main avec ces paroles de fraternité israélite adressées par Moïse à Hobab : « Tout le bien que l'Éternel nous donnera, nous le partagerons avec vous ! » והיה הטוב ההוא אשר ייטיב ה' עמנו חהטבנו לך. Notre pèlerinage du désert s'est mille fois répété, et nous avons sauvé le sanctuaire malgré tous les Amalec, et la bannière de Juda a flotté sur notre temple malgré toutes les tempêtes, tous les incendies, toutes les ruines et toutes les morts !... Sachez donc, ô nations et souverains de la terre, que, si le Très-Haut, par son jugement impénétrable, a condamné parfois Israël à s'arrêter, à souffrir dans les déserts que la haine et l'injustice ont faits autour de lui, à l'expiration de ses épreuves il marchera en avant, vers ses splendides destinées, conduit par l'Éternel ! על פי ה' יחנו ועל פי ה' יסעו.

Cependant nos pauvres ancêtres, malgré leur élévation spirituelle, leur courage et leur piété incomparables, étaient des hommes, soumis aux défaillances et aux faiblesses de notre nature. Plus ils s'éloignaient du Sinaï, c'est-à-dire du foyer de leur force et de leur vie, plus ils s'engageaient dans les immenses solitudes du désert où ils ne voyaient pas de terme à leurs privations et à leurs souffrances, et plus ils sentirent le découragement, les angoisses de l'avenir, mêlées aux regrets du passé, envahir leur âme. Ajoutons que, comme dans toutes les grandes agglomérations d'hommes, il y avait parmi eux des instigateurs au mal, des esprits bornés qui ne connaissent d'autre bonheur sur la terre que celui des jouissances matérielles, des mécontents, des pessimistes, des prophètes du malheur qui ont toujours un voile funèbre à la main pour le jeter sur les joies et les espérances des peuples. Les Hébreux murmurent et irritent le Seigneur ; le feu éclate dans leur camp et y fait des ravages. Moïse prie l'Éternel et l'incendie s'éteint. Puis, le ramassis d'étrangers qui se trouvaient dans le camp excitèrent la révolte, les larmes et les cris de désespoir des israélites, en leur rappelant les bonnes choses qu'ils avaient mangées en Égypte, tandis que maintenant leur corps se desséchait par l'éternelle manne. Ils se livrèrent à toutes les afflictions et pleurèrent amèrement à la porte de leurs tentes ; Moïse en fut consterné. Cette immense douleur de ses frères lui déchirait l'âme.

Voilà pourtant à quel degré d'abaissement les appétits grossiers font tomber l'homme : il accepte l'esclavage, la servitude, la honte, pourvu qu'il y trouve les poissons et les concombres d'Égypte ! Il oublie le Sinaï et ses divines clartés pour soupirer après Mizraïm et ses ténèbres ! L'aigle destiné à planer dans les célestes hauteurs et à contempler le soleil se fait vautour, cherche les charniers et crie sans cesse : « Qui me donnera de la viande ? » מי יאכלנו בשר... Soyons certains qu'au fond de tous les murmures contre Dieu, de toutes les désertions de sa loi, se trouve le pot-au-feu égyptien suspendu à la chaîne de la dégradation humaine ! Voilà le sanctuaire et l'arche sacrée du matérialisme !

A la vue de toutes ces misères, Moïse, l'homme de Dieu, sentit son courage faiblir, vaincu par la force d'une cruelle et douloureuse situation, et il dit au Seigneur :

« Pourquoi as-tu affligé ton serviteur ? Pourquoi n'ai-je pas trouvé grâce à tes yeux pour que tu aies mis sur moi le fardeau de tout ce peuple?.. Où prendrai-je de la viande pour distribuer à ce monde qui pleure autour de moi en criant : — Donne-nous de la viande à manger ! Je ne puis porter seul tout ce peuple ; cette charge est trop lourde pour moi. Plutôt que d'agir ainsi envers moi, fais-moi mourir, et que je ne voie pas plus longtemps mon malheur. »

Souvent les guides d'Israël, malgré leur héroïsme, succombaient à la tâche et se souhaitaient la mort, comme Élie (I Rois, XIX, 4), Jérémie (XX, 14), Jona (IV, 3), Job (VII, 16). Ils se sentaient hommes, soumis à toutes les défaillances des mortels, et n'avaient pas la prétention de posséder une nature supérieure, d'être invulnérables et infaillibles. Ils voulaient plutôt mourir que de voir les souffrances, les égarements de leurs frères, ou de les faire rentrer dans le devoir par le fer, la force brutale, tous les violents moyens qui répugnent au tendre pasteur quand il s'agit de son troupeau.

Un châtiment terrible frappa les Hébreux pour leur révolte, pour leur ingratitude : un vent impétueux s'éleva et apporta de la mer une quantité innombrable de cailles ; le camp. en fut couvert à une hauteur de deux coudées. Le peuple se livra avec frénésie à cette nourriture succulente, tandis que la colère du Seigneur s'enflamma et frappa un grand nombre. « On donna à ce lieu le nom de *Kibroth Hatava* (tombeaux de la convoitise), parce que là fut enseveli le peuple qui avait convoité. » Le désir devient souvent notre tombe prématurée. Sur plus d'une pierre tumulaire on peut graver cette triste inscription : Ci-gît l'intempérance, l'ivresse, le jeu, le plaisir grossier, l'usage immodéré des biens de la vie !

Pour soulager le fardeau de Moïse, Dieu lui adjoint soixante-dix des anciens d'Israël. Il ne les choisit pas parmi les hommes qui ont le plus de richesses, de position sociale, de nom, de pouvoir et même de science, mais parmi ceux qui méritent *que l'esprit saint descende dans leur âme et leur cœur.* « Je prendrai, dit le Seigneur à son serviteur, de l'esprit qui est sur toi et je le répandrai sur eux. » Et quel est cet esprit? C'est celui de la loi mosaïque, de la plus grande humilité, du plus vif attachement à Israël, du plus ardent amour de Dieu. Voilà les hommes qui seuls sont dignes d'être les guides et les chefs de la communauté du Très-Haut.

Eldad et Médad, deux des nouveaux élus, prophétisent dans le camp. Josué, voyant dans ce fait, qui paraît avoir excité une grande émotion, une atteinte portée aux droits de Moïse, lui dit : « Maître, empêche-les ! » Ici Raschi met dans la bouche du disciple de Moïse ces paroles significatives : כלאם — הטל עליהם צרכי צבור והם כלים מאליהם « Charge-les des besoins de la communauté, et ils cesseront tout seuls de prophétiser. » Le guide spirituel qui, oubliant sa vraie mission d'enseignement et de moralisation, s'occupe trop des affaires publiques, des choses communales et administratives, *cessera bientôt de prophétiser*, d'avoir le temps et les lumières nécessaires pour enseigner et pour prêcher, d'être le digne ministre du Très-Haut et l'organe de la science sacrée.

Moïse répond à Josué : « Es-tu jaloux pour moi ? Plût à Dieu que tout le peuple de l'Éternel fût composé de prophètes, et que l'Éternel répandît son esprit saint sur eux! »

Sainte et noble modestie du plus illustre des hommes ! Grand et divin exemple donné à tous les pasteurs par le pasteur d'Israël, qui ne voulait pas l'ignorance, l'abrutissement du peuple, pour mieux le dominer et le subjuguer; mais qui suppliait Dieu d'éclairer et d'inspirer tous les membres de la communauté. Il est vrai que la religion israélite seule, par sa vérité, sa valeur réelle et sa divine élévation, peut souhaiter la clarté, l'instruction de tous et la lumière universelle. Elle seule peut dire : « Plût à Dieu que tout le peuple de l'Éternel fût composé de prophètes! »

et alors tous mes enfants perceront mes mystères, apprendront à me connaître, s'inspireront de mon esprit, se revêtiront de ma sanctification, contempleront mes trésors et mes bénédictions, et seront heureux et fiers de m'appartenir.

Notre sainte Écriture, qui est la vérité pure, ne dissimule pas plus les défauts de nos grands hommes qu'elle n'aime à publier leurs vertus et leurs gloires. Ces vertus et ces gloires exercent sur notre vie une action d'autant plus puissante qu'elles appartiennent à des êtres humains comme nous, à des mortels ayant des heures de faiblesse et de défaillance comme tout fils d'Adam, de même que leurs défauts nous doivent inspirer d'autant plus de crainte qu'ils ont pu atteindre des personnes saintes, des élus du Seigneur. C'est ainsi que notre Sidra raconte une faute grave de Myriam et d'Aaron envers Moïse, dont ils ont critiqué la vie domestique, ses abstinences, et des austérités qui leur semblaient trahir de l'orgueil, la prétention à une nature supérieure. Alors la voix divine donne au grand prophète ce témoignage éclatant : « Moïse est très modeste, plus qu'aucun homme sur la terre. » Puis, l'Éternel cite les coupables à l'entrée du Tabernacle et leur dit en présence de Moïse :

« Écoutez mes paroles : S'il y a parmi vous un prophète, moi, l'Éternel, je me révèle à lui dans une vision, je lui parle dans un songe. Il n'en est pas ainsi pour mon serviteur Moïse ; il est l'ami de ma maison. Je m'entretiens avec lui bouche à bouche, clairement, non par énigmes, et il contemple l'image de Dieu. Pourquoi n'avez-vous donc pas craint de parler contre mon serviteur Moïse ! »

La colère du Très-Haut s'enflamma et Myriam fut frappée de la lèpre. Et Aaron, qui était son confident intime, son associé pour le mal, dut, en sa qualité de pontife, se séparer vite de sa sœur devenue impure. Il reconnaît ses

torts, sollicite le pardon de son frère; Moïse intercéda auprès de Dieu pour obtenir la guérison de Myriam, qui dut
rester pendant sept jours exilée du camp ; car, dans la
communauté d'Israël, où le Seigneur a établi sa demeure,
tout doit être blanc, pur, sans tache ; et la Synagogue dit
à ceux qui visitent ses parvis : הסירו הבגדים הצואים מעליו,
Otez les vêtements impurs, les pensées profanes, les souvenirs indignes de votre cœur et de votre temple, et cou-
vrez-vous d'habits d'honneur et du diadème d'or de la
sanctification israélite — ישימו צניף טהור על ראשו. Alors,
quand l'esprit saint sera descendu sur les anciens de nos
tribus, que les appétits grossiers auront disparu de notre
sein, que nous marcherons fidèlement dans le chemin de
la nuée et de la lumière de Dieu, que tous d'entre nous
rendront hommage à Moïse et à sa loi, que nous allumerons
partout le chandelier de la foi et de la science divine, « des
nations nombreuses se joindront à l'Éternel, elles formeront toutes son peuple, il demeurera au milieu d'elles, et
elles reconnaîtront qu'Israël est l'envoyé du Seigneur Zébaoth. » ונלוו גוים רבים אל ח' ביום ההוא והיו לי לעם ושכנתי בתוכך
וידעת כי ח' צבאות שלחני אליך (Zacharie, II, 15.)

TRENTE-SEPTIÈME SIDRA

פ׳ שְׁלַח־לְךָ

(Nombres, XIII à XV).

כִּי ח׳ אלהיכם הוא אלהים בשמים
ממעל ועל הארץ מתחת:

Moïse envoie douze hommes pour explorer le pays de Canaan. — Rapport fâcheux. — Soulèvement et désespoir du peuple. — Sa punition. — Lois de sacrifices. — Punition d'un violateur du sabbath. — Commandement des *tzitzith*.

Les israélites s'étant mis en route le vingtième jour du deuxième mois de la deuxième année de leur sortie d'Égypte, étaient arrivés au désert de Paran (X, 12), à l'extrémité nord de ce désert, à Rithma, près de Kadesch Barnéa, aux frontières sud de la Palestine (Deuter. I, 18); mais avant de se porter plus loin, ils demandèrent unanimement à Moïse d'envoyer d'abord quelques hommes en Canaan pour y faire une reconnaissance (ibid., verset 22). Cette demande n'avait rien de blâmable. Nos pères avaient bien la promesse divine qu'ils vaincraient les possesseurs illégitimes de leur pays héréditaire; la nuée céleste marchait devant eux pour les conduire; ils avaient entendu leur guide infaillible dire à Hobab : « Nous allons partir pour le lieu

que l'Éternel nous a promis » (Nombres, X, 29); ils avaient
enfin vu comment Dieu les avait soutenus dans leur lutte
contre Amalec. Mais ils n'étaient plus la horde faible et
indisciplinée échappée de Mizraïm; ils avaient grandi en
force et en courage et étaient devenus une armée formidable; ils savaient que notre confiance en Dieu ne doit point
nous empêcher de faire notre devoir, de mettre en œuvre
tous les moyens conseillés par la prudence et la raison humaine, toutes les ressources morales et matérielles que le
Seigneur nous a accordées pour atteindre notre but. Ils ne
voulaient pas, comme sur le champ de bataille de Rephidim,
être réduits à voir Moïse lever toute la journée les mains
vers le ciel pour obtenir la victoire; ils voulaient combattre,
et mériter ainsi mieux la protection divine et le respect des
peuples.

Moïse accueillit donc avec plaisir leur demande, et,
après avoir obtenu l'agrément divin [1], il fit partir douze
hommes d'élite choisis dans les douze tribus; il fallait des
hommes courageux et dévoués pour affronter une entreprise si pleine de périls. Il leur donna des instructions détaillées : ils devaient reconnaître le pays, le nombre et la
force des populations, la construction des villes, la nature
et la fertilité du sol; ils devaient surtout en rapporter quelques fruits. C'est par les produits de la terre, non par les
œuvres du luxe, que Moïse voulait reconnaître la noble
patrie d'Abraham, d'Isaac et de Jacob. Ils partirent.

Quatre siècles auparavant, douze fils de Jacob sortirent
de Canaan pour aller en Égypte, et voici que douze autres fils
d'Israël, venant d'Égypte, reparurent dans la terre sainte!
Parmi les fils de Jacob, il y avait deux innocents, Joseph
et Benjamin; parmi les envoyés de Moïse, il y avait deux
justes, Josué et Caleb. Les fils de Jacob furent traités

---

[1] Dieu a dit à Moïse : « Tu peux envoyer (לְךָ שְׁלַח) des hommes pour explorer le pays de Canaan *que je veux donner aux enfants d'Israël.* » Le
doute sur la conquête n'était donc pas possible.

d'abord en Égypte comme espions (Genèse, XLII, 9), puis reçus à bras ouverts comme citoyens et frères; les envoyés de Moïse durent se glisser comme espions dans leur propre pays, et se cacher comme des malfaiteurs! [1] Les fils de Jacob cherchèrent du blé; Israël rapporta la nourriture spirituelle, le pain divin du Sinaï!

Les douze envoyés revinrent après une absence de quarante jours, et leur rapport porta le découragement et le désespoir dans le cœur d'Israël. Le pays, disaient-ils, est très fertile, mais malsain, fatal, meurtrier pour ses habitants; le peuple est puissant, et il habite des villes fortes considérables; les hommes sont des géants, et Amalec, avec d'autres rois ennemis, occupe les meilleures positions. C'est en vain que Josué et Caleb protestent contre les conclusions de ce rapport, et soutiennent que la conquête du pays sera facile; le coup est porté, la terreur s'empare des esprits, des clameurs sinistres s'élèvent, la révolte éclate, le peuple pousse des cris et pleure toute la nuit; l'émeute gronde et se déchaîne contre Moïse et Aaron; on leur dit: «Que ne sommes-nous morts dans le pays d'Égypte, que n'avons-nous péri dans le désert! Est-ce pour nous faire périr par le glaive que l'Éternel veut nous conduire dans ce pays? Nos femmes et nos enfants serviront de butin : ne vaudrait-il pas mieux pour nous retourner en Égypte? »

Moïse et Aaron tombent la face contre terre, Josué et Caleb déchirent leurs vêtements, ils conjurent leurs frères d'écouter la voix de la raison et de la vérité, de ne point irriter Dieu et se soulever contre lui; rien n'y fait, on veut les lapider, la démence est à son comble, la fureur ne con-

---

[1] Ils échappèrent à l'attention des habitants, que Dieu, dit la tradition, affligeait dans ce but de deuils nombreux (Raschi à XIII, 32). Les envoyés de Josué étaient réduits à chercher un refuge dans la maison de Rahab (Josué, II, 1).

naît plus de bornes... Ce jour épouvantable devait à tout
jamais être pour nous un jour de larmes et de deuil, c'était
le neuf *ab*, jour néfaste et déplorable où Israël a vu deux
fois la destruction de son sanctuaire.

Voilà ce qui arrive quand on manque de confiance en soi
et de foi en Dieu. On n'ose rien entreprendre d'utile, de
salutaire, de méritoire; on voit partout des empêchements,
des obstacles, des impossibilités; on grandit, on exagère
tout ce qu'on remarque ailleurs, et on rapetisse tout ce que
l'on possède chez soi; on aime mieux retourner en Égypte,
dans une obscure et lâche inaction, que de marcher en
avant, lutter et combattre pour conquérir Jérusalem et sa
lumière! «Nous avons vu les descendants d'Enac, cette
race de géants, et nous étions à nos propres yeux comme
des sauterelles.» Ce langage des envoyés en Canaan n'est-
il pas souvent dans la bouche et dans l'esprit de beaucoup
d'entre nous? Ils voient un édifice d'un autre culte qui
s'élève haut et fier dans la nue, et ils regardent avec dédain notre sanctuaire, véritable nain à côté du colosse,
mais qui cependant atteint le ciel et les sphères rayonnantes du Très-Haut, comme l'échelle mystérieuse de Jacob!
Ils voient partout des géants, et n'aperçoivent point ce qu'il
y a de véritable force, de véritable grandeur en Israël, ce
qu'il y a de noblesse et d'élévation dans notre communauté,
dans le cœur et dans l'âme de tout vrai israélite! Ils montrent, comme les envoyés de Moïse, *les fruits* qui poussent
ailleurs, la richesse et la puissance matérielles, les jouissances grossières des sens qu'on trouve en dehors de nous,
et ils ne remarquent point les biens précieux, les nobles et
divines félicités, les bonheurs et les trésors immortels que
nous possédons dans notre propre sein, et ils accusent Canaan, la religion céleste qui a pour notre existence des
fleuves de lait et de miel, «de dévorer ses habitants»
ארץ אוכלת יושביה הוא, de nous rendre la vie amère et insup-

portable... Alors, au lieu de s'élever libres et fiers sur les hauteurs de notre mission et de notre dignité, ils abdiquent, baissent la tête, se dégradent, et disent honteusement : Donnons-nous un maître, et retournons à la servitude égyptienne !

Le crime était grand, peut-être aussi grand que celui de l'adoration du veau d'or. Comment nos pères pouvaient-ils se laisser entraîner à une telle ingratitude, à un tel manque de confiance en Dieu, à un tel oubli de ce qu'il avait fait pour eux et faisait encore tous les jours! Ne devaient-ils pas se rappeler que Jacob, en mettant le pied sur le sol de Canaan, fut attaqué par un être supérieur dont il triompha, signe merveilleux par lequel le ciel avait montré avec éclat, qu'au jour marqué par l'Éternel, aucun Ésaü, aucune puissance de la terre ne pourrait disputer à Israël son héritage sacré. Et pourtant Israël se livra au découragement et au désespoir!... Le Très-Haut, affligé de tant d'outrages, dit à Moïse : « Jusqu'à quand ce peuple m'irritera-t-il? jusqu'à quand persistera t il à ne me pas croire, malgré tous les miracles que j'ai opérés dans son sein? Je veux le frapper de la peste et l'anéantir, et je ferai de toi le chef d'une nation plus grande et plus puissante que lui. »

Le fidèle et tendre pasteur se place de nouveau entre Israël et la colère divine, implore le pardon du Seigneur avec des accents déchirants, rappelle les attributs de miséricorde et de clémence infinie que le Très-Haut lui-même daignait lui révéler dans une autre circonstance (Exode, XXXIV, 6, 7), et sa voix couverte de larmes dit à la fin : « Pardonnez, ô Seigneur, la faute de ce peuple selon la grandeur de votre grâce, et comme vous lui avez pardonné depuis l'Égypte jusqu'ici. » Hélas! quelle humiliation et quel malheur pour nous, si la fréquence du pardon divin, c'est-à-dire la fréquence de nos iniquités, doit plaider en notre faveur comme le souvenir de vertus, comme la récompense d'anciens mérites !

Dieu accueille les ardentes sollicitations de son serviteur et pardonne; mais il arrête dans sa suprême justice qu'aucun des hommes qui ont vu sa gloire et ses miracles en Égypte et dans le désert, qui l'ont tenté par dix fois et n'ont point écouté sa parole, ne verra le pays qu'il a promis à leurs ancêtres; tous mourront dans le désert, excepté Josué et Caleb, qui étaient animés d'un meilleur esprit. « Et quant à vos enfants, dont vous avez dit qu'ils seront la proie de l'ennemi, je les ferai entrer dans le pays que vous avez méprisé; mais ils erreront dans le désert pendant quarante ans; ils porteront la peine de votre perfidie jusqu'à ce que vos cadavres aient disparu dans le désert, selon le nombre des jours employés par vous à explorer le pays, un jour compté pour une année; vous porterez la peine de vos fautes pendant quarante ans, et vous connaîtrez les effets de mon éloignement. »

Les israélites entendent consternés cet arrêt du ciel; ils veulent réparer le mal, confessent leur péché et se déclarent prêts à marcher; mais Moïse les en détourne, parce que Dieu n'est pas avec eux; et, voulant malgré cela passer outre, ils sont repoussés par Amalec, battus et poursuivis jusqu'à Horma, « car l'arche de l'alliance de Dieu et Moïse n'ont pas quitté le camp. »

Nous ne pouvons réussir en rien si le Seigneur n'est pas avec nous, si nous sommes séparés de Moïse, de sa loi et de l'arche sacrée des commandements. Israël restera dans le désert, retournera souvent à Mizraïm, sera souvent persécuté et frappé par Amalec, jusqu'au jour où il portera de nouveau sur ses épaules l'arche du Très-Haut, où la colonne de feu du judaïsme éclairera de nouveau sa route et animera sa vie, et où le ciel réconcilié lui dira : En avant !

Notre Sidra contient une loi sévère contre quiconque
outrage publiquement Dieu en violant par mépris son commandement. Un homme qui profanait le sabbath fut condamné au dernier châtiment. Cette sévérité pénale du Code
mosaïque en fait de lois purement religieuses n'a rien qui
doive nous surprendre ou faire accuser ce Code de despotisme
spirituel. Un célèbre philosophe israélite, Moïse Mendelssohn, dit à ce sujet [1] :

« L'État et la Religion, dans cette constitution, n'étaient pas réunis,
mais ils étaient *un*; ils n'étaient pas alliés ensemble, mais ils étaient la
même chose. Le rapport de l'homme à la société et le rapport de l'homme
à Dieu se rencontraient dans le même point, et ne pouvaient jamais se
trouver en conflit. Dieu, le créateur et soutien du monde, était en même
temps roi et administrateur de cette nation, et lui est un être un qui
n'admet, soit en politique soit en métaphysique, aucune division ou plu-
ralité. Ce souverain n'a point de besoins personnels, il n'exige autre chose
de la nation que ce qui peut servir à son bien à elle, à la prospérité de
l'État, comme de son côté l'État ne pouvait rien demander qui fût contraire aux devoirs envers Dieu, qui ne fût pas ordonné par Dieu, le législateur et le magistrat.

« C'est ainsi que la chose civile acquit, chez cette nation, une considération religieuse et sacrée, et tout service civil devint en même temps
un vrai service divin. La communauté était une communauté de Dieu, ses
affaires étaient des affaires divines, les contributions publiques, des oblations au Seigneur, et jusqu'à la moindre institution de police, tout était
chose sainte. Les lévites, qui vivaient de revenus communaux, recevaient
leur entretien de Dieu. Ils ne devaient point avoir de propriété dans le
pays, *car Dieu est leur possession.* Quiconque passait sa vie hors du pays
était considéré comme servant des dieux étrangers, c'est-à-dire, il était
soumis à des lois politiques étrangères, qui n'étaient pas en même temps,
comme celles de la patrie, des lois divines.

« Il en était de même des crimes. Tout crime contre le respect de
Dieu, le législateur de la nation, était un crime de lèse-majesté, un crime
d'État. Quiconque blasphémait Dieu outrageait le souverain; quiconque
profanait sciemment le sabbath détruisait, autant qu'il était en lui, une
loi fondamentale de la société civile, dont une partie essentielle de la
constitution reposait sur l'institution de ce jour. « Le sabbath, dit le Seigneur, sera une alliance éternelle entre moi et les enfants d'Israël, un
signe perpétuel que l'Éternel a créé en six jours, etc. » Ces violations
pouvaient donc et devaient être, dans cette constitution, punies civile-
ment, non comme des erreurs d'opinion, non comme une hérésie, mais

[1] *Jérusalem, ou Du pouvoir religieux et du judaïsme.*

oomme des actes coupables, des crimes d'État, qui tendaient à détruire ou à affaiblir la considération du législateur, et à miner ainsi l'État lui-même.

« Et cependant avec quelle douceur, avec quelle indulgence extrême pour la faiblesse humaine ces crimes furent-ils punis! D'après une loi orale, nulle peine corporelle ou capitale ne pouvait être prononcée, si le coupable n'avait pas été averti par deux témoins dignes de foi, qui lui avaient cité la loi et fait connaître le châtiment prescrit. Le coupable devait même, par une déclaration positive, avoir reconnu, assumé le châtiment et consommé immédiatement après le crime, en présence des mêmes témoins. Combien les jugements à mort devaient-ils être rares avec une telle procédure, et combien de moyens les juges avaient-ils d'échapper à la triste nécessité de condamner au dernier supplice un de leurs semblables créé à l'image de Dieu! Un homme exécuté est, d'après la parole de l'Écriture, *un mépris de Dieu*. Combien les juges devaient-ils hésiter, examiner, chercher des circonstances atténuantes, avant de signer une sentence de mort! Les rabbins disent que tout tribunal criminel, soucieux de sa bonne renommée, doit tenir à ce que dans un intervalle de soixante-dix ans il ne soit prononcé par lui qu'une seule peine capitale. »

L'Éternel ordonne aux enfants d'Israël d'attacher des franges — *tzitzith* — aux coins de leurs vêtements, pour qu'en voyant ces franges, ils se souviennent des commandements divins et les accomplissent.

L'homme a besoin de quelque chose qui frappe les sens pour se rappeler, au milieu des agitations de la vie, ses devoirs et sa destinée. La couleur azur du cordon des tzitzith nous fait penser au ciel et rappelle aussi les vêtements du grand prêtre et le titre de peuple-pontife d'Israël. Mais il ne suffit pas de porter ostensiblement le signe de la religion, de le voir et de le faire voir aux hommes; non, « souvenez-vous de tous mes commandements, dit le Seigneur, *et accomplissez-les* — למען תזכרו ועשיתם את כל מצותי — afin que vous soyez saints *devant votre Dieu*. » Être seulement saint devant les hommes est une hypocrisie odieuse.

Dieu savait qu'il viendra un temps où Israël n'aura ni

temple ni pontife, où il ne possédera même pas une pierre pour abriter ses membres fatigués et meurtris, où il sera pourchassé et traqué par la barbarie et le fanatisme; alors il a voulu lui donner, pour l'immense route de son exil et de son martyre, un souvenir, un signe qui lui rappelle son passé, lui inspire du courage pour le présent, de l'espérance pour l'avenir, et lui tienne lieu en quelque sorte de sanctuaire, de sacrifice et de culte. Les tzitzith qu'Israël portait sur le dernier vêtement que la sauvagerie lui eût laissé, lui rappelaient cette parole du Très-Haut : « Je suis l'Éternel, votre Dieu, qui vous ai tirés du pays de Mizraïm pour être votre Dieu. » Ayez donc courage! Je vous tirerai de toutes les persécutions et vous délivrerai de tous les Pharaons... Nous sommes à Jérusalem, nous possédons le temple, Sion et le Sinaï, nous sommes le peuple et les enfants de notre Dieu, partout où nous portons les franges sacrées, la cocarde de Juda, la pensée et la foi israélites, le souvenir du Seigneur !

TRENTE-HUITIÈME SIDRA

פ' קֹרַח

(Nombres, XVI à XVIII).

כי לֹא יִטּשׁ ח' אֶת עַמּוֹ
בַּעֲבוּר שְׁמוֹ הַגָּדוֹל:

**Révolte de Corah et sa punition. — Nouveau soulèvement et ses suites.
— Le bâton fleuri d'Aaron. — Devoirs et revenus des prêtres et des
lévites.**

Les diverses révoltes qui avaient éclaté jusqu'alors dans
le camp des Hébreux avaient presque toujours eu une
cause générale : la fatigue, les privations, la faim et la soif.
La personne de Moïse était restée sacrée, inviolable, au
milieu de tous les égarements. Le crime du veau d'or lui-
même révélait tout l'attachement, la vénération, la confiance absolue du peuple en Moïse, dont l'absence momen-
tanée provoquait le désespoir, l'inquiétude et la terreur :
six cent mille hommes se croyaient perdus par la disparition du guide illustre qui avait marché à leur tête depuis
l'Égypte. Si le veau d'or n'avait pas été une injure au Seigneur, il aurait pu paraître un hommage à Moïse.

L'envoyé de Dieu avait eu surtout la consolation de voir
la tribu de Lévi, sa famille, s'abstenir de toute participation aux actes coupables des autres tribus ; et lorsque,
enflammé d'une sainte colère, il s'écria : « A moi, tous

ceux qui sont à l'Éternel! » (Exode, XXXII, 26), il vit se rassembler autour de lui les fils de Lévi pour devenir les instruments puissants de la punition d'Israël.

Mais Moïse devait boire le calice d'amertume jusqu'à la lie et subir la plus douloureuse des épreuves, celle de voir une agression odieuse dirigée contre sa personne par un de ses plus proches parents, par Corah, le fils de son oncle Izhar!

L'ambitieux, à la tête de deux cent cinquante conjurés, se présente devant Moïse et Aaron et leur dit : « Vous vous arrogez trop! Toute la nation est composée de saints, et l'Éternel est au milieu d'eux; pourquoi vous élevez-vous au-dessus de la communauté du Seigneur ? »

Voilà le langage et la manœuvre de tous ceux qui, poussés par la vanité et l'ambition, voulant à tout prix sortir d'une obscurité où leur naissance, leur incapacité ou leur conduite les ont placés, cherchent à arriver au pouvoir, dont ils feraient le plus triste ou le plus criminel usage. Ayant besoin des bras et du sang du peuple pour réaliser leurs desseins, surtout de son dos pour monter, ils excitent ses plus dangereuses passions, prêchent la liberté et l'égalité, déclament contre toute autorité et toute distinction, accusent le meilleur chef du pays de « s'arroger trop », d'être un despote, un tyran; et lorsqu'ils sont parvenus à renverser le trône et la loi, ils jettent le masque, déchirent le voile qui couvrait leur monstrueuse hypocrisie, deviennent le fléau et la malédiction du peuple, qu'ils foulent aux pieds après s'en être servis comme d'un instrument de ruine et de destruction... Les *frères* de la veille sont des esclaves le lendemain.

L'agression de Corah et ses insinuations perfides étaient un outrage à la vérité et à la justice. Moïse, le plus humble des mortels, ne voulait aucun pouvoir, aucune suprématie. Il refusa avec opiniâtreté la mission que Dieu lui donnait pour Pharaon, et s'écria : « Qui suis-je pour

24

que j'aille auprès du roi d'Égypte? » Il supplia le Seigneur
de lui donner des collaborateurs pour le gouvernement et
la conduite du peuple, et il était heureux de voir soixante-
dix anciens d'Israël recevoir l'esprit saint. Et lorsque le
Très–Haut, dans son irritation contre nos pères, lui dit :
« Je veux les anéantir et faire sortir de toi une grande nation », Moïse fondit en larmes et répondit : « Pardonnez-
leur, ô Seigneur, ou effacez-moi de votre livre ! » (Exode,
XXXII, 32; Nombres, XI, 15 ; XIV, 12.) Il n'accorda à
ses propres fils aucun titre, aucune prérogative, aucune dignité. Il ne se fit pas appeler révérendissime ou éminentis-
sime; il marcha à pied dans les sables du désert et ne se fit
pas porter comme une idole sur les épaules des lévites... Et
c'est ce modèle divin de modestie, d'abnégation, de désintéressement, que Corah osa accuser de s'arroger trop de
pouvoir et de vouloir s'élever au-dessus de la communauté !

Cependant Moïse, en entendant un langage si odieux,
se jeta la face contre terre et annonça aux émeutiers que
le lendemain le Seigneur proclamerait son élu; puis, s'a-
dressant aux fils de Lévi, avec le calme et la douceur d'un
cœur magnanime et d'une âme miséricordieuse, il leur dit :
« Ne vous suffit-il donc pas que le Dieu d'Israël vous ait
distingués du reste de la communauté en vous approchant
de lui et en vous confiant le service de son sanctuaire,
pour que vous aspiriez encore au sacerdoce ! » Le fidèle
pasteur fait appeler deux des principaux conspirateurs,
Dathan et Abiram, car il espère les ramener au sentiment
du devoir et y entraîner les autres ; mais ils répondent par
de nouvelles insultes, lui reprochent sa domination et l'accusent de les laisser mourir dans le désert, eux qui, par
leur conduite, se sont empêchés eux-mêmes de franchir
jusqu'alors le Jourdain !

A ces grossières imputations, Moïse, le plus doux des
hommes, ne put étouffer sa juste indignation, et lui, qui
avait été de longs jours et de longues nuits à genoux pour
implorer le pardon divin en faveur d'un peuple coupable,

se tourna alors vers Dieu et s'écria : « N'accueillez pas leur offrande !... Je n'ai enlevé à aucun d'eux son âne, je n'ai pas offensé un seul d'entre eux ! » Quel pontife, quel pasteur, quel guide d'aucune religion peut se donner ce glorieux témoignage ? On voit ailleurs le chef de quelques sectateurs prendre sans façon une ânesse qu'il trouve sur sa route pour se rendre à Jérusalem, tandis que Moïse, souverain d'un peuple nombreux, put dire : « Je n'ai enlevé à aucun d'eux son âne ! » Il était l'homme de Dieu dans toute l'étendue du mot, parce que justement, par son noble désintéressement, il n'était pas le serviteur, l'obligé, le mercenaire des hommes.

Moïse put aussi affirmer qu'il n'avait offensé, maltraité personne. Il n'a pas lancé les foudres de l'anathème contre ceux qui ne se prosternaient pas à ses pieds ; il n'était pas entouré d'une splendeur ruineuse pour le peuple, d'un luxe qui enlevait le pain au pauvre et insultait à sa misère, mais seulement de l'auréole divine qui rayonna sur son front quand il descendit du Sinaï ; il ne cherchait pas, par des influences et des menées occultes, par l'intimidation et la menace, à s'emparer, au profit de sa domination, de la fortune, des droits et de la raison du peuple ; mais il le sauva des ténèbres égyptiennes, passa sa vie à lui donner l'instruction, la lumière, l'élévation du cœur et de l'esprit, c'est-à-dire la liberté, et il s'efforça à ce que tout le peuple du Très-Haut *fût composé de prophètes*. Et c'est lui que Corah et sa bande osèrent accuser d'ambition et d'usurpation !

————

Le Seigneur était irrité contre toute la communauté, qui aurait dû combattre les méchants et protester hautement contre leur coupable et sacrilége ingratitude envers leur guide. Mais Moïse et Aaron, par leurs ardentes supplications, arrêtèrent l'explosion de la colère céleste. Puis,

le Très-Haut fit dire au peuple de s'éloigner de la demeure
de Corah et de ses partisans, et de ne toucher à rien de ce
qui leur appartient. Ensuite Moïse parla ainsi :

« Vous reconnaîtrez par ce signe que c'est l'Éternel qui
m'a envoyé pour accomplir toutes ces choses, et que je
n'agis point de mon propre mouvement :

« Si ces hommes meurent de la mort de tout homme; si
la destinée commune de tous leur est réservée, alors ce
n'est point l'Éternel qui m'a envoyé ;

« Mais si l'Éternel produit quelque chose de nouveau;
si la terre, entr'ouvrant son sein, les engloutit avec tout ce
qui est à eux, et qu'ils descendent vivants dans le gouffre, alors vous reconnaîtrez que ces hommes ont irrité
l'Éternel. »

Et aussitôt qu'il eut achevé de parler, la terre se fendit
et engloutit les coupables avec leurs maisons et leurs
biens. Un feu descendit du ciel et dévora les deux cent
cinquante hommes qui avaient pris part à la révolte.

Quand, sur les bords de la mer Rouge, Israël assista à
la mort des Égyptiens, engloutis par les flots, le peuple,
dit l'Écriture, crut en Dieu et en Moïse, son serviteur —
ויאמינו בה׳ ובמשה עבדו (Exode, XIV, 31.)

Corah et ses complices, ne croyant plus en Moïse, méritaient donc à leur tour d'être également engloutis. Les
sables du désert devenaient pour eux ce qu'avaient été pour
Pharaon les eaux de la mer Rouge [1].

_____

(1) Voici un autre rapprochement. A la révélation sinaïque, Dieu a dit à
Moïse : « Le peuple entendra lorsque je te parlerai, *et il croira aussi en toi*
éternellement » וגם בך יאמינו לעולם (Exode, XIX, 9). Le Talmud dit :
מלמד שכפה הק״בה עליהם הר כגיגית על ישראל ואמר להם אם אתם מקבלין את
התורה מוטב ואם לאו שם תהא קבורתכם (Aboda Sara, 2 b). Or, Corah, ne
croyant plus en Moïse, méritait d'être enterré vivant au pied du Sinaï, où il
avait entendu le Seigneur parler à Moïse et le proclamer par là son envoyé
auprès d'Israël.

La mission divine de Moïse est de nouveau constatée, proclamée par le ciel ; la légitimité du sacerdoce d'Aaron va l'être également. Chaque tribu dut apporter une verge portant son nom ; les douze verges furent déposées dans le sanctuaire, et le lendemain on vit que celle d'Aaron avait germé, produit des fleurs et des fruits. Dieu dit alors à Moïse de replacer la verge d'Aaron devant l'arche du Témoignage, et d'y être conservée comme un avertissement pour ces enfants de rébellion, afin que leurs murmures s'arrêtent et qu'ils ne meurent pas.

Voilà à quoi on reconnaît le vrai pontife d'Israël ; ce n'est pas par son titre, son diplôme, sa nomination officielle, mais c'est *par les fruits qu'il produit*, dans le temple et dans la communauté, qu'il peut se dire l'élu du Seigneur והיה האיש אשר אבחר בו מטהו יפרח. On a beau briller dans le monde, paraître dans son costume d'apparat et avec les insignes de son grade élevé devant le souverain et les dignitaires de l'État, on n'est réellement pasteur que lorsqu'on peut paraître devant Dieu, comme le bâton d'Aaron déposé devant l'arche du Très-Haut, avec les fleurs et les fruits de ses œuvres.

Il ne suffit pas non plus que le pontife représente au dehors, et par simple forme, sa croyance et ses frères, ou qu'il se montre seulement à sa place, au temple et dans la chaire, pour faire entendre de temps en temps son discours ; il faut qu'il soit l'âme de la communauté, que l'écho de sa parole au sanctuaire se fasse entendre au foyer domestique, que son action salutaire se fasse sentir dans le palais comme dans la chaumière ; il faut qu'il se place, comme Aaron, *entre les mourants et les vivants* — ויעמוד בין המתים ובין החיים — pour secourir, protéger, porter l'aumône du riche au réduit du pauvre, le soulagement et la vie à la couche de la misère et de la maladie, la paix et la concorde dans les familles ; il faut qu'il soit, dans tous les dangers de ses frères, leur protection, leur refuge, au besoin leur sacrifice, pour les défendre et les sauver — ויכפר על העם...

Mais alors aussi, bien coupable est la brebis égarée qui
se soulève contre son pasteur, le laïque qui méconnaît
l'autorité du guide spirituel, et qui, disant avec Corah,
« toute la communauté est composée de saints », prétend
qu'il y a égalité parfaite entre l'ignorant et le théologien,
entre le croyant et l'impie, entre un professeur du collége
et un ministre du temple, se met au-dessus de Moïse et
d'Aaron, combat leur influence, nie leurs droits, ne se contente pas d'être un lévite, un administrateur du sanctuaire,
mais se fait docteur de la loi, organe et oracle de la religion, pour imposer au peuple ses erreurs, son impiété,
souvent son mépris de toutes les saintes traditions israélites !... Malheur à ceux qui ne se contentent pas de servir
la communauté — לעמד לפני העדה לשרתם — par leurs lumières, leur dévouement, leur or ou leur position sociale, mais
qui veulent la régenter comme pontifes, et apportent le feu
étranger de leur science sur l'autel du Seigneur, et violent
le sanctuaire où Aaron seul a le droit de pénétrer !... Puisse
la fin tragique du fils d'Izhar être « un avertissement perpétuel pour les enfants d'Israël, afin que nul profané, qui n'a
pas le caractère sacré d'Aaron, ne s'approche pour offrir de
l'encens à l'Éternel, et ne meure comme Corah et sa société. » זכרון לבני ישראל למען אשר לא יקרב איש זר אשר לא מזרע אהרן
הוא להקטיר קטרת לפני ה' ולא יהיה כקרח וכעדתו. Car, en vérité,
tous ceux qui usurpent le sacerdoce mourront. כל הקרב הקרב
אל משכן ה' ימות.

C'est pourquoi le pontife doit veiller jour et nuit aux
droits de la chose sacrée — ושמרתם את משמרת הקדש ; il doit
être fort et courageux pour repousser énergiquement, sans
considération des personnes, toute usurpation et tout em-
piétement. « Toi et tes fils, dit Dieu à Aaron, vous porterez les péchés commis contre le sanctuaire, vous serez
responsables des attentats commis sur votre sacerdoce »
ונשאו את עון כהונתכם. Ne l'oubliez pas, serviteurs du Très-

Haut! votre faiblesse pourrait devenir la perte d'Israël.
ולא יהיה עוד קצף על בני ישראל.

Loin du pontife israélite toute indigne dépendance de l'or, de la puissance et de ses faveurs! Il n'a pas de part aux richesses matérielles de la terre, mais le Seigneur est son partage — אני חלקך, — sa grandeur et son élévation. Quelles faveurs et quels honneurs des hommes les plus haut placés peuvent se comparer à cette splendide et rayonnante dignité du ministre de Dieu! Élu dans le temple du Très-Haut, peut-il s'abaisser et se prosterner dans le palais d'un mortel? Ce serait une déchéance déplorable.
ואת קדשי בני ישראל לא תחללו ולא תמותו.

———————

Nos pères, raconte la Haphtara de ce sabbath, ont demandé *un roi;* ils pensaient être plus forts, plus honorés dans le monde en ayant à leur tête un homme couronné, un homme puissant, occupant une haute position. Mais Samuel, après avoir, comme Moïse, défié tout le peuple de lui reprocher un seul acte d'intérêt personnel ou d'exaction, rappelle l'histoire d'Israël depuis l'Égypte, et montre qu'il a toujours été sauvé, non par des rois et des colosses d'or, mais par des hommes de Dieu, Moïse, Aaron, Jerubbal, Bedan, Jephté, Samuel. Pourquoi alors demander un roi? Si notre prince lui-même ne se soumet pas à la loi du Très-Haut, alors malheur à lui et à tout Israël! והיתה יד ח' בכם. Dieu est notre roi, à lui seul et à sa pensée appartient le trône dans notre temple, dans notre communauté, dans nos administrations. En arrière toute idolâtrie! Ne nous prosternons pas devant le soleil qui s'élève! « Les faux dieux ne peuvent nous protéger, ni nous sauver, car ils n'ont aucune force réelle — אשר לא יועילו ולא יצילו כי תהו המה. Mais le Seigneur n'abandonne pas son peuple, à cause de son nom glorieux, car il nous a destinés pour être à lui! » (I Samuel, XII.)

TRENTE-NEUVIÈME SIDRA

פ׳ חֻקַּת

(Nombres, XIX à XXII, 1)

ודרה הדוצא אשר יצא מדלתי ביתי
לקראתי והיה לה׳ והעליתיהו עולה:

De la vache rousse et de l'eau de purification. — Mort de Myriam. —
L'eau du rocher. — Refus d'Edom de laisser passer Israël sur son
territoire. — Mort d'Aaron. — Victoire sur le roi d'Arad. — Le serpent
d'airain. — Les rois de Sichon et d'Og sont vaincus.

A mesure qu'Israël avançait dans sa sainte carrière sacerdotale, le Seigneur augmenta pour lui les moyens de
sanctification, c'est-à-dire sa force morale et spirituelle.
La loi de purification par la cendre de la vache rousse est
un des grands et puissants instruments accordés par le
Ciel à nos pères pour vaincre le mal.

Mais les lois précédentes sur la purification avaient un
caractère individuel, accidentel; ici il s'agit d'une institution communale. « Un homme pur recueillera les cendres
de la génisse et les déposera dans un lieu pur hors du camp;
elles y seront conservées, *pour la communauté des enfants
d'Israël*, pour être employées à une eau d'aspersion, car
c'est un sacrifice d'expiation. »

Nous voyons ici le grand devoir imposé à toute communauté israélite, de créer dans son sein des institutions re-

ligieuses et morales, destinées à la sanctification de ses
membres ; des écoles pour apprendre aux enfants la religion et la morale du judaïsme ; des sociétés pour procurer à
nos ouvriers et employés leur admission dans des maisons
israélites où ils puissent observer le sabbath et tous les
commandements divins; des établissements pour élever nos
jeunes filles pauvres et leur apprendre un état afin de les
sauver des dangers de la misère et de la corruption ; des
asiles pour les enfants et pour les vieillards, des hospices
pour les malades et les infirmes, et surtout des lieux d'enseignement où les membres de la communauté, après le
labeur du jour et pendant le sabbath et les fêtes, se réunissent autour des docteurs de la loi pour entendre la parole
de la science sacrée et recevoir dans leur esprit la lumière
de la Thorâ — זאת חקת התורה. Chacun doit considérer comme
une obligation d'honneur inviolable, de contribuer largement à toutes ces institutions de sanctification et de purification de la communauté; autrement il mériterait d'être
exclu de l'assemblée du Seigneur — ונכרתה הנפש ההוא מתוך
הקהל, car il profanerait le sanctuaire du Très-Haut —
כי את מקדש ה' טמא.

Et de même que la purification par les cendres de la
victime a été instituée au moment où nos pères allaient se
trouver en contact avec d'autres peuples, soit en voulant
traverser le pays d'Édom, soit en combattant le roi d'É-
mori, de même les institutions israélites d'enseignement,
de moralisation et de charité sont surtout nécessaires lorsque nous nous trouvons mêlés à d'autres sociétés, dont le
contact, tout en nous apportant une certaine somme de
bien, peut aussi altérer la pureté de nos mœurs, la sainteté
de nos traditions, et nous conduire à des tentations funestes. Par les institutions israélites, nos progrès dans le
monde pourront se concilier avec nos devoirs dans le temple, et notre civilisation ne sera pas flétrie par la tache de
l'impiété et de la corruption. אשר אין בה מום אשר לא עלה עליה עול.

Les enfants d'Israël, dans la quarantième année de leur
marche dans le désert, étaient arrivés au désert de Sin, et
s'arrêtèrent à Kadesch; là mourut Myriam et y fut ensevelie.
Déposons une couronne de fleurs sur cette tombe couverte
par un océan de sable brûlant; donnons une larme à la
mémoire de cette sainte femme d'Israël, qui nous paraît si
touchante lorsque nous la voyons sur le rivage du Nil prier
et veiller sur les destinées de son frère livré à la mort, et
qui nous paraît si grande et si sublime lorsque, sur les bords
de la mer Rouge, elle fait monter au Ciel un concert divin,
un chant de victoire, un hymne immortel ! Sœur de Moïse,
votre souvenir ne périra jamais dans notre histoire ni dans
le cœur de tout vrai israélite !...

Le peuple, manquant d'eau, se soulève de nouveau contre
Moïse et lui reproche amèrement de l'avoir fait sortir de
l'Égypte, de l'avoir conduit « dans ce lieu misérable, où
l'on ne peut semer, où il n'y a ni figues, ni vignes, ni gre-
nades, et pas même de l'eau à boire » [1].

Dieu dit à Moïse d'assembler avec Aaron toute la communauté, de parler tous les deux au rocher, qui donnera de
l'eau pour désaltérer les hommes et les troupeaux. Moïse
et Aaron réunissent donc le peuple, et Moïse lui dit : « Écoutez, rebelles, pourrons-nous faire sortir pour vous de l'eau
de ce rocher? » Puis il lève la main et frappe le rocher
de son bâton; l'eau jaillit avec abondance.

L'Éternel dit à Moïse et à Aaron : « Puisque vous n'a-
vez pas cru assez en moi pour me glorifier aux yeux des
enfants d'Israël, ce n'est pas vous qui conduirez ce peuple
au pays que je lui ai promis. »

Quelle fut la faute de Moïse et d'Aaron? Les commentateurs sont divisés d'opinions. Ont-ils manqué pour avoir

---

[1] D'après une tradition, une source d'eau avait accompagné Israël pendant toute la vie de Myriam et par ses mérites; à sa mort, cette source
ayant disparu, l'eau manquait au peuple.

frappé le rocher au lieu de lui parler? Mais Dieu avait dit
(XX, 8) : « Prenez le bâton et réunissez la communauté; »
ce qui semblait indiquer qu'ici, comme dans la plupart des
miracles opérés en Égypte et sur la mer Rouge, le bâton
merveilleux devait jouer un rôle actif; puis, le prodige était
aussi grand de voir le rocher obéir à un coup de bâton qu'à
une parole; ensuite Moïse seul a frappé le rocher, et pourtant Aaron a été puni comme lui. Il est donc probable que
leur faute consistait dans cette apostrophe qu'ils ont adressée
au peuple : « Écoutez, rebelles, pourrons-nous faire sortir
pour vous de l'eau de ce rocher? » Ils auraient dû annoncer purement et simplement, au nom du Seigneur, l'arrivée
immédiate de l'eau, comme ils avaient annoncé la pluie
de la manne (Exode, XVI, 6–8), tandis qu'ils n'ont point
parlé de Dieu, mais seulement de leur propre action :
« *pourrons-nous* faire sortir de l'eau de ce rocher? » Ils ont
peut-être aussi péché en montrant de la timidité, de la faiblesse pour ainsi dire devant le soulèvement du peuple, en
fuyant devant l'émeute (verset 6)[1], au lieu de lui tenir
tête et de promettre hardiment, au nom de Dieu, un soulagement prochain. Cette timidité peut leur avoir attiré la
cruelle punition de ne pas conduire les Hébreux en Canaan; car pour être chef et guide d'une nation, il faut posséder une fermeté inébranlable, un courage à toute épreuve.
On voit, en outre, dans les paroles et dans les gestes de
Moïse et d'Aaron, une grande irritation incompatible avec
la modération et le sang-froid d'un pontife, d'un général ou
d'un prince; Moïse frappa deux fois le rocher, indice d'une
colère regrettable; « ils ont (les israélites), dit le Psal-

---

(1) Un Midrasch dit : « Moïse, en présence des clameurs du peuple, se
sauva dans l'intérieur de la tente d'assignation; alors Dieu lui demanda :
Qu'as-tu? — Maître du monde, répondit Moïse, vos enfants veulent me lapider, et si je n'avais pas fui, ce serait déjà fait. — Moïse, dit alors
la voix divine, pourquoi calomnier mes fils? Ne te suffit-il pas d'avoir déjà
dit au Horeb : Encore un instant, et j'étais lapidé — עוד מעט וסקלני ? va
donc et marche devant eux, et je verrai s'ils te lapident! »

miste (CVI, 32, 33), irrité Dieu aux eaux de Meriba, et
Moïse dût souffrir à cause d'eux, car ils avaient rempli son
cœur d'amertume, de sorte que des paroles irréfléchies
échappèrent de ses lèvres » כי המרו את רוחו ויבטא בשפתיו. Ces
paroles irréfléchies, voilà la faute de Moïse et d'Aaron;
c'étaient des paroles imprudentes, étranges dans la bouche
de ces hommes de Dieu, comme le feu étranger dans la
main des fils d'Aaron. Par le châtiment, par la sentence de
mort rendue contre Moïse et Aaron, le Très-Haut a été
sanctifié aux yeux du peuple — ויקדש בם — comme il l'avait
été par la mort de Nadab et d'Abihu — בקרבי אקדש (Lévitique, X, 3).

La faute de ces envoyés de l'Éternel nous montre combien on serait imprudent et coupable de croire à l'infaillibilité humaine, et combien nos annales sacrées méritent notre confiance et notre foi, puisqu'elles racontent
même les erreurs et les défaillances de Moïse et d'Aaron.
Heureuse la religion qui n'a besoin de rien cacher au
monde, ni de prêcher une doctrine contraire à la nature de
l'homme, à ses faiblesses et à ses imperfections pendant
son pèlerinage sur la terre. Nous voyons aussi, par cet épisode des eaux *de contradiction*, comment la communauté,
par sa conduite répréhensible, peut causer la perte de son
guide, fût-il un Moïse, sa force, sa lumière, sa bénédiction et ses espérances [1]! Nous apprenons enfin que le pontife doit *parler* au rocher, non le *frapper*, et que la force
brutale est un crime sur le sol sacré.

Cependant ici se montre toute la grandeur du caractère
de Moïse. Il avait eu un moment de triste oubli; il venait
d'être frappé d'une punition immense, celle de ne pouvoir
conduire à sa destination ce peuple dont il était le libérateur de la servitude, le guide et pasteur depuis quarante

---

[1] Diverses paroles de Moïse (Deutéronome, I, 37; III, 26; IV, 21), indiquent clairement que ce sont les provocations des Hébreux qui ont amené
sa faute et sa punition.

ans. Se laisse-t-il aller, dans cette terrible circonstance,
à un découragement légitime? Se livre-t-il à une juste affliction et ne songe-t-il plus à un avenir auquel il ne doit
point avoir de part? Loin de là! Frappé d'une condamnation à mort, il veut encore employer les derniers jours de
sa vie pour ouvrir le plus loin possible à son bien-aimé
peuple, qui lui a coûté tant de larmes, la route de Canaan
qu'il ne doit point voir. Il veut renverser devant Israël tous
les obstacles, lui montrer le chemin de la victoire, et marcher à sa tête jusqu'à l'heure suprême où le Très-Haut lui
dira: Arrête!

Et le divin vieillard envoie des messagers au roi d'Édom
pour lui demander le libre passage à travers son pays.
« Nous te demandons seulement de nous laisser passer, lui
fait-il dire; nous ne foulerons ni les champs ni les vignes,
et nous ne boirons pas l'eau des citernes; nous marcherons par la voie royale, ne nous écartant ni à droite ni à
gauche, jusqu'à ce que nous ayons franchi tes frontières. »
Édom refuse et menace d'employer les armes.

Voilà ce qu'Israël a souvent vu dans sa longue histoire
et voit encore aujourd'hui dans plus d'un empire. Il s'a-
dresse aux nations et les appelle frères; il leur demande
seulement un peu d'air et d'espace qu'il offre de payer à
prix d'or; il se soumet d'avance à toutes les lois et à tous
les devoirs, promettant de marcher *dans la route royale*, et
de ne point s'écarter à droite ou à gauche, et de ne point
se soustraire à toutes les obligations sociales; mais, au lieu
d'avoir pitié de ses longues fatigues, de ses longues tortures, au lieu de lui ouvrir les bras, on le repousse brutalement et on lui montre les baïonnettes!...

Israël, ne voulant pas combattre Édom, issu d'Ésaü,
frère de Jacob, prend un autre chemin et arrive à la montagne de Hor. Ici Dieu dit à Moïse de monter avec Aaron
et son fils Éléazar sur la montagne, de dépouiller Aaron de
ses vêtements sacerdotaux et d'en revêtir son fils, car c'est
là qu'Aaron doit terminer ses jours. Il en fut ainsi.

La légende raconte :

Quand le Très-Haut a chargé son serviteur d'annoncer à Aaron que l'heure de sa mort était arrivée, Moïse, après avoir adoré Dieu, dit : « Il m'est pénible de dire cela à mon frère, car il est plus grand que moi. — Ne le lui dis pas, répondit le Seigneur, mais prends Aaron et son fils et monte avec eux sur la montagne ; adresse-lui des paroles douces et tendres, et puis il comprendra ; ensuite tu lui ôteras ses vêtements pour en couvrir Eléazar, et alors il mourra. » Moïse fut profondément affligé de ces paroles, et il pleura amèrement jusqu'au chant du coq ; car Aaron était un digne et fidèle serviteur de Dieu.

Moïse revêtit son frère de son grand costume pontifical, puis il sortit avec lui. Le cortège était ainsi formé : Aaron marcha au milieu, Moïse à droite, Josué à gauche, les anciens et les princes à droite et à gauche, et tout Israël derrière. Quand le peuple vit Aaron l'objet de si grands honneurs, il se réjouit beaucoup, car il l'aimait sincèrement et croyait qu'il allait monter en grade sur l'échelle de l'Esprit saint. Arrivé au sanctuaire, Aaron voulait entrer ; mais Moïse l'en empêcha, disant qu'on allait sortir du camp. Arrivé au pied de la montagne, Moïse dit aux israélites d'y attendre son retour.

Moïse, Aaron et Eléazar étant parvenus au sommet de la montagne, Moïse ne savait pas comment parler à Aaron ; il réfléchit et lui dit : « Mon frère, Dieu ne t'a-t-il pas confié un dépôt? — Oui. — Quoi ? — Il m'a confié l'autel et la table avec les pains de proposition. — Peut-être réclame-t-il maintenant une partie de ce qu'il t'a confié . — Quoi ? — Il t'a donné à garder une lumière. — Ce n'est pas une lumière mais sept lumières qui brûlent dans le sanctuaire. »

Moïse aurait voulu lui faire comprendre qu'il s'agissait de son âme, qui est une lumière de Dieu — נר ח' נשמת אדם ; mais Aaron ne le comprit pas. Alors soudain une grotte laissa voir son ouverture. Moïse invita son frère à entrer dans la grotte ; mais, voulant d'abord lui faire ôter ses vêtements saints, il était embarrassé de le lui dire. Il lui parla ainsi : « Mon frère, cette grotte n'est pas digne qu'on y pénètre avec les habits sacerdotaux que tu as sur toi, car ils pourraient y devenir impurs, attendu qu'il s'y trouve peut-être d'anciens tombeaux. Je désire que tu donnes ces habits à Eléazar, qui nous attendra dehors. — C'est bien, » dit Aaron, et il ôta ses vêtements supérieurs et ne garda que les quatre pièces de dessous.

Ils entrent et voient un lit bien dressé, une table préparée, des flambeaux allumés, et des anges se tenant auprès. Aaron dit à Moïse : « Jusqu'à quand me cacheras-tu ce que Dieu t'a dit? Tu sais cependant que lorsqu'il t'apparut la première fois, il disait de moi : « Il te verra et se réjouira dans son cœur » וראך ושמח בלבו ; et maintenant tu me caches ce que le Très-Haut (béni soit-il) t'a communiqué, et cependant je l'accueillerais avec satisfaction quand même il s'agirait de ma mort. — Eh bien, mon frère bien-aimé, puisque tu parles de mort, c'est en effet de la mort qu'il s'agit, et c'est d'elle qu'il m'a entretenu, mais je craignais de te l'apprendre. Et maintenant regarde, ta mort ne sera pas celle de tout autre homme, elle est belle et glorieuse, les anges divins sont descendus pour t'élever au ciel... Que ma mort à moi n'est-elle pas semblable à la tienne! Tu meurs et je t'ensevelis, tandis qu'à ma mort je n'aurai pas de frère pour me rendre ce service suprême; tu meurs et tes fils héritent de ta place, tandis qu'à ma mort d'autres obtiendront ma dignité. »

C'est par ces paroles d'amour que Moïse le consola; puis Aaron se mit sur le lit et le Seigneur reçut son âme....

Moïse sort de la grotte, qui disparaît immédiatement, comme si elle n'avait jamais existé. Quand Eléazar voit Moïse et non Aaron, il dit : « Maître, où est mon père? — Il est parti pour un monde meilleur. — Tu nous le dis, mais nous ignorons ce qu'il est devenu; la malveillance ne pourra-t-elle pas t'accuser d'avoir attenté à sa vie? » Moïse adresse une fervente prière au Ciel, et soudain le Seigneur fait voir l'intérieur de la grotte et tout le peuple aperçoit Aaron couché sur le lit de mort — ויראו כל העדה כי גוע אהרן, et le pleura pendant trente jours.

La colonne de nuée, que le Seigneur avait accordée à Israël par les mérites d'Aaron, a disparu de dessus le camp, comme la source d'eau avait disparu après la mort de Myriam, comme la manne disparaîtra après la mort de Moïse. La mort d'un juste emporte toujours une bénédiction de la terre. מציאת צדיק מן המקום עושה רושם.

Aaron fut longtemps et profondément regretté, car Israël l'aimait à cause de son généreux caractère, de son extrême douceur et de son esprit conciliant. « Soyez des disciples d'Aaron, dit Hillel, aimant la paix, courant après la paix, chérissant les hommes, et les approchant de la connaissance sacrée » (*Aboth*, I, 12). « Mon alliance était avec lui, » dit la voix divine en parlant de cet immortel fils de Lévi (Malachie, II, 5).

Et, au milieu de cette nouvelle et douloureuse épreuve de la mort de son frère, Moïse soutint un combat ardent contre le roi d'Arad, qui vint attaquer les Hébreux. Israël fait un vœu à l'Éternel et triomphe du Cananéen, dont il détruit l'armée et les villes.

On part de la montagne de Hor pour tourner le pays d'Édom, et le peuple, fatigué par la route et les privations, murmure de nouveau contre Dieu et contre Moïse, leur reproche sa sortie d'Égypte et ses souffrances dans le désert. L'Éternel envoie des serpents brûlants qui mordent et tuent un grand nombre d'hommes en Israël. Le peuple vient à Moïse et confesse ses torts ; Moïse prie Dieu d'éloigner les serpents. Le Seigneur dit à Moïse : « Fais-toi un serpent d'airain et place-le sur une perche : quiconque aura été mordu et le regardera, vivra. » Il en fut ainsi.

La Mischna dit : « Ce serpent d'airain pouvait-il donc avoir la vertu de faire vivre ? Non ; mais quand Israël regarde vers en haut et pense à son père au ciel, il est guéri, si non, il succombe. » (Rosch Haschana, 29, a.) On peut dire aussi que lorsque le pécheur fait un retour sur soi-même, réfléchit sérieusement à ses devoirs et à sa destinée, reconnaît le néant des choses d'ici-bas, aperçoit sous les fleurs des jouissances matérielles le serpent homicide qui mord son âme et empoisonne son cœur, découvre, dans l'éclat de l'or, le vil métal qui lui-même est un poison mortel, alors il est guéri. Contemplons le serpent de cuivre, reculons avec horreur devant le reptil meurtrier qui enlace notre vie et étouffe nos nobles et pieux sentiments ; repoussons les basses instigations de l'intérêt personnel, de la cupidité, de l'amour de l'argent, de l'égoïsme, qui se cachent sous toutes sortes de masques hypocrites, et alors nous sommes sauvés. Plaçons ce serpent sur le pilori, montrons notre plus profond mépris au vice qui ronge de son venin la vie pure de l'homme, et à la richesse qui, si elle est sans vertu et sans générosité, s'étend sur le corps social comme une lèpre hideuse et honteuse, et alors nous pouvons vaincre la tentation et élever notre regard vers Dieu.... Serpent d'airain et veau d'or, voilà le malheur de l'humanité et sa dégradation !

Israël continue sa route, et, attaqué par le roi d'Émori, qui ne voulait pas lui permettre de traverser son territoire,

le bat et prend possession de son pays. Il en fait de même
du roi et du pays de Baschan ; il avance ainsi, sous la direction de Moïse, jusqu'au bord du Jourdain.

————————

La Haphtara de ce sabbath (Juges, XI) raconte l'histoire la
plus saisissante, la plus glorieuse et la plus terrible. Jephté
de Galaad, un héros repoussé de sa famille pour vice de
naissance, fut cherché dans sa retraite par les anciens de sa
ville et sollicité de prendre le commandement de l'armée,
car Ammon avait déclaré la guerre à Israël. Jephté fait ses
conditions et accepte ; puis, il envoie des messagers au roi
des Ammonites et lui rappelle ce qui s'est passé lorsque
Moïse avait demandé en vain le libre passage à travers
la terre d'Emori, dont Ammon a hérité, prouvant ainsi
qu'Israël occupait légitimement le pays. Le roi d'Ammon
n'accepte pas les explications de Jephté et court aux armes.
Jephté, au moment de livrer bataille, fait à Dieu ce vœu
imprudent : « Si vous livrez en mes mains les fils d'Ammon,
tout ce qui viendra de ma maison au-devant de moi, quand
je rentrerai victorieux des Ammonites, sera à l'Éternel, et
je l'offrirai en holocauste. »

Il attaque l'ennemi, lui fait subir une défaite complète et
retourne triomphant à la maison. La première personne
qui vient à sa rencontre est sa fille unique !... Le malheureux père déchire ses vêtements, se livre au désespoir,
mais il doit accomplir son vœu : « car, dit-il, j'ai donné
ma parole à l'Éternel, et je ne puis reculer. » La pauvre
jeune fille, loin de pleurer, de se lamenter, de pousser ce
cri d'horreur de la païenne Iphigénie :

Ciel ! pour tant de rigueur, de quoi suis-je coupable ?

25

loin d'adresser à son père ces paroles de sanglante critique :

> Ma vie est votre bien, *vous pouvez le reprendre*;
> Vos ordres sans détour pouvaient se faire entendre.
> Je saurai, s'il le faut, *victime obéissante*,
> *Tendre au fer de Calchas une tête innocente*,

l'héroïque et sublime vierge d'Israël encourage son père,
le console, lui parle de sa promesse à Dieu, et lui fait
comprendre que la victoire sur l'ennemi et la délivrance
du pays valent bien sa vie à elle; elle ne demande qu'un
court délai pour se préparer, au fond des montagnes, à
sa fin cruelle....

« Il n'y a rien, dit Racine, de plus célèbre dans les
poëtes que le sacrifice d'Iphigénie. » Mais peut—on comparer ce sacrifice, exigé par un oracle, forcé par des prêtres
tout—puissants, indispensable au salut d'une armée en révolte, à ce sacrifice plus vrai, libre et volontaire de la fille
de Jephté? L'histoire d'Israël a des pages plus glorieuses
que toutes les annales de l'humanité.

QUARANTIÈME SIDRA

פ' בָּלָק

(Nombres, XXII, 2, à XXV, 9).

———

וחיה שארית יעקב בקרב עמים רבים
כטל מאת ה' כרביבים עלי עשב:

Le roi de Moab, désespérant de vaincre Israël, s'adresse au magicien Balaam pour triompher au moyen de malédictions. — Dieu ne le permet pas, et Balaam prononce des bénédictions au lieu d'imprécations. — Israël se laisse entraîner à l'idolâtrie. — La punition suit immédiatement.

Balak, roi de Moab, avait vu Israël vainqueur des Amorrhéens; alors il éprouva une grande terreur, et n'osa pas même recourir au sort des armes. Il dit à ses conseillers : « Cette horde va ravager notre pays comme le bœuf dévore l'herbe des champs. » Il envoya des messagers à Balaam, fils de Béor, et lui fit dire : « Voilà un peuple qui est sorti d'Égypte; il couvre la surface de la terre, et il est campé vis-à-vis de moi. Viens donc et maudis-moi ce peuple, car il est plus puissant que moi; alors je pourrai peut-être le combattre et l'expulser du pays; car je sais que celui que tu bénis est béni, et celui que tu maudis est maudit. »

Ce Balak de l'antiquité s'appelle aujourd'hui INTOLÉ-
RANCE. L'Intolérance a peur, ou fait semblant d'avoir peur
des israélites ; mais elle n'ose pas les attaquer brutalement,
les persécuter par le fer et le feu, comme jadis ; car elle a
vu, comme le roi de Moab, ce qui est arrivé aux peuples
qui avaient maltraité Israël, les malheurs et les ruines
qu'ils avaient attirés sur leurs pays par leurs cruautés contre nous. L'Intolérance sait aussi que le progrès de la civilisation, de la justice et des lumières, ne permet plus d'allumer les bûchers, de massacrer les hommes à cause de
leur foi religieuse. Alors elle cherche, comme Balak, à
exciter contre nous les jalousies, les défiances, les craintes
des peuples ; elle grossit et exagère outre mesure notre
nombre et notre puissance ; elle dit que nous couvrons
toute la terre, lorsque nous ne formons qu'une minorité
imperceptible au sein d'immenses populations, un grain de
sable dans l'Océan. Pour nous faire mieux détester au milieu de la société, l'Intolérance nous fait mille fois plus
grands, plus riches et plus puissants que nous ne le sommes. Elle dit : Israël est campé sur mon chemin et obscurcit mon soleil ! ‏והוא יושב ממלי‎.

Elle va plus loin. Méconnaissant, niant tout ce que les
israélites, par leur activité, leur travail, leur génie, apportent de prospérités et de bénédictions aux peuples qui leur
permettent le libre développement de leurs facultés, l'Intolérance dit, comme Balak : Cette horde ravage nos terres
comme le bœuf dévore les champs.

Alors l'Intolérance appelle Balaam…, stipendie des écri-
vains, des journalistes, des libellistes, pour calomnier, dif-
famer Israël et son culte, exciter contre nous la haine et le
mépris des peuples, et elle dit à ces prophètes à tant la
ligne : Maudissez cette race ; dites-en tout le mal possible,
car je connais la puissance de la presse sur l'opinion publique ; tous ceux que vous maudissez sont maudits, fus-
sent-ils les hommes les plus dignes, les plus honorables,
les plus utiles à l'État et à la société. Répandez contre Is-

raël tous les mensonges, toutes les calomnies, toutes les horreurs : il en restera toujours quelque chose...; et alors « je pourrai peut-être le combattre et l'expulser du pays. » Et voici votre salaire !

Mais, pas plus que Balaam, les calomniateurs, les fabricants de paroles et d'écrits empoisonnés, ceux qui font de leur plume un stylet trempé dans le fiel et le sang, ne peuvent atteindre leur but détestable. Dieu ne le veut pas, et la Vérité éclaire de ses rayons le camp béni d'Israël !

Balak voulait combattre nos pères par des armes spirituelles. Il opposa au grand guide d'Israël l'homme le plus important du monde païen; Balaam était chargé de vaincre, par la force de son esprit, Israël, dont la seule puissance est également une puissance de l'esprit. Mais le paganisme ne devait pas plus triompher par ses forces spirituelles, qu'il n'a jamais pu combattre Israël par la force brutale; pas plus que la main d'Ésaü n'a jamais pu étouffer la voix de Jacob.

———

Le Seigneur daigne apparaître, dans une vision nocturne, au prophète païen, et lui défend de maudire Israël, « car il est béni. » Balaam, sachant qu'il doit se soumettre au commandement divin, dit aux envoyés du roi : « Quand Balak me donnerait son palais plein d'or et d'argent, je ne pourrais transgresser l'ordre de l'Éternel, mon Dieu, ni rien faire de petit ou de grand. » Pourtant il part le lendemain, dans l'espoir, sans doute, de trouver une heure ou un lieu propice pour lancer ses imprécations sur les israélites et gagner le prix de son vil métier. Voilà pourquoi le Seigneur s'irrita contre lui et plaça sur son chemin un ange pour lui faire obstacle.

Ils sont malheureusement nombreux les hommes qui, comme Balaam, possèdent des inspirations divines, des dons précieux d'en haut pour faire le bien sur la terre, répandre la bénédiction autour d'eux, et qui, cependant, sont prêts, jour et nuit, à faire le mal, à vendre pour un peu d'or leur parole, leur plume, leur conscience, à mettre la lumière qui les éclaire au service des ténèbres et de la malédiction. Ils ne voient pas qu'ils sont engagés dans une mauvaise route, que le ciel est irrité contre leurs projets, que l'ange du Très-Haut protége ceux dont ils cherchent le malheur et la ruine ; ils n'entendent pas la voix de la justice, de la vérité et de l'innocence, qui, comme l'âne de Balaam, proteste contre les coups qu'ils portent et contre les desseins qu'ils méditent.

L'innocente monture du devin fut frappée pour avoir été plus clairvoyante que son maître et n'avoir pas voulu le porter à une œuvre abominable. Combien, hélas ! est-il de peuples dans l'histoire que l'Intolérance a rabaissés à l'état d'ânes de Balaam, à l'état d'instruments de haine et de persécution ! Ils aperçoivent l'ange du Seigneur, le glaive flamboyant de la colère céleste ; ils voient, ils touchent le châtiment ; ils se prosternent devant un Dieu de justice, d'amour et de charité — רחט לפני חז שלם רגלים ; et pourtant ils ne s'arrêtent pas dans le chemin du mal, et n'écrasent pas le pied du monstre, et ne brisent pas la tête du serpent !... Comme l'âne de l'Écriture, ils quittent *la grande route,* la route droite, celle de la justice et de la loi, entrent *dans les champs* — ותלך בשרה — foulent aux pieds le bien, les droits, la liberté, la religion d'autrui ; puis, poussés par une fatale influence *dans une voie étroite* — במקום צר — dans une voie funeste, où il n'est plus possible d'avancer dans le mal et l'injustice, dans l'illégalité et la violence, ils ouvrent les yeux, se sentent frappés, succombent sous les coups de Balaam, et tombent sous les ruines qu'il a faites autour d'eux et sur eux...

Balaam arrive auprès de Balak. Celui-ci, plein de confiance dans la réussite de ses sinistres projets, immole à
ses dieux des sacrifices nombreux ; puis, le lendemain, il
conduit Balaam sur les hauts lieux de Baal et lui montre
de là une partie du peuple d'Israël. Le prophète païen fait
construire sept autels et se fait amener sept taureaux et
sept béliers qu'il immole. Après ces préparatifs solennels
et une nouvelle vision divine, Balaam, en présence du souverain et des princes de Moab, élève la voix et fait entendre ces paroles :

> « Balak m'a fait venir d'Aram, le roi de Moab m'a appelé des mon-
> tagnes de l'Orient (me disant) : — Viens, maudis-moi Jacob ; viens, et
> jette l'imprécation sur Israël.
> « Comment puis-je maudire celui que Dieu ne maudit point ? Comment
> puis-je prononcer une exécration lorsque l'Éternel ne le fait point ?
> « Je le vois de la cime des rochers ; je le contemple du sommet des
> montagnes : C'est un peuple qui demeure isolé et ne se mêle point aux
> païens.
> « Qui pourra compter Jacob, nombreux comme la poussière ? Qui pourra
> évaluer le quart d'Israël ? Puissé-je mourir de la mort des justes ! Puisse
> ma fin être semblable à la leur ! »

Comment puis-je maudire celui que Dieu ne maudit point ?
Comment les hommes peuvent-ils prononcer l'anathème,
la damnation éternelle, contre leurs semblables, qui sont,
comme eux, les enfants du Très-Haut, parce qu'ils l'adorent d'une autre manière et dans une autre langue ? Dieu
fait luire son soleil pour les bons et pour les méchants ; il
verse ses bénédictions et ses félicités dans le cœur et dans
la vie de tous les hommes : comment pouvons-nous haïr,
persécuter, torturer notre prochain, parce qu'il n'est pas
de notre race et de notre culte, mais qui est toujours notre
frère en Dieu, notre frère dans l'humanité !

C'est un peuple qui demeurera isolé et ne se mêlera point
aux païens. L'intolérance et la barbarie ont beau faire, elles
ne vaincront pas Israël ; elles ne lui arracheront pas une
parole d'apostasie ; elles ne lui inspireront pas une pensée
de désertion ; elles n'effaceront pas dans son cœur la foi

de son Dieu et n'éteindront pas dans son âme la lumière du Sinaï... Israël ne se mêlera point aux païens, à leur vie et à leur culte ; il ne se laissera pas séduire par leurs splendeurs, leurs richesses, leur puissance ; mais il préférera à tout jamais l'isolement, la pauvreté, même la persécution et le martyre, à tous les bonheurs de l'existence acquis au prix du parjure et aux dépens de l'éternelle vérité.

Qui pourra compter la poussière de Jacob ? Dans sa pauvreté même, lorsqu'il est renversé dans la poussière et foulé aux pieds par l'erreur armée de la force brutale, Israël a pour adhérents sur la terre tous les hommes qui pensent, tous les esprits qui s'élèvent à la clarté, tous les cœurs qui ont des battements pour le bien et le juste, pour la vertu et la sanctification, toutes les âmes nobles et fortes qui savent s'arracher aux ténèbres, à l'idolâtrie honteuse et dégradante, pour se lancer, dans leur liberté et leur conviction, vers les sphères rayonnantes de notre Dieu !...

Puissé-je mourir de la mort des justes ! Tel est le cri de la conscience universelle qui entrevoit le salut et l'immortalité derrière l'existence et la foi israélites.

Balak, vivement irrité des paroles de Balaam, et espérant qu'un autre endroit sera plus propice, lui dit : « Viens avec moi à un autre lieu d'où tu l'apercevras ; mais tu n'y verras qu'une partie du peuple, et non le peuple entier. De là, maudis-le. »

Tu ne verras qu'une partie du peuple ; là est le point vulnérable, et là est le danger. Dans sa généralité, dans son ensemble, Israël a toujours joui de la considération et du respect du monde ; ses ennemis les plus décidés n'ont pu lui contester un grand nombre d'excellentes qualités et de saintes vertus. Mais *la partie* lui a causé parfois beaucoup de mal ; on a rendu la communauté entière responsable de la faute d'un individu, et les vices de l'un ont été imputés à crime à tous. Combien de fois des torrents de sang israélite ont été répandus à cause de l'un de nous, accusé ou coupable d'un crime!... C'est pourquoi Balak a recommandé à Balaam de ne regarder qu'une partie d'Israël — אפס קצהו תראה — pour pouvoir frapper toute la communauté. C'est pourquoi aussi chacun de nous doit sentir d'autant plus vivement le devoir de veiller à sa conduite et à ses actes pour ne pas attirer sur tous ses frères la persécution et les malheurs. La solidarité, la fraternité israélite, nous obligent de nous donner en sacrifice pour le salut de tous : mais malheur à celui qui, pour ses fautes personnelles, rend la communauté martyre ! Personne de nous n'a le droit de faire le mal, parce que le suicide moral d'un seul peut devenir le meurtre de tous.

Balaam se place sur le sommet du mont Pisga, où sept autels avaient été élevés, et de nouveaux sacrifices offerts aux idoles ; puis, après avoir reçu encore une fois une inspiration divine, il parle en ces termes :

« Dieu n'est pas un homme pour qu'il trompe ; il n'est pas un fils d'Adam pour qu'il ait à se repentir ; ce n'est pas lui qui pourrait parler et ne pas exécuter, promettre et ne pas accomplir.

« Je suis envoyé pour bénir : il a béni, je n'y puis rien changer.

« On ne voit pas de mal en Jacob ; on n'aperçoit pas de vice en Israël ; l'Éternel, son Dieu, est avec lui, et la trompette royale retentit dans son sein.

« Le Dieu puissant les a tirés de Mizraïm ; il accourt à leur secours et les rend forts comme le *Rem*.

« Il n'y a point de magie en Jacob, point de sortilége en Israël ; un jour, Jacob et Israël apprendront ce que Dieu a fait pour eux. »

« Dieu n'est pas un homme qui parle et promette sans agir et sans accomplir. » Alors, que peuvent tous les ennemis d'Israël, toutes les attaques et toutes les persécutions, puisque Dieu, qui nous a donné un grand et glorieux passé, nous a promis un splendide et immortel avenir ?

Les rois envoyés sur la terre pour maintenir la justice,
et les pontifes de tous les cultes pour prêcher l'amour et
l'union parmi les hommes, peuvent-ils violer leur haute
mission, maudire et frapper là où ils doivent bénir et
soulager ?

« On ne voit pas de mal en Jacob, » car ses lois sont
justes et sa foi est sainte ; et, quant aux fautes des individus, elles sont expiées, effacées, par la réparation, le repentir et la pénitence, lorsque tous les ans, aux jours augustes de Tischri, la trompette sacrée retentit dans nos
temples — ותרועת מלך בו — et ramène les enfants du Très-
Haut à la vertu et à la religion, à la rédemption et au
salut.

« Dieu nous a tirés de Mizraïm, » il est notre protecteur
et notre libérateur ; notre conservation miraculeuse dans
la société est sa volonté et sa loi ; « il n'y a ni magie ni
sortilége parmi nous ; » tout ce que nous sommes, notre
progrès et nos succès, notre prospérité et notre élévation
sociale, ne sont point le fruit de notre talent, de notre art,
de notre génie, mais l'œuvre du Seigneur, qui est toujours
avec nous — ה' אלהיו עמו — et qui, n'en doutons pas, fera
connaître un jour au monde, régénéré par la vraie foi, les
hautes destinées réservées à Jacob et à Israël. — כעת יאמר
ליעקב ולישראל מה פעל אל.

Pour la troisième fois, Balak fait changer de place à Balaam, qui lui répète toujours : « Je vous l'ai bien dit : Tout
ce que l'Éternel ordonnera, je le ferai. » Cette fois, il le
conduit sur les hauteurs de Péor, où l'on a la vue sur le
désert. Dans les pays intolérants et barbares, dans *les déserts* de la société, où nos frères sont opprimés, où l'injustice comprime toutes leurs nobles facultés, étouffe tous
leurs élans vers le bien et le progrès, ils sont obligés quel-

quefois, pour vivre et satisfaire leurs oppresseurs cupides,
à s'écarter du chemin droit, à se livrer à des habitudes
fâcheuses mais forcées. C'est là aussi, dans *ces déserts*,
que la haine se donne carrière et se livre contre eux à
toutes les calomnies, à toutes les malédictions.... Balak
espérait aussi y réussir ; mais le prophète, tournant le regard vers la solitude et voyant le camp d'Israël et ses tribus, est soudain illuminé par l'esprit de Dieu, et il s'écrie
comme en extase :

« Que tes tentes sont belles, ô Jacob! tes demeures! ô Israël!

« Elles s'étendent comme des ruisseaux, comme des jardins au bord
d'un fleuve, comme des aloès plantés par Dieu, comme des cèdres baignés
par les eaux.

« L'eau jaillit de ses urnes, sa semence coule comme un torrent! Son
roi sera plus grand qu'Agag ; son règne sera illustre! »

Oui, *qu'elles sont belles les tentes, ô Jacob! les demeures,
ô Israël!* Qu'il y a, dans les chaumières de nos pauvres
comme dans les palais de nos riches, si l'antique croyance
y règne, de saintes vertus, de nobles traditions, d'élévation dans les sentiments, d'honneur dans les actes, de pureté et de touchante candeur dans les pensées et dans les
paroles!...

Qu'elles sont belles les demeures israélites quand, le
vendredi soir, la lumière du sabbath les éclaire et fait
rayonner la joie et le bonheur sur la figure des enfants,
bénis par leurs père et mère au nom du Seigneur; quand la
famille se réunit autour de la table pour sanctifier le pain
et le vin, rendre grâces à Dieu pour les bénédictions et les
bienfaits qu'il fait descendre sur Israël, et chanter les cantiques de Sion en l'honneur du Très-Haut!...

· Qu'elles sont belles les demeures israélites quand, dans
la soirée de Pesach, elles brillent d'un pur et divin éclat,
et que tous les membres de la famille, en pontifes du Seigneur, célèbrent les saintes cérémonies de la Pâque, racontent les événements merveilleux de Mizraïm, la grandeur et la gloire de nos pères!... Quand nous ouvrons nos

portes à tous nos frères dans l'humanité et leur disons :
Entrez, soyez des nôtres !...

Qu'elles sont belles les demeures israélites quand, au
jour du six Siwan, elles sont embellies et parfumées de
fleurs pour rappeler le désert transformé en céleste Éden
à l'heure de la révélation sinaïque et de l'élection d'Israël;
quand, à la fête du quinze Tischri, la famille se réunit
sous les tentes décorées avec amour et piété par nos fils
et nos filles, et que nous bénissons le gracieux bouquet
du *loulab,* souvenir de notre chère Palestine, symbole de
l'union d'Israël, emblème de l'alliance de Dieu avec son
peuple !...

Qu'elles sont belles les demeures israélites quand, dans
la nuit du vingt-cinq Kislev, elles sont illuminées par les
lumières de Hanouka, et que nous célébrons les victoires
de Juda Machabée, le grand héros israélite ; ou quand, le
quatorze Adar, nous fêtons la délivrance de nos pères par
la gracieuse et immortelle reine Esther !

Qu'elles sont belles les demeures israélites quand la divine Providence, accomplissant les vœux des parents, leur
accorde un fils bien-aimé, qui entre par le sacrifice dans
l'alliance d'Abraham et dans l'alliance de Dieu, au milieu des
chants et des bénédictions des fidèles, des prières du père,
des larmes de bonheur de la mère, et en présence de l'âme
du prophète Élie, l'invisible parrain des enfants d'Israël !...
Ou quand le jeune garçon et la jeune fille, célébrant leur
majorité religieuse, sont reçus dans la communauté du
Seigneur par les connaissances sacrées qu'ils possèdent et
par les vertus qu'ils promettent. Ou quand le jeune homme,
au plus beau jour de sa vie, présente l'anneau nuptial à
l'élue de son cœur et lui dit devant le Très-Haut : « Sois
sanctifiée à moi selon la loi de Moïse et d'Israël !... »

Qu'elles sont belles les demeures israélites quand, le
soir, après le labeur et les devoirs du jour, le père et les
fils, dépouillant l'homme matériel, se transforment en êtres
supérieurs, se livrent aux études sacrées, cherchent à dé-

chiffrer les antiques et immortels monuments de la science
israélite, pénètrent dans les connaissances divines pour
mieux apprendre la connaissance des hommes et les devoirs de la vie, oublient le monde et ses misères pour s'é-
lever à Dieu et à ses clartés ; tandis qu'un « enseignement
de grâce jaillit des lèvres de la mère de famille » תורת חסד
על לשונה, et que les jeunes filles, initiées à l'art divin de
Myriam, saisissent la harpe et le psaltérion, et font retentir la maison des mélodies suaves du sanctuaire d'Israël, et
font monter au ciel un concert séraphique qui fait tressaillir les anges et sourire le Très-Haut !...

Qu'elles sont belles les demeures israélites, toute l'année, quand le foyer domestique est un sanctuaire du Seigneur, où l'on se lève et se couche en faisant entendre la
divine confession du *Schema,* où l'on n'oublie jamais de
bénir Dieu pour chaque satisfaction et chaque pure jouissance de la vie, où l'on n'oublie pas non plus les pauvres
et tous ceux qui souffrent, où la porte est ouverte aux
affligés et aux infortunés de tous les cultes et de toutes les
races, où les époux se considèrent comme un seul être, un
seul cœur et une seule âme ; où les enfants aiment leurs
parents d'un amour sans bornes et les respectent à l'égal
de Dieu, où les pères et mères voient dans leurs enfants
un bien sacré que le ciel leur a confié et sur lequel ils doivent veiller, jour et nuit, comme les chérubins sur l'arche
du Très-Haut ; où enfin l'israélite n'oublie pas qu'il est citoyen et qu'il doit à sa patrie la tendresse qu'on doit à sa
mère, et, au besoin, la vie qu'on doit à sa religion !...

Qu'ils sont surtout beaux nos sanctuaires, nos temples,
מה טובו אהליך יעקב משכנתיך ישראל, remplis de la majesté et de
la présence divine, embellis de grands et glorieux souvenirs, retentissant des échos de la voix et des harpes de
Jérusalem, des suaves accents de cette langue harmonieuse
et sainte que nous avons entendue au Sinaï ; animés d'une
fervente communauté, qui, repoussant toute idolâtrie, rend
un culte pur au vrai Dieu et à la vérité éternelle ; qui

écoute et grave dans son esprit les paroles de salut et de
vie descendant du haut de la chaire sacrée ; qui prie pour
Israël, pour l'humanité, pour les nations même au sein
desquelles nos frères sont encore opprimés ; une communauté qui s'élève à la vraie dignité, à la vraie grandeur de
l'homme, en remplissant son cœur et son âme, en présence du Très-Haut, de tout ce qui est beau, noble et
bien...

Qu'ils sont beaux nos sanctuaires renfermant le rouleau
divin, le livre du Ciel, les tables de l'alliance, écrites de la
main du Seigneur, cette Thorâ que Moïse nous a apportée
de la montagne enflammée, et qui est « un arbre de vie
pour tous ceux qui s'y appuient ! » וזאת התורה אשר שם משה
לפני בני ישראל על פי ה' עץ חיים היא למחזיקים בה.

Qu'elles sont bonnes et agréables nos synagogues qui,
dans toutes les contrées où des lois justes et tolérantes leur
permettent de s'élever, « s'étendent comme des fleuves »
pour féconder le pays et y attirer toutes les prospérités de
la terre et toutes les bénédictions du ciel !... Et le souverain pieux et juste qui traite les israélites avec équité et
amour, respecte et protége leur foi religieuse, est certainement « plus grand qu'Agag, et son règne est immortel! »
Partout où notre communauté est soutenue, honorée par
la loi, le prince et le peuple, notre temple devient une
gloire nationale ; « une étoile sort de Jacob et un sceptre
s'élève d'Israël, » דרך כוכב מיעקב וקם שבט מישראל, une splendeur éclatante se répand sur tout l'empire comme la nuée
céleste sur le Tabernacle. — וישראל עשה חיל — « Israël
contribue à la grandeur et à la puissance de la patrie. »
Mais partout où l'oppression de conscience, n'importe sous
quelle forme et dans quelle proportion, pèse encore sur la
Synagogue et sur ses enfants, on peut être sûr « qu'Amalec, bien qu'il soit une puissante nation, est perdu à tout
jamais. » ראשית גוים עמלק ואחריתו עדי אובד.

Balaam ne put réaliser les espérances de Balak ; mais, avant de le quitter, il lui donna un conseil qui devint fatal à Israël. Les filles de Moab firent irruption dans le camp des Hébreux, qui, égarés, aveuglés par la séduction, se laissèrent entraîner à tous les excès et à l'idolâtrie. Voilà quel est souvent le résultat des plaisirs dangereux et des alliances condamnées par la religion : la corruption des mœurs et l'apostasie. On croit obéir à l'esprit de son siècle, aux coutumes de son temps, et on devient parjure à son Dieu. Les coupables, les chefs de la nation, ceux qui ont donné l'exemple du mal qu'ils auraient pu et dû empêcher, furent atteints terriblement par la colère divine. Dans cette circonstance, un petit-fils d'Aaron, Pinchas, vengea le Seigneur, la religion et la morale en frappant un prince de tribu qui avait donné un scandale public épouvantable. Cet acte héroïque apaisa le ciel et arrêta la mort, qui avait atteint vingt-quatre mille hommes.

Tous les actes religieux, toutes les offrandes, tous les sacrifices, les jeûnes et les macérations, n'ont point de valeur auprès du Dieu d'Israël, s'ils ne sont accompagnés de la sainteté des mœurs, de la sanctification de la vie. « Comment, termine la Haphtara de ce sabbath, me pré- « senterai-je devant l'Éternel ? Comment me prosterne- « rai-je devant le Dieu suprême ? Dois-je envoyer à l'avance « des holocaustes, de jeunes taureaux ? — Quoi ! vous « croyez que le Seigneur trouve plaisir à des milliers de « béliers ou à des myriades de fleuves d'huile ? — Dois-je « donner mon premier-né en expiation de mon péché, le « fruit de mes entrailles pour racheter mon âme ? — Non ! « Il t'a déjà fait connaître, ô mortel ! ce qui est bon et ce « qu'il attend de toi : *Pratiquer la justice, aimer la vertu,* « *marcher modestement et droit devant ton Dieu.* » הגיד לך אדם מה טוב ומה ח' דורש ממך כי אם עשות משפט ואהבת חסד והצנע לכת עם אלהיך (Micha, VI, 6–8).

QUARANTE-UNIÈME SIDRA

פ׳ פִּינְחָם

(Nombres, XXV, 10, à XXX, 1).

לֹא בְרוּחַ ח׳, לֹא בְרַעַשׁ ח׳
לֹא בָאֵשׁ ח׳, קוֹל דְּמָמָה דַקָּה:

Récompense de Pinchas. — Nouveau dénombrement des israélites. — Les filles de Selaphad. — Loi de partage et de succession. — Josué est nommé successeur de Moïse. — Les sacrifices.

L'Éternel dit à Moïse :

« Pinchas, fils d'Éléazar, fils d'Aaron le prêtre, a, par son zèle pour moi, détourné ma colère des enfants d'Israël; il est cause que je n'ai pas détruit les enfants d'Israël dans mon irritation.

« C'est pourquoi annonce-lui que je lui donne mon alliance de paix ;

« Que l'alliance de l'éternel sacerdoce est à lui et à sa postérité, parce qu'il a montré du zèle pour son Dieu et a fait descendre le pardon sur les enfants d'Israël. »

L'exemple de Pinchas montre avec éclat combien l'énergie et le courage d'un seul homme peuvent produire de bien dans les circonstances les plus graves. Que l'homme isolé, en présence des dangers et au milieu des malheurs de sa communauté ou de son pays, ne dise donc pas : Que puis-je faire seul? Chacun peut et doit contribuer au salut public; chacun doit employer toutes ses forces, travailler et agir pour détourner un péril ou une catastrophe de ses concitoyens, surtout de sa religion. Un seul, comme Simri, peut causer la perte de son peuple, et aussi un seul, comme Pinchas, peut le sauver. « Par la bénédiction des justes s'élève la cité, et par la bouche des méchants elle est détruite. » (Proverbes, XI, 11.)

. Quand nous remplissons courageusement notre devoir; quand nous risquons nos biens et notre vie pour combattre le mal partout où il se montre, nous éprouvons dans notre âme une divine satisfaction et cette alliance de paix que le Seigneur a accordée à Pinchas, l'héroïque vengeur de la loi et de la morale israélite outragées par un chef de tribu. Et quand on a la paix avec Dieu, on peut défier le monde; on est fort dans la faiblesse, riche dans la pauvreté, heureux dans la misère; on a au cœur la joie des anges et la lumière du ciel!

Et cette céleste récompense descendit sur le petit-fils d'Aaron, non-seulement parce qu'il avait réparé, effacé l'outrage fait au Très-Haut, mais aussi parce qu'il avait réhabilité Israël — אשר קנא לאלהיו ויכפר על בני ישראל. Comme un père plein de tendresse et d'amour, le Seigneur est heureux lorsque ses fils sont ramenés au bien par le dévouement et la fidélité d'un ami. « Ceux qui conduisent les multitudes à la justice brilleront comme les astres à tout jamais. » ומצדיקי הרבים ככוכבים לעולם ועד (Daniel, XII, 3.)

Il résulte aussi de cette récompense de Pinchas, combien ses descendants, ceux qui ont la gloire de porter le nom de *cohen*, doivent être fiers et heureux de posséder le sacerdoce éternel promis à leur aïeul, surtout d'en remplir les devoirs sacrés, dans le temple et dans la maison. Elle oblige, cette noblesse immortelle créée par Dieu lui-même! Comment un fils d'Aaron pourrait-il déchirer ses glorieux titres, profaner sa vie, oublier qu'il doit faire descendre sur la communauté le pardon, les bénédictions et l'amour du ciel!

26

Les israélites devant entrer en campagne contre les Midianites qui leur avaient fait beaucoup de mal, Dieu ordonna un nouveau dénombrement du peuple, qui produisit un chiffre de six cent un mille sept cent trente hommes âgés de vingt ans et au-dessus. Malgré tous les malheurs dans le désert, le nombre des hommes capables de porter les armes n'a diminué, pendant trente-neuf ans, que de dix-huit cent vingt personnes. Dieu dit alors à Moïse : « Le pays sera partagé entre eux comme héritage, selon le nombre des individus; la famille plus nombreuse aura une part d'héritage plus grande; la famille moins nombreuse en aura une moindre ; il sera donné à chacune un héritage en rapport avec le nombre de ses membres. Toutefois le pays sera partagé par le sort, et les parts seront désignées aux noms des tribus paternelles. »

Dans cette loi de succession, les filles ne devaient pas hériter lorsqu'il y avait des fils. En effet, si les filles avaient reçu une partie des biens paternels, elles auraient pu les enlever à leur tribu en se mariant avec un homme d'une autre tribu, de sorte que, contrairement à la pensée du législateur divin, une tribu aurait pu arriver à perdre son patrimoine et à être en quelque sorte effacée de la carte géographique de la Palestine. La jeune fille israélite ne devait pas être une *riche héritière*, attirer des hommages et des demandes en mariage pour sa fortune et ses *espérances*, la mort de ses parents! Elle devait être honorée, aimée pour elle-même, pour ses vertus et ses grâces, non pour sa dot, ce prix honteux que les filles d'autres sociétés et d'autres temps sont obligées de donner pour acheter le mariage. La jeune fille israélite était destinée, selon la parole de Dieu, à former avec son époux *un seul être*, non un seul sac d'argent. Elle devenait, par le mariage, la bénédiction, l'ornement, l'ange gardien de la maison, non un chiffre commercial.

Cependant les filles de Selaphad, de la tribu de Menasché, se présentent devant Moïse et lui exposent que leur père, mort dans le désert, n'avait point laissé de fils : « Pourquoi, disent-elles, le nom de notre père serait-il retranché de la famille parce qu'il n'a pas de fils ? Donne-nous un héritage au milieu des frères de notre père. » Moïse consulte le Seigneur, qui accueille avec grâce la demande des filles de Selaphad ; en l'absence d'héritiers mâles, les filles hériteront.

Admirons la piété filiale des filles de Selaphad : elles ne demandent pas une propriété par intérêt, mais pour que le nom de leur père ne soit point effacé dans sa tribu ; elles ajoutent que leur père n'a pas pris part à la révolte de Corah, et que sa mort n'a pas été la punition d'un crime. Ce touchant respect pour la mémoire de leur père a valu à ces pieuses et courageuses filles un souvenir impérissable dans nos annales sacrées, et cette approbation divine : « Les filles de Selaphad ont bien parlé. »

כן בנת צלפחד דברת.

Dieu dit à Moïse de monter sur la montagne d'Abarim, de contempler la terre promise de Canaan, et puis de mourir. Moïse supplie le Seigneur de désigner un homme qui marche à la tête d'Israël, afin que la communauté du Très-Haut ne soit pas comme un troupeau de brebis sans pasteur. Dieu dit : « Prends Josué, fils de Nun, homme rempli d'esprit, et pose tes mains sur lui. Présente-le à Éléazar le prêtre, et à toute la communauté, et donne-lui des instructions en leur présence. Fais passer sur lui une partie de ta gloire, afin que toute l'assemblée des enfants d'Israël lui obéisse. Il se rendra auprès d'Éléazar le prêtre et demandera la volonté de l'Éternel par les *Ourim ;* par son ordre ils sortiront, et par son ordre ils rentreront, lui et tous les enfants d'Israël avec lui. »

Et Moïse fit ainsi.

Il n'était pas jaloux de son successeur, comme un fonctionnaire mis à la retraite ; il ne croyait pas être indispensable, ne pouvoir être remplacé. Mais il pria Dieu de nommer *un homme pour marcher devant Israël*, non un personnage riche et puissant qui pense plus à la satisfaction de sa vanité qu'aux intérêts de la communauté, non un chef superbe qui s'entoure d'orgueil et de majesté, qui commande de loin, par une parole ou un trait de plume, sans s'imposer la moindre fatigue, le moindre effort laborieux, le moindre sacrifice personnel ; mais un homme qui marche devant ses frères, donne à tous l'exemple de l'action, du dévouement, du sacrifice. Et ce guide d'Israël ne doit pas agir, ordonner d'après son bon plaisir, d'après les inspirations de sa raison ou de ses passions, mais il doit consulter Dieu par les *Ourim*, par la religion, qui, seule, donne la lumière, l'autorité, la science du bien, la force du dévouement, le succès et le triomphe. Malheur au chef de la communauté qui ne mérite pas l'imposition de la main de Moïse, qui ne s'inspire pas de l'esprit de Josué, qui n'interroge pas pour ses actes les *Ourim* d'Éléazar !

———

Les dernières pages de notre Sidra contiennent des prescriptions sur les sacrifices de toute l'année ; les premiers de ces sacrifices sont les holocaustes quotidiens qu'il faut offrir au Seigneur le matin et le soir. Notre première pensée en nous réveillant le matin, et notre dernière pensée en nous couchant le soir, doivent appartenir à Dieu. Notre vie de tous les jours doit être sanctifiée par le sacrifice matinal, et, avant de songer à notre table, nous devons préparer celle du Très-Haut — את קרבני לחמי לאשי.

Pendant la fête du quinze Tischri, on devait sacrifier au temple soixante-dix holocaustes à l'intention des

soixante-dix peuples dont se composait l'ancien monde.
Voilà comment le judaïsme est plein d'amour et de tendresse pour toutes les nations de la terre; dans ses sanctuaires, le judaïsme pense à tous les enfants de Dieu et prie
pour leur bonheur.

Car en vérité ce n'est pas dans la discorde des hommes,
dans le feu des bûchers et dans la tempête des persécutions
que le Seigneur se révèle à l'humanité. Le prophète Élie,
raconte notre Haphtara, attendait l'apparition de Dieu sur
la sainte montagne de l'Horeb. Il éclata un violent orage
qui brisait les montagnes et pulvérisait les rochers, mais
le Seigneur n'apparut point dans l'orage. Un tremblement
de terre se fit sentir et ébranla les fondements de l'univers,
mais le Seigneur n'apparut point dans le tremblement de
terre. Un feu embrasa la nature, mais le Seigneur n'apparut point dans le feu. Après l'orage, le tremblement de terre
et l'incendie, on entendit le souffle d'un doux murmure, et
c'est là que le prophète reconnut la voix de l'Éternel Zebaoth. (I, Rois, XIX.)

C'est au milieu de la tolérance, de la fraternité et de
l'amour des hommes, au milieu du souffle de bonté et de
douce affection qui passe sur l'humanité et fait battre toutes
les poitrines et anime tous les cœurs, que Dieu se montre à
ses enfants et leur dit, comme à Pinchas : Je vous donne
mon alliance de paix !

QUARANTE-DEUXIÈME SIDRA

פ׳ מַטּוֹת

(Nombres, XXX, 2, à XXXII).

——

מִרַם אָמוּרָך בְּכֵן יִדִיעַתָּך
וּמִרַם תִּיצָא מֵרְחַם הִקְדַשְׁתָּך:

De la validité des vœux et des serments. — Victoire sur les Midianites. —
Partage du butin et sacrifices en actions de grâces. — Les tribus de
Reüben, de Gad, et la moitié de la tribu de Menasché, reçoivent la terre
conquise en deçà du Jourdain.

A côté des sacrifices obligatoires communaux de tous les
jours et de toutes les fêtes indiquées dans la Sidra précédente, il est des sacrifices volontaires, individuels, dont
l'homme fait vœu au Seigneur dans des circonstances particulières, soit pour le remercier d'un bienfait reçu, soit pour
obtenir sa protection dans un danger ou contre un malheur.
C'est de ces vœux, dont il est question au Lévitique, XXVII,
que le législateur divin parle de nouveau ici, en ajoutant
des dispositions relatives aux vœux prononcés par les
femmes.

« Quiconque a fait un vœu à l'Éternel ou prêté un serment pour engager son âme, ne doit pas violer sa parole,
mais doit faire comme sa bouche a prononcé. »

Nos engagements envers le Seigneur doivent être sacrés et inviolables pour nous ; ce sont des dettes sérieuses dont l'oubli est non-seulement une tache à notre honneur, un mépris de notre conscience, une profanation de nos sentiments religieux, mais il compromet le salut de notre âme.

Que de fois, dit un rabbin, un homme fut gravement malade, étendu sur la couche de douleur ; il avait un dé-goût pour toute nourriture ; il sentait, selon les paroles du Psalmiste, les frissons de la mort pénétrer jusqu'à la moelle des os ; la tombe avait déjà ouvert devant lui ses portes ; le médecin debout à son chevet secouait la tête d'une manière significative, et ses gestes avaient une triste éloquence : tout secours humain était inutile. Alors le ma-lade implora le secours divin, s'écriant : Soyez-moi misé-ricordieux, ô mon Dieu, car je tombe ; sauvez-moi, ô Sei-gneur, des tortures de la mort, accordez-moi la chère vie, et je vous promets, mon Dieu, de vous consacrer cette vie, à votre service et à celui de l'humanité !... Or, avez-vous accompli ce que vous avez promis au Très-Haut dans votre angoisse ?

Que de fois un homme fut pauvre, accablé par de tristes tourments ; de lourds soucis pour le pain quotidien pesaient sur son cœur et lui ravissaient le repos pendant le jour et le sommeil pendant la nuit ; alors il se tournait vers Dieu et disait : Seigneur, essayez-le une fois avec moi, tirez-moi de mes peines, faites-moi riche, prospère, et, je vous le pro-mets, tout le monde aura part à mon bonheur, car je con-nais les souffrances du pauvre, de l'affligé, de l'opprimé ; aussi trouvera-t-il toujours ouverts ma porte, ma main, mon cœur.... Or, après que Dieu est venu à votre aide, accom-plissez-vous ce que vous lui avez promis ?

Que de fois des enfants entourèrent le lit de leur père ma-lade et qui menaçait de devenir un lit de mort ; comme on apprend à apprécier la vraie valeur d'une chose seulement lorsqu'on est menacé de la perdre, ils reconnaissaient alors tout ce qu'un père est pour ses enfants, quel cœur plein de dévouement, quel ami, quel ange gardien!... Alors il s'échappa de leur poitrine ce vœu saint : Si Dieu nous conserve notre père, notre tendresse l'accompagnera sur chacun de ses pas, notre affection et notre amour formeront un doux oreiller pour sa tête vénérée, chaque signe de son regard bien-aimé sera pour nous un ordre sacré, chacune de ses paroles, un oracle que nous écouterons avec respect... Ah! nous voudrions demander à tous les fils et à toutes les filles. Faites-vous ce que vous avez promis à Dieu à l'heure de l'épreuve?

Et que de fois une mère de famille, assise auprès du berceau de son enfant, ou en contemplant ses jeux innocents, sentit son cœur inondé d'amour, de joie, de bonheur! Alors elle fit un vœu, dit à haute voix ou mentalement, comme la mère de Samuel : Mon Dieu, accordez-moi la grâce de voir grandir cet enfant, et je vous promets d'en faire un israélite dans la plus noble acception du mot; il apprendra la langue, la loi, l'histoire sacrée de son peuple, il sera un vrai et fidèle israélite.... Or, accomplissez-vous ce que vous avez promis à Dieu dans une heure de saint enthousiasme?

Ce que vous avez promis tous au Seigneur, acquittez-le! אֵת אֲשֶׁר תִּדֹּר שַׁלֵּם (Koheleth, V, 3.) Mais aussi agissez comme vous parlez : faites que de mauvaises actions ne donnent pas un triste démenti à de bonnes et vertueuses paroles! כְּכָל הַיֹּצֵא מִפִּיו יַעֲשֶׂה.

Moïse, sur l'ordre de Dieu, envoie une armée de douze mille hommes contre les Midianites pour venger Israël du mal que ce peuple lui a fait; l'ennemi est battu, et tout ce qu'il possède tombe entre les mains des vainqueurs; cinq princes de Midian sont tués, ainsi que Balaam, fils de Béor,

tandis que pas un seul homme ne manque dans l'armée
israélite (XXXI, 49). L'immense butin conquis est partagé
entre les vainqueurs, les tribus, les prêtres, les lévites, et
une partie en est offerte en oblation au Seigneur, « un souvenir des enfants d'Israël devant l'Éternel. »

Les tribus de Ruben et de Gad possédaient de nombreux
troupeaux, et, ayant remarqué que le pays de Iaser et celui
de Galaad avaient de magnifiques pâturages, elles demandèrent à Moïse et aux princes de la communauté la faveur
d'être mises en possession de ces pays, et de ne point passer le Jourdain.

Moïse, irrité de cette demande, dit aux fils de Ruben et
de Gad : « Vos frères iront-ils à la guerre, et vous, vous
resterez ici ! Pourquoi voulez-vous ainsi faire hésiter les
enfants d'Israël à entrer dans le pays que l'Éternel leur a
donné ? »

Et ces sévères paroles de Moïse s'adressent éternellement
à nous tous qui laissons agir, combattre les autres pour Dieu,
la religion, l'honneur et les droits de la communauté, nous
abstenant sous mille prétextes, nous retirant dans un froid
égoïsme, nous enfermant dans une coupable indifférence, ne
voyant, comme les fils de Ruben et de Gad, que *les gras
pâturages*, les avantages matériels que nous tirons de notre
inaction, les profits qui sont la récompense de celui qui,
par paresse ou par calcul, ne va pas à la guerre, n'attaque
personne, ne repousse aucune injustice, aucune humiliation
dont Israël et son sanctuaire peuvent être l'objet, afin de
passer aux yeux de tous comme animé d'une magnanime
tolérance et d'un esprit au-dessus de son origine, de sa
communauté et de son Dieu !... A tous ceux-là la voix de
Moïse dit sévèrement : « Vos frères marchent au combat, et
vous restez chez vous ! » C'est une honte, c'est une lâcheté,
c'est une trahison !

Hâtons-nous de disculper les nobles fils de Ruben et de

Gad; ils répondent à Moïse : « Nous marcherons armés en
tête des enfants d'Israël, pour les conduire au lieu de leur
destination ;.... nous ne retournerons en nos maisons qu'a-
près qu'ils auront pris chacun possession de son héritage.»
Ainsi, non-seulement ils voulaient aider leurs frères à conquérir le pays, mais ils voulaient être les premiers au combat, les premiers à verser leur sang pour l'honneur et le
salut de tous. Moïse accueillit avec bonheur leurs explications, leurs propositions, et leur accorda, à eux et à la
demi-tribu de Menasché, les possessions des Amorrhéens
et de Basan, avec les villes comprises dans leurs limites.
« Ils étaient ainsi justifiés devant Dieu et devant Israël»
והייתם נקים מה' ומישראל.

Comme les enfants de Ruben et de Gad, chacun de nous
doit se rappeler qu'il est un membre de la communauté,
obligé de contribuer au bien de la chose publique sacrée, chargé d'un devoir, d'une œuvre, d'une mission.
Que, par une fausse modestie ou par manque de confiance
en soi-même, on ne s'imagine pas qu'on est trop faible,
trop obscur ou trop pauvre pour agir dans l'intérêt général: « Je t'avais élu, dit le Seigneur à Jérémie (Haphtara
de ce sabbath), avant que de t'avoir formé dans le sein de
ta mère ; je t'avais consacré à moi avant que tu eusses vu
le jour.... Ne dis pas : Je suis encore trop jeune ! mais va
où je t'envoie, accomplis ce dont je te charge ; ne crains
rien ! je serai avec toi pour te protéger. » Ces paroles du
Très-Haut s'adressent à tout israélite.

Mais nous ne devons pas seulement agir au milieu de
nous ; la parole, l'action, la lumière et les bienfaits israélites ne doivent pas s'arrêter au seuil de notre communauté,
mais se répandre sur toute l'humanité. « Je t'ai établi prophète des nations..... Ceins tes reins, lève-toi, et dis-leur

tout ce que je t'ai ordonné ; n'aie pas peur ! Je t'institue
aujourd'hui comme une ville forte, comme une colonne de
fer, comme un mur d'airain contre tout l'univers !» Voilà la
grandeur et l'universalité de la mission d'Israël.... Allons
donc dans le monde avec le rouleau sacré dans nos bras,
montrons-le hardiment aux peuples de la terre, proclamons
à haute voix les paroles et la vérité de notre Dieu, récla-
mons courageusement nos droits à tous les biens de la vie,
combattons sans cesse pour les biens encore plus précieux
de l'esprit et de la foi, et ne craignons rien ! « Car Israël
est consacré à l'Éternel, il est le premier de ses fruits ;
malheur à quiconque l'attaque, la malédiction l'atteindra ! » קדש ישראל לה' ראשית תבואתו כל אכליו יאשמו רעה תבא אליהם
נאם ה'. (Jérémie, II, 3.)

QUARANTE-TROISIÈME SIDRA

פ׳ מַסְעֵי

(Nombres, XXXIII à XXXVI).

———

בתולה אשר במרחב בארץ עדמה
יהיה בארץ ציה ונלכתה :

**Lieux de campement des israélites depuis l'Égypte jusqu'au Jourdain. —
Les frontières de Canaan; les personnes chargées du partage. — Villes
destinées aux Lévites. — Les lieux de refuge. — Les filles héritières
ne doivent pas se marier hors de leur tribu.**

Nos pères étaient arrivés au terme de leur merveilleuse
et immortelle marche à travers le désert ; alors Moïse, sur
l'ordre du Seigneur, non par le sentiment d'orgueil qui
porte un général à raconter ses campagnes, écrivit la
relation de ce pèlerinage de quarante ans, en indiquant
tous les lieux où l'on s'était arrêté, plus ou moins longtemps, depuis la sortie de l'Égypte. Un docteur dit :
« Pourquoi cette description ? Pour faire connaître la
bonté et l'amour de l'Éternel. Il avait condamné les israélites à errer dans le désert ; on pourrait donc croire qu'ils
n'ont fait, pendant quarante ans, que marcher d'un endroit
à l'autre, sans trêve et sans repos. Il n'en fut pas cependant ainsi : nous trouvons ici quarante-deux stations, dont

quatorze appartiennent à la première année, avant la punition, depuis Ramesès jusqu'à Rithma, d'où sont partis les
douze envoyés pour explorer Canaan ; défalquons encore
huit autres stations dans la quarantième année, depuis la
mort d'Aaron, à la montagne de Hor, jusqu'aux plaines de
Moab sur le Jourdain. Il ne reste donc que vingt marches
faites pendant trente-huit ans. »

Cette fidèle description de voyage a encore une autre et
importante utilité : elle démontre la vérité et l'authenticité
de tous les faits racontés dans le Pentateuque ; les lieux
nommés dans cette relation existent encore aujourd'hui
en partie ; le voyageur en trouve des traces visibles, et il
peut facilement suivre la marche des Hébreux telle qu'elle
est racontée ici. Cette rigoureuse exactitude de la description mosaïque prouve donc clair comme le soleil qu'il
n'y a pas là, comme ailleurs, un mythe, une fable, un
conte fantastique, mais une histoire réelle et positive dont
tous les détails, passés sous les yeux d'un peuple nombreux
et dans des endroits que la géographie ancienne et moderne connaît parfaitement, ne laissent aucune place au
doute ou à la négation. Le terme de quarante ans, assigné
par la sentence du Très-Haut pour la conquête de Canaan,
n'a pas manqué d'un jour ; tout s'est accompli ponctuelle-
ment, la punition comme la promesse ; la manne a cessé de
tomber à l'heure où les Hébreux mirent le pied sur le sol
de Canaan ; tout est donc exact, tout est donc vrai, tout
mérite donc notre croyance, notre respect, notre vénération
pour le souvenir de nos pères, notre amour et notre culte
pour le Seigneur.

Faisons qu'après notre pèlerinage terrestre, nos enfants
puissent aussi raconter toutes nos stations, tous nos actes,
tous les détails de notre marche à travers le désert de la vie !
Faisons qu'aucune de ces stations ne soit indiquée *en noir*
sur la carte de notre existence, et que nos descendants

puissent rappeler avec orgueil notre voyage ici-bas, comme nous chantons dans nos temples le voyage de nos pères! Faisons que toutes les stations de notre vie laissent à notre famille un utile enseignement, un souvenir d'honneur, une marque de notre tendresse, une œuvre de notre dévouement, une preuve de notre fidélité et de notre amour! Faisons enfin que, comme Moïse, nos enfants puissent écrire notre histoire « sur l'ordre de l'Éternel! » על פי ח׳

———————

Dieu renouvelle à nos pères le commandement de renverser en Canaan les autels et les images de l'idolâtrie. Dans aucune condition de notre existence politique et civile, libres, tolérés, opprimés ou persécutés, nous ne devons faire de pacte avec l'erreur, adopter des usages condamnés par notre sainte religion, nous prosterner devant les idoles de nos vainqueurs, ou de nos vaincus, ou de nos égaux. Nous ne devons pas nous faire païens pour nous glisser dans le paganisme, pour conquérir au milieu de lui une place, des droits, des libertés; mais nous devons nous présenter devant les peuples, comme nos pères sur le sol de la Palestine, avec notre drapeau, notre arche sacrée, notre sanctuaire, et faire retentir hautement la sainte trompette de la voix sinaïque! Voilà comment Israël doit entrer dans la société, et voilà aussi comment il triomphera de tous les préjugés, de toutes les haines, et gagnera, avec les bénédictions du ciel, l'estime et l'amour des hommes. On méprise toujours celui qui cache sa cocarde, renie sa famille, déserte son temple; on accueille le traître et l'apostat, mais on le prend en horreur. Malheur à nous, si, sur la terre de la liberté, sur la terre de Canaan. nous oublions notre Dieu et nous prosternons devant les idoles pour conquérir une naturalisation au prix de notre âme!

On s'imagine parfois qu'on ne fait que suivre d'innocentes coutumes, qui, souvent, sont des actes répréhensibles, des actes condamnés par la vérité israélite. « Comment pouvez-vous dire : Je ne suis pas devenu impur, je
n'ai pas suivi Baal? Regardez donc votre conduite! »
...... איך תאמרי לא נטמאתי אחרי הבעלים לא הלכתי ראי דרכך בגי
« Vous dites que vous ne transgressez pas, tandis que sur
vos hauteurs et dans vos jouissances il y a d'abominables
idolâtries. » .... כי על כל גבעה גבהֹ... וֹתחת כל עץ רענן אֹת צֹעֹה זֹה זֹה.

Tolérants envers toutes les religions qui respectent la
morale et la justice, animés d'une sincère affection pour
tous les hommes, nous devons cependant renverser, au
milieu de nous, les autels de l'erreur, combattre courageusement et repousser sans cesse des croyances étrangères qui voudraient nous envahir par la séduction ou par
la force, nous troubler par l'éclat de leur puissance et de
leur or, semer dans notre sanctuaire « les ronces et les
pointes » de l'apostasie — ...והֹה אשר תותירו מהם לשֹכים בעיניכם
ולצנים בצדיכם « Je vous ai donné ce pays en héritage, » dit
le Seigneur à nos pères ; nous n'avons donc pas besoin de
devenir païens, de trahir notre foi, de fouler aux pieds nos
devoirs sacrés, pour obtenir une place sous le soleil. Au
jour marqué par le Très-Haut, tous nos frères dispersés
sur la terre traverseront le Jourdain, conquerront leur
liberté et leurs droits comme l'esclave au Jubilé, ou posséderont Canaan dans leur propre pays, partout et toujours !

Dieu ordonne à nos pères de marquer les limites de la
Palestine, d'en faire la topographie exacte ; puis il désigne
Éléazar le prêtre et Josué fils de Nun, avec les chefs des
tribus, pour prendre possession du pays au nom du peuple.
Dans le royaume d'Israël, le roi ou le pontife ne repré-
sente pas la nation ; le pouvoir ne réside pas dans la

personne d'un seul, mais dans la communauté, dont les droits et l'autonomie sont inviolables. C'est ainsi que le prince (Josué) et le pontife (Éléazar) n'avaient pas le droit d'agir seuls pour tous ; mais la communauté entière, par ses représentants directs, était appelée pour sauvegarder ses intérêts. C'est ainsi que, pour faire le dénombrement du peuple, Moïse et Aaron durent s'adjoindre les chefs des tribus (Nombres, I, 4), car il s'agissait là aussi de droits et de devoirs. Toujours et partout le judaïsme a maintenu la souveraineté de la communauté, le gouvernement de tous, les droits de chacun, et a repoussé l'absolutisme, cette déification de la volonté d'un seul, cette soumission idolâtre au bon plaisir d'un mortel. Ce n'est pas dans la société israélite qu'un souverain eût pu dire : « L'État, c'est moi ! » La communauté, voilà la seule autorité législative dans le sanctuaire d'Israël.

Dieu commande ensuite aux israélites d'abandonner aux lévites, qui ne devaient pas recevoir de part dans la distribution du territoire, quarante-huit villes pour leur résidence, et des terrains libres pour leur troupeaux et les besoins de leur vie. Les lévites devaient habiter au milieu de toutes les tribus, pour servir de modèles de bonne et pieuse conduite, donner partout l'exemple de la vertu et de l'accomplissement des devoirs israélites, propager sur tous les points du pays la connaissance et la pratique de la loi de Dieu, être en un mot en Canaan ce qu'Israël tout entier fut destiné à devenir sur toute la surface du globe : un royaume de pontifes et une nation sainte.

Parmi les villes occupées par les lévites, six étaient destinées à des lieux de refuge pour quiconque commettait un homicide involontaire, afin de le soustraire aux coups du *vengeur du sang*. Il devait y rester jusqu'à la mort du souverain pontife, car cette mort étant considérée comme un sa-

crifice expiatoire général, le vengeur du sang pouvait croire
aussi la mort de son parent expiée et pardonnée; puis, la
mort de la personne la plus vénérée et la plus auguste en
Israël produisait sur chacun une impression si profonde,
qu'il devait oublier sa vengeance personnelle, sa douleur
privée, en présence de la douleur générale —➤ ובצרות הכלל
תהום הנפש על צרותיה הפרטות (*Moreh Nebouchim*, III, 40); ensuite, chacun devait faire bien attention, veiller à tous ses
mouvements pour ne pas commettre un homicide par imprudence, qui entraînait un exil douloureux, une séquestra-
tion dont le terme incertain pouvait être bien long.
Mais la loi israélite empêchait, par cette disposition tuté-
laire, les soi-disant justices populaires, souvent aveugles
et sanguinaires, dont les peuples anciens et modernes ont
vu tant d'atroces exemples. Nul en Israël ne pouvait être
puni qu'après un jugement régulier, qu'après que la communauté avait prononcé une sentence légale — עד עמדו לפני
העדה למשפט.

Mais si le meurtre était commis volontairement, si des
sentiments de haine révélaient la préméditation, nul lieu
de refuge ne sauvait le meurtrier; « vous l'arracherez de mon
autel même pour le faire mourir. » Le forfait ne pouvait être
racheté — לא תקחו כפר לנפש; le judaïsme n'a ni asile ni ab-
solution pour le crime, il n'a ni considération ni indulgence
pour le coupable, quelque nom qu'il porte, quelque position qu'il occupe. « Ne déshonorez pas le pays que vous
habitez — ולא תחניפו את הארץ, car le sang souille un pays,
et ne le rendez pas impur, car moi, l'Éternel, je réside au
milieu des enfants d'Israël. »

Chaque maison israélite doit être *un asile pour l'innocence*, pour tous ceux qui souffrent injustement, qui sont
persécutés par la haine, la calomnie, la violence. Chaque
israélite doit être un refuge vivant pour tout malheureux,
une protection énergique contre l'injustice et l'oppression.

C'est une souillure pour la communauté lorsque le mal peut
s'y commettre contre un de ses membres, lorsque l'arbitraire armé de pouvoir ou d'or peut frapper un de nos
frères.... Quand le dernier de la communauté est victime
d'une injustice, d'une cruauté, la voix divine s'écrie:
« Israël est-il donc un esclave, n'est-il donc pas un membre de la famille? Pourquoi est-il la proie du méchant? »
הַעֶבֶד יִשְׂרָאֵל אִם יְלִיד בַּיִת הוּא מַדּוּעַ הָיָה לָבַז (Jérémie , II , 14).
Créons aussi des asiles pour l'innocence, pour les orphe-
lins sans père, pour les pauvres enfants sans pain, pour
les jeunes filles sans appui. Notre Sidra aussi termine par
une marque de divine sollicitude pour le sort des filles
d'Israël, et elle dit: « Voilà les lois saintes que l'Éternel a
ordonnées, par l'intermédiaire de Moïse, aux enfants
d'Israël dans les plaines de Moab, sur les bords du Jourdain,
vis-à-vis de Jéricho. » Faisons que les orphelins de notre
communauté disent de la Charité israélite : Tu es notre
mère ! comme nous disons tous au Seigneur : Tu es notre
père ! הֲלוֹא מֵעַתָּה קָרָאתְ לִי אָבִי אַלּוּף נְעֻרַי אָתָּה.

LE DEUTÉRONOME

QUARANTE-QUATRIÈME SIDRA

פ׳ דְּבָרִים

(Deutéronome, 1 à III, 22).

ציון במשפט תפדה
ושביה בצדקה:

Discours de Moïse. — Coup d'œil rétrospectif sur les bienfaits de Dieu et le séjour dans le désert. — Souvenirs de divers événements.

Moïse avait rempli sa mission. Après avoir brisé en Égypte les chaînes séculaires de ses frères, il les avait conduits, à travers des difficultés et des dangers indicibles, jusqu'à l'entrée de Canaan, jusqu'aux portes de leur bonheur. Il avait fait de la horde indisciplinée échappée de Mizraïm un peuple admirablement constitué, possédant une organisation civile, politique et religieuse, comme nulle nation de la terre n'en eut jamais et n'en aura peut-être jamais. Il avait appris aux Hébreux à triompher de leurs ennemis, à conquérir leurs droits par les armes, et à les conserver par la justice et les mœurs pures et saintes. Il pouvait donc, selon le décret du Très-Haut, déposer son bâton merveilleux et se reposer dans l'éternelle gloire de sa grande et immortelle vie. Mais, dans sa tendre et paternelle sollicitude pour l'avenir de son peuple, il voulait employer les derniers moments de son existence à lui adresser de chaleureuses exhortations, lui rappeler les événements si instructifs du passé, et répéter toutes les lois divines qui devaient assurer pour toujours la force et le bonheur d'Israël. Voilà le testament de Moïse.

Il n'a pas disposé de sa fortune, il n'en avait pas ; il n'a pas assuré le sort de ses fils, ils devaient partager le pain ordinaire de la tribu de Lévi, n'obtenir aucune possession héréditaire en Canaan ; mais il a assuré l'avenir d'Israël en lui laissant des trésors inépuisables et immortels. Il nous a laissé une foi religieuse qui est en même temps la plus admirable, la plus parfaite constitution sociale, un temple où Dieu seul est Dieu, un culte où chaque fidèle est pontife, une société où l'homme est créé à l'image de Dieu et doit aimer son prochain comme lui-même. Voilà le testament de Moïse.

Il n'a pas parlé à quelques initiés, à quelques disciples, à quelques partisans, à une caste particulière, mais *à tout Israël* — אלה הדברים אשר דבר משה אל כל ישראל, établissant une égalité spirituelle parfaite dans la communauté du Très-Haut, faisant de chacun de ses membres un apôtre de la vérité, un propagateur de la connaissance divine, appelant chacun de nous à la gloire d'être un flambeau dans les ténèbres, un martyr au milieu de la barbarie, un souvenir du Sinaï au milieu des clartés de la civilisation... Voilà le testament de Moïse.

Il n'a pas entretenu les israélites de ses intérêts personnels, de ses pensées et de ses projets, mais de ce que le Seigneur lui avait communiqué pour eux — ככל אשר צוה ה' אותו אליהם, en leur parlant, toutefois, non comme un maître qui ordonne à ses serviteurs, ou comme un prince qui commande à ses sujets, mais comme le plus tendre des pères qui épanche son cœur dans celui de ses enfants et leur fait verser toutes les saintes et douces larmes de leur âme..... Il nous a donné sa bénédiction et nous a laissé les tables de l'alliance divine, qu'il a cherchées au ciel, une religion qui n'a jamais coûté une larme ou une goutte de sang à l'humanité, mais qui lui a apporté la paix, la vérité et l'amour, même au milieu de toutes les erreurs, de toutes les violences, de tous les crimes de tant de croyances fausses et cruelles..... Voilà le testament de Moïse !

« Nous voyons, dit un écrivain non israélite, comme dans la dernière partie des Nombres tout se rattache à la prochaine entrée dans la terre promise. La marche des israélites est achevée; les ennemis qui fermaient l'entrée de Canaan sont vaincus; une partie du peuple a déjà trouvé son établissement; Josué est appelé à remplacer Moïse comme chef de l'armée; les hommes qui devront faire le partage du pays sont désignés. C'est donc un moment de la plus haute importance, puisque le peuple de Dieu, après un long châtiment, se trouve pour la deuxième fois aux frontières de son pays, tandis que le législateur et régent élu par le Seigneur se prépare à la mort. Nous ne pouvons donc nous étonner que ce moment si décisif soit marqué par de sérieuses exhortations de Moïse et par le renou-vellement de l'alliance du Sinaï. »

La scène se passa dans la plaine située vis-à-vis de la mer Rouge, entre Paran et Tophel, à onze journées de Horeb, et c'était le premier jour du onzième mois (adar) de la quarantième année de la sortie d'Égypte. Tout Israël était réuni pour recueillir les précieuses et dernières paroles de son divin prophète.

Moïse, avant de répéter à nos pères la loi de Dieu, leur rappelle les principaux événements qui se sont passés depuis la révélation sinaïque, surtout les agitations et les révoltes qui ont irrité le Seigneur et retardé si longtemps la prise de possession de Canaan. Ils ne devaient donc attribuer qu'à eux-mêmes leurs longues souffrances dans le désert, comme nous devons presque toujours nous considérer comme les auteurs de nos malheurs, comme les obstacles de notre marche en avant, comme les entraves à notre bonheur. « L'Éternel notre Dieu nous a dit sur le Horeb : Vous avez assez longtemps demeuré près de cette montagne, continuez votre route..., prenez possession du pays que j'ai promis à Abraham, à Isaac et à Jacob. » Dieu nous dit toujours de continuer notre route, de prospérer, d'avancer, de nous élever, de prendre possession de la félicité qu'il a destinée à tous ses enfants ; mais, hélas ! par nos propres fautes nous errons souvent pendant toute notre vie dans le désert et y succombons dans les regrets, le deuil et les larmes...

Moïse rappelle à nos pères que, par suite de leur accroissement, il s'était senti insuffisant pour les gouverner ; et il ajoute, par un sentiment d'ineffable amour : « Puisse le Dieu de vos pères vous faire devenir encore mille fois autant, et qu'il vous bénisse ainsi qu'il l'a promis ! » Puis il fait connaître les instructions qu'il avait données aux magistrats institués par lui. Il leur avait dit : « N'ayez point égard aux personnes quand il s'agit de rendre justice ; écoutez le petit comme le grand ; ne craignez aucun homme, car le jugement est à Dieu. »

Et ces graves paroles de Moïse s'adressent à nous tous qui avons une parole à faire entendre, au foyer domestique, au temple, dans la communauté, dans l'administration des intérêts communaux, dans les œuvres écrites ou dans l'action réelle ; לא תגורו מפני איש, *Ne craignez personne*, quand il s'agit de défendre la justice, le droit et la vérité ! *Le jugement est à Dieu*, il ne vous est donc pas permis de le passer sous silence, de le nier, de le sacrifier à des considérations personnelles, de le retenir par intérêt ou par

crainte. Le jugement est à Dieu : heureuses les sociétés
et les communautés religieuses qui n'en connaissent pas
d'autre !

. En parlant du séjour dans le désert, Moïse dit :
« L'Éternel, votre Dieu, vous a portés comme un père porte
son fils ; il a marché devant vous sur votre route pour vous
chercher un lieu de repos ; la nuit, dans le feu pour vous
montrer le chemin, et le jour, dans une nuée... Il a eu soin
de vous pendant votre marche à travers ce grand désert ;
il a été avec vous durant ces quarante ans, et ne vous a
laissés manquer de rien. » לא חסרת דבר. Voilà ce que nous ne
devons jamais oublier ; car en réfléchissant bien, nous
trouverons que, même dans le désert, dans nos malheurs et
nos afflictions, Dieu nous a portés comme un père porte
son fils et nous a conduits par sa main douce et paternelle
pour soulager notre route et en écarter les épines. Même
pendant la nuit de nos sombres douleurs, il est pour nous
une colonne de feu, une lumière bienfaisante, une céleste
étoile qui nous console, nous fortifie, sèche nos larmes,
fait descendre dans notre cœur un rayon de divine espérance... Ne l'oublions jamais, et nous verrons que l'heure
sonnera où le Seigneur, touché de notre soumission, nous
dira comme à nos pères : רב לכם, Vous avez assez souffert!
Moïse rappelle aux Hébreux qu'à cause d'eux Dieu s'est
également irrité contre lui et lui a interdit l'entrée de Canaan. Ce reproche a dû les affliger profondément ; ils ont dû
répandre des larmes bien amères de voir leur bon et tendre
pasteur puni pour leurs fautes, être victime de leurs égarements. Combien les enfants doivent être malheureux en
voyant leur père souffrir par suite de leur conduite ! Aussi
combien nos ancêtres ont-ils dû prendre la résolution d'o-
béir à Josué, de lui rendre facile sa grande mission, de vénérer et d'aimer sincèrement tous leurs futurs guides,
chargés par le Très-Haut de les conduire sur le chemin
fleuri de Jérusalem, ou sur la route épineuse de l'exil !...

Le même sabbath où nous lisons dans nos sanctuaires le discours de Moïse, on y entend aussi des exhortations plus sévères d'Isaïe (chapitre I). Moïse parlait à nos pères la veille de leur entrée en Palestine, de leur inauguration civile et politique; Isaïe leur parle sous le règne des rois de Juda, lorsqu'ils formaient depuis longtemps une grande et puissante nation, mais aussi lorsqu'ils s'éloignaient de plus en plus du Sinaï et des saintes traditions israélites. Le premier reproche que le prophète à l'accent de feu leur adresse est celui-ci : « J'ai nourri des enfants et les ai élevés, et ils se sont révoltés contre moi! » Cette terrible apostrophe du divin voyant ne s'adresse-t-elle pas à beaucoup d'entre nous qui, ayant obtenu, par la volonté du Seigneur, la liberté et le bonheur, des positions éminentes et des dignités dans l'État, pour rendre un hommage plus éclatant à la foi et au Dieu d'Israël et protéger efficacement leurs frères, désertent notre temple et tournent le dos à notre communauté! Et tandis qu'ils ont des demeures somptueuses, des palais splendides, Sion, la Synagogue « ressemble à une pauvre cabane, à une triste ruine! » ‎ונותרה בת ציון כסכה בכרם כמלונה במקשה כעיר נצורה.

On a vu tout ce que la conquête de la terre promise a coûté à nos pères; on sait tout ce qu'ils ont souffert pendant de longs siècles pour la défense de notre sanctuaire, et nous le détruisons tous les jours par nos transgressions des lois d'Israël! Nos offrandes officielles, notre encens public, ostensible, sont abhorrés par le Dieu de nos pères, si notre cœur, notre amour et notre foi sincère en sont absents. ‎לא תוסיפו הביא מנחת שוא קטורת תועבה היא לי. Ce n'est pas par l'éclat et la représentation extérieure, ce n'est pas non plus par des lois libérales d'émancipation et d'égalité, que le judaïsme, que Jérusalem, seront relevés de leurs ruines, rétablis dans la vénération du monde; mais « Sion sera sauvée par la justice et sa communauté, par la vertu israélite, » par notre retour à toutes les saintes et vivifiantes pratiques de la vie israélite. Alors le Seigneur nous dira,

comme au temps de Moïse : « Maintenant je veux com-
mencer à inspirer à toutes les nations sous le ciel une profonde vénération pour vous, et votre nom imposera le respect à tous. » דיום הזה אחל תת פחדך ויראתך על פני העמים. Notre
émancipation, notre force, notre sécurité, notre avenir, ne
sont pas dans une charte civile et politique quelconque,
mais dans le code sacré de Moïse, qui seul est inviolable,
qui seul tient ses promesses, qui seul est la vérité inébranlable, la justice infaillible, le salut éternel !

QUARANTE-CINQUIÈME SIDRA

פ׳ וָאֶתְחַנַּן

(Deutéronome, III, 23, à VII, 11).

———

ונגלה כבוד ה׳ וראו כל בשר
יחדו כי פי ה׳ דבר:

Supplications de Moïse. — Exhortations à Israël de rester fidèle à la loi de Dieu. — Répétition du Décalogue. — Le *Schemâ*. — Loi d'enseignement. — Election d'Israël.

Moïse, dans la Sidra précédente, rappelait aux israélites les événements du passé depuis leur départ du Sinaï (Deutéronome, I, 6); mais le plus grand événement, celui de la Révélation, celui qui devait exercer une influence immortelle sur Israël et toute l'humanité, il voulait en faire l'objet d'un discours à part. C'est un sublime poëme qui fait tressaillir à tout jamais notre âme et l'environne des feux et des éclairs de la montagne enflammée sur laquelle le Très-Haut descendit pour parler à nos pères.

Avant d'arriver à ce grand tableau, Moïse rend compte des instances qu'il a faites inutilement auprès de Dieu pour obtenir la grâce de passer le fleuve, « de voir cet excellent pays au delà du Jourdain, cette belle montagne et le Liban. » Mais Dieu n'annula pas son arrêt, et il dit : « Monte au sommet du Pisga, lève tes yeux vers l'occident, le septentrion, le midi et l'orient, et contemple le pays de tes yeux, car tu ne passeras point le Jourdain. »

Quand l'heure marquée par la Providence a sonné, les hommes les plus riches et les plus puissants, les rois et les princes de la terre, ne peuvent que contempler leurs trésors, leurs acquisitions, leurs conquêtes; mais ils doivent partir, s'arracher à leur or, à leurs palais, à leurs trônes, et les abandonner à d'autres... Heureux encore si, comme Moïse, ils emportent les regrets et les bénédictions de leurs successeurs, et si leurs bons exemples, leurs vertus, leurs enseignements et leurs œuvres aident leurs enfants et leurs peuples à passer le Jourdain !

Moïse, comme introduction aux commandements divins qu'il va répéter à son peuple, donne quelques règles générales d'une haute portée. La première de ces règles est celle-ci : « Vous n'ajouterez rien à ce que je vous ordonne, et vous n'en retrancherez rien, mais vous garderez les lois de l'Éternel votre Dieu telles que je vous les enseigne. »

Les lois humaines sont imparfaites comme leurs auteurs; le temps, l'expérience, les variations politiques et sociales, rendent leur modification nécessaire. Le regard du législateur le plus clairvoyant ne peut embrasser qu'un temps limité, que des circonstances données; il sait ce qui s'est passé hier, il voit ce qui se passe aujourd'hui, et il en tire des conclusions pour ce qui se passera demain; mais ses prévisions les mieux calculées peuvent être renversées par mille événements. Tout ce que l'homme fait est perfectible, parce que la perfection lui manque à lui-même.

Il n'en est pas ainsi de la loi de Dieu; elle est la vérité absolue; elle est la lumière de notre âme, comme le soleil est la lumière de nos yeux. Qui aurait la témérité de vouloir réformer, corriger, l'astre du ciel? Le législateur divin, qui connaît depuis le commencement du monde tous les

événements devant se produire jusqu'à sa fin, nous a donné
une loi parfaite qui est notre vie et notre salut dans tous
les temps et toutes les circonstances. Ne serait-il pas indigne du maître de l'univers de promulguer une loi qui aurait
besoin à chaque instant d'être changée, améliorée, que le
premier docteur venu pourrait déclarer hors d'usage, abolie,
au-dessous de nos progrès ? Non, la loi que Dieu a donnée
à Israël est parfaite — תורת ח' תמימה ; elle est parfaite dans
tous les siècles et au milieu de toutes les générations ;
gardez-vous donc d'y ajouter ou d'en retrancher quelque
chose ; la créature ne saurait toucher sans crime à l'œuvre du Créateur ! « Vous tous qui êtes restés attachés à
l'Éternel votre Dieu, vous êtes encore tous vivants aujour-
d'hui » ואתם הדבקים בה' אלהיכם חיים כלכם חיום : vous voyez
donc, israélites, que, par l'immuabilité et l'immortalité de
votre loi, vous êtes devenus vous-mêmes impérissables,
indestructibles, malgré toutes les barbaries et toutes les
sanglantes persécutions. Votre vie au milieu des nations
est un témoignage éblouissant pour la vérité éternelle de
votre religion. N'y portez donc pas une main sacrilége !

« Elle est, ajoute Moïse, votre sagesse et votre intelligence aux yeux des peuples, qui, en entendant tous ces
statuts, diront : En vérité, cette grande nation est sage et
intelligente ! »

Grande et funeste serait notre erreur si nous pensions
que nos progrès dans les choses du monde, la conquête
de quelques libertés, de quelques positions sociales ou de
quelques hautes dignités, sont notre honneur et notre
gloire ; toutes ces choses, quand même elles seraient por-
tées au plus haut degré, sont à peine l'ombre de notre véritable gloire, de notre véritable force au milieu des peuples, qui est tout entière dans notre loi religieuse. Que le
dernier d'entre nous, le plus ignorant et le plus étranger
à ce qu'on nomme la civilisation, montre son livre sacré et

en proclame les principes et les doctrines, et qu'on ose alors dire de lui qu'il est arriéré, sauvage, plongé dans les ténèbres, éloigné des lumières et de l'esprit du siècle ! Que nos frères opprimés encore pour leur foi vivent selon ses prescriptions sacrées et en fassent retentir hautement les vérités éternelles, et qu'on ose soutenir alors qu'ils ne sont pas plus civilisés, plus éclairés, plus dignes de la liberté, plus haut placés sur l'échelle du salut et de la lumière que leurs oppresseurs !... Que sont tous les progrès des mœurs, toutes les vertus sociales, toutes les connaissances humaines, en comparaison des mœurs saintes et pures, des vertus sublimes enseignées par notre religion, et des connaissances splendides renfermées dans le livre immortel descendu du Sinaï et écrit de la main du Très-Haut !

« Quel est le peuple, quelque grand qu'il soit, dont les dieux soient si proches de lui comme l'Éternel notre Dieu l'est de nous toutes les fois que nous l'invoquons ? »

Parmi toutes les belles et incomparables qualités de notre religion, combien devons-nous rendre grâce à cette précieuse égalité devant le Seigneur qui repousse toute distinction, toute prétention et domination de caste, fait de chaque membre de la communauté un pontife du Très-Haut, nous permet de remplir nos devoirs religieux sans l'intervention et le bon plaisir d'un prêtre, nous ouvre le ciel sans un laisser-passer signé par un fonctionnaire se disant fondé de pouvoirs d'en haut, transforme en temple la plus pauvre cabane israélite, et en sacrifice agréable au Maître du monde le morceau de pain que nous mangeons après avoir prononcé quelques mots de bénédiction ; la religion, enfin, qui est en nous, non en dehors de nous, que le dernier d'entre nous possède aussi bien que les chefs et les guides, qui nous suit comme un ange gardien sur toutes les routes de notre existence, et fait

rayonner autour de notre cœur et de notre âme toutes les
splendeurs de Sion et de Jérusalem, partout où nous invoquons le nom trois fois saint du Dieu d'Israël !... « Quel
est donc le peuple, quelque grand qu'il soit, qui ait des
lois et des prescriptions aussi justes que celles renfermées
dans cette Thorâ ? »

———————

Moïse exhorte son peuple à garder un éternel souvenir
des choses qu'il a vues, et à les faire connaître à ses descendants ; puis, il décrit en traits de flammes la scène de
la révélation sinaïque, le jour auguste et immortel « où
vous fûtes en présence de l'Éternel votre Dieu, au mont
Horeb, quand l'Éternel me dit : Réunis ce peuple, je lui
ferai entendre mes paroles, afin qu'il apprenne à me craindre tout le temps qu'il vivra sur la terre, et afin qu'il in-
struise ses enfants. Alors vous vous approchâtes pour vous
placer sous la montagne, et la montagne était en feu jusqu'au milieu du ciel, et au-dessous ce n'étaient que ténèbres,
nuages et obscurité. L'Éternel vous parla du milieu du feu ;
vous entendîtes une voix, des paroles, mais vous ne vîtes
aucune forme, et vous n'entendîtes que la voix. Et il vous
annonça son alliance, à laquelle il vous ordonna de rester
fidèles, les dix paroles qu'il écrivit sur deux tables de
pierre. »

Entendez-vous, israélites ? la montagne était en feu jusqu'au milieu du ciel, tandis qu'au-dessous ce n'étaient *que*
ténèbres, nuages, obscurité. La lumière est sur le Sinaï,
mais partout ailleurs il n'y a que nuit et ténèbres. Cette
lumière du Sinaï s'éleva *jusqu'au milieu du ciel :* quelle
puissance de la terre pourra donc l'obscurcir et l'éteindre ?
Quel autre flambeau pourra donc ne pas pâlir, s'évanouir
et disparaître devant ce feu descendu du foyer divin, et
qui embrase le ciel, et qui jette ses éclats jusqu'aux con-

fins de l'éternité, et qui coule comme un torrent de clarté
et de vie à travers l'humanité !

« Vous avez entendu une voix, mais vous n'avez vu aucune forme. » Vous n'avez pas été subjugués par un prodige, par la captivité des sens, par l'affaissement de la raison, par une contrainte quelconque ; *vous n'avez entendu
qu'une voix*, vous avez ouvert librement votre cœur et votre esprit à la parole de la vérité. Toute religion qui a
besoin d'une forme, d'une image, d'une apparition qui
frappe la vue et l'aveugle, d'une puissance qui égare les
sens et le jugement, d'un pouvoir qui condamne l'exercice
des plus nobles facultés de l'homme, d'une main prestidi-
gitatrice qui fait la nuit autour de la raison, d'une force
brutale enfin, cette religion n'est pas la vérité. Toute religion qui, pour régner sur notre cœur, a besoin d'autre
chose que d'une voix, que d'une parole, a été fabriquée
dans les ténèbres, *au-dessous du Sinaï*, mais elle n'a rien
de commun avec celle qui a apparu sur la montagne divine
au milieu des éclairs !...

« Et l'Éternel vous annonça son alliance, les dix paroles
qu'il écrivit sur deux tables de pierre. » La foi pure et la
morale pure, Dieu et l'Humanité enseignés par le Décalogue, voilà l'alliance du Seigneur. Dieu repousse tout culte
et tout peuple au milieu desquels on dresse des autels à la
divinité et des embûches à notre prochain. On viole les
premiers commandements du Décalogue quand on trans-
gresse les derniers ; on est parjure contre Dieu quand on
est injuste envers les hommes. L'alliance divine renfermée dans les Dix paroles est une et indivisible ; elle doit
s'imprimer sur la table de notre cœur, comme l'Éternel l'a
gravée sur les tables de pierre : que notre cœur se brise
plutôt, comme les tables brisées par Moïse à la vue du
veau d'or, que de se prosterner devant aucune idolâtrie !...
« Gardez bien votre âme, car vous n'avez vu aucune figure
le jour où le Seigneur vous a parlé, au Horeb, du milieu
du feu. »

« Gardez-vous, en levant les yeux vers le firmament, de vous prosterner devant le soleil, la lune et les étoiles, que l'Éternel votre Dieu a donnés en partage à tous les peuples sous la voûte des cieux. » Une civilisation brillante, des progrès avancés, une vie sociale splendide comme les astres, peuvent bien être le bonheur, la gloire, les destinées d'autres races, l'objet de leurs efforts, de leur orgueil, de leur culte, mais ils ne doivent pas être le but de votre vie à vous « que l'Éternel a délivrés de la fournaise d'airain d'Égypte pour être son peuple particulier jusqu'à ce jour ». Vous avez donc encore d'autres devoirs et une autre mission à remplir sur la terre. « Ne vous prosternez donc pas devant l'ouvrage des hommes, devant des dieux de bois et de pierre ! » Que d'autres voient dans les produits du travail de l'homme, dans les merveilles de ses créations, de son industrie, de ses palais, de ses monuments, de ses œuvres d'art, la perfection, la grandeur et l'avenir du monde ; vous, gardez votre adoration pour le Sinaï !... C'est là que Dieu vous a parlé ; et devant sa voix, et devant son éclair, et devant sa loi et sa pensée, que sont la parole, le feu et l'inspiration du génie de l'homme ? « Interrogez les temps primitifs, cherchez d'un bout des cieux jusqu'à l'autre si jamais un peuple a entendu la voix de Dieu comme vous l'avez entendue ! »

Moïse continue à déployer sous les yeux de ses auditeurs le grand spectacle du Sinaï, et il dit : « Ce n'est pas seulement avec nos pères que l'Éternel a contracté une alliance sur le Horeb, mais avec nous tous qui vivons encore aujourd'hui. « Ne l'oublions pas ! L'engagement pris par nos ancêtres au pied de la sainte montagne, la parole qu'ils ont dite d'accomplir tout ce que le Seigneur leur

communiquera, le serment qu'ils ont prêté de rester fidèles
à la loi du judaïsme, nous lient à tout jamais. Tout israélite appartient au Très-Haut et à la vérité depuis le Sinaï.
מושבע ועומד מהר סיני.

Moïse répète ensuite le Décalogue ; on y trouve une
seule variante importante, mais qui est plutôt une explication plus précise ; c'est dans le quatrième commandement. Au premier Décalogue il est dit : « *Souvenez-vous*
du sabbath pour le sanctifier ; » ici les mots souvenez-
vous sont remplacés par « *gardez bien* le sabbath pour le
sanctifier. » On pouvait croire que le repos du sabbath
consistait principalement dans *un souvenir*, dans une heure
consacrée à des prières, à des méditations pieuses, mais
sans que ce repos ait quelque chose d'absolu, sans qu'il
embrasse tout notre être, notre corps et notre âme. Aussi
cette erreur avait-elle conduit un Hébreu à violer le sabbath
en présence de tout le peuple, et lui attira-t-elle une punition terrible (Nombres, XV, 32). Cette erreur funeste pouvait
se propager d'autant plus, que le premier Décalogue donne
pour cause du sabbath le souvenir de la création du monde
en six jours, et le repos du Seigneur le septième jour ;
donc il s'agit uniquement d'une pensée, d'un culte au Créateur de l'univers, pensée et culte qui peuvent au besoin
se concilier avec le travail. Ici, les mots *gardez bien le sabbath pour le sanctifier* indiquent clairement qu'il s'agit d'un
repos non-seulement *passif* par la pensée, mais *actif* par le
fait de l'interruption de tout travail ; non-seulement du
culte de Dieu, mais aussi de la sanctification de l'homme,
de sa transformation complète en être supérieur. Aussi
Moïse donne-t-il ici la délivrance de l'esclavage égyptien
comme motif du commandement, car par le sabbath, rigoureusement, saintement observé, l'homme est délivré une
fois par semaine de la servitude de la vie. Et ce souvenir
de l'affranchissement, de cette page de notre histoire nationale, nous montre que la loi du sabbath est particulièrement obligatoire à l'israélite, comme le dogme du Dieu-

28

Un suivi également, dans le premier commandement, de la
mention de la sortie de Mizraïm. Qu'il y a, en outre, de
noble et touchant amour de l'humanité dans ces paroles :
« Afin que ton serviteur et ta servante reposent comme
toi ! » et dans ce souvenir de notre esclavage en Égypte,
qui doit nous rendre d'autant plus sensibles au malheur
à la pauvreté, à la servitude de notre semblable ! En vérité
les lois du judaïsme sont autant un bienfait et une tendre
sollicitude pour les hommes qu'une glorification du Seigneur.

Moïse rappelle à nos pères ce qui s'est passé après l'apparition divine sur le Sinaï, leurs craintes, leur émotion
profonde, les manifestations unanimes de leur foi et de
leur adoration, et ces paroles du Très-Haut : « Puissent-
ils être animés toujours du même esprit, pour me craindre et pour garder mes commandements en tout temps, et
ils prospéreront eux et leurs enfants à jamais ! » Puis, l'envoyé de Dieu, illuminé d'un rayon du ciel, se tourne vers
son peuple et dit :

שְׁמַע יִשְׂרָאֵל יְהֹוָה אֱלֹהֵינוּ יְהֹוָה אֶחָד ׃

« ÉCOUTE, ISRAEL, L'ÉTERNEL NOTRE DIEU, L'ÉTERNEL EST UN.

« Tu aimeras l'Eternel ton Dieu, de tout ton cœur, de toute ton âme et
de tout ton pouvoir.
« Que les paroles que je t'ordonne aujourd'hui soient sur ton cœur.
« Tu les inculqueras à tes enfants, tu en parleras dans ta maison et en
voyage, en te couchant et en te levant.
« Tu les attacheras en signe sur ta main: tu les porteras comme un
fronteau entre tes yeux.
« Tu les écriras sur les poteaux de ta maison et sur tes portes. »

Ces paroles, les premières que nos enfants apprennent
en venant au monde, les dernières que nous prononçons
en quittant la vie, ont rendu Israël invincible et impéris-

sable. En poussant, à la face de la mort, ces paroles de suprême confession, nos pères sont montés sur les bûchers de la persécution, et avec elles nos descendants réuniront un jour l'humanité entière autour de notre Dieu. Ces paroles nous apprennent le sacrifice, nous donnent la force de mourir pour la vérité, et le courage de proclamer notre religion dans tous les actes de notre existence, de la montrer comme un signe divin sur notre front et sur les portes de nos maisons. Le *Schema* que nous récitons matin et soir est le plus grand trésor que le ciel ait envoyé sur la terre. L'israélite qui s'inspire de ces paroles et les porte dans son cœur et sur ses lèvres peut défier toutes les puissances du mal. Il est invulnérable, il est sauvé !

Dans cette sublime confession du Dieu-Un, le divin oracle a placé le devoir *d'enseigner les enfants*, comme Moïse revient à chaque instant sur cette grande et inviolable obligation israélite. C'est une des brillantes gloires du judaïsme d'avoir élevé l'enseignement de la jeunesse à la hauteur d'un commandement de Dieu. L'ignorance pourrait entraîner nos enfants à l'apostasie et à l'idolâtrie — כי יסיר את בנך מאחרי ועבדו אלהים אחרים. Le Dieu d'Israël veille sur notre éducation comme un père sur la vie de son fils... Loi écrite ou loi orale, l'instruction, la propagation de la connaissance et de la lumière est la vie même de notre communauté, la condition et la garantie de son avenir.

Israël n'est pas un peuple de guerre, de commerce, d'industrie, mais *de connaissance*, un livre vivant et immortel pour l'enseignement des hommes. « Vous êtes un peuple consacré à l'Éternel, et c'est vous qu'il a élus pour être particulièrement à lui ; non à cause de votre nombre, car vous êtes le plus petit de toutes les nations ; mais parce que l'Éternel vous aime et qu'il veut accomplir la promesse qu'il a faite à vos pères. » Les multitudes et les gros bataillons de la puissance et de la force brutales ne sont donc

pas une preuve de la vérité. Mais ce petit nombre de descendants du Sinaï a reçu une grande mission d'en haut,
la voix divine retentit au sein de son désert — קול קורא
במדבר, et lui dit : « Aplanissez la voie de l'Éternel, faites
dans la solitude un sentier vers notre Dieu ! Que toute vallée s'élève, que toute montagne et toute colline s'abais-
sent, que tout chemin tortueux devienne droit, que tout
rocher s'incline, *alors la gloire de Dieu se manifestera, et*
toute créature reconnaîtra que c'est la bouche de l'Éternel
qui a parlé ! » ונגלח כבוד ח' וראו כל בשר יחדו כי פי ח' דבר (Isaïe,
XL, 3–5.)

QUARANTE-SIXIÈME SIDRA

פ׳ עֵקֶב

(Deutéronome, VII, 12, à XI, 25).

שאו סביב עיניך וראי
כלם נקבצו באו לך:

Récompense de l'observation des commandements. — Les bienfaits divins
du passé doivent faire espérer pour l'avenir. — Exhortations contre
l'oubli dans la prospérité. — La crainte et l'amour de Dieu, et le devoir
de la bienveillance envers tous les hommes.

Moïse annonce à Israël les plus splendides bénédictions
divines s'il reste fidèle à ses devoirs religieux et moraux ;
s'il respecte et observe tous les commandements de Dieu,
sans distinction aucune (אם תשמעון קלות שאם דש בעקביו חשמעין) ;
s'il n'oublie pas l'alliance du Seigneur avec nos pères. Il
l'exhorte surtout à ne pas s'effrayer du grand nombre de
ses adversaires. La crainte du découragement en présence
de multitudes ennemies préoccupe singulièrement le guide
des israélites. A la fin de la dernière Sidra, il représente
à ses frères que, malgré leur petit nombre, le Très-Haut
les avait élus. Et ce découragement devant les gros chiffres
fut toujours et est encore aujourd'hui un des plus grands
dangers d'Israël. On se laisse imposer, éblouir, par les
masses ; on voit autour de soi des peuples immenses ap—

partenant à d'autres cultes, et on jette un regard de pitié
et de dédain sur sa propre communauté ; on oublie que
Dieu nous a promis de nous multiplier comme les étoiles
du firmament, qui éclairent le monde et le réjouissent, non
comme les armées des grandes puissances et des fameux
conquérants, qui portent la mort et la destruction au sein
des plus florissants empires. Le petit sanctuaire d'Israël,
où règnent l'unité de la foi au Dieu-Un, l'unité de la famille
israélite et sa sainte harmonie, est certes infiniment supérieur à l'immense tour de Babel, siége de la confusion des
croyances et de la division des hommes. « Brûlez les idoles,
ne vous laissez pas tenter par leur or et leur argent, qui
pourraient devenir votre malheur ; n'introduisez pas l'abomination dans vos maisons » ולא תביא תועבה אל ביתך. Ce que
l'Écriture dit ici des choses idolâtres s'applique à tous les
avantages, à tous les profits, aux richesses, aux honneurs,
aux jouissances matérielles que nous voyons ailleurs, qui
nous attirent et nous fascinent, mais qui sont incompatibles avec la sainteté de nos croyances et de nos mœurs
israélites.

« Rappelez-vous le chemin que l'Éternel vous a fait faire
pendant quarante ans dans le désert : il vous a envoyé des
tribulations pour vous éprouver, pour montrer ce qu'il y a
dans votre cœur, si vous gardez ses commandements ou
non. Il vous a laissé souffrir, vous a fait manger la manne
que vous n'aviez jamais connue, ni vous ni vos ancêtres,
afin de vous apprendre que ce n'est pas de pain seul que
vit l'homme, mais de tout ce qui sort de la bouche de l'Éternel. Pendant ces quarante ans vos vêtements n'ont pas
vieilli sur vous, et vos pieds ne se sont point enflés. »
Ce n'est pas à une société riche et entourée de toutes
les splendeurs du luxe que Dieu s'est révélé et a donné les
tables de la vérité et du salut, mais à un peuple pauvre,
nomade, sans pain et sans souliers. Et c'est justement là
que se trouvent la vraie grandeur de l'homme, son indé-

pendance et sa dignité, quand il n'a aucun besoin factice,
quand il a la force de se passer même du nécessaire, pour
trouver sa jouissance et son bonheur dans ce qui sort de
la bouche de l'Éternel, dans la vérité et les félicités pures
de l'esprit et du cœur. Nos docteurs ont dit que, pour cultiver la science sacrée, il faut pouvoir manger du pain sec,
boire de l'eau, coucher sur la terre nue, vivre d'une vie de
misère et de privations, et alors, ajoutent-ils, « on est
heureux dans ce monde et dans le monde à venir. » (*Aboth*,
VI, 4.) En effet, nul n'est plus heureux sur la terre que
celui qui n'a point besoin de toutes les choses superflues,
inutiles, dont le désir rend les hommes malheureux, esclaves, souvent criminels. Le vrai luxe de l'homme, c'est sa
liberté, son indépendance, et cette indépendance n'est pas
dans la satisfaction des jouissances matérielles, au fond
des coupes d'or remplies d'un vin enivrant, ou dans la riche
broderie d'un manteau de pourpre; mais elle est dans ce
qui sort de la bouche de l'Éternel, dans sa loi sainte qui
enseigne la sobriété, la vertu, la dignité de l'homme et son
élévation par sa ressemblance avec le Créateur! L'indépendance et la dignité de l'homme ne sont pas dans les
poissons d'Égypte, mais dans la manne du désert !

Il est un autre point sur lequel Moïse insiste particulièrement, c'est le danger que peut présenter la prospérité :
« Gardez-vous, dit-il, d'oublier l'Éternel votre Dieu....
Vous pourriez manger, vous rassasier, bâtir de belles maisons, voir multiplier vos troupeaux, votre or et votre argent, tout ce qui vous appartient ; et alors votre cœur
pourrait s'élever, et vous pourriez oublier l'Éternel votre
Dieu, qui vous a délivrés de la servitude. »
Voilà le danger. Moïse ne craint pas que son peuple déserte dans le malheur son Dieu et sa loi ; au contraire, il

prédit toujours qu'Israël, persécuté et opprimé, se tournera vers le Seigneur, reconnaîtra et regrettera ses péchés, reviendra à ses devoirs sacrés, brillera d'un vif éclat.
La transgression de la religion israélite, l'apostasie, lui
semblent impossibles dans nos angoisses. Mais c'est notre
prospérité qu'il envisage avec inquiétude, c'est l'épreuve
du bonheur qu'il redoute sérieusement. « Vous direz peut-
être dans votre cœur : Ma force et ma puissance m'ont
procuré tous ces biens ; mais souvenez-vous de l'Éternel
votre Dieu, car c'est lui qui vous donna les moyens de
conquérir ces biens, afin de réaliser l'alliance qu'il a jurée
à vos ancêtres. » Malheur à nous si nous succombons sous
l'épreuve du bonheur, si nous payons par l'ingratitude et
l'infidélité les bienfaits du ciel ! Malheur à nous si un lingot
d'or est plus fort que notre cœur, pèse plus que notre conscience, et écrase notre âme dans la poussière !... Ce ne
sont pas nos mérites, nos progrès, nos talents, qui nous
font obtenir la prospérité, le bonheur ; c'est la volonté du
Seigneur, qui veut nous faire oublier un passé malheureux
et nous mettre à même de lui élever un sanctuaire sous le
soleil de la liberté, comme nos pères l'ont fait au milieu
des sables du désert... Soutenons donc l'épreuve de la fortune comme nous avons glorieusement soutenu celle de
l'adversité, et alors nous mériterons réellement le bonheur.

Moïse rappelle aux israélites le crime du veau d'or, leur
conduite coupable au retour des envoyés en Canaan, la
révolte de Corah, et il dit : « Vous avez été rebelles envers
le Seigneur depuis le jour que je vous ai connus » (IX, 24).
Ce n'est pas pour les humilier que l'homme de Dieu adressa
à nos pères tous ces graves reproches, mais pour les mettre en garde contre l'orgueil qui voudrait leur parler de
leurs mérites personnels, leur montrer dans leur prospérité

future le prix et la conséquence naturelle de leurs vertus,
lorsqu'il n'y avait là que la grâce et la miséricorde infinie
du Très-Haut, qui avait souvent à pardonner, non à récompenser. Chacun de nous, en repassant l'histoire de sa
vie, trouvera certainement un grand nombre de faits regrettables qui auraient dû lui attirer les punitions du Ciel.
Si cependant la prospérité et le bonheur ont été son partage, ils étaient un don gratuit de l'Éternel, qui, plus que
le plus tendre des pères, fait descendre sur nous des trésors de clémence et d'amour, lorsque nous aurions mérité
les plus sévères châtiments. Et de même que Moïse est
resté quarante jours et quarante nuits en prière, sans manger ni boire, pour implorer le pardon divin en faveur d'Israël ; de même il y a peut-être au milieu de nous des
hommes pieux qui souffrent, qui n'ont ni pain à manger ni
eau à boire, qui supportent toutes les misères, toutes les
peines, souvent toutes les humiliations, mais pour les mérites et les vertus desquels Dieu pardonne à ceux qui l'oublient, qui dansent autour de l'idole, s'enivrent dans l'orgie, se livrent à tous les excès (Exode, XXII, 6), au
moment où Moïse jeûne pour leur salut !...

C'est pourquoi « circoncisez votre cœur, » bannissez-
en toute présomption, tout orgueil, tout égoïsme ; soyez
bons pour l'orphelin et la veuve, aimez l'étranger et donnez-lui du pain et des vêtements ; *aimez l'étranger, car
vous aussi avez été étrangers dans le pays d'Égypte.* Vous
ferez ainsi honneur à votre origine, à votre religion, à
votre Dieu, qui seul est votre gloire — הוא תהלתך. Ne la
cherchez pas ailleurs.

Après avoir, dans le chapitre du *Schemâ*, donné la
plus auguste et la plus sublime confession du Dieu-Un —
קבלת עול מלכות שמים, Moïse expose ici, dans le morceau de
והיה אם שמוע, l'obligation des commandements, des pratiques religieuses — קבלת עול המצות, annonce les récom-

penses et les punitions attachées à leur observation ou à
leur transgression. Il répète ici ces exhortations divines
du Schemâ : « Mettez donc mes paroles dans votre cœur
et dans votre esprit, attachez-les en signe sur votre main,
et portez-les comme un fronteau entre les yeux ; enseignez-
les à vos enfants, parlez-en dans vos maisons, en voyage,
en vous couchant et en vous levant; écrivez-les sur les
poteaux de vos demeures et sur vos portes. » Voilà de quoi
notre cœur, notre esprit, nos entretiens au foyer domestique, nos méditations à la maison et en voyage, tous nos
actes, toute notre vie, doivent être remplis : de la pensée
de Dieu et de sa loi. Voilà ce qui est vraiment digne de
l'être immortel créé à l'image du Très-Haut, de l'homme
appelé aux plus hautes destinées dans la lumière et la
gloire éternelle, et voilà aussi ce qui lui assure ici-bas la
prospérité et le bonheur; « afin que vos jours et les jours
de vos enfants se prolongent dans le pays que l'Éternel a
promis à vos ancêtres, aussi longtemps que le ciel sera
au-dessus de la terre. » En nous souvenant ainsi sans
cesse de notre Père céleste et de nos frères dans l'humanité, en pratiquant et en propageant partout ces principes
de foi divine et de fraternité humaine qui feront de tous
les peuples de la terre une seule famille, alors la persécution cessera, les croyances et les pays n'auront plus de
lignes de démarcation, « et partout où nous poserons le
pied, nous serons chez nous » כל המקום אשר תדרך כף רגלכם בו
לכם יהיה; il n'y aura pas plus de séparation sur la terre qu'il
n'y en a dans le firmament, où toutes les étoiles brillent
dans la paix et dans la liberté d'un éclat immortel.

Et dans ce splendide et bienheureux avenir de l'humanité, amené par la foi et les mœurs pures d'Israël, notre
place sera aussi rayonnante que le Sinaï dans l'histoire
spirituelle et sociale du genre humain. Dieu n'a pas oublié
Jérusalem et le sanctuaire. ארץ אשר ה' אלהיך דרש אותה תמיד.

« Que Sion ne dise donc pas : L'Éternel m'a abandonnée, mon Seigneur m'a oubliée. Une mère peut-elle oublier son nourrisson, le fruit de ses entrailles? Et quand même cela serait, je ne t'oublierai point!... Vois ! tes enfants reviennent et tes destructeurs disparaissent. Lève tes yeux et regarde ! tous accourent réunis vers toi, t'entourant comme une riche parure, te couvrant comme les joyaux d'une fiancée. » Mais malheur à nous si, au jour messianique marqué par la Providence, le Seigneur appelle et personne ne répond ! מדוע באתי ואין איש קראתי ואין עונה. Il nous a dispersés sur la terre et nous a donné la lumière et l'intelligence pour répandre partout la loi de notre Dieu. אדני ח' נתן לי לשון למודים לדעת לעות את יעף דבר. « Voyez Abraham, votre père, et Sara, votre mère ; ils étaient seuls quand je les ai appelés » הביטו אל אברהם אביכם ואל שרח תחוללכם כי אחד קראתיו, et pourtant ils osèrent proclamer le nom de Dieu et lui élever des autels dans toutes les contrées idolâtres où ils posaient le pied. Imitez leur exemple, et alors « le Seigneur se souviendra de Sion et de ses ruines, transformera son désert en Éden, et ses steppes en jardins divins ; la joie et l'allégresse y résideront, et le chant de la félicité retentira dans son sein. » (Isaïe, XL, 19.)

QUARANTE-SEPTIÈME SIDRA

פ׳ רְאֵה

(Deutéronome, XI, 26, à XVI, 17).

———

וכל בניך למודי ח׳
ורב שלום בניך:

Bénédictions et malédictions. — Un seul lieu fixé pour les sacrifices. — Punition sévère de toute excitation à l'idolâtrie. — Lois concernant les usages de deuil, la nourriture, la dîme, l'année de rémission, la charité, les esclaves, les premiers-nés. — Les trois pèlerinages.

« Voyez, je place aujourd'hui devant vous la bénédiction et la malédiction :

« La bénédiction, si vous écoutez les commandements de l'Éternel votre Dieu, que je vous prescris aujourd'hui ;

« Et la malédiction, si vous n'écoutez pas les commandements de l'Éternel votre Dieu ; si vous quittez la voie que je vous indique en ce jour, pour suivre d'autres dieux que vous n'avez point connus. »

Ces paroles de Moïse renferment une des plus grandes vérités que l'expérience constate tous les jours. A côté de la récompense future, promise par le Ciel aux hommes justes et vertueux, il en est une que chacun de nous éprouve déjà ici-bas dans l'accomplissement du devoir. La pratique de la vertu et de la religion nous donne cette paix du cœur, cette sérénité de l'âme, cette sécurité et cette force qui répandent une félicité divine sur toute notre existence, la rendent belle et pleine de joies et de bonheurs au milieu de la pauvreté et de toutes les misères, nous procurent un repos céleste au milieu de la tempête ! La pratique du devoir religieux et moral, la lutte contre le mal et le triomphe sur les tentations coupables, voilà de quoi nous animer d'un doux et légitime orgueil, nous élever haut à nos propres yeux et aux yeux du monde, faire disparaître les haillons dont le plus malheureux est couvert, pour montrer la beauté et la grandeur de son âme, faire battre notre poitrine de toutes les saintes et généreuses pulsations, faire entendre à notre cœur toutes les suaves harmonies de l'approbation du Seigneur ! C'est dans ce sens peut-être qu'un de nos sages a dit : « Une heure de pénitence et de bonnes œuvres dans cette vie est plus belle que toute la vie à venir » (*Aboth*, IV, 22); car la douce et noble satisfaction de la victoire remportée sur le péché ne se trouve pas là-haut, où il n'y a pas de combat. C'est donc avec raison que Moïse dit : « Si vous écoutez les commandements de l'Éternel votre Dieu, voilà la bénédiction ! »

« La malédiction, si vous n'écoutez pas les commandements de l'Éternel votre Dieu. » Car alors on est pauvre au milieu de l'abondance, on a peur et on souffre, on se couche avec inquiétude, on se lève avec crainte, on tremble au moindre bruit, on marche dans les ténèbres au milieu d'un palais splendidement illuminé, on souffre des appétits assouvis, et on a faim et soif de jouissances nouvelles ; on est malheureux tout en possédant des trésors. Notre force, notre espérance, nos joies, notre richesse et notre avenir sont dans le Seigneur et dans la pratique de sa loi : malheur à celui qui s'en écarte pour « suivre d'autres dieux que nos pères n'ont point connus, » une route qui n'est pas celle tracée par la vertu et la foi d'Israël !

Moïse proclame ici aussi un des grands principes du judaïsme : la liberté morale de l'homme. « Je place devant vous la bénédiction et la malédiction. » Choisissez ! Chacun est libre de s'élever au ciel ou de se jeter dans l'abîme, d'être heureux ou malheureux, de choisir la ressemblance divine ou l'image du démon, d'être esprit ou poussière. Notre Dieu condamne toute contrainte, toute violence ; il ne veut pas qu'on amène à ses autels des troupeaux d'esclaves enchaînés par la force brutale, des prisonniers de guerre religieuse succombant sous les coups du nombre ou sous la tyrannie de lois injustes, des malheureux qu'on a fait passer par le feu de Moloch ;... mais il veut des hommes libres, des adorateurs de cœur et d'âme, des enfants bien-aimés qui se jettent avec bonheur dans ses bras et embrassent avec amour son arche sacrée.

Moïse défend à nos pères de sacrifier ailleurs « qu'au lieu que l'Éternel choisira pour sa résidence. »

Nous aussi, nous ne devons pas porter nos adorations aux palais des riches, aux temples des arts, aux siéges de l'industrie, aux ateliers de l'or ou aux foyers de la science ; mais nous devons réserver tous nos hommages, toutes nos admirations, tout notre enthousiasme, pour le sanctuaire du Très-Haut. C'est là que nous devons déposer le sacrifice de notre respect et de notre amour, « nous réjouir de toutes les bénédictions que le Seigneur a fait descendre sur nous, » ושמחתם בכל משלח ידכם, reconnaître que toutes nos conquêtes, toutes nos prospérités, tous nos progrès, sont son œuvre, le rayonnement du flambeau divin dont il a déposé une étincelle dans notre esprit. Que l'israélite ne se fasse pas une idole des travaux de l'homme, qu'il ne voie pas la perfection et le but suprême du genre humain dans une grande somme d'acquisitions sociales, de jouissances et de libertés — איש כל הישר בעיניו ; car en vérité ni Israël ni aucune nation de la terre n'est encore arrivé à l'accomplissement des hautes destinées que le Ciel réserve à l'humanité pour les jours messianiques de paix, de lumière et de foi universelle au vrai Dieu et à la vraie croyance. כי לא באתם עד עתה אל המנוחה ואל הנחלה אשר ה' אלהיך נתן לך. Le monde, avec toute sa civilisation et toutes ses productions merveilleuses, est encore loin de la perfection et du salut.

« Ne dites pas : Comme ces nations servaient leurs dieux, nous voulons faire de même. » Israël a une autre mission à remplir que les autres peuples, il est chargé d'autres travaux et d'autres devoirs, de la garde et de la conservation inaltérable de la vérité sinaïque, « à laquelle il ne doit rien ajouter et dont il ne doit rien retrancher. » לא תוסף עליו ולא תגרע ממנו. « Je sais, dit Koheleth, que tout ce que Dieu a fait existera toujours ; on ne saurait rien y ajouter, rien en retrancher » (III, 14); et Israël doit veiller sur ce dépôt sacré, entretenir le divin flambeau, garder le feu de l'autel, défendre le sanctuaire, mourir pour la vérité.

Aussi « s'il s'élève au milieu de vous quelque prophète ou quelque songeur, et qu'il vous annonce quelque signe ou quelque prodige, et que le signe ou le prodige annoncé arrive, et qu'il dise : Suivons d'autres dieux que vous n'avez point connus, et servons-les; vous n'écouterez point les paroles de ce prophète ou de ce songeur, car l'Éternel aura voulu vous éprouver pour savoir si vous l'aimez de tout votre cœur et de toute votre âme. »

Voilà une réponse sans réplique à toutes les fausses croyances qui se basent sur des miracles. Auprès des esprits faibles, comprimés par le malheur ou abrutis par le matérialisme; auprès des peuples enfants, le miracle peut devenir un appui de la vérité, un encouragement à son étude, mais il ne saurait en être le fondement. La vérité

est une comme son auteur, Dieu, est un ; elle ne peut donc
se mettre en discorde avec elle-même, se donner un démenti, se renverser par un miracle. Malheur aux hommes
si leur religion, au lieu d'être gravée dans leur cœur et
dans leur conviction, au lieu d'être le résultat de leurs
méditations et de leur foi, n'est que le fruit éphémère de
ce qu'ils ont vu et entendu, ou de ce qu'ils ont cru voir et
entendre. Que dirait-on d'un enfant qui ne croirait à sa
mère et ne lui donnerait sa vénération et son amour que
lorsqu'il aurait vu son acte de naissance, signé par des
témoins et scellé par des autorités ?

Tout miracle à l'aide duquel on voudrait renverser la
doctrine israélite est donc ou faux, une chose illusoire qui
trompe et aveugle les sens, un fantôme de la nuit qui dis-
parait à l'approche du jour, ou, comme dit l'Écriture, une
épreuve par laquelle Dieu veut constater notre fidélité. Les
faiseurs de miracles ont beau ressusciter un mort, ils ne
pourront pas mettre dans sa tombe la vérité ! Et toute religion qui s'appuie sur des miracles, c'est-à-dire sur le ren-
versement des lois naturelles et les ténèbres faites autour
de nos sens et de notre raison, prouve par cela même
qu'elle n'est pas de Dieu, le Créateur de la nature et le
foyer lumineux de notre intelligence. « Vos enfants, dit
notre Haphtara, sont *les disciples de l'Éternel,* — ils l'apprennent par la raison et l'adorent par le cœur, — c'est
pourquoi leur salut est grand. » וכל בניך למודי ח' ורב שלום בניך

Mais il est aussi des prophètes et des songeurs qui, sans
vouloir nous faire déserter tout à fait notre Dieu, prêchent
cependant l'abolition, la fin d'un grand nombre de ses commandements. Eux aussi annoncent *des signes*, montrent
les changements survenus dans le monde, Israël vivant
dans d'autres circonstances et dans un autre état social,
prédisent l'abandon et la violation de la religion si on ne
fait pas de concessions à l'esprit du temps et aux exigences
de la vie. Eh bien ! quand même ces prédictions sinistres
s'accompliraient — ובא ואת והמופת, « n'écoutez pas les

paroles de ces prophètes ou de ces songeurs, qui veulent vous faire dévier de la voie où l'Éternel votre Dieu vous a ordonné de marcher. » לדיחך מן הדרך אשר צוך ה' אלהיך ללכת בה (1).

« VOUS ÊTES LES ENFANTS DE L'ÉTERNEL VOTRE DIEU ; vous êtes un peuple saint à l'Éternel votre Dieu, et c'est vous que l'Éternel a choisis pour lui être un peuple d'élite entre tous les peuples de la terre ; » voilà comment Moïse commence à répéter aux israélites des lois religieuses et morales d'une haute portée. Si nous nous rappelons ces glorieux titres d'enfants de l'Éternel et de peuple d'élite, combien devons-nous alors apprécier les grandes et saintes obligations qu'ils nous imposent, sentir en nous la noble ambition de justifier de plus en plus cette dignité éclatante que le ciel nous a conférée, éprouver dans notre âme tous les instincts généreux, toutes les bonnes et vertueuses inspirations, la force de tous les sacrifices et de tous les dévouements, le courage de soutenir tous les combats pour le droit, la justice et la vérité, et l'amour le plus ardent de notre Père au ciel et de nos frères sur la terre !

Parlant de la loi sur la dîme, le divin législateur insiste surtout sur le devoir de ne point oublier le lévite, qui n'a

---

(1) Un commentateur dit : « L'Écriture sainte montre ici clairement que les miracles seuls ne sont point les preuves de la mission divine ; mais ce qui est conforme à la raison et d'accord avec l'histoire, voilà par quoi on reconnaît la vérité d'une doctrine. Aussi bien, nous ne pouvons jamais savoir si ce qui nous a apparu comme un miracle ne sera pas expliqué un jour comme l'effet simple de la loi naturelle. La raison et l'expérience, voilà, pour la connaissance de la vérité, les pierres de touche que Dieu a données à tout homme et avant tous les autres moyens pour distinguer la lumière des ténèbres. La manie des miracles conduit à l'obscurité de l'esprit, trouble l'âme, entraîne à des actes insensés, souvent coupables. »

29

point de possessions au milieu de son peuple, ni l'étranger, la veuve et l'orphelin. C'est à cette condition que le Seigneur promet sa bénédiction à nos travaux — למען יברכך ח' אלהיך בכל מעשה ידך אשר תעשה. Et cette loi de bienfaisante fraternité, nous devons la pratiquer envers tous ceux qui n'ont pas de possessions parmi nous, qui sont pauvres et malheureux, surtout envers ceux qui, comme les lévites, s'occupent du sanctuaire, consacrent leur vie au service du Très-Haut, enseignent et propagent parmi nos frères l'enseignement et les connaissances sacrées.

« Ne fermez pas votre cœur et votre main au pauvre, prêtez-lui autant qu'il lui faut pour ses besoins, donnez-lui sans regret, car c'est pour cela que l'Éternel vous bénira dans toutes vos œuvres et dans toutes vos industries. Il ne manquera pas de nécessiteux dans le pays ; c'est pourquoi je vous donne ce commandement : Ouvrez votre main à votre frère pauvre et nécessiteux. »

« Si, après six ans de service, vous affranchissez votre esclave, ne le renvoyez pas les mains vides ; donnez-lui de tous les biens dont l'Éternel votre Dieu vous aura bénis. Souvenez-vous que vous avez été esclaves en Égypte et que l'Éternel votre Dieu vous a affranchis ; c'est pourquoi je vous donne ce commandement aujourd'hui. »

Qu'elles sont magnanimes et touchantes ces lois de la charité israélite ! Le pauvre n'est pas notre inférieur, mais notre égal, *notre frère*, dont la misère et les souffrances, si nous ne venions pas à son aide, seraient une honte, une tache pour nous-mêmes ; « il crierait contre nous vers l'Éternel, et cela nous serait compté pour un péché. » Et en lui faisant du bien, ne nous enorgueillissons pas, n'admirons pas notre générosité, notre grandeur d'âme, car nous ne faisons que payer une dette à l'Éternel, car tous nos pères ont été pauvres et esclaves, et le Seigneur est venu à leur secours ; et peut-être beaucoup d'entre nous-mêmes, heureux et riches aujourd'hui, furent-ils malheureux un jour et eurent besoin de l'aide et de la protection de Dieu et des hommes. Partageons donc notre pain avec le pauvre, car il est comme nous un enfant du Très-Haut, et sa détresse serait notre accusation et notre condamnation.

────────

Moïse répète le commandement sur les fêtes du Printemps (*Pesach*), de l'Été (*Schabouoth*) et de l'Automne (*Soukoth*), pendant lesquelles tout israélite mâle devait se rendre au lieu choisi par le Seigneur. Il ne faut pas paraître devant Dieu les mains vides — ולא יראה את פני ה' רקם, ni avec le cœur vide de croyance et d'amour, ni avec l'esprit vide de connaissances religieuses et de foi sincère. On a les mains vides quand elles sont remplies de l'or dont on n'a pas su faire un digne usage.

En parlant de la fête de Soukoth, le divin législateur dit de nouveau ici, comme au Lévitique (XXIII) :

« Vous célébrerez pendant sept jours la fête des Tentes, quand vous aurez rentré les produits de votre aire et de votre pressoir. Vous vous réjouirez à votre fête, vous et votre fils, et votre fille, et votre serviteur, et votre servante, et le lévite, et l'étranger, et l'orphelin et la veuve qui habitent au milieu de vous. »

Ces prescriptions de l'Écriture sainte ont inspiré à un digne ministre de Dieu les paroles suivantes, qu'il a fait entendre au milieu d'une grande communauté d'Israël [1] :

« Il y a peu de jours, de graves et augustes solennités ont eu lieu en Israël ; nous les avons célébrées par le jeûne, par des austérités, par la pénitence. La solennité de ce jour, instituée comme les premières, pour notre enseignement et pour notre salut, porte cependant un caractère différent.

_____

[1] Discours prononcé à la synagogue des Sephardim, à Paris, le premier jour de Soukoth 5621, par M. Salomon Ulmann, grand rabbin du Consistoire central.

elle est consacrée à l'allégresse, à la joie. ושמחתם לפני ה׳
אלהיכם. « Vous vous réjouirez devant l'Éternel votre Dieu. »
(Lévitique, XXIII, 40.) Car, ce n'est pas seulement par
des larmes, par des soupirs, par des actes de mortification
que Dieu veut être adoré et servi ; il veut aussi être exalté
et glorifié par des élans de joie, par des chants d'allégresse, par les transports d'un cœur reconnaissant et touché de sa félicité. Les larmes et les ·gémissements mêmes
que nous arrachent souvent la vue de nos misères et la
conscience de nos fautes n'ont de valeur aux yeux de la
religion qu'autant que, purifiant et régénérant notre cœur,
ils y ramènent la joie et l'espérance. La sérénité de l'âme
et la satisfaction du cœur doivent former le caractère do-
minant du culte que Dieu attend de ses créatures. C'est
sous l'empire de ses douces émotions que le chantre sacré
répand sur toute la nature la gaieté et l'enthousiasme dont
il est rempli : les cieux sont transportés de joie, la terre
bondit d'allégresse, les étoiles du matin se retirent en
chantant, et le soleil s'élance radieux et plein ·de joie dans
la carrière qu'il doit parcourir ; l'Océan tressaille, les fleuves applaudissent ; la campagne, fière de sa riche végétation, se réjouit et chante ; toute l'existence ne forme qu'un
concert de louanges, pour saluer le Créateur. L'homme
seul resterait-il morne et silencieux ? Lui seul ne trouve-
rait-il à offrir à Dieu que des accents de tristesse et de
désespoir ? — Si l'Écriture sainte, s'exprimant dans un langage poétique et figuré, répand la joie sur toute la création, et prête aux êtres privés de raison et de vie un sentiment qu'ils n'éprouvent pas, pour peindre l'empressement
et la régularité avec lesquels, sous l'aveugle impulsion de
la nature, ils accomplissent la loi que Dieu leur a imposée,
n'est-ce pas pour nous apprendre, à nous serviteurs intelligents d'un Dieu de bonté, que le culte qu'il exige de nous
doit être pour nous une jouissance, une récréation, un
plaisir vrai et pur, et non un fardeau qui nous pèse et nous
ennuie, une contrainte qui nous gêne et nous impatiente,

une tâche pénible dont on ne s'acquitte que pour en être au plus vite déchargé. La joie, comme moyen de sanctification, tel est l'esprit du précepte relatif à la fête de Soukoth, et voici, mes frères, les réflexions que la méditation de ce sujet doit nous inspirer :

« Pour contrebalancer et pour modérer les joies fausses de la vie, pour préserver notre vertu des écueils dangereux qu'elle rencontre dans les plaisirs du monde, Dieu n'a trouvé rien de plus efficace que de leur opposer les joies graves et édifiantes qu'inspire la religion, la gaieté douce et salutaire qui naît sous l'influence d'un culte célébré avec amour, avec foi, avec recueillement.

« Et ce remède, mes frères, est aussi nécessaire qu'il est efficace et éprouvé. Car, ni l'horreur qu'inspire naturellement le vice, ni l'effroi dont on est souvent saisi à l'aspect de ces plaies hideuses, tristes flétrissures d'une vie usée dans le déréglement, ni la sévère répression de la justice humaine, ni la crainte du châtiment divin après la mort, ne forment une barrière aussi puissante contre l'envahissement des passions humaines, que le charme et la félicité que goûte une âme bien formée dans l'accomplissement de ses devoirs. L'attrait de la vertu est le talisman le plus sûr contre les enchantements de nos passions. Mais ce qui rend la vertu vraiment aimable, ce qui lui assure cet ascendant, cette autorité sur notre cœur, ce qui surtout nous rend sensibles à ses attraits, c'est la sanction qu'elle reçoit de la religion, c'est cette sublimité qu'elle emprunte à la foi, c'est cette origine céleste que lui donnent les actes symboliques de notre culte. Heureux l'israélite qui, fondant sa vertu sur la religion, l'éclairant et la perfectionnant par la religion, s'avance à la lumière de ce double flambeau dans le sentier si ténébreux et si difficile de la vie ! Car, comme le remarque un de nos plus célèbres théologiens et moralistes[1], les pertes qui résultent pour l'humanité des

___

[1] Maïmonide, *Moré*, 3ᵉ partie, chap. XII.

grandes calamités publiques, des bouleversements de la nature, des famines terribles, des guerres les plus sanglantes, sont moins destructives et moins affligeantes, quoique plus sensibles au moment où elles éclatent, que ces ravages de tous les jours et de tous les instants, produits par l'entraînement des plaisirs et les excès dans les jouissances. « Innombrables, dit l'Écriture sainte en parlant de la sensualité, innombrables sont ses victimes, effrayant le nombre des malheureux qu'elle mène à la tombe! » (Proverbes, VII, 26.)

« Cette terrible vérité n'est que trop souvent confirmée par les plus tristes exemples; grâce à l'enivrement des plaisirs, que de vies abrégées, que de santés ruinées, que de fortunes compromises, que de vocations manquées, et que d'espérances à jamais anéanties! Croyez-le bien, mes frères, il en serait fait, depuis longtemps, de l'humanité si la séve qui la vivifie ne se renouvelait pas constamment à la source de la religion et de la foi. S'il reste parmi nous des âmes vigoureuses, des caractères fermes et énergiques, des esprits sains et solides, c'est à l'influence de la religion que nous en sommes redevables. L'élément religieux, si puissant dans les générations précédentes, n'a pas cessé d'exercer parmi nous son action salutaire, si faible qu'il soit dans la génération actuelle. Malheur à celui qui cherche à se soustraire à cette influence! Il se détache de l'arbre de la vie, et devient comme un fruit qui tombe avant d'avoir atteint sa maturité, comme la feuille qui se flétrit et se dessèche dès qu'elle ne reçoit plus la séve qui y porte la fraîcheur et la vie.

« Mais c'est moins par la terreur que par la douceur que la religion veut exercer son action bienfaisante et guérir nos maux; la joie qu'elle inspire en se mêlant aux joies de la vie, les purifie, les ennoblit, et les rend dignes de l'homme; elle les modère, les adoucit, leur ôte ce qu'elles ont de trop fort, qui enivre, qui empoisonne le cœur, et qui porte le trouble et la perturbation dans l'esprit. Bien différentes des plaisirs mondains, les jouissances que procure la religion occupent l'âme sans l'épuiser, la relèvent sans la fatiguer, et la laissent en possession de toute sa dignité et de son heureuse destinée; elles ne portent aucune atteinte ni à la santé de l'esprit ni à la santé du corps; l'une et l'autre, au contraire, en reçoivent un accroissement de force et de durée, et permettent à l'homme de développer et de réaliser tout ce que la nature a mis en lui d'actif, de grand et de généreux.

« Mais je vous le demande, mes frères, sans les jouissances morales dont le sentiment religieux est la source et le principe, que serait la vie? que seraient nos joies même innocentes? Si elles ne sont pas pernicieuses, elles sont du moins vaines et puériles. Comme les fortunes les plus brillantes, les possessions les mieux assurées sont fragiles et inconstantes; les joies qu'elles font naître peuvent-elles être plus durables, plus réelles? Laissons parler sur ce point le plus sage des rois, celui qui, soit par ses lumières, soit par sa puissance, soit par sa fortune, a été à même d'apprécier plus que tout autre ce que la vie matérielle offre à la fois de plus attrayant et de plus solide. « J'ai entrepris, dit-il, de grands travaux; je me suis fait construire des palais; j'ai planté des vignes, des jardins, des forêts, j'ai agrandi mes domaines, multiplié mes trésors, varié mes plaisirs; je n'ai rien refusé à mes yeux de ce qu'ils pouvaient exiger; et après avoir bien considéré les richesses que j'ai acquises et les peines qu'elles m'ont coûtées, j'ai vu que tout était vanité et affliction d'esprit, et que rien n'est durable sur la terre. » וחנה הכל הבל ורעות רוח ואין יתרון תחת השמש. (Ecclésiaste, II, 11.)

« A la voix de celui qui, après avoir goûté de tous les plaisirs, les a flétris et méprisés tous, faisons succéder cette autre voix qui, elle aussi, a retenti dans les palais des rois et dans les assemblées du peuple :

« Vous tous, s'écrie le prophète Isaïe, vous tous qui avez soif, v ez, désaltérez-vous! vous qui n'avez point d'argent, venez cependant et nourrissez-vous des mets que je vous offre! Pourquoi donnez-vous votre argent pour des choses qui ne nourrissent pas? Pourquoi dépensez-vous vos peines pour des jouissances qui ne vous satisfont pas? Écoutez-moi et goûtez le vrai bonheur, et nourrissez votre âme de délices. » (Isaïe, LV, 1-2.)

« Ce qu'un prince n'a pu se procurer au prix de son immense fortune, la religion l'offre gratuitement à tous ceux qui ont soif; et, tandis que les plaisirs du monde, plaisirs perfides et corrupteurs, n'appartiennent qu'à ceux qui les achètent au poids de l'or, les joies de la religion sont faites pour nous tous, pour les petits comme pour les grands, pour les pauvres comme pour les riches, pour les ignorants comme pour les savants, pour le philosophe nourri d'étude et de science, comme pour le négociant absorbé dans ses spéculations, pour l'ouvrier courbé sur son travail et pour l'infortuné même à qui manque la force de travailler. En un mot, si les joies du monde n'appartiennent qu'aux enfants de la prospérité, qu'aux favoris de la fortune, les joies religieuses, indispensables à tous les hommes, sont aussi à la portée de tous, comme l'air et l'eau qui, en raison même de leur nécessité, sont prodigués par le Créateur à tout être vivant.

« Ainsi, ce qui seul est capable de tempérer et de corriger les joies de la vie, ce sont les joies que leur oppose la religion; la religion nous apprend le secret d'établir l'union, la fusion, une balance juste et équitable entre les jouissances matérielles et les jouissances morales; elle seule donne la solution du problème de la vie.

« Cet enseignement résulte des termes de notre texte: « Quand vous aurez récolté les produits de la terre, vous célébrerez la fête de l'Éternel. » La vue de l'abondance des fruits de la terre, au lieu de faire naître en nous des désirs immodérés, et d'éveiller en nous des instincts d'égoïsme et des idées d'avarice, doit au contraire, sous l'influence de la religion, nous inspirer des sentiments généreux, des dispositions de piété, des mouvements de joie et de reconnaissance, nous portant à glorifier Dieu, dispensateur de la vie et des biens qui y sont attachés.

« La fête de Soukoth, comme les autres fêtes prescrites par la religion, à côté des souvenirs qu'elle a pour but de renouveler et de perpétuer parmi nous, a aussi une signification pour le présent, un intérêt de tous les temps. Comme souvenir, elle nous rappelle la protection toute providentielle, toute spéciale, et les bienfaits dont nos ancêtres ont été l'objet après leur sortie d'Égypte, et durant leur long séjour dans le désert, sur cette terre aride et inhospitalière : « Afin que vos générations n'oublient pas que j'ai fait habiter sous des tentes les enfants d'Israël, après les avoir affranchis de l'Égypte. » (Lévitique, XXIII, 43.) Et comme solennité d'une signification actuelle, c'est la fête de l'agriculture et du travail sanctifiée par la religion. A mesure que Dieu renouvelle ses bénédictions sur la terre, c'est aux enfants de la terre de lui renouveler l'hommage de leur amour et de leur reconnaissance : ושמחתם לפני ח' אלהיכם « Réjouissez – vous devant l'Éternel votre Dieu. » Que dans toutes nos joies nous nous sentions en présence de Dieu, et cette pensée nous sauvera de tout écart, de tout excès, de tout péril. Observons donc, mes frères, dans cet esprit et avec ces sentiments, la fête de Soukoth et les saintes cérémonies de notre culte. Rappelons-nous que cette fête était célébrée autrefois à Jérusalem, dans le temple, avec une pompe extraordinaire; elle était marquée, plus que toute autre fête, par de grandes et saintes réjouissances, par de brillantes illuminations, par le concours d'un peuple immense se pressant dans la maison de Dieu.

« D'imposants cortéges, composés de tout ce qu'Israël comptait d'hommes graves et distingués, s'avançant au son d'innombrables instruments et avec des chants d'actions de grâces, descendaient les degrés du temple, et, à un signal donné par les Lévites, se rendaient solennellement au bord du Siloé, pour puiser dans son onde pure l'eau destinée à être offerte en libations sur l'autel de Dieu. Là se trouvaient réunis les grands et les petits, tout Israël avec ses chefs, ses princes, ses prêtres et ses docteurs, se confondant tous dans un même élan de joie, dans un même concert d'allégresse, dans une même adoration devant Dieu. Rappelons-nous ces belles traditions, pour nous retremper aussi, nous et nos enfants, dans ces joies pures et saintes, puisées aux sources fécondes de la religion et de la foi. Puissions-nous, sous leur influence, et à l'abri du souffle impur du vice, renaître à une nouvelle vie partagée entre le travail et l'accomplissement de nos devoirs, et mériter ainsi que Dieu accomplisse pour nous, comme il a accompli pour nos pieux ancêtres, cette bénédiction de l'Écriture sainte : ושאבתם מים בששון ממעיני הישועה (Isaïe, XII, 3). « Vous puiserez avec joie une eau pure et régénératrice « aux sources du salut. » *Amen.* »

QUARANTE-HUITIÈME SIDRA

פ׳ שֹׁפְטִים

(Deutéronome, XVI, 18, à XXI, 9).

———

מי את ותירא מאנט ימות
וטבן אדם חציר יתתן:

Institution de juges. — Punition de l'idolâtrie. — Tribunal supérieur. — Devoirs du roi. — Revenus des prêtres et des lévites. — Défense de la superstition; faux prophètes. — Lieux de refuge. — Punition des faux témoins. — Lois de guerre. — Expiation d'un meurtre resté impuni.

La législation d'Israël était parfaite, conforme à tous les grands et divins principes, à tous les vrais besoins et tous les vrais intérêts des hommes. Mais pour qu'elle ne devînt pas une lettre morte, un Code qu'on montre fièrement mais qu'on n'exécute pas; pour que la violence ne pût y porter une main criminelle, ni la mauvaise foi l'interpréter faussement; pour que chacun dans l'État fût assuré de jouir tranquillement des biens que la loi lui accordait, de sa liberté, de son indépendance, de l'exercice de tous ses droits, et pour qu'aussi nul ne pût avoir une position et des prérogatives exceptionnelles, se soustraire aux obligations imposées aux autres citoyens, Moïse ordonna d'instituer des juges et des magistrats dans toutes les villes de

Canaan. « Qu'ils jugent le peuple d'une manière équitable!
Ne renversez pas le droit, n'ayez point égard aux personnes, n'acceptez pas de présent, car tout présent aveugle les yeux du sage et corrompt la parole du juste. La
justice, la justice, recherchez-la! »

Nos docteurs ont dit : « Le monde repose sur trois choses : sur la Vérité, la Justice et la Paix. » (*Aboth*, I, 18.)
Mais sans justice il n'y a ni vérité ni paix parmi les hommes, non cette justice qui siége solennellement dans un
temple et qui tient un glaive redoutable dans la main et qui
est pour la société plutôt un épouvantail qu'un doux et paternel enseignement; mais cette justice israélite gravée
dans tous les cœurs comme un inviolable et divin commandement, resplendissant devant nos yeux comme les chérubins gardant l'arche sacrée. Le juge en Israël est plutôt un
pontife portant l'encensoir de la paix, qu'un fonctionnaire
armé. « Tout juge qui rend justice à son prochain, dit le
Talmud, fait que le Seigneur demeure en Israël — כל דיין
שדן דין אמת לאמיתו משרה שכינה בישראל; il est en quelque sorte
le collaborateur de Dieu dans l'œuvre de la création » —
נעשה שותף להקב"ה במעשה בראשית (Sanhedrin, 7 *a*); car il contribue puissamment à la conservation du monde. Tout
peuple qui tolère la moindre injustice contre un seul homme
commet un crime contre l'Éternel. Pour son culte, le Seigneur n'a voulu qu'un seul sanctuaire; pour la justice, il
a ordonné des établissements « dans toutes les portes
d'Israël » בכל שעריך.

« Ne plantez pas d'*aschéra*, ni d'arbre quelconque,
auprès de l'autel de votre Dieu; n'élevez pas non plus de
statues, car elles sont odieuses à l'Éternel. »

Nous devons bannir de notre sanctuaire tout ce qui est
étranger, tout ce qui peut porter atteinte à la pureté de

notre culte. Quand même ce serait pour l'embellir, pour le rendre plus splendide, pour le mettre à même de soutenir la comparaison avec les temples d'autres croyances, le sanctuaire d'Israël repousse tout ce qui est contraire à ses lois et à ses traditions.

Ne vous élevez pas une statue — ולא תקים לך מצבה, ne vous posez pas dans le sanctuaire, vous tous qui possédez de l'or, des dignités, de hautes positions, comme un monument d'orgueil et de vanité, comme une idole qui réclame des hommages publics; « car ceci est odieux à l'Éternel » — אשר שנא ה' אלהיך. Ne soyez pas une statue, mais un frère pour vos semblables, un enfant pour le Seigneur. Ne vous élevez pas un monument à vous-même, ne cherchez pas à briller toujours et partout, à faire du bruit autour de votre nom et de vos œuvres, ne faites pas votre éloge et ne proclamez pas votre gloire — לא תקים לך מצבה, car le Très-Haut a en horreur l'ostentation et l'orgueil. Ne soyez pas une statue, mais un homme! Ne plantez aucun arbre dans la maison de Dieu, ni votre arbre généalogique, ni l'arbre de votre science, mais prosternez-vous devant le saint rouleau, devant la Thorâ du Sinaï, qui est « un arbre de vie pour tous ceux qui y cherchent leur soutien. »

––––––––––

S'il se présente une question grave, une affaire difficile, il faut, dit le législateur divin, se rendre au lieu choisi par l'Éternel, auprès des prêtres et des magistrats supérieurs, et puis se conformer à leur arrêt.

Encore aujourd'hui, il est de notre devoir de consulter en toutes choses les organes de la religion, de nous soumettre aux décisions dictées par le code sacré, de chercher à arranger, devant un docteur de notre loi et d'après les saintes prescriptions du judaïsme, les différends que nous pouvons avoir avec notre frère. Évitons autant que possible de porter ailleurs nos disputes, nos dissentiments. Rendons hommage à notre loi, et ne donnons jamais aux peuples le spectacle affligeant d'une discorde en Israël. Notre Code religieux est plus équitable et offre à chacun plus de véritable garantie de justice que toutes les législations de la terre. Nous n'avons pas besoin de chercher ailleurs de légitimes satisfactions que nous trouvons si bien chez nous.

Après l'institution de la magistrature judiciaire, Moïse concède à nos pères l'institution de la royauté, lorsque Israël dira : « Nous voulons avoir un roi, comme tous les peuples qui nous environnent. » Mais ce souverain doit être israélite, et il ne doit point accumuler trop de richesses, ni se livrer à trop de plaisirs sensuels, afin que son cœur ne se corrompe. Il doit se procurer une copie exacte du livre de la loi, l'avoir toujours sous la main, y lire tous les jours de sa vie, « afin qu'il apprenne à craindre l'Éternel son Dieu, à observer toutes les prescriptions de cette Thorâ, et à exécuter tous ses statuts; afin que son cœur ne s'élève pas au-dessus de ses frères, et qu'il ne se détourne du commandement ni à droite ni à gauche; et afin que les jours de son règne et du règne de ses descendants se prolongent au milieu d'Israël. »

Voilà les devoirs de tout prince, de tout chef en Israël : être modeste et sobre, ne pas s'élever sur ses frères, qui ne sont pas ses sujets, mais ceux de Dieu et de sa loi; garder la pureté et la sainteté de son cœur, étudier sans cesse le livre du Seigneur, et y conformer tous ses actes, toute sa vie. Ah! que tous les rois israélites n'ont-ils pas suivi ce divin programme qui leur aurait épargné tant de malheurs, et à nous tous tant de désastres! Pourquoi tous les souverains de la terre ne s'inspirent-ils pas de ces obligations sacrées dictées par le ciel et dont l'accomplissement ferait, selon la promesse infaillible de Dieu, « prolonger leur règne et celui de leurs enfants au milieu de leur peuple ! »

————————

Moïse répète ensuite les commandements concernant les revenus des lévites, les superstitions et les œuvres de nécromancie, les vrais et les faux prophètes, les lieux de refuge pour les meurtriers par imprudence, les témoins devant la justice, le respect qu'on doit aux bornes du champ de son prochain, puis il dit :

« Quand vous marcherez à la guerre contre vos ennemis, et que vous verrez des chevaux et des chariots et des soldats en nombre plus considérable que les vôtres, ne les craignez pas, car l'Éternel, votre Dieu, qui vous a délivrés du pays d'Égypte, est avec vous.

« Quand vous marcherez au combat, le prêtre s'avancera et dira au peuple :

« Écoute, Israël, vous allez attaquer vos ennemis ; que votre cœur ne faiblisse point ! N'ayez pas peur, ne soyez ni émus, ni abattus devant eux.

« Car l'Eternel votre Dieu marche avec vous, afin de vous aider à combattre vos ennemis et vous défendre. »

Quelle différence entre ces simples et pieuses paroles, si bien faites pour animer le guerrier israélite d'un courage inébranlable, le rendre invincible dans le combat, mais aussi doux et humain dans la victoire, et les harangues des généraux d'autres peuples où, au lieu de parler de l'assistance de Dieu, on exalte la force brutale du soldat, son héroïsme, sa gloire, excite sa vanité, souvent sa cupidité et sa férocité en lui montrant des champs à ravager, des villes à piller, des populations à réduire à la mendicîté et à plonger dans le désespoir.... Le général israélite dit à son armée : *Écoute, Israël !* Il lui montre le ciel, et non des pays à dévaster ; il lui défend même de couper les arbres fruitiers pour élever des retranchements contre une ville ennemie (XX, 19).

Il lui dit encore :

« Qui d'entre vous a-t-il bâti une maison et ne l'a point inaugurée ? qu'il s'en aille et retourne à sa maison ; car il pourrait mourir dans la bataille et un autre homme l'inaugurerait.

« Quelqu'un a-t-il planté une vigne et n'en a pas encore récolté les premiers fruits ? qu'il s'en aille et retourne à sa maison ; car il pourrait mourir dans la bataille et un autre homme en cueillerait le fruit.

« Et quelqu'un s'est-il fiancé avec une femme et ne s'est point encore uni à elle ? qu'il s'en aille et retourne à sa maison ; car il pourrait mourir dans la bataille et un autre homme l'épouserait.

« Quelqu'un est-il timide et faible de cœur ? qu'il s'en aille et retourne à sa maison pour qu'il ne décourage pas le cœur de ses frères comme le sien. »

Voilà comment l'armée israélite a dû être composée : d'hommes courageux, de bonne volonté, marchant au combat le cœur joyeux et animé d'un saint enthousiasme, n'emportant de la maison aucun regret, aucun souvenir pénible, aucune crainte pour leurs intérêts ou leur bonheur. On n'arrachait pas de force les jeunes gens, les enfants, des bras de leurs parents ; on ne plongeait pas dans le deuil et les larmes les mères, les fiancées, les familles, en leur enlevant leurs joies, leurs espérances, souvent les soutiens de leur vie ; on ne ramassait pas dans tous les pays des bandes de mercenaires pour les lâcher comme des bêtes féroces sur les peuples. Israël ne devait pas avoir d'armée permanente ; il ne devait pas enlever les jeunes générations à la sainte vie domestique, aux devoirs sacrés et aux joies pures et vivifiantes de la famille, aux travaux moralisateurs des champs, aux travaux de la paix et de la prospérité du monde, aux mœurs antiques et aux traditions religieuses. Il ne devait pas enfermer des légions de jeunes hommes dans les foyers de corruption, les habituer pendant de longues années à une vie de paresse et de débauche, les rendre ensuite invalides de corps et d'âme, apportant souvent dans la maison paternelle et au sein de populations simples et candides tous les mauvais germes et tous les dangereux exemples. Israël n'avait pas besoin d'armée permanente ; à l'intérieur, chaque citoyen était un soldat de l'ordre et de la loi, toute la communauté punissait le mal et le crime ; et quand il s'agissait de repousser une agression du dehors, alors tous les hommes valides couraient volontairement aux armes, précédés des lévites et de l'arche du Seigneur. Mais on n'entreprenait pas de guerres de conquête, ces immenses et monstrueux vols à main armée que tant de nations fameuses inscrivent dans leur histoire comme une gloire ! Le roi d'Israël ne devait pas avoir beaucoup de chevaux (XVII, 16) pour qu'il ne fût jamais tenté de vouloir être un conquérant, une inquiétude, un malheur, un fléau du monde ! Dans le pays d'Israël devaient couler des fleuves de lait et de miel, non des ruisseaux de sang..... Le Très-Haut nous a donné la mission d'apporter la vie aux peuples, non de leur donner la mort. Le sang est une abomination en Israël.

———

Notre Sidra termine par des prescriptions à observer lorsqu'on trouvera un homme assassiné sans que l'on sache qui l'a frappé. Les anciens de la ville où l'on aura découvert le cadavre prendront une génisse qui n'ait pas encore servi ou tiré le joug ; ils la feront descendre dans un ravin, sur un terrain où l'on ne labourera ni ne sèmera plus, et là ils briseront la nuque à la génisse. Alors les prêtres, fils de Lévi, s'approcheront, et tous les anciens de la ville laveront leurs mains, et ils diront : « Nos mains n'ont pas répandu ce sang, nos yeux ne l'ont pas vu répandre. Pardonne, ô Éternel ! à ton peuple d'Israël que tu as délivré, et ne lui impute pas à crime le sang innocent versé dans son sein. »

« Ces cérémonies, dit Maïmoinde (*Moreh Nebouchim*, III, 40), ont une utilité visible. La génisse est apportée de la ville la plus proche de l'endroit où le cadavre a été trouvé, ville habitée presque toujours par le meurtrier. Les anciens de cette ville invoquent Dieu comme témoin qu'ils ne se sont rendus coupables d'aucune négligence dans la garde et dans la protection des chemins publics et dans l'assistance aux voyageurs, ainsi qu'il résulte de ces explications de nos rabbins (bénie soit leur mémoire!): « Celui-là n'a pas été tué parce que nous aurions oublié de prendre les mesures de précaution nécessaires, et aussi nous ne savons qui l'a frappé (1). » Ces recherches, l'affluence des anciens, des magistrats, du peuple, et la sortie de la génisse destinée au sacrifice, doivent nécessairement faire l'objet de tous les entretiens et attirer l'attention générale ; par cela le meurtrier est souvent découvert ; car quiconque le connaît, ou a entendu parler de lui, ou a été rendu attentif à sa personne par une circonstance quelconque, le dénoncera. Que quelqu'un puisse connaître le meurtrier et se taire, tandis que les anciens jurent en présence de Dieu qu'ils ne le connaissent point, ce serait une trop grande audace et un trop grand péché. C'est pourquoi chacun, même une femme, qui le connaît, le dénoncera certainement. La découverte du meurtrier offre cette utilité, que le roi, sinon le tribunal, le fera mettre à mort, et à défaut du roi, le vengeur du sang le frappera. Il est donc clair que le sacrifice de la génisse a pour but la découverte du coupable; ce qui résulte aussi de ce fait, que le terrain sur lequel on brise la nuque à la victime ne doit plus être labouré ni ensemencé. Le propriétaire de ce terrain, lésé dans ses intérêts, fera tous ses efforts pour découvrir le meurtrier, afin qu'on n'immole pas de sacrifice sur son champ et que son bien ne lui reste pas ainsi éternellement interdit. »

Cette explication de notre grand docteur est admirable et démontre une fois de plus toute la profondeur des lois religieuses israélites, qu'on critique et dédaigne si souvent, parce que la haute pensée nous en échappe ; mais ces prescriptions de notre Thorà nous disent aussi que la communauté est responsable du mal qui se commet dans son sein et qui lui impose un sacrifice expiatoire, la plus entière réparation possible. Si quelqu'un est frappé par la méchanceté, par la calomnie, par l'orgueil blessé d'un homme puissant; si un pauvre périt de misère, la communauté, qui aurait dû protéger la victime de la persécution et de l'infortune, peut-elle toujours dire en face du Seigneur : Nos mains n'ont point répandu ce sang ! Si un enfant d'Israël, faute d'enseignement religieux, est élevé sans croyance et

---

(¹) ידינו לא שפכה את הדם הזה .... וכי על דעתינו עלתה שזקני ב"ד סימבי דמים הן? אלא שלא בא על ידינו ופטרנוהו בלא מזון ולא ראינוהו והנחמנו בלא לוייה (*Sota*, 45 b).

sans pratique israélite, ou apprend dans des écoles étrangères, avec un culte étranger, le mépris de la foi de ses
pères et tombe dans le gouffre de l'apostasie, la communauté qui aurait négligé de prévenir ce danger par la création d'institutions religieuses et par des mesures sévères
contre les parents infidèles peut-elle dire en face du Très-
Haut : Nos mains n'ont pas attenté à cette vie israélite, et
nos yeux n'ont rien vu! Si une jeune fille israélite, en proie
aux souffrances de la pauvreté, se laisse entraîner par la
séduction à la perte de son cœur et de son âme; si un malade ou un vieillard infirme est forcé de chercher secours
chez des personnes et dans des établissements appartenant
à d'autres croyances, et abandonne le judaïsme qui l'a
abandonné, la communauté qui aurait manqué à ses devoirs de charité et de fraternité israélite pourrait-elle dire
devant le Seigneur et devant l'humanité : Nous ne sommes
pour rien dans la perte morale de cette jeune fille, ni dans
la mort spirituelle de ce malade et de ce vieillard!... « Vos
enfants, s'écrie le prophète (Haphtara de ce sabbath), sont
étendus sans connaissance dans toutes les rues, comme des
animaux pris dans un piége. » בניך עלפו שכבו בראש כל חוצות
כתוא מכמר.

La communauté est responsable du mal qui se commet
dans son sein. Éloignez donc tout ce qui est profane et
impur — סורו סורו צאו משם טמא אל תגעו; qu'elle reste pure et
sainte, elle, la gardienne de l'arche du Seigneur! הברו נשאי
כלי ה'. L'Éternel marche devant vous, le Dieu d'Israël protége votre passage! כי חלך לפניכם ה' ומאספכם אלהי ישראל (Isaïe,
LII, 11-12).

QUARANTE-NEUVIÈME SIDRA

פ' כִּי תֵצֵא

(Deutéronome, XXI, 10, à XXV).

———

ברגע קטן עזבתיך
 וברחמים גדולים אקבצך :

Lois concernant la femme prisonnière de guerre, le fils insoumis, le condamné à mort, la pitié envers les animaux, la chasteté, les droits de citoyen, la pureté du camp, l'intérêt de l'argent, les vœux, le mariage, la bienveillance envers les hommes et tous les êtres vivants, la probité dans le commerce, le souvenir d'Amalec.

On a vu, dans la Sidra précédente, dans quelles pieuses dispositions une armée d'Israël devait se mettre en campagne ; l'Écriture ajoute une magnanime et touchante prescription ; elle dit : Si un guerrier israélite remarque, parmi les captives tombées entre ses mains, une belle femme qu'il voudrait posséder, il doit la conduire dans sa maison, lui faire ôter ses vêtements de captivité, lui laisser le temps de pleurer son père et sa mère, puis il peut l'épouser, et elle sera sa femme légitime — והיתה לך לאשה.

Quand on pense comment toutes les armées du monde, même celles des pays les plus civilisés, traitent les femmes d'une ville conquise, leur faisant subir tous les outrages, toutes les fureurs des plus révoltantes et plus monstrueuses passions, on doit admirer, adorer une fois de plus notre code sacré qui protége ainsi l'honneur des femmes, la sainteté du foyer domestique, même au moment où l'ivresse du sang et l'enivrement du triomphe renversent toutes les barrières sociales, tous les commandements religieux, toutes les lois de la morale, du bien et du juste. Même au milieu de la bataille, le soldat israélite doit autant se garder de violer la loi de son Dieu que de déserter le drapeau et de passer à l'ennemi (XXIII, 10). כי תצא מחנה על אויביך ונשמרת מכל דבר רע.

Cette divine prescription israélite nous apprend aussi qu'il commettrait un grand crime celui d'entre nous qui, riche et puissant, abuserait de son or et de sa force pour déshonorer une femme ou une jeune fille tombée captive entre ses mains par la pauvreté, la faim, l'abandon, le malheur. Qu'il lui fasse ôter ses habits de captivité, ses haillons de misère; qu'il lui donne du pain et des vêtements, non pour la flétrir, mais pour la sauver; qu'il l'amène saintement dans sa maison pour l'épouser, ou qu'il assure honnêtement son avenir; mais que jamais elle ne soit pour lui un objet de honteuse spéculation ! ומכר לא תמכרנה בכסף.

Moïse nous défend de favoriser injustement un enfant au détriment de son frère, puis il dit : « Quand un homme aura un fils désobéissant et rebelle, n'écoutant ni la voix de son père ni celle de sa mère, et qu'ils l'auront châtié sans qu'il soit devenu plus docile, ils l'amèneront devant les anciens de la ville, feront connaître sa mauvaise conduite, et tous les habitants de la ville le lapideront. Ainsi vous ferez disparaître le mal d'au milieu de vous. »

Cette terrible sentence n'a jamais été exécutée en Israël, où les enfants ne se sont jamais rendus coupables à tel point envers leurs parents. Si cette sévère loi était de nature à maintenir les enfants les plus rebelles dans les limites du devoir envers leurs père et mère, elle empêchait aussi ceux-ci de frapper dans leur colère un fils désobéissant. Chez beaucoup de peuples anciens et modernes, le père de famille a droit de vie et de mort sur ses enfants; il est dans sa maison juge suprême, il peut condamner et exécuter, donner à sa colère la liberté de verser le sang. La loi israélite n'accorde pas aux parents cette terrible magistrature; s'ils ont à se plaindre de leur fils, ils doivent l'amener devant les juges de leur ville, qui examinent froidement et prononcent selon la justice. Tout emportement aveugle, toute précipitation fatale, deviennent donc impossibles par les sages lenteurs et la gravité calme des formes judiciaires. Mais si l'enfant rebelle est trouvé coupable, alors tout Israël doit concourir à sa punition, car la violation du respect filial, profanant et souillant le sanctuaire de la famille, est une tache et un malheur pour toute la communauté, un danger public pour la pureté des mœurs et l'avenir de la société. Un fils rebelle dans la maison est plus qu'un apostat dans le temple; il est un vivant crime contre nature.

————

Le divin législateur répète les lois israélites de charité et d'amour que nous devons observer même envers les suppliciés, auxquels il faut donner de suite une sépulture; envers les animaux ayant besoin de secours, et les objets perdus de notre prochain; envers les oiseaux dont nous trouvons le nid sur notre chemin [1]. Il est défendu aux hommes et aux femmes de porter d'autres vêtements que ceux de leur sexe, car c'est contraire aux bonnes mœurs, une abomination devant l'Éternel. La femme israélite qui se respecte ne doit pas suivre des modes qui blessent la pudeur, attirent les regards des passants, provoquent des paroles et des pensées immorales, ruinent la paix

---

[1] כי יקרא קן צפור « Si vous *rencontrez* un nid d'oiseaux »; mais il est défendu de mettre des piéges à ces petites créatures ou de leur faire la chasse.

du foyer domestique ; mais elle doit garder son vêtement, la pure et candide simplicité de la jeune fille, la sainteté auguste de l'épouse, l'auréole divine de la mère de famille. Et l'homme, à son tour, ne doit pas avoir une mise et des manières indignes de l'austère gravité de ses grands devoirs, de la mission sacrée qu'il a à remplir sur la terre. La vie israélite ne doit pas être un carnaval, mais une fête à la vertu, à l'humanité, au Très-Haut !

Moïse, n'oubliant rien qui pût assurer le bonheur de nos pères, leur donne des lois sur la construction des maisons, sur l'agriculture, les semences, les bêtes de labour, etc.; il répète le commandement des *tzizith*, et établit des mesures judiciaires pour protéger l'honneur des femmes mariées contre toute calomnie, et celui des jeunes filles contre toute insulte. Il ne parle pas de nouveau des sacrifices prescrits pour les péchés contre Dieu, mais il insiste avec une énergie remarquable sur la pureté des mœurs, la probité dans les relations sociales, la charité et la bienveillance envers tous les hommes. Aucune tache ne doit flétrir la communauté israélite, qui doit repousser tout membre gangrené, le *mamser*, le fruit de la corruption et de la honte ; elle ne doit pas faire de concession au vice (XXIII, 18), de pacte avec le mal, laisser dans son sein cette abomination publique qui, sous le nom de tolérance, blesse le regard des hommes et la loi de Dieu, au milieu de tant de populations se disant amies de la morale et de la religion ! Tout ce qui n'est pas pur doit être banni du camp d'Israël (*ibid*, v. 11).

« Ne repoussez pas l'Egyptien, car vous avez été étrangers dans son pays ; leurs enfants, à la troisième génération, pourront entrer dans l'assemblée de l'Éternel. »
Ces sentiments de tolérance et d'amitié que nous devons avoir pour d'anciens oppresseurs dont nous avons habité

le pays à titre de parias, combien devons-nous en être animés envers les peuples généreux au milieu desquels nous ne sommes plus des étrangers, mais des citoyens libres et honorés, traités, à l'égal de tous, comme des frères et des membres de la famille! Combien devons-nous, selon la parole du prophète, contribuer à la prospérité de la cité où nous vivons tranquilles et heureux, sous la protection de lois justes et bienveillantes, et prier le Seigneur pour le bonheur de nos concitoyens qui, bien que professant un autre culte, mériteraient cependant, par leurs vertus et leurs qualités morales et sociales, d'entrer dans l'assemblée du Très-Haut!

Aussi toutes les lois civiles, morales et charitables qui nous sont imposées dans nos rapports avec nos coreligionnaires, nous devons les pratiquer envers nos concitoyens de tous les cultes. Nous devons leur prêter de l'argent sans intérêts usuraires (XXIII, 20), nous garder de leur faire un tort, même en secret (v. 26), rendre aux indigents le vêtement qu'ils nous auront donné comme gage d'une dette et dont ils ont besoin pour se couvrir (XXIV, 12), payer à l'ouvrier son salaire avant le coucher du soleil, abandonner aux pauvres, aux veuves et aux orphelins de toutes les croyances une partie de nos récoltes (v. 19), et considérer comme un Amalec, comme un ennemi de notre propre race, tout ennemi du pays où nous avons vu le jour et où nous sommes traités en enfants de la commune patrie. Nous devons combattre de toutes nos forces tout ennemi de la gloire nationale, et le repousser au prix de notre sang, comme s'il venait attaquer Jérusalem et le sanctuaire. Ne l'oublions pas ! לא תשכח

Moïse nous donne ici encore une loi de morale et d'humanité à laquelle beaucoup de peuples civilisés de nos jours n'ont pas encore pu s'élever : il nous défend de livrer à son maître l'esclave qui a brisé ses chaînes et cherché un refuge dans notre maison (XXIII, 16). En présence de ces ignobles chasses d'esclaves organisées dans diverses contrées de la terre, où les malheureux fuyards, hommes, femmes ou enfants, sont poursuivis comme des bêtes féroces, traqués par des chiens, déchirés par les dents et les griffes de ces animaux, ou tombent sous le plomb meurtrier du chasseur d'hommes; en présence de ces horreurs qui ensanglantent les champs et les bois de tant de pays, combien devons-nous te rendre grâces, ô sainte et douce religion israélite, qui, par la bouche de l'envoyé du Seigneur, nous ordonnes d'offrir un asile et du pain à tous ceux qui sont persécutés par une sauvage barbarie!

———

« Quand vous entrerez dans la vigne de votre prochain, vous pourrez manger des raisins selon votre désir; mais vous n'en emporterez point. »

Un rabbin (1) voit dans cette prescription la condamnation du *plagiat littéraire*; il dit :

« Il est un vol que la loi civile punit bien rarement, et ne peut punir que dans des cas exceptionnels, parce qu'on peut le cacher facilement, le dissimuler avec tant d'habileté, que la preuve judiciaire devient toujours contre lui très difficile, la plupart du temps impossible.

« Nous voulons parler du vol scientifique, du larcin de la propriété spirituelle, lorsque quelqu'un copie les pensées d'un autre et les donne pour siennes.

« Si la punition du crime est mesurée à la valeur de l'objet dérobé et le préjudice qu'éprouve la personne victime du vol, le plagiaire devrait être frappé de la punition la plus sévère. Les pensées et les idées ne sont-elles pas ce que l'homme a de plus précieux, puisqu'elles sont un bien impérissable? « Quand l'homme quitte la vie, disent nos sages, il n'est pas accompagné par son or et son argent, ses perles et ses pierres précieuses, mais par sa science et ses bonnes œuvres. » (*Aboth*, IV, 10.)

(1) Dr A. Schmiedl, *Sansinnim*, 249.

« Les lèvres du savant remuent encore dans la tombe lorsqu'on publie un enseignement en son nom. » (*Iebamoth*, 96 *a*.) Combien est donc grand le péché de celui qui remplace ce nom par le sien !

« Toute pensée produite par mon esprit est un enfant né de mon âme. Les pensées et les idées que j'exprime sont les enfants de mon cerveau. C'est pourquoi Socrate a appelé sa méthode « l'art de la sage-femme ». Il se compara à sa mère Phénarète, une sage-femme, parce qu'il aidait les autres à mettre leurs pensées au monde. Toute pensée creuse, inutile, est un avorton ; plus les pensées que j'ai fait naître sont nobles et profondes, et plus magnifiques sont les enfants engendrés par mon esprit.

« Donc, quiconque dérobe mes idées et mes pensées et les fait passer pour siennes, me vole mes enfants en se les appropriant.

« Le verset de l'Ecriture ci-dessus renferme dans une image une exhortation contre le plagiat, le vol littéraire et spirituel.

« Tout savant plante en quelque sorte, à la joie du monde, une vigne où poussent de nobles fruits, propres à fortifier le cœur, à animer et à vivifier l'esprit. Les bons écrits qu'il produit, voilà cette vigne avec ses excellents raisins. Or, si vous entrez dans cette vigne, cueillez autant que vous voudrez de ce fruit parfumé, rassassiez-vous-en avec joie, enivrez-vous selon le désir de votre cœur de ce vin précieux planté par votre savant frère.

« Mais — אל כליך לא תתן — ne mettez pas dans votre poche les fruits délicieux que vous avez cueillis dans la vigne d'autrui, pour les porter comme votre propriété au marché et les exposer en vente comme vous appartenant. Vous n'avez pas le droit de faire ceci ! »

« On ne fera pas mourir les pères pour les crimes des enfants, ni les enfants pour les crimes des pères : nul ne mourra que pour ses propres péchés. »

Grand et divin principe du judaïsme qui repousse toute doctrine d'un mal originel, d'une tache de naissance, d'un crime historique, réel ou imaginaire, et qui, en affranchissant l'homme de toute responsabilité pour des actes qui ne sont pas les siens, lui assure sa vraie liberté et sa vraie dignité. Nous aussi, ne faisons souffrir personne pour les fautes d'autrui ; ne repoussons pas le fils à cause du père, ni le père à cause du fils. Il est déjà assez malheureux celui dans la famille duquel le déshonneur est entré par une mauvaise action quelconque; témoignons-lui au contraire toute notre sympathie, tout notre respect, à lui qui n'a pas suivi un exemple funeste et qui est resté sans tache au milieu d'une atmosphère corrompue. Et si quelqu'un est réellement coupable par ses fautes personnelles, punissons-le avec mesure, avec indulgence, avec miséricorde; « que le châtiment ne soit pas excessif, et que votre frère ne soit pas avili sous vos yeux. » מן יוסיף להכותו על אלה מכה רבה ונקלה אחיך לעיניך (XXV, 3).

Imitons la bonté du Seigneur, qui a dit par la bouche de son prophète :

« Je vous ai abandonnés pendant un court instant, mais je vous reprends avec une abondance de miséricorde. Je vous ai caché mon visage pendant une courte irritation, mais ma grâce est éternelle..... Les montagnes seront déplacées, les collines ébranlées, mais ma grâce ne se retirera pas de vous et la paix de mon alliance ne sera jamais ébranlée, dit le Dieu miséricordieux. » (Isaie, LIV, 7-10.)

———

CINQUANTIÈME SIDRA

פ' כִּי־תָבוֹא

(Deutéronome, XXVI à XXIX, 8).

וראו גוים צדקך
וכל מלכים כבודך :

**Offrande des prémices et des dîmes. — Les montagnes de Garizim et
d'Ébal. — Adjurations; bénédictions et malédictions. — Souvenir des
miracles de Dieu.**

On peut dire avec une conviction entière, que le sentiment du devoir est profondément gravé dans le cœur de
tout homme en Israël, non-seulement du devoir moral et
social, mais aussi du devoir religieux; chacun sent dans
sa conscience qu'il doit quelque chose à son origine, à
l'histoire et aux traditions de ses ancêtres, à la religion
dont sa mère a invoqué le secours en lui donnant le jour,
au Dieu que son père a confessé en lui donnant sa bénédiction avant de mourir. Mais quant à l'accomplissement
du devoir religieux, voilà où commencent les divergences,
les erreurs, les fautes.

Les uns s'imaginent qu'il suffit d'être israélite de loin,
de très loin; d'envoyer de temps en temps un don au temple, comme une carte de visite déposée dans la maison du
Seigneur; de contribuer aux frais du culte, au soutien des

établissements charitables ; de consentir à être chef de la communauté pour la représenter auprès du souverain et aux fêtes et solennités officielles ; ils assistent même pour cela aux cérémonies célébrées dans les temples étrangers, sans jamais mettre le pied dans notre sanctuaire ; ils sont israélites à l'église, non dans la synagogue.

Les autres se montrent périodiquement au milieu de leurs frères, se présentent devant le rouleau sacré, et déposent des offrandes, parfois considérables, sur l'autel de notre Dieu. Mais ils font cela avec une ostentation orgueilleuse ; prennent l'air d'un prince qui, de temps en temps, daigne paraître au milieu de populations pauvres pour leur distribuer ses largesses et entendre leurs bruyants vivats ; ils s'imaginent faire au Très-Haut des avances d'argent sur ce qu'il devra leur payer en richesses, en puissance, en honneurs ; ils croient que leur apparition au temple doit réjouir les anges au ciel, comme l'arrivée d'un seigneur généreux parmi ses paysans et ses vassaux ; ils oublient que, plus ils sont heureux, fortunés, comblés de bénédictions, plus ils en doivent de reconnaissance au Très-Haut, qui leur a donné tout cela.

Notre Sidra apprend aux uns et aux autres comment il faut remplir le devoir religieux ; elle dit :

« Vous prendrez des prémices de tous les fruits de la terre que l'Éternel votre Dieu vous donnera ; vous les mettrez dans une corbeille, et vous irez au lieu que l'Éternel votre Dieu aura choisi pour y faire résider son nom. »

Ainsi il ne suffit pas d'être israélite de loin, par une souscription, par l'envoi d'une offrande, par un trait de plume ou un rouleau d'or. Mais il faut payer de sa personne, aller soi-même au lieu que le Seigneur a choisi pour sa résidence, y porter son offrande, le sacrifice de son amour et de sa foi, de sa gratitude et de son adoration. Cependant, gardons-nous de porter au sanctuaire du bien mal acquis, de chercher à légitimer, à sanctifier par une oblation, des biens conquis dans le péché, par la violence, la fraude, l'injustice. « Vous apporterez des fruits de la terre *que le Seigneur vous aura donnée* » par votre travail, votre loyauté, par sa bénédiction, et non ce que le mal et l'iniquité vous auront procuré aux dépens de votre prochain, aux dépens de votre conscience et en violation de la loi d'Israël.

Et loin de se croire créancier de Dieu par un sacrifice déposé devant sa sainte arche, loin de s'imaginer faire une aumône au Maître de l'univers, le fidèle doit reconnaître et confesser hautement tout ce qu'il doit lui-même au Seigneur, toutes les bontés dont il a été comblé ; il doit avouer que si toutes ses espérances sont réalisées, c'est que Dieu a accompli toutes ses promesses, — תגדתי חיום לה' אלהיך כי באתי אל הארץ ; il doit dire comme l'Hébreu en Canaan :

« Mon père était un Araméen errant ; il descendit en Égypte, y séjourna comme étranger avec une petite famille, et il y devint une grande et puissante nation.

« Et les Égyptiens nous maltraitèrent, nous opprimèrent, et nous imposèrent les corvées les plus dures ;

« Alors nous criâmes vers l'Éternel, le Dieu de nos pères, et l'Éternel entendit notre voix, vit notre misère, notre oppression et nos angoisses.

« Et l'Éternel nous fit sortir de Mizraïm par la puissance de sa main, par la force de son bras, par des actions formidables, par des signes et des prodiges ;

« Et il nous a conduits en ce lieu, et nous a donné ce pays où coulent le lait et le miel.

« Et maintenant voici les prémices des fruits de la terre que vous m'avez donnée, ô Éternel ! »

Voilà dans quels sentiments d'humilité, de profonde et sainte gratitude, nous devons nous approcher de l'autel du Seigneur, en rappelant nos misères, et en reconnaissant que tout ce que nous sommes et tout ce que nous possédons est son œuvre, le fruit de sa grâce et de son amour, non de notre mérite, de nos vertus ou de nos talents. « Vous vous prosternerez devant l'Éternel, » non devant le démon de l'orgueil et de la vanité ; et puis, « vous vous réjouirez

de tout le bien que Dieu vous aura accordé, à vous et à votre maison, vous et le lévite, *et l'étranger qui sera au milieu de vous.* » A côté de l'offrande au temple, il faut le
sacrifice à la maison, la bonté, l'amour du prochain, la
fraternité envers nos semblables ; après Dieu, l'humanité.

Et si, dans le sentiment du devoir accompli, nous
croyons pouvoir demander au Ciel une récompense, une
bénédiction ; si, dans la sincérité de notre âme, nous pouvons dire au Seigneur : « Je n'ai rien transgressé ni rien
oublié de vos lois, j'ai obéi à la voix de l'Éternel mon Dieu
et j'ai fait tout ce que vous m'avez ordonné » — שמעתי בקול
ח' אלהי עשיתי ככל אשר צויתני, alors encore nous ne devons pas
solliciter pour nous-mêmes, implorer la bonté divine en
faveur de nos intérêts personnels, mais nous devons dire :

« Jetez un regard de votre demeure sainte, du ciel, et
bénissez votre peuple Israël et cette terre que vous nous
avez donnée. » השקיפה ממעון קדשך מן השמים וברך את עמך את
ישראל ואת האדמה אשר נתתה לנו. Nous devons prier pour notre
frère, pour notre communauté, pour notre pays. Voilà la
prière que Dieu lui-même nous a enseignée. Elle nous dit
notre devoir et nous inspire les plus nobles sentiments et
les plus généreuses actions : en priant pour notre prochain,
nous ne pouvons rester insensibles quand il nous prie lui-
même ; en priant pour Israël, nous ne pouvons nous séparer de la communauté et de ses destinées ; en priant pour
la patrie, nous ne pouvons refuser de consacrer à son bonheur toutes nos forces et tout notre dévouement, nos biens
et notre vie.

———————

Qu'on ne s'imagine pas que toutes ces saintes prescriptions n'avaient été ordonnées que pour la Palestine, pour
Israël réuni en peuple religieux et politique, et qu'elles

n'aient aucune application dans d'autres pays et d'autres
circonstances. Non, « *c'est aujourd'hui* que l'Éternel vous
ordonne d'observer ces lois — היום הזה ה' אלהיך מצוך לעשות
את החקים האלה; *c'est aujourd'hui* que vous avez promis à
l'Éternel de le reconnaître pour votre Dieu et de marcher
dans ses voies — את ה' האמרת היום להיות לך לאלהים; *c'est aujourd'hui* que l'Éternel vous convie à être son peuple de
prédilection, ainsi qu'il vous l'a dit, si vous pratiquez ses
commandements — וה' האמירך היום להיות לו לעם סגלה. » Tous
les jours de notre existence, dans tous les siècles et toutes
les contrées, le Seigneur renouvelle son alliance avec Israël, l'éclaire de sa révélation, le fortifie de sa parole, et
tous les jours la voix du Sinaï retentit au milieu de nous,
et nous dit notre devoir, notre serment, notre mission et
notre avenir — בכל יום ויום בת קול יוצאת מהר חורב (*Aboth*,
VI, 2.)

C'est pourquoi Israël, même dans sa dispersion, ne doit
point cesser d'être une race élue, un peuple de pontifes,
la communauté du Très-Haut. « Écoute et entends, Israël,
en ce jour, tu es devenu le peuple de l'Éternel ton Dieu »
היום הזה נהיית לעם לה' אלהיך; tous les jours, et à tout jamais,
nous renouvelons avec notre Dieu et notre foi l'alliance
jurée au pied du Sinaï, et signée par des torrents de sang
israélite... בכל יום יהיו בעיניך כאילו היום באת עמו בברית (Raschi).
Aussi toute notre vie doit-elle porter l'empreinte de cette
élection, de cette alliance, de ce serment; nous devons
élever des monuments de pierre et y graver la loi du Seigneur — והקמת לך אבנים גדלות וכתבת עליהן את כל דברי התורה הזאת;
nos temples, nos maisons, notre foyer domestique, notre
table, nos mœurs, notre existence tout entière, doivent manifester le Dieu d'Israël, être un hommage et un culte à sa
parole et à sa vérité. Nous devons confesser publiquement
notre divine croyance avec autant de bonheur et d'orgueil
que Dieu a mis d'amour et de tendresse à nous proclamer
son peuple devant le monde. « Vous écrirez *clairement* —

באר־היטב — sur ces pierres toutes les paroles de cette Thorâ. » Malheur à nous si nous dissimulons notre origine, si nous rougissons de nos pères, si nous nions notre Dieu! Bénédiction et gloire éternelle à nous tous si nous portons dignement et fièrement le titre d'Israélite devant les nations, et alors, malgré notre dispersion et notre petit nombre, « les peuples de la terre verront que le nom de l'Éternel est sur nous, et ils nous respecteront » וראו כל עמי הארץ כי שם ח' נקרא עליך וייראו ממך ; nous pourrons rendre des services précieux à la société, avancer le progrès, la prospérité, la lumière et le salut des pays où nous vivons — והלוית גוים רבים ואתה לא תלוה ; nous serons, malgré tous les préjugés et toutes les injustices, une partie d'élite de l'humanité — ונתנך ח' לראש ולא לזנב והיית רק למעלה ולא תהיה למטה.

———

Moïse ordonna au peuple de se réunir, après avoir traversé le Jourdain, savoir : six tribus sur la montagne de Garizim, et six tribus sur celle d'Ébal, sur laquelle on aura élevé les monuments de pierre dont il est question plus haut (XXVII, 4). Les prêtres et les lévites avec l'arche sacrée devaient se tenir au fond, entre les deux montagnes (*Sota*, 36). Alors les lévites devaient élever la voix, et, en se tournant vers Garizim, bénir tous ceux qui resteraient fidèles à la loi de Dieu, et, en se tournant vers Ébal, prononcer l'anathème contre les violateurs de cette loi ; à chaque malédiction, le peuple tout entier devait répondre *Amen*. Cette scène, qui allait avoir lieu sous Josué (Josué, VIII, 30), a dû être grandiose et terrible. C'est à la face du ciel, en présence de l'arche du Seigneur, qu'Israël tout entier, debout sur deux montagnes, dont l'une, sauvage et nue, représentait la malédiction, et l'autre, couverte d'une

belle et riante végétation, représentait la bénédiction [1];
c'est là, au milieu de la nature et sur la terre sacrée d'A-
braham, d'Isaac et de Jacob, qu'Israël prononça lui-même
son châtiment pour toutes ses futures transgressions de la
religion sinaïque. Il acceptait à l'avance une sentence de
mort contre tous ceux d'entre lui qui se rendraient coupables, en secret, d'un des douze crimes envers Dieu ou envers les hommes, sur lesquels les lévites prononcèrent le
lugubre *Maudit soit!* Quel spectacle et quel souvenir! Le
péché, qui nous paraît au commencement petit et insignifiant comme un grain de sable, devient, si nous ne le combattons pas à sa naissance, grand et terrible comme le
mont Ébal! Il devient le malheur, la malédiction de notre
vie, qu'il transforme en désert comme le rocher maudit.

Moïse répète, en les développant et les commentant en
quelque sorte, les menaces, les prédictions effroyables faites par la voix d'en haut à nos pères s'ils abandonnent le
chemin des croyances et des mœurs israélites (Lévitique,
XXVI, 14 à 43). L'histoire a vu se confirmer tous les
malheurs épouvantables annoncés à Israël.

D'abord le pays de Canaan, cette terre fortunée dont
l'extrême abondance fut même constatée par les envoyés
si mal disposés de Moïse, a été frappé de stérilité, de malédiction. Et cela ne pouvait manquer d'arriver. Quand un
peuple abandonne la loi de Dieu, les mœurs simples et
pures, les traditions sacrées et vivifiantes de ses ancêtres,
il dédaignera bientôt les travaux si moralisateurs et si honorables des champs, pour se livrer à des œuvres de luxe
et de perdition, à une vie d'oisiveté et de mollesse. Alors

---

[1] Les Samaritains, qui, sous Alexandre le Grand, bâtirent un temple
sur le Garizim, substituèrent, dans le Deutéronome, le nom de cette montagne à celui d'Ébal, afin de désigner le lieu de leur sanctuaire comme celui
où jadis s'était conclue l'alliance solennelle. Encore aujourd'hui les Samaritains de Nablous se tournent en priant vers la montagne de Garizim. Voyez
MUNK, *La Palestine*, page 5.

l'homme dégénère et le champ dépérit. La malédiction dont fut frappée la terre par suite de la faute d'Adam revient grande et terrible par les péchés de l'homme. Les ronces et les épines couvrent les campagnes, les fleuves de lait et de miel tarissent quand le démon du mal et la séduction des plaisirs dangereux font abandonner au laboureur sa charrue, sa vie tranquille et paisible, pour l'entraîner aux foyers de la corruption.

Après la ruine du pays, de sa prospérité et de ses richesses naturelles ; en présence et à la suite de la soif des jouissances et de la fièvre de l'or nécessaire pour les obtenir, arrivent immanquablement les convoitises, les luttes, les haines, les injustices, les violences, tous les crimes dans la société. C'est ainsi que, par l'oubli et la violation de la loi de Dieu, Canaan fut ruiné, le temple de Jérusalem détruit, et Israël dispersé, livré à des malheurs inouïs, à un martyre de vingt siècles.

Parmi les malheurs prédits à nos pères se trouvent ceux-ci :

« Vous tâtonnerez en plein midi, comme l'aveugle tâtonne au milieu des ténèbres, et vous ne réussirez point dans vos entreprises. »

Notre intelligence, notre sagesse, notre lumière, c'est la foi israélite, le flambeau du sanctuaire, l'éclair du Sinaï — כי הוא חכמתכם וביתכם לעיני העמים. Si nous éteignons en nous cette lumière du ciel, nous marchons dans les ténèbres et nous tombons dans tous les abîmes.

« Vous épouserez une femme, et un autre la possédera. »

Les lois saintes d'Israël étaient un rempart inviolable contre les mauvaises mœurs, contre la profanation du sanctuaire domestique, contre l'infidélité et la trahison. Comment pouvons-nous nous étonner, nous plaindre, si, en bannissant de notre maison le respect et la pratique des saints commandements de notre religion, nous voyons s'éloigner l'union sacrée de la famille, le culte du lien conju-

gal, et notre porte s'ouvrir, large et béante comme le cra-
tère de l'enfer, à toutes les perfidies, à tous les attentats,
à toutes les hontes!... Comment pouvons-nous nous étonner si l'ange s'envole effrayé de notre intérieur, lorsque
nous y admettons le démon!... En vérité, chaque coup que
nous portons aux tables de nos commandements est un clou
enfoncé dans le cercueil de notre bonheur!

« Vos fils et vos filles seront livrés à un autre peuple;
vos yeux en seront témoins et pleureront tous les jours,
mais vous n'y pourrez rien. »

Si nous n'élevons pas nos enfants dans le respect et la
crainte de Dieu, si nous ne gravons profondément dans
leur cœur l'amour et la vénération de leurs parents par
l'amour et la vénération du Seigneur et de sa loi, si nous
ne leur donnons pas l'exemple d'un attachement inébranlable aux traditions religieuses et aux enseignements de
nos pères, comment resteraient-ils attachés eux-mêmes
aux devoirs du respect filial, comment resteraient-ils à
nous? Ils deviennent ingrats, insensibles, cruels, étrangers à leurs pères et mères, souvent, hélas! apostats à leur
Dieu, et nous n'avons plus de pouvoir pour les ramener!
‏ואין לאל ידך.‏

« Vous serez un objet de stupéfaction, de sarcasmes et
de railleries chez tous les peuples au milieu desquels l'Éternel vous conduira. »

Quand notre religion est méprisée par ses propres enfants, quand nous en critiquons et raillons les antiques et
saints usages, les trouvant ridicules, au-dessous de notre
esprit, de notre position élevée, de nos progrès et de notre
civilisation, alors nous devenons nous-mêmes un objet de
mépris, de sarcasme et de raillerie pour les peuples qui ne
peuvent pas comprendre la désertion d'une société humaine
de son Dieu et de son culte. Et nous, qui n'avons pas
voulu servir le Très-Haut dans le sanctuaire d'Israël et selon les lois israélites, nous arrivons à nous prosterner devant des dieux de bois et de pierre — ‏ועבדת שם אלהים אחרים‏

עץ ואבן, — devant toutes les superstitions, tous les fétiches et toutes les idoles qui trônent sur les hauts lieux de Baal !... Refusant d'être les serviteurs de l'Éternel, nous sommes ramenés en Égypte pour être soumis à tous les despotismes, à toutes les exigences et tyrannies sociales — והשיבך ח' מצרים באניות.

« Ces malédictions vous atteindront, vous et vos descendants à jamais, parce que vous n'aurez pas servi l'Éternel votre Dieu *avec joie et de bon cœur*, lorsque vous étiez dans l'abondance. »

Voilà la cause secrète de beaucoup de nos malheurs : nous servons Dieu ostensiblement, nous bâtissons des temples, nous déposons des sacrifices sur l'autel; mais nous ne le faisons pas toujours sincèrement, avec joie et de bon cœur, mais plutôt par amour de notre nom et de notre orgueil que par amour de Dieu et pour sa gloire. Israël, dispersé et peu nombreux parmi les peuples, se disperse encore davantage et devient encore plus petit par suite du relâchement de son lien religieux et spirituel, de sa communauté de croyance et de vie israélite, de son union dans le Seigneur et son arche d'alliance. « Vous resterez un petit nombre, après avoir été nombreux comme les astres des cieux, parce que vous n'avez point écouté la voix de l'Éternel votre Dieu. »

« Votre vie vous sera à charge; le matin vous direz : Que n'est-il déjà soir! et le soir vous direz : que n'est-il matin ! »

Quand le riche oublie la loi sainte d'Israël, il est bientôt blasé sur toutes les jouissances grossières de la vie; un ennui immense s'empare de son être et un voile de deuil s'étend sur son or et sur ses joies; il dit le matin : Que n'est-il déjà soir! pour se livrer à quelques nouvelles distractions, et toujours même désenchantement, même tristesse, même vide et mêmes ténèbres dans son cœur, même froid dans son âme. Et le pauvre qui, par la violation de la religion, perd son seul appui contre les misères de son

existence, trouve une nouvelle torture dans chaque rayon
du jour, une nouvelle malédiction dans chaque heure de
la nuit...

––––––––

Voilà les paroles de l'alliance de l'Éternel contractée à
Horeb, répétée en Moab, se réalisant dans toute l'éternité.

« C'est pourquoi, ô lumière de notre sanctuaire, lève-
toi de nouveau sur nous, car ton éclat s'est obscurci, mais
la majesté du Seigneur brille toujours sur toi.

« La terre est couverte de ténèbres, les peuples sont enveloppés de brouillards ; mais l'Éternel rayonnera sur Israël, et sa gloire paraîtra sur lui.

« Et les nations marcheront à sa clarté, et les princes à
la splendeur de son étoile.

« Lève tes yeux autour de toi, et vois comme tous arrivent en foule ; tes fils et tes filles accourent de loin.

« Ton soleil ne se couchera plus, ta lune ne se retirera
plus ; car le Très-Haut sera ton éternelle lumière, et tes
jours de deuil passeront.

« Ce peuple, composé de justes, habitera à tout jamais
la terre sacrée ; fruits de ma culture, œuvres de ma main,
ils seront ma gloire ! » וְעַמֵּךְ כֻּלָּם צַדִּיקִים לְעוֹלָם יִירְשׁוּ אָרֶץ נֵצֶר
מַטָּעַי מַעֲשֵׂה יָדַי לְהִתְפָּאֵר (Isaïe, LX).

––––––––

CINQUANTE-UNIÈME SIDRA

פִּ׳ נִצָּבִים

(Deutéronome, XXIX, 9, à XXX).

———

על חומתיך ירושלים הפקדתי שומרים
כל היום וכל הלילה תמיד לא יחשו :

Nouvelle introduction dans l'alliance divine de toutes les classes de la société israélite. — Expiation par la pénitence et le retour vers Dieu. — La loi de Dieu est intelligible et accessible à tous. — Sa transgression amène la mort et son accomplissement produit la bénédiction de la vie.

Moïse a terminé son grand travail d'enseignement et d'initiation ; il a répété toutes les lois divines avec une clarté admirable, avec une éloquence du cœur qui nous touche, nous enthousiasme, nous élève vers les hauteurs rayonnantes de la lumière et de la félicité ; il a montré du doigt les bienfaits, les bénédictions et la grandeur des commandements sinaïques et de la vie israélite, et combien ces commandements et cette vie sont dignes d'un peuple éclairé par le flambeau de la vérité, appelé à combattre dans le monde les ténèbres, les superstitions, l'idolâtrie, et à propager tous les salutaires principes et toutes les généreuses idées. Il voulait réunir une dernière fois tout Israël, non autour de sa personne, comme ferait un général s'entourant de ses soldats ou un prince de ses sujets, mais devant le Seigneur, pour les charger tous, sans exception aucune, de la haute mission sacerdotale confiée au peuple élu, et aussi pour imposer à tous les graves devoirs et toutes les saintes obligations du judaïsme que nul ne devait ignorer et dont nul ne devait se dispenser. Il voulait amener tout son peuple sous le regard de l'Éternel, comme lui-même s'y était trouvé le jour auguste et mémorable du Sinaï, faire briller à ses yeux les clartés et les éclairs des bénédictions éblouissantes attachées à l'observation de la loi, mais aussi faire entendre à ses oreilles le tonnerre et la tempête des malédictions accompagnant le mal et le péché, la voix puissante du Schofar qui exhorte et qui menace, et il dit :

« Vous êtes placés tous aujourd'hui devant l'Éternel votre Dieu, vous, les chefs de vos tribus, vos anciens, vos officiers et tout homme en Israël ;

« Vos enfants, vos femmes et l'étranger séjournant au milieu de vous, depuis celui qui fend le bois jusqu'à celui qui puise de l'eau ;

« Afin de vous introduire dans l'alliance de l'Éternel votre Dieu, en vous faisant accepter le serment que le Seigneur vous propose aujourd'hui,

« Et afin qu'il vous accepte pour son peuple et qu'il soit votre Dieu, ainsi qu'il vous l'a promis et qu'il l'a juré à vos pères, Abraham, Isaac et Jacob. »

Voilà l'égalité spirituelle proclamée et instituée à tout jamais en Israël. L'ouvrier comme le prince, la femme comme le pontife, l'enfant comme l'ancien de la communauté, tous ont une part égale aux droits comme aux devoirs, au droit de l'enseignement, de la lumière, de la vie, de l'alliance de Dieu, et au devoir du bien, de la vertu, de la sanctification, du travail de charité, d'amour et de salut parmi les hommes. Il n'y a plus de pauvres ni de riches, ni de maîtres ni d'esclaves, mais des membres égaux de la grande famille spirituelle, des membres bienheureux de l'alliance de l'Éternel! Combien chacun de nous, élevé si haut, placé sur le sommet du Sinaï, au milieu des rayons et des splendeurs du Seigneur, doit-il sentir la grandeur et la sainteté de sa tâche, trouver indigne de lui tout ce qui est mal, poussière et fange, et éprouver l'orgueil de sa divine noblesse, le sentiment de sa valeur immortelle!

« Car, continue l'homme de Dieu, ce n'est pas avec vous seuls que je contracte cette alliance et établis ce serment; non-seulement avec ceux qui sont ici présents devant l'Éternel votre Dieu, mais aussi avec ceux qui ne sont point ici avec vous aujourd'hui. » L'alliance du judaïsme est signée pour l'éternité et embrasse tous les temps, tous les climats, toutes les générations; le serment prêté au pied de l'Horeb enflammé engage l'avenir; il est la réponse de la terre à la parole du Créateur : Que la lumière soit!

———

Moïse rappelle à nos pères leur séjour en Égypte et leur passage à travers d'autres pays; il dit : « Vous avez vu leurs abominations, leurs idoles infâmes de bois et de pierre, d'or et d'argent. Prenez garde qu'il n'y ait parmi vous un homme, ou une femme, ou une famille, ou une tribu, dont le cœur se détourne de l'Éternel votre Dieu, pour aller servir les dieux de ces nations; prenez garde qu'il n'y ait parmi vous une racine produisant du venin et de l'absinthe; un homme qui, entendant ces paroles de serment et de menace, se félicite intérieurement et se dise : J'aurai la paix en suivant les penchants de mon cœur, jusqu'à ce que l'ivresse s'ajoute à la soif. »

Le divin prophète savait qu'Israël serait un jour nomade et errant dans le monde, et qu'il habiterait ou traverserait bien des pays où il verrait des mœurs horribles, des cultes monstrueux, une vie de relâchement moral et religieux pleine de funestes séductions; et si la grande majorité de la com-

munauté du Seigneur reste fidèle à ses devoirs et à ses
saintes croyances, il y aura cependant dans son sein un
homme ou une famille ou une tribu qui suivra des mœurs
impies, et qui, possédant des richesses, des honneurs, des
dignités, se félicitera de sa vie anti-israélite, donnera
l'exemple de toutes les scandaleuses violations publiques
du judaïsme, propagera la corruption parmi ses frères,
troublés par le bonheur uni à l'impiété, produira comme
une racine maudite le venin et la lèpre dans le sanctuaire
du Très-Haut!...

« Mais, dit la voix céleste, l'Éternel ne lui pardonnera
jamais; sa colère s'allumera contre cet homme, et toutes
les malédictions marquées dans ce livre fondront sur lui,
et l'Éternel effacera son nom de dessous les cieux. » Le
châtiment viendra tôt ou tard, n'en doutons pas! « L'homme
borné ou à vue courte ne comprend pas que les impies
croissent comme l'herbe, et que les méchants fleurissent :
c'est pour qu'ils périssent dans l'éternité! » (Psaumes
XCII, 7-8.) Nous voyons la surface des choses, nous sommes frappés aujourd'hui de la prospérité et de la fortune
d'un impie; mais peut-être y a-t-il sous sa pourpre et sous
son or des plaies hideuses; peut-être nos enfants verront-
ils sa misère comme nous avons cru voir son bonheur. Efforçons-nous donc d'extirper du sein de notre communauté
le mal, la transgression religieuse, fût-elle couverte de
toutes les splendeurs, car elle peut attirer à nous tous, par
l'influence dangereuse de la séduction, la colère du ciel et
notre perte. Nous n'avons pas le droit de pénétrer les secrets de la vie privée; l'inquisition est un objet d'horreur
en Israël; mais tout scandale public, toute insulte audacieuse à la religion de nos pères, doit être ressentie par
tous comme un outrage personnel. « Les choses cachées
appartiennent à l'Éternel notre Dieu, mais ce qui est
connu est à nous et à nos enfants, à tout jamais, afin que
nous observions toutes les paroles de cet enseignement. »

Toute l'histoire israélite, passée et future, était ouverte devant le regard clairvoyant de Moïse. Il contemplait avec douleur le spectacle déchirant des souffrances et des malheurs qui attendaient Israël par suite de ses fautes ; il voyait son exil, sa dispersion, ses tortures, son martyre de tant de siècles. Mais, au milieu de ce deuil et de ces larmes de son âme, il fut frappé d'un rayon de divine espérance, et son oreille ravie entendit la voix si douce et si harmonieuse de notre Père au ciel qui lui dit : « Si Israël fait pénitence, s'il revient à moi avec regret et avec amour, alors je ferai descendre sur lui tous les trésors de ma miséricorde et de ma bonté, et je le rassemblerai d'au milieu de tous les peuples, fût-il dispersé sur toute la surface de la terre, fût-il exilé jusqu'à l'extrémité des cieux » אם יהיה נדחך בקצה השמים משם יקבצך ה' אלחיך ומשם יקחך (XXX, 4). Et cette promesse de l'Éternel, qui ne s'est pas encore accomplie, s'accomplira infailliblement un jour comme toutes les paroles du Très-Haut.

Aussi Moïse pouvait-il annoncer avec certitude qu'Israël, dispersé un jour dans le monde, n'ayant plus de temple, de pontifes, de sacrifices pour l'expiation de ses péchés, obtiendra cependant le pardon du ciel et rentrera dans la plénitude de la grâce du Seigneur, rien que par la pénitence et par le repentir. Il possédera de nouveau toutes les célestes bénédictions, la place glorieuse qui lui fut destinée dès le commencement, « s'il écoute la voix de l'Éternel son Dieu, en observant ses lois et ses commandements écrits dans le livre sacré ; s'il retourne à son Dieu de tout son cœur et de toute son âme. » כי תשוב אל ה' אלחיך בכל לבבך ובכל נפשך.

Car Israël a-t-il besoin de temple et de sacrifices pour être sauvé ? Son salut dépend-il d'une intervention étrangère, d'un prêtre ou d'un holocauste ? La loi de Dieu, c'est-à-dire la connaissance du bien, la lumière de la vérité, est-elle un livre fermé à ses regards, ouvert seulement à quelques initiés, à quelques privilégiés, à quelques hommes chargés de distribuer sur la terre cette charité du ciel, ce pain du cœur et de l'âme? Oh! non. Écoutons ce que nous dit l'oracle divin :

« Ce commandement que je vous donne aujourd'hui n'est ni au-dessus de vous, ni loin de vous; il n'est pas caché dans les cieux pour qu'on puisse dire : Qui montera pour nous au ciel et nous l'apportera, et nous le fera entendre, afin que nous l'écoutions? Il n'est pas non plus au delà des mers, pour qu'on puisse dire : Qui traversera pour nous les mers et nous l'apportera, et nous le fera entendre, afin que nous l'écoutions? Mais cette parole est tout près de vous : *vous l'avez dans votre bouche et dans votre cœur, telle qu'il faut l'accomplir.* »

Non, la loi israélite n'est ni cachée dans les hauteurs du ciel, ni reléguée au delà de l'Océan; elle est simple et accessible à toutes les intelligences; elle éclaire tous les regards et s'ouvre le chemin de toutes les consciences. Elle n'a pas besoin de ces longues et laborieuses démonstrations qui, en philosophie, arrivent à des résultats douteux et souvent insignifiants, et qui, en religion, aboutissent à des doctrines ténébreuses, souvent en flagrante opposition avec notre raison, nos devoirs sociaux, la paix et le salut du monde. L'unité de Dieu, l'unité de la loi, l'unité du genre humain, voilà la religion d'Israël dont chaque enfant peut éclairer son âme aussi facilement qu'il peut allumer un flambleau. La vérité israélite, Dieu l'a donnée à tous comme l'air et le soleil, et tout ce qu'il faut chercher ailleurs n'est point la vie!

Nous avons en nous-mêmes notre temple, nos sacrifices, l'encens agréable au Seigneur qui monte à son trône sur les ailes de notre sainte pénitence, avec le souffle de notre prière, avec les accords de nos cantiques de Sion, et nous apporte la clémence, le pardon, le sourire de l'Éternel!... Personne n'a besoin de monter pour nous au ciel; toute âme, tout cœur israélite trouve ce chemin, et les portes du divin sanctuaire s'ouvrent toujours à ces paroles prononcées avecfoi et amour par chacun de nous : Écoute, Israël, l'Éternel notre Dieu, l'Éternel est Un!

Aussi chaque vrai israélite, le pauvre comme le riche, l'ouvrier comme le chef de tribu, membre de l'alliance du Seigneur et revêtu d'un sacerdoce inaliénable, peut-il répéter avec bonheur ces paroles de notre Haphtara :

« Je me réjouis dans l'Éternel, mon âme est ravie à la pensée de mon Dieu, car il m'a couvert des vêtements du salut, m'a paré du manteau de la vertu, m'a couronné comme un fiancé, m'a orné de précieux joyaux comme une jeune mariée.

« Je veux chanter la grâce de l'Éternel et ses louanges pour tout l'amour qu'il nous a témoigné, pour tout le bien dont il a comblé la maison d'Israël, selon son abondance de bonté et de tendresse.

« Il a dit : Ils sont pourtant mon peuple, mes enfants fidèles, et alors il est devenu leur sauveur.

« Il a ressenti toutes leurs afflictions — בכל צרתם לו צר , mais l'ange, devant sa face, est venu à leur aide ; il les a sauvés dans son amour et son affection, les a accueillis et les a portés à travers l'éternité » — וינטלם וינשאם כל ימי עולם (Isaïe, LXI).

CINQUANTE-DEUXIÈME SIDRA

פ׳ וַיֵּלֶךְ

(Deutéronome, XXXI).

קן יהיה דברי אשר יצא מפי
לא ישוב אלי ריקם :

Moïse sent sa fin s'approcher ; il transmet ses fonctions à Josué et remet
aux lévites le livre de la loi. — Il écrit pour Israël un cantique prophétique.

Notre Sidra commence par un trait touchant de Moïse.
Il voyait que sa fin prochaine allait plonger son peuple
dans la plus vive douleur; pour le consoler et adoucir ses
regrets, il lui dit : « Je suis aujourd'hui âgé de cent vingt
ans, je ne puis plus aller et venir, et l'Éternel m'a dit : Tu
ne passeras point le Jourdain. »

Ainsi lui, dont l'Écriture nous apprend que les forces
physiques n'avaient éprouvé aucune altération , le regard
d'aigle aucun affaiblissement לא כהתה עינו ולא נס לחה (XXXIV,
7); lui, dont notre Sidra commence par dire : « Moïse *alla*
pour adresser ces paroles à tout Israël, » annonce à ses

frères qu'il ne peut plus marcher — לא אוכל עוד לצאת ולבוא ;
qu'il est forcé de déposer son bâton de guide et de com-
mandant; qu'il ne peut plus leur être utile, et que par conséquent sa perte ne doit pas les affliger trop. Qu'il y a
d'amour et de magnanime tendresse dans ce langage de
l'homme de Dieu! On a vu des prophètes d'autres peuples
cacher soigneusement leurs infirmités réelles, dérober à
tous les regards leurs besoins physiques, leurs maladies,
leurs faiblesses humaines, pour se faire passer pour des
êtres supérieurs, placés au-dessus des lois naturelles de la
terre. Et Moïse, le prophète et l'organe de la vérité israélite, dissimule ses forces réelles, se fait faible et infirme
comme tous les hommes ordinaires arrivés à un âge avancé,
et ne craint pas de diminuer ainsi, pour sa personne, la
vénération du peuple, dont le repos et le bonheur lui tiennent mille fois plus au cœur que le respect et l'admiration
pour lui-même! Il ne cherche pas, par des paroles équivoques et des manœuvres occultes, à obtenir de la part des
hommes une partie du culte qui appartient seul au Seigneur; mais, en montrant à tous sa mort semblable à celle
de tous les êtres créés, il n'avait pas besoin de ressusciter
pour vivre éternellement dans le souvenir et la vénération
de l'humanité!

Il ajoute : « L'Éternel votre Dieu marchera devant vous ;
c'est lui qui vous rendra victorieux de ces peuples. Josué
marchera devant vous, ainsi que le Seigneur l'a dit....
« Soyez courageux et intrépides, et ne craignez rien! » Voilà
par quelles douces et puissantes paroles d'encouragement
et d'espérance, Moïse console ses frères de sa perte et remplace dans leurs yeux les larmes du deuil par les larmes du
bonheur.

Puis il appelle Josué et lui remet le commandement en
présence de tout Israël; il lui dit aussi : « Sois fort et courageux, car c'est toi qui conduiras ce peuple dans le pays
que l'Éternel a promis à ses ancêtres. L'Éternel lui-même

marchera devant toi ; il te soutiendra et ne t'abandonnera pas : sois donc sans crainte et sans inquiétude. »

Voilà dans quel sentiment tout guide d'Israël doit inaugurer ses saintes fonctions : dans le sentiment de sa force et de la protection du Seigneur. Il ne doit pas compter sur les hommes riches et puissants de la communauté, sur l'appui de ceux qui ont provoqué sa nomination, sur le bras séculier qui le maintient dans son emploi et lui paye un salaire, mais sur l'Éternel qui marchera devant lui et ne l'abandonnera pas, si—voilà à quelle condition—il conduit le peuple sur la terre de Canaan, sur le sol de la vérité israélite, au temple de notre Thorâ, de nos traditions, de nos mœurs pures et sacrées, à la Jérusalem de la sanctification morale et religieuse du judaïsme, et lui fait faire toutes les précieuses conquêtes spirituelles de l'âme et du cœur. Alors le guide d'Israël n'a rien à craindre et peut marcher courageusement en avant.

———

Moïse écrit le livre de la loi et le remet aux prêtres, fils de Lévi, et aux anciens d'Israël ; il leur dit :

« A la fin de tous les sept ans, à l'époque de l'année du repos, lors de la fête des Tentes, quand tout Israël se présentera devant l'Éternel votre Dieu, au lieu qu'il aura choisi, vous ferez lecture de cette loi en présence de tout Israël.

« Vous réunirez le peuple, hommes, femmes, enfants, et les étrangers habitant parmi vous, afin qu'ils entendent, et qu'ils apprennent, et qu'ils craignent l'Éternel votre Dieu, et qu'ils s'appliquent à observer toutes les paroles de cette loi.

« Et que les enfants qui manquent encore d'instruction entendent et apprennent à craindre l'Éternel votre Dieu, tous les jours que vous vivrez sur la terre que vous allez posséder après avoir passé le Jourdain. »

C'était une belle et magnifique institution que ce cours

public et solennel de l'enseignement sacré. L'année du repos (*schemita*), pendant laquelle nos pères ne s'occupaient
pas des travaux des champs, était consacrée à l'instruction,
aux travaux de l'esprit, à la récolte des fruits et des biens
de l'âme. Tous devaient prendre part à cet enseignement,
les hommes, les femmes, les enfants ; car dans notre communauté l'égalité spirituelle est un droit et un devoir. Le
Dieu d'Israël ne se contente pas de recevoir dans son temple
des sacrifices, des offrandes, des hommages, mais il veut
que la connaissance se répande au milieu de nous et qu'à
côté de la prière il y ait l'instruction, qui est un encens
bien agréable au Dieu de la lumière. Cependant l'instruction doit avoir pour but suprême « le culte du Seigneur et
l'accomplissement de sa loi » ויראו את ח' אלהיכם ושמרו לעשות
את כל דברי התורה הזאת. L'ignorance vaudrait mille fois mieux
que la connaissance sans la pratique — מוטב שיהיו שוגגין ;
Dieu nous a donné la vie pour vivre, et la science sacrée
pour agir. Aussi Moïse a-t-il ordonné de placer le livre de
la loi à côté de l'arche sainte renfermant les tables du Décalogue (XXXI, 26), afin de nous faire comprendre que
toutes les prescriptions religieuses contenues dans la Thorà
sont aussi sacrées, aussi obligatoires que les dix commandements promulgués au Sinaï, et qu'il ne nous appartient
point de faire un triage, d'adopter ce qui nous convient et
de rejeter ce qui nous déplaît. « La loi de l'Éternel est
parfaite » תורת ח' תמימה : malheur aux hommes s'ils se permettent d'y chercher un défaut ! « Toutes les paroles sorties
de la bouche du Très-Haut, dit notre Haphtara, sans distinction aucune, produisent un bien et fécondent le monde
spirituel. » כן יהיה דברי אשר יצא מפי לא ישוב אלי ריקם. Tous ses
commandements sont nécessaires à notre vie et à notre

Le Seigneur charge son fidèle serviteur d'une dernière
mission. Il lui annonce qu'après sa mort Israël suivra des
dieux étrangers et violera la divine alliance ; alors, frappé

de malheurs et de calamités sans nombre, il confessera ses péchés et reconnaîtra la justice du ciel dans tout ce qui lui arrivera. « C'est pourquoi, dit le Très-Haut, écrivez le cantique que je vous dicterai, apprenez-le aux enfants d'Israël, mettez-le en leur bouche, afin que ce cantique soit pour moi un témoignage contre les enfants d'Israël. » Voilà la communion du judaïsme : la Vérité-Une que notre religion nous met dans la bouche et nous grave dans le cœur.

Israël est averti, l'avenir lui est révélé, les bénédictions et les malédictions, la vie et la mort, sont à sa portée ; il ne pourra jamais s'excuser par l'ignorance, « car ce cantique, le livre du Seigneur, ne sera point oublié de ses descendants » כי לא תשכח מפי זרעו ; la voix de la vérité se fera toujours entendre dans son sein, et la Thorâ est impérissable. « Car voici mon alliance avec eux, dit le Très-Haut : Mon esprit qui est en vous et mes paroles que j'ai mises en votre bouche ne disparaîtront jamais de vous et de vos enfants et de votre postérité la plus reculée jusque dans l'éternité. » רוחי אשר עליך ודברי אשר שמתי בפיך לא ימושו מפיך ומפי זרעך ומפי זרע זרעך אמר ח' מעתה ועד עולם (Isaïe LIX, 21.) Et ce cantique sacré, même au milieu de tous nos égarements, retentira toujours à nos oreilles et dans notre conscience, comme la trompette du jugement, comme la voix paternelle de Dieu, jusqu'à la fin des temps. וידבר משה באזני כל קהל ישראל את השירה הזאת עד תומם.

Et ce commandement suprême donné à Moïse à l'heure de sa mort s'adresse aux israélites de tous les siècles et de tous les empires : Écrivez ce cantique — ועתה כתבו לכם את השירה הזאת, cette harmonieuse et suave loi du judaïsme qui est un chant d'amour et de tendresse pour tous les hommes, un hymne immortel de vérité et de justice vibrant comme les accords du ciel dans l'âme de l'humanité ! Écrivez ce cantique, faites-le retentir haut et puissant au milieu des nations, afin qu'il soit pour les enfants d'Israël un témoignage de la grandeur de leur cause, de l'élévation de

leur esprit, de la sainteté de leur foi, de la présence de
leurs bénédictions au milieu des peuples. Écrivez ce cantique, apprenez-le aux hommes, mettez-le en leur bouche,
et alors tous, animés de la même pensée et de la même
croyance, le chanteront un jour dans le sanctuaire du
Dieu-Un, qui nous dit par la bouche de son prophète : « Je
les amènerai tous sur ma sainte montagne, ils se réjouiront
dans ma maison de prière, leurs holocaustes et leurs sacrifices seront agréés avec grâce sur mon autel, car ma maison sera appelée maison de prière pour toutes les nations. » כי ביתי בית תפלה יקרא לכל העמים (Isaïe, LVI, 7.)

CINQUANTE-TROISIÈME SIDRA

פ' הַאֲזִינוּ

(Deutéronome, XXXII).

כי אשא אל ידי ה'
וח' יגיד חשכי :

Le cantique célébrant les bienfaits de Dieu; exhortations et menaces à Israël, consolations et encouragements. — Moïse, du haut de la montagne de Nebo, jette un regard sur la terre promise et se prépare à mourir.

Moïse, au début de sa carrière de guide et de pasteur d'Israël, avait chanté sur la mer Rouge un cantique immortel; à la fin de sa carrière, à l'heure de sa mort, il chanta un nouveau cantique. Législateur, juge, docteur et prédicateur durant l'intervalle qui séparait ces deux époques, il fut poëte sublime au commencement et à la fin.

Mais, a-t-on dit, son cantique sur la mer Rouge célébrait un peuple sauvé, ayant glorieusement brisé ses fers et marchant vers le Sinaï; son cantique sur les bords du Jourdain exhale les angoisses d'un peuple perdu, s'étant donné des chaînes nouvelles, plus pesantes, par ses propres fautes, par sa soumission idolâtre au mal, et marchant vers un avenir de douleurs et de larmes ; là-bas la joie de la victoire, ici l'affliction de la chute ; là-bas l'assurance de la conquête, ici la certitude du bannissement ; là-bas la toute-puissance de Dieu dans la délivrance d'un peuple élu, ici la toute-puissance de Dieu dans la punition d'un peuple infidèle ; là-bas un Dieu guerrier combattant les ennemis d'Israël, ici un Dieu juge punissant les coupables ; là-bas l'enthousiasme de la foi, ici les larmes brûlantes du regret.

Moïse, le plus grand de nos prophètes, fut aussi, par le seul cantique du Nebo, le plus brillant de nos poëtes. Il s'est élevé à une hauteur où nul n'a pu l'atteindre. Les plus illustres prophètes venus après lui semblent s'être inspirés de cette ardente et rayonnante page du Deutéronome, mais aucun d'eux n'est parvenu à l'égaler. Aucune parole humaine n'a jamais pu rendre les puissants et suaves accents de ce divin poëme.

I

Introduction.

Cieux, écoutez, je vais parler ;
Terre, entends les paroles de ma bouche !
Que mon enseignement ruisselle comme la pluie,
Que mon discours tombe comme la rosée,
Comme une ondée sur le champ,
Comme une averse sur l'herbe.
J'invoque le nom de l'Éternel,
Rendez hommage à notre Dieu !
Il est notre Rocher, son œuvre est parfaite,
Toutes ses voies sont justes.
Dieu de la fidélité, il est sans fausseté ;
Il est juste et intègre.
Ses enfants, à leur honte; ont manqué envers lui...
Ses enfants ? Non, une race perfide et dépravée.
Est-ce ainsi que tu devrais agir envers l'Éternel,
O peuple méchant et insensé !

Cette invocation du ciel et de la terre comme témoins des iniquités des hommes et de la justice de Dieu ne fait-elle pas trembler notre âme, ne nous frappe-t-elle pas de crainte et de terreur, ne fait-elle pas retentir à notre oreille effrayée le tonnerre du Très-Haut déchargeant sa colère vengeresse sur un monde coupable! [1] Moïse n'invoque pas les Muses, le mensonge, comme les poëtes païens, mais le ciel et la terre, la Vérité éternelle!

« Quand j'invoque le nom de l'Éternel, rendez hommage à notre Dieu! » Puisse aucun pasteur en Israël ne jamais oublier ces grandes et sublimes paroles! Puissent-ils tous se rappeler qu'en parlant au nom de Dieu et de la religion, ils ne doivent pas craindre de déplaire à leurs communautés, de s'attirer l'animosité de tel ou tel puissant personnage. Pauvres et faibles, quand les pasteurs d'Israël parlent au nom du Seigneur, les hommes les plus riches et les plus haut placés doivent s'incliner avec respect, se prosterner dans la poussière devant la majesté de l'Éternel! Et nous tous, les derniers et les plus modestes, qui avons une vérité morale ou religieuse à proclamer dans le monde, nous avons un droit sacré aux hommages dus à l'inspiration du bien et à sa courageuse manifestation.

.כי שם ח' אקרא הבו גדל לאלהינו

II

Les Bienfaits de Dieu.

N'est-il pas votre Père qui vous a rachetés,
Qui vous a créés et vous a établis?
Remontez les âges passés,
Consultez les siècles de toutes les générations,
Interrogez votre père, et il vous l'apprendra;
Vos vieillards, et ils vous le diront :

[1] Isaïe aussi commence ses sévères exhortations en invoquant le ciel et la terre, et Micha en appelle aux montagnes et aux fondements de l'univers. (Micha, VI, 1.)

Quand le Très-Haut établit les nations,
Quand il sépara les fils d'Adam,
Il limita les bornes des empires,
En vue du nombre des enfants d'Israël.
Car le partage de l'Éternel, c'est son peuple,
Jacob, le lot de son héritage.
Il l'a trouvé dans un pays désert,
Dans une solitude pleine de sauvages rugissements.
Il l'a entouré, protégé, gardé,
Comme la prunelle de ses yeux.
Comme l'aigle veille sur son nid,
Plane au-dessus de ses petits, étend ses ailes,
Les saisit et les porte dans son vol :

Ainsi l'Éternel seul l'a conduit,
Seul et sans l'assistance d'aucun dieu étranger.
Il l'a fait monter sur les hauteurs de l'univers,
Lui a fait goûter des fruits des champs,
Sucer du miel du rocher,
Et de l'huile du granit des montagnes ;
La crème des troupeaux, le lait des agneaux,
La graisse des moutons, des béliers
Et des chèvres de la plaine de Basan,
La moelle du froment
Et le sang du raisin.

Voilà les grâces infinies dont le Seigneur a comblé Israël. Dès le commencement du monde, il lui a assigné la splendide et rayonnante terre de Canaan, une place d'honneur au milieu des peuples, une importance immortelle dans l'ordre social. L'ayant trouvé pauvre et malheureux dans le désert, il lui a fait gravir les hauteurs de l'univers, le sommet du Sinaï, lui a donné la manne céleste et le pain de l'âme, a veillé sur lui comme une mère veille sur son enfant, a changé pour lui les lois de la nature, en lui faisant trouver la plus puissante vie au milieu de la mort, et l'a porté enfin sur des ailes d'aigle aux régions de la lumière, aux sphères de l'éternelle félicité, sur la route des plus grandes et des plus glorieuses destinées. Comment Israël a-t-il répondu à ses bienfaits ?

III

Les Péchés d'Israël.

Alors Ieschurun s'étant engraissé, s'est révolté ;
Devenu gras, fort, puissant,
Il a abandonné son Dieu, son Créateur,
Et a outragé le Rocher de son salut.
Ils ont excité sa jalousie par des (dieux) étrangers ;
Ils l'ont irrité par des abominations.
Ils ont sacrifié à des êtres qui n'ont rien de Dieu,
A des dieux nouveaux, introduits récemment,
Qu'ils n'avaient pas connus et que vos pères
N'avaient pas craints ;
Vous avez ainsi oublié le Rocher qui vous a protégés,
Le Dieu qui vous a donné le jour.

C'est de cette manière, avec cette ingratitude coupable, qu'Israël a reconnu les bienfaits du ciel. Dans ses malheurs, dans ses angoisses, en Mizraïm et à travers toute l'histoire, il a crié vers le Seigneur, s'est jeté dans ses bras, a souffert pour sa foi religieuse toutes les tortures et tous les supplices, n'a pas reculé et n'a pas tremblé ; mais dans son bonheur, dans sa liberté et sa prospérité, quand il est devenu gras et épais, il a oublié l'Éternel, souvent outragé son culte, foulé aux pieds ses commandements. Il a sacrifié aux idoles d'une société corrompue, et a refusé à son Dieu et à sa religion les sacrifices que nos pères leur apportaient, avec tant de bonheur, au milieu de la persécution et en présence de la mort !...

IV

Le Châtiment.

L'Éternel l'a vu et s'irrita,
A cause des outrages de ses fils et de ses filles.
Il a dit : Je détournerai d'eux ma face,
Et je verrai quelle sera leur fin ;

Car c'est une race perverse,
Des enfants sans foi.
Ils m'ont rendu jaloux de fantômes de dieux,
Ils m'ont irrité par leurs folies,
Et moi, je les rendrai jaloux d'un peuple inhumain,
Je les irriterai par une nation barbare.
Car le feu de ma colère s'est allumé,
Et brûle jusqu'au fond des abîmes,
Et consume la terre et ses fruits,
Et dévore jusqu'aux fondements des montagnes.
J'accumulerai sur eux les calamités,
J'épuiserai contre eux tous mes traits.
Affaiblis par la faim, rongés par la fièvre et la peste,
Ils seront atteints par la dent des bêtes féroces,
Par le venin des reptiles rampant dans la fange.
L'épée au dehors, la terreur au dedans,
Frapperont le jeune homme et la jeune fille,
L'enfant à la mamelle et le vieillard.

Ce sont là des châtiments cruels. Israël, qui n'a pas voulu se soumettre à la loi de son Dieu, a dû subir la loi de peuples barbares et sauvages, de peuples « qui ne sont pas des peuples » בלא עם, mais un ramassis de brigands et d'assassins, de monstres ayant à peine face humaine. Quelle humiliation! Ces hommes fiers et hautains, trouvant indignes d'eux le culte sacré du sanctuaire d'Israël, sont forcés de se plier à toutes les révoltantes injustices du monde, d'accepter l'insulte et la dégradation, et toutes les misères au milieu d'une société grossière qui les repousse!...

V

La Destruction était méritée.

Je disais : Je veux les anéantir,
Effacer leur souvenir du milieu des hommes,
Si je ne craignais la fureur de l'ennemi.
Les oppresseurs, méconnaissant la vérité,
Pourraient dire : Notre force a vaincu,
« Ce n'est pas l'Éternel qui a fait tout cela. »

Car ils sont pleins de funestes desseins,
Et privés de toute raison.
S'ils eussent été sages,
Ils auraient réfléchi, ils auraient trouvé le mot.
Comment un seul homme pourrait-il poursuivre mille ?
Comment deux hommes mettraient-ils dix mille en fuite,
Si leur protecteur ne les avait abandonnés,
Si l'Eternel ne les avait livrés ?
Car notre Rocher n'est pas comme leur Rocher,
Nos ennemis le savent bien !

Leur vigne est la vigne de Sodome,
Plantée dans la terre empoisonnée d'Amora.
Leurs raisins sont des baies d'absinthe,
Leurs grappes, remplies d'amertume ;
Leur vin est la bave du dragon,
Le fiel vénéneux des vipères.

Que les oppresseurs d'Israël n'attribuent donc pas à leur puissance, à leurs dieux, à la supériorité de leurs croyances, le pouvoir brutal qu'ils possèdent pour nous faire du mal ; mais qu'ils sachent qu'ils ne sont, entre les mains du Seigneur, qu'un instrument pour nous punir de nos fautes, instrument qui sera brisé un jour et rejeté dans la fournaise de l'enfer. Car la rédemption d'Israël et son rétablissement dans l'amour de Dieu arriveront infailliblement.

VI

La Punition des Ennemis d'Israël.

Leurs œuvres me sont connues,
Scellées dans mon trésor de justice ([1]).
A moi est la vengeance, à moi, la rémunération
Au jour où glissera leur pied !
Car il est proche, le jour de leur ruine,
Et leur destin va s'accomplir.
L'Eternel fera rendre justice à son peuple,
Sera miséricordieux à ses serviteurs,

([1]) Onkelos : הלא כל עובדיהון גלן קדמי גניזין ליום דינא באוצרי.

Quand il verra leur puissance disparue,
Anéanti ce qui leur paraissait fort et précieux.
Et il dira : Où sont leurs dieux,
Où est le Rocher sur lequel ils s'appuyaient?
Les dieux qui mangeaient la graisse de leurs sacrifices,
Buvaient le vin de leurs libations!
Qu'ils viennent donc, qu'ils vous aident,
Qu'ils vous couvrent de leur protection!

Reconnaissez maintenant que c'est MOI,
Et qu'il n'est point de dieu à mes côtés.
C'est moi qui fais mourir et revivre,
Qui blesse et qui guéris ;
Nul ne peut se soustraire à ma puissance.
J'étends mes mains vers les cieux,
Et je dis : Par ma vie éternelle !
Quand j'aurai aiguisé mon·glaive flamboyant,
Quand ma main aura saisi l'épée de la justice,
J'exercerai ma vengeance sur mes ennemis,
Et je punirai mes adversaires.
J'enivrerai mes flèches de sang,
Mon glaive dévorera la chair,
S'abreuvera du sang des morts et des captifs,
Dépouillera le crâne de l'ennemi....

Nations ! félicitez son peuple,
Car il venge le sang de ses serviteurs,
Exerce sa vengeance sur ses adversaires,
Et se réconcilie avec son pays et son peuple.

La réconciliation d'Israël avec son Dieu, voilà le dernier mot du ciel descendu dans l'esprit et sous la plume du divin voyant. Cette pensée, cette certitude était la lumière de notre peuple au milieu de la nuit de ses malheurs — כי אתה נירי ח' וח' יגיח חשכי. Israël savait que le jour de la justice arriverait pour tous, et, au sein de ses angoisses et de ses misères, il chantait avec David : « Vous me sauverez, ô Seigneur, de mes ennemis, des hommes de violence; c'est pourquoi je vous exalte, ô Éternel, parmi les nations, et je chante votre nom ! » על כן אודך ח' בגוים ולשמך אזמר (II Samuel, XVII).

Notre Sidra renferme encore un mot bien profond. Moïse dit : « Prenez à cœur toutes les paroles de mes exhortations, afin que vous les inculquiez à vos enfants et qu'ils gardent et accomplissent toutes les paroles de cet enseignement ; *car ce n'est pas une chose insignifiante pour vous, mais c'est votre vie !* » ‫כי לא דבר רק הוא מכם כי הוא חייכם‬.

Combien d'hommes considèrent comme insignifiants nos commandements, nos traditions religieuses, nos usages sacrés dans le temple et dans la maison ! Attachant une importance extrême aux moindres coutumes de la vie sociale, se soumettant servilement à ses exigences les plus lourdes, les plus tyranniques, souvent les plus en opposition avec la liberté et l'élévation de l'esprit humain, ils trouvent au-dessous de leur dignité des pratiques saintes et vivifiantes que la religion leur enseigne pour s'approcher de leur Dieu ! Ils méprisent des cérémonies augustes et des lois antiques, les déclarent insignifiantes et inutiles à leur bonheur ; mais Moïse leur dit : Vous vous trompez, c'est votre vie ! Chaque branche que vous coupez de l'arbre du judaïsme est un soutien que vous enlevez à votre existence, une fibre généreuse que vous arrachez à votre cœur !... Non, rien n'est insignifiant dans le judaïsme, tout y a une gravité extrême, une importance profonde, une influence immortelle. Nul d'entre nous ne saurait se croire plus avancé, plus haut placé que le grand roi d'Israël, David, qui s'écrie dans un saint transport : « Les décrets du Seigneur sont toujours sous mes yeux, et je n'abandonnerai jamais ses commandements ! » ‫כי כל משפטיו‬ ‫לנגדי וחקתיו לא אסור ממנה‬ (II Samuel, XXII, 23).

Le Très-Haut ordonne à Moïse de monter sur la montagne de Nebo....

——————

CINQUANTE-QUATRIÈME SIDRA

פ׳ וְזאת הַבְּרָכָה

(Deutéronome, XXXIII à XXXIV)

———

ולא קם נביא עוד בישראל כמשה :

**Moïse, le divin guide d'Israël et son plus grand prophète, bénit les tribus
avant sa mort. — Tout Israël le pleure.**

L'heure était arrivée où Moïse devait quitter la terre. Il
venait de répéter à son peuple toute la loi de Dieu, et de
l'exhorter, avec les accents de la plus touchante tendresse
paternelle et avec la voix grave de l'autorité divine, à rester fidèle à cette loi dont dépendaient son avenir et l'avenir
du monde. Il n'avait rien oublié dans ce grand travail de
répétition et d'enseignement; sa parole, qui brillait comme
l'éclair du Sinaï, avait porté la conviction dans tous les
cœurs, la foi dans toutes les âmes, la lumière dans tous les
esprits, les larmes dans tous les yeux. Il ne devait pas
franchir le Jourdain et conquérir Canaan, mais il avait
donné à Israël les moyens infaillibles de conserver sa con-

La religion sinaïque brise toutes les chaînes, transforme les cachots en paradis, et assure à ses enfants une liberté impérissable, אל תקרא חָרוּת אלא חֵרוּת. Voilà la bénédiction de Moïse pour nous tous qui portons le glorieux nom d'israélite.

L'homme de Dieu s'adresse ensuite aux diverses tribus pour les bénir nominativement. Après avoir souhaité à celle de Ruben une vie longue et une postérité nombreuse, il dit de Juda : « Exaucez, ô Seigneur, la voix de Juda et ramenez-le à son peuple ; que sa main lui suffise et que votre secours le soutienne contre ses ennemis ! »

Jacob avait prédit à Juda la puissance matérielle : « Sa main sera sur le cou de ses ennemis, il sera lui-même comme un lion que personne n'ose approcher, le bâton du commandement lui appartiendra toujours. » Moïse bénit Juda d'une force qui vient de Dieu, de la protection d'en haut. C'est la puissance d'Israël, dont la faible main résiste cependant à tous ses nombreux ennemis, aux persécutions de tous les siècles. « Que l'Éternel écoute la voix de Juda ! » voilà notre force et voilà nos armes.

Il dit pour Lévi : « L'enseignement et la lumière (*ourim we-toumim*) appartiennent à l'homme pieux que Dieu a éprouvé à Massa et blâmé à Mériba.

« Ils enseigneront tes lois à Jacob et ta doctrine à Israël ; ils t'offriront l'encens et l'holocauste sur ton autel.

« Bénis, ô Éternel, sa puissance, agrée l'œuvre de ses mains ! »

Jacob a promis le sceptre temporel à Juda, Moïse a assuré le sceptre spirituel à Lévi. La domination de l'esprit en Israël est ici exprimée en des termes enthousiastes et sublimes. La plume scientifique de Lévi doit l'emporter désormais sur l'épée de Juda, et les vraies conquêtes d'Is-

raël doivent consister dans la consolidation du divin sanctuaire sur la terre, et dans cette fraternité universelle où
nul « ne distingue plus ses parents et sa famille » האמר
לאביו ולאמו לא ראיתיו ואת אחיו לא הכיר, puisque chacun voit dans
tous les hommes des amis et des frères en Dieu. « Puisse
le Seigneur bénir cette puissance spirituelle de Lévi », repousser de plus en plus la force brutale par le pouvoir de
l'intelligence, les ténèbres par les lumières, par les *ourim*
de la vérité israélite, et l'oppression par la justice, par les
toumim gravés dans le cœur du pontife, et alors l'humanité
est sauvée (¹) !

Moïse bénit les autres tribus et leur adresse des paroles
profondes où se dévoilent les secrets de l'avenir; puis il
rend grâces à Dieu et fortifie Israël contre tous les malheurs des temps futurs en lui rappelant la protection divine
qui l'entourera à tout jamais. Son esprit prophétique voyait
toutes les souffrances qui nous attendaient, son cœur paternel pleurait à la vue des tortures séculaires de ses enfants, et pour nous donner la force et le courage de lutter,
de combattre et de triompher, il s'écria dans un divin enthousiasme : « Que tu es heureux, Israël! qui est compa-
rable à toi, peuple soutenu par l'Éternel, le bouclier de ta
défense, le glaive de ta gloire! » אשריך ישראל מי כמוך עם
נושע בה'. Telles furent les dernières paroles de Moïse sur la
terre, des paroles d'encouragement, d'espérance et d'a-
mour pour Israël. Il monta sur la hauteur du Nebo, jeta un
regard sur Canaan, et son âme s'envola vers Dieu...

(¹) Jacob avait adressé une réprimande fort sévère à Siméon et à Lévi;
mais Lévi s'est glorieusement relevé et a mérité les magnifiques bénédictions
de Moïse. Il n'en fut pas ainsi de Siméon; c'est pourquoi son nom est passé
sous silence ici.

Un commentateur étranger dit :

« Nous prenons donc congé de l'homme divin comme il n'en fut plus jamais en Israël. Comme la vue d'un ami mourant, le trépas d'un grand homme dirige notre regard sur sa vie entière et excite en nous des réflexions sur notre propre existence : ainsi est notre séparation de Moïse. Ne fut-il pas en effet notre ami, enseignant la lumière, la vertu et la félicité éternelle; écrivant, vivant et travaillant uniquement pour notre salut, pour l'instruction d'Israël et de toute l'humanité! Ne fut-il pas le grand esprit qui, le premier, construisit sur la terre l'édifice lumineux de la plus pure connaissance de Dieu, sans aucun mélange de superstition et d'idolâtrie; lui seul qui, entouré d'esclaves abrutis et du hideux culte des idoles égyptiennes, éleva cet édifice qui devint avec les siècles toujours plus solide et plus vaste!

« Et qui, si ce n'est Moïse, posa les premiers fondements de l'humanité universelle, de la douceur envers le prochain, les veuves, les orphelins, les étrangers, les esclaves, les animaux, d'un amour envers l'ennemi même comme il est à peine encore de nos jours compris et pratiqué? Et de même que ses livres renferment un modèle d'enseignements sages, propres à ennoblir et à rendre heureux les hommes; de même qu'il plaça la lumière et la justice sur la poitrine du grand prêtre, de même toute sa vie était pénétrée de la plus ardente foi et confiance en Dieu, de l'amour de la justice le plus inébranlable et le plus impartial, du zèle le plus dévoué pour la culture et l'élévation de son peuple. Il ne faisait que prier pour ce peuple quand il méconnaissait son Dieu et son guide; il ne lui laissa pas ses fils comme souverains, ni ses ossements comme un objet de culte, mais seulement, — éloigné de tout intérêt personnel et de toute ambition, — ce qui pouvait le maintenir dans sa foi au Dieu-Un et dans la concorde, le consoler, l'encourager, le sanctifier et l'enthousiasmer à tout jamais par les souvenirs de son histoire. Il lui laissa la loi divine, l'histoire de pieux ancêtres et celle de ses propres souffrances et de ses travaux, de ses fautes et de sa confiance en Dieu; enfin son guide éprouvé, Josué, son cantique de feu, ce témoin immortel pour Israël, et ses bénédictions pour l'avenir.

« Telle fut sa vie et sa mort — une bénédiction. Ayons toujours devant les yeux l'image de ce grand homme de Dieu avec sa figure rayonnante, dont le caractère et les travaux répandaient partout, comme le soleil, la clarté et les bienfaits. Efforçons-nous d'être, comme lui, dévoués à Dieu et inspirés de sa pensée, un rocher dans la détresse, un ouvrier de salut; et cherchons jusqu'à la mort à nous élever à la hauteur de la vertu — la montagne de Nebo, — afin que, comme Moïse, qui, sans monument, sera éternellement vénéré par les hommes, notre souvenir reste une bénédiction parmi nos semblables, et que nous puissions fermer les yeux dans le ravissant espoir de contempler la terre promise! »

La tradition raconte des merveilles sur la mort de Moïse. Aucun ange du Seigneur n'osa prendre l'âme de l'homme divin ; même l'ange de la mort recula épouvanté à son aspect entouré de la céleste auréole. Alors le Très-Haut lui-même, dans un baiser d'amour, enleva cette âme immortelle et ensevelit le corps dans une tombe restée inconnue aux hommes. Et une voix du ciel retentit dans le monde et proclama : « Et il ne s'éleva plus désormais un prophète en Israël comme Moïse, avec lequel l'Éternel s'entretint face à face ! » ולא קם נביא עוד בישראל כמשה.

Non, il n'a jamais paru au milieu des hommes un prophète comme Moïse.

Le premier signe de sa vie était un acte de sublime dévouement à ses frères, un acte d'héroïsme qui valait mieux que les sermons prêchant la soumission à la violence et à la tyrannie. En tuant l'Égyptien qui avait frappé un Hébreu, Moïse, s'exposant à un terrible châtiment, nous a donné un exemple immortel de cet inébranlable courage que nous ne devons jamais perdre, même en face de la mort, quand il s'agit de défendre nos droits et notre honneur.

Élevé à la cour du roi d'Égypte, il aurait pu vivre en prince, passer ses jours dans les splendeurs et au milieu de toutes les jouissances, de tous les enivrements de la vie. Il a mieux aimé partager le triste sort de ses frères, les suivre dans le chemin du désert, s'imposer les plus cruelles privations, marcher quarante ans dans le sable brûlant, lorsque son âge avancé réclamait impérieusement le repos. Quel est le prophète d'une autre religion qui ait ainsi accepté *volontairement* la pauvreté et la misère pour sauver son peuple ? Les Hébreux emportèrent d'Égypte des vases d'or et d'argent ; Moïse n'emporta que les ossements de Joseph !

Il s'est imposé non-seulement toutes les misères, mais aussi tous les devoirs. Il avait femme et enfants, gagnait péniblement son pain en Madian, en faisant paître les troupeaux de Jéthro ; il ne se mettait pas hors la loi commune

du devoir social et des mœurs pures de la famille humaine;
il ne prétendait pas à une supériorité personnelle que nous
voyons s'afficher orgueilleusement ailleurs, s'affranchir des
plus saintes obligations de l'humanité, et réclamer une vénération idolâtre.

Il ne prononçait pas de ces paroles équivoques qui auraient pu tromper les hommes sur sa nature et sa mission,
lui attirer des hommages et un culte qui n'appartienennt
qu'à Dieu. Toutes ses paroles sont d'une clarté admirable;
il s'effaçait devant le Seigneur, dont il exécutait les ordres
et dont il proclamait la loi. Il rendait réellement à Dieu ce
qui est à Dieu.

D'autres prophètes et pontifes ont promulgué, au nom
de leurs divinités, des commandements forgés par eux-
mêmes, pour leur donner plus d'autorité et de considération parmi les peuples. Ils agissaient ainsi, parce que ces
commandements avaient ordinairement un but d'intérêt personnel; ils voulaient consolider, par l'intervention d'une
divinité, leur pouvoir, leur despotisme matériel ou spirituel, augmenter leurs richesses, leurs dignités, se livrer
impunément à tous les excès, entourer d'une auréole de
sainteté même les vices les plus monstrueux, rendre sacrées
leurs personnes et infaillibles leurs paroles. Les lois que
Moïse a apportées à Israël sont des lois de Dieu : le messager n'y avait aucun intérêt; elles ne lui donnaient aucun avantage matériel, ni royauté ni sacerdoce, ni trône
ni tiare.

Aussi, tout ce que les autres religions ont de bon, de
vrai, de salutaire, d'incontestable, est puisé dans le livre
divin de Moïse et nous appartient; tout ce qu'elles ont en
dehors des principes fondamentaux et de la vérité israélite
est, sans exception aucune, contesté par les hommes, rejeté par les esprits intelligents et les consciences pures,
sans valeur et sans utilité réelle pour la vie morale et le
bonheur des nations, souvent une insulte pour le Seigneur
et sa lumière, souvent un danger pour la société et son sa-

lut, souvent une tache dans la clarté divine que nous avons reçue d'en haut.

La foi israélite en un Dieu créateur et conservateur du monde, la morale israélite avec les mœurs pures et saintes qu'elle enseigne, la loi israélite qui ordonne la charité envers tous les pauvres et tous les affligés, la justice envers la veuve, l'orphelin et l'étranger, l'égalité des droits entre tous les hommes, l'amour du prochain et la bienveillance même envers un ennemi, voilà ce que les religions les plus fameuses ont pu emprunter en partie au livre de Moïse et ce qui est leur force et leur gloire, et voilà aussi ce qui fait la sécurité et le salut de la société; tandis que tout ce qu'elles ont de particulier ou en opposition avec notre code divin n'a jamais produit aucun bien et n'a répandu sur la terre que ténèbres, abrutissement, haine, persécution, servitude matérielle et spirituelle !...

Non, il n'a jamais paru un prophète comme Moïse, et nul peuple n'a reçu une loi de Dieu comme celle qu'il a apportée à Israël. אשר עשה משה לעיני כל ישראל. La réalisation de cette loi est le vœu et l'espérance du monde, sa paix et sa délivrance. Avec les pierres du Décalogue, il construira son avenir, fermera les abîmes, escaladera le ciel !

La tombe de Moïse est inconnue, nul n'a vu ses restes mortels. Il est vivant, il est présent toujours et partout où il y a un esclavage détruit, une tyrannie vaincue, un peuple affranchi, un éclair du Sinaï, un sanctuaire de la vérité, une société marchant vers un Canaan de fraternité et de justice, de liberté et de bonheur !

Un des treize articles de foi israélite est conçu en ces termes :

« Je crois avec une croyance parfaite que les prophéties de Moïse, notre maître (que la paix soit sur lui !), étaient vérité, et qu'il fut le plus grand des prophètes avant et après lui. »

D'autres prophètes, d'autres esprits d'élite, ont pu soulever parfois un coin de la vérité, apercevoir de loin un rayon de la lumière ; Dieu leur a parlé comme dans un songe (Nombres, XII, 6) ; leur clarté était mêlée de ténèbres, leurs élans vers le ciel arrêtés par les chaînes de la terre, les harmonies de leur âme troublées par le doute et l'erreur. Moïse contempla l'Éternel face à face, vit la vérité dans tout son éclat, et nous apporta un flambeau que la nuit et l'enfer ne pourront jamais obscurcir !

Moria, Sinaï, Hor, Nebo, voilà les hauteurs étincelantes d'Israël ! Sur le Moria brillent sa foi et son sacrifice ; sur le Sinaï, sa loi et sa lumière ; sur le Hor, son sacerdoce éternel, Aaron le pontife ; sur le Nebo, son professorat, sa mission d'initiation et d'enseignement dans l'humanité, Moïse et les tables du Décalogue. Voilà un grand et sublime héritage.

Efforçons-nous de pouvoir regarder avec orgueil les montagnes sacrées, Abraham et le Sinaï, Aaron et Moïse !
אשא עיני אל ההרים.

חם ונשלם שבח לאל בורא עולם

FIN.

TABLE DES MATIÈRES.

FIN DE LA TABLE DES MATIÈRES.

1634 — Paris, imprimerie de CH. JOUAUST, rue Saint-Honoré, 338.

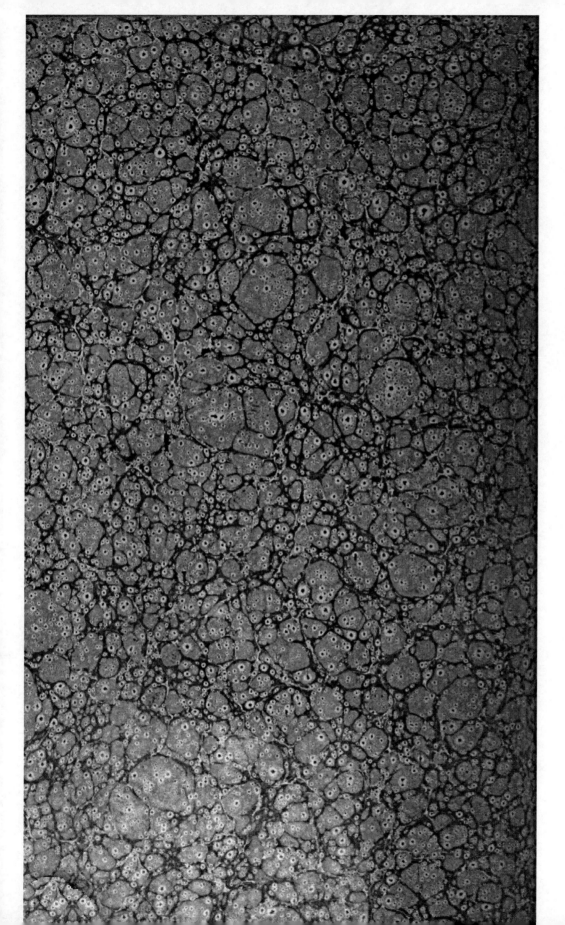

Lightning Source UK Ltd.
Milton Keynes UK
UKOW01f2351020614

232749UK00007B/242/P